本书是国家社会科学基金一般项目“清代苗疆社会转型期理讼研究”（批准号：13BFX017；结项证书号：20170602）的最终成果。

Series of Legal Thoughts and Rule of Law

法律思想与法治丛书

主编：蒋传光

互动与共享

清代苗疆社会转型之理讼调适

Trial Adjustment and Social Transition in Qing Miao Areas

程泽时◎著

中国法制出版社
CHINA LEGAL PUBLISHING HOUSE

“法律思想与法治丛书”总序

上海师范大学的法学教育目前已成为上海法学教育的重地之一，法学理论学科的建设近年来也取得了较为突出的成绩，教学与科研成果颇丰。展现在读者面前的这套“法律思想与法治丛书”，则是其中的成果之一。

依法治国，建设社会主义法治国家目标的实现，离不开法学理论的研究和法治理念的确立。理论来源于实践，正确的理论指导新的实践。法学研究与法治建设的关系同样符合这一认识规律。法学研究的根本任务是与法治建设实践相结合，促进中国社会主义法治建设事业的发展。因此法学研究应在深入了解国情的基础上，探索我国社会主义法治建设的发展规律，不断总结经验，为推动法治建设发挥理论指导作用。法学研究的繁荣既是法学发展的基本途径，也是促进法治建设的重要动力。重视法学理论研究的意义，在于其对法治社会建设具有以下独特的功能和价值。

1. 解放思想，法学启蒙

自改革开放以来，法学理论研究担当了法学与法治启蒙的任务。新中国成立以后很长一段时间，法学界由于受“左”的思想的影响，思想不够解放，对法学界某些长期有争议的理论和实际问题，有的被视为禁区不敢涉足，有的被视为姓“资”而排斥，有的囿于陈说而不敢突破。现在法学研究的人为束缚虽然已大大减少，并取得了丰硕的研究成果，但在今天，法学研究担当的解放思想和启蒙的作用仍未消失，其任务仍未完成。

2. 为部门法的制度设计提供理论指导和价值标准

（1）为部门法学提供一定的意识形态指向

在我国立法中，必须遵循一定的立法指导思想，坚持相应的立法原则。

因此，部门法在制定过程中不可避免地会遇到意识形态等政治因素问题。如何处理好法律制度建设和意识形态的关系，是法学理论研究必须重视的一个问题。

（2）为部门法的制定和完善提供立法指导原则

在当前中国建设法治社会的实践中，随着社会阶层的日益多元化和各种社会关系的日益复杂化，面临着一系列的新情况、新问题。作为法学理论研究，应当关注这些社会现实问题，从而为完善相关法律体系提供理论上的指导和制度设计上的解决方案。

（3）为部门法的制定提供正当性的理论基础

国家制定法律、建立法律制度的目的在于用它们来调整人类社会的生活关系。所以法学要研究社会现实与社会生活关系，通过从法律的角度对相关的社会现实或社会生活关系进行判断和评价，以断定社会现实与社会生活关系所具有的“法律制度的关联性”，从而为立法的必要性和可行性提供科学、合理、正当的评价标准。

3. 为法治建设提供相应的知识体系

无论从当下中国法律体系的构建和法治社会的建设来说，还是从中国特色先进法律文化的创造来说，其路径是，在重视学习借鉴国外先进法律经验的同时，有两个重要方面，一是关注中国的传统法律文化，一是关注当代中国的社会现实和社会实践。正是从这个意义上，国外的经验、中国传统法律文化和当代中国的法治实践，是中国法治建设的重要知识资源。这些知识资源的提供，有赖于法学理论的研究。

4. 为法学研究提供普适性的语言体系

法律与语言有着密切的关系。中国目前可以说存在四种法律语言体系，即意识形态化的法律语言体系、西方法律语言体系、中国传统法律语言体系、民间法律语言体系。这四种语言体系之间有知识上的交叉重叠，在理念上、内涵上也有很大的差异。如何构建具有普适性的中国法律语言体系，用一套类似西方自然法的语言把各种语言体系统一起来？中国的类似自然法的语言体系是什么？针对中国当代法律语言的多元化弊端，如何让中国民众与学者、民间与官方、大众与精英共享一套既能反映中国文化传统，又能表达中国法律现代化进程的语言体系，这是当今法学理论研究要解决的问题。

5. 为司法实践提供方法论指导

法学是一门以实践为取向的科学，因此法学研究不能脱离现实的法律难题进行闭门造车，或以研究外国法为能事，而应关注中国司法实践中所存在疑难案件和法律漏洞。面对法律实务，法学理论研究应该能够为司法裁判提供法律解释的依据、方法和裁判的基准。

事实也证明，自1978年中共十一届三中全会以来，法学界乘思想解放的东风，逐渐打破法学禁区，全方位开展了立法和法学研究，形成了久违的学术争鸣的局面。这种学术争鸣对于法学理论的进步产生了极大的推动作用，为新时期社会主义法治建设提供了强大的动力支持，具体地体现在以下方面：

1. 更新了人们的法观念，提高了人们的法律意识

改革开放以来，通过对法的本体理论以及社会实践中重大法学理论问题，如法的概念和本质、人治与法治、法律面前人人平等、法与民主、法律与政策、法律监督、法的实现、法制与改革、法律文化、法的精神、法与人权与权利、司法公正与司法改革、法律解释、立法与立法体系、法制现代化、法与市场经济体制等一系列基本问题的研究，使人们对法是什么有了较为确切的了解，全社会的法治观念、依法办事观念、权利观念有了很大提高。人们法观念的更新与法律意识提高的水平，现在看来，尽管与建立现代法治社会的要求还有差距，但其对立法、法律适用和法律的遵守等方面所起的作用是无可置疑的。同时，这也为实施依法治国方略，建立社会主义法治国家奠定了思想基础。

2. 促进了人们对法的功能与作用，特别是在社会治理中法的重要性的认识

关于法的各种基本理论问题的研究，从某种意义上说，都是为了准确地揭示并有效地发挥法的作用。同时法学理论和法律实践中的很多争论也往往都是围绕法的功能和作用而展开的。实践也已证明，许多社会矛盾和社会问题只有靠法治才能得到有效解决。正是这些理论的研究和法在实践中作用的显现，使人们对法的功能与作用有了全面的认识，并对法治有了渴盼与呼唤。我国确立了建立社会主义市场经济体制的改革目标以后，法

学界对法在市场经济中的重要性从多角度、多层次进行了论证。市场经济离不开法治的观念已深入人心。没有健全的社会主义市场经济法制体制，也就不可能有繁荣、健康的社会主义市场经济，现已成为人们的共识。这种共识最终推动了依法治国，建设社会主义法治国家治国方略的确立。

经过30多年的不断努力，到2010年中国特色社会主义法律体系已经形成，依法治国、建立法治国家已由法学家讨论的学术问题，被写入到党的十五大报告中并上升为宪法原则，成为治国的方略并被付诸实施。实现这一历史性跨越，可以说是法学理论研究最突出的成就，也是法学界做出的一个重要贡献。

在当前我国建设社会主义法治国家的过程中，无论在理论层面还是实践层面，都还有许多问题需要深化研究和提供理论指导。展现在读者面前的这套“法律思想与法治丛书”，就是丛书的作者们对如何建设社会主义法治国家，如何走中国特色的法治之路，如何对待国外的法治经验，如何面对中国的传统法律文化，如何立足于中国的法治实践等一系列问题，进行长期深入思考的成果。希望这套丛书的出版，能为进一步深化法学理论的相关研究起到促进作用，能为中国法治社会的建设在思想上和知识上提供有益的启示。

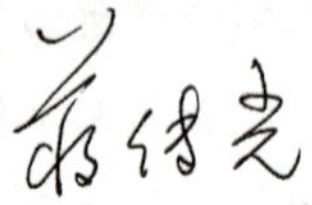

二零一二年七月二十日于上海

序

“清水江文书”是贵州地方性的优质学术资源，也是得到海外学者日益重视的国际性的学术资源之一。“清水江文书”大体以清代最多，集中反映了现今以黔东南苗族侗族自治州锦屏县为中心的黎平、天柱、三穗、剑河、从江、雷山、榕江、丹寨等县各族先民们的生活秩序。生活秩序的营造，需要规矩、规则和法律。生产、生活总是难免发生纠纷和冲突，于是如何有效地处理讼争就成为生活的重要课题。美国大法官霍姆斯说：法律的生命不是逻辑，而是经验。就清代“苗疆”而言，法律的地方性更为突出，其法律的生命不在于逻辑，而确确实实在于生活。因此，依据“清水江文书”研究清代“苗疆”的理讼问题及其与社会转型的关系，具有重要意义。

但是，“清水江文书”所在的清水江流域，清代官府档案几乎全都佚亡。“新疆六厅”纳入清朝版图，苗人起事常有，咸同年间尤甚，六厅及其周边府县衙门档案毁于兵燹，这给研究清代苗疆理讼程序问题增加了很大的困难。但是，迄今保存下来的相当数量的诉讼禀稿、裁断抄录稿还是可靠性极强的实证材料。该书作者不再纠结理讼程序，转而研究理讼的实效，研究苗疆社会转型与理讼的关系，在前人常常把苗疆社会转型主要归因于“改土归流”的固有结论上推陈出新、另辟蹊径。

作者梳理明清两朝实录，发现“苗疆”是清朝官方对南方少数民族聚居地方的泛称，即“广义苗疆”。清代黔、滇、桂、湘、川、粤等苗疆省份的督抚和两司官员经常互调，或一督管数省。职官还有苗疆要缺之说。清廷有着系统的治理苗疆省份的策略。为了使苗疆理讼命题更充实，弥补清水江文书的资料不足，作者广泛搜集黔省苗疆以外的资料，并在此基础上提出寨款理讼、土司理讼、屯堡武弁理讼和流官理讼四类型的划分，并考察其并存的必要性、各自的流变，尤其是对社会转型的实效。这种历史实证的研究，既不同于民族习惯法的社会实证研究路径，也不同于民间法的规范实证路径。

清代苗疆社会转型是多个维度的，作者进行了深刻描述和论证。比如，针对侗族独有“侗款说”而提出“寨款”商榷之说；永佃制是汉苗共享苗疆土地资源、两得其平的制度选择；苗疆契约、乡约和款约的儒家化、以及命盗内结案件的司法儒家化促进了汉苗价值共享等，均为发覆之论。

当然，由于清代苗疆涉及黔滇桂湘川粤鄂七省，历史地理信息十分浩繁，决非三年五载课题规定完成时间所能穷尽的，空疏之处也是难免的。课题有期限，但思考无止境。作为以前的硕士指导老师，现在又在一校供职，希望作者继续深究下去，在“清水江文书”研究领域，再构精细之作。

徐晓光于花溪莫窥园

2016 年 12 月 6 日

前　言

申报“清代苗疆社会转型期理讼研究”课题时，曾有副标题“以清水江文书为中心”，但批准立项时该副标题被删除。由此，苗疆不再局限于贵州省清水江流域所在的苗疆，而是清代贵州、云南、四川、两广、湖广等省的苗疆。由于尚未搜集到清末法律近代化在苗疆体现的史料，因此，本课题只在中国传统法律的范畴内讨论清代苗疆理讼，法律近代化不包含在社会转型之内。

有关清代苗疆的立法与司法，郑秦、刘广安的博士论文曾以专门章节论及，但其基于实证法学的立场，集中考察的是国家立法与司法，涉及条例、则例、禁约、章程、上谕和奏议等，即所谓的“国家法”部分。而苗疆的“民间法”部分的研究，则可以追溯至民国时期的人类学者对西南地区民族习惯法、民族习俗的描述，以及民事习惯调查。而新中国开展民族识别工作，进行少数民族社会历史调查，又形成了一批新的各少数民族习惯法的成果。20 世纪 80 年代初，贵州学者李延贵、黄才贵、韦启光发表了专门研究苗族习惯法、侗族习惯法的论文。此后以吴大华、徐晓光、周相卿为代表的一批贵州学者以少数民族习惯法为研究志业，成果粲然，使贵州成为中国习惯法研究的重镇。20 世纪末，梁治平、高其才等的颇具代表性的习惯法研究以及千叶正士的法律人类学理论的传入，又带动了少数民族习惯法研究的新热潮。21 世纪初，以谢晖为代表的一批学者倡导以规范分析方法研究民间法和民族习惯法。大体而言，南方苗疆少数民族习惯法的研究，多以族别为单位，主要描述族内行为规范，但无法回答南方这些小群居、大杂居的少数民族之间的共同交往规则是什么，以及是如何形成的等问题。因此，不能只关注族内习惯法，而忽视族际习惯法。

研究苗疆的族际秩序，就要联系羁縻制度、土司制度、卫所屯堡制度、州县制度等基本政治制度。清王朝的政治军事实力是型构苗疆秩序的最重要的外力。当清王朝实力不足时，对苗疆的部分地区沿袭羁縻制度、土司制度“以土俗自治”；当清王朝实力足够强大时，就废弃羁縻制度、土司制度，实行州县制度。实行土司制度的苗疆地方，土司对其管辖下的各族群是一种他治。实行州县制度也是一种他治。苗疆的改土归流是渐次进行的。因此，族内习惯法研究的主体自足性和静态性预设是有其不足的。此外，习惯法的变迁研究，多讨论其现代变迁，而不涉及清代变迁。

既有的清代苗疆的司法研究，几乎没有涉及土司和军屯等特别疆域。虽然土司学正在兴起，但土司理讼（司法）似乎没有深入到案例研究的层次。卫所、军屯制度的研究也在展开，但也几乎不涉及苗疆的部分，更没有深究至理讼领域。

由此可以看出，共时存在于清代苗疆的、彼此互动调适的国家、族群、土司、屯堡，因研究视角的选取而被分割开来，进行“隔离化”的研究。由此，我们需要新的分析框架，来涵摄历史事实。

清代苗疆社会，具有十分复杂的结构和过程，似乎不能简单套用国家与社会、国家法与民间法的二分框架。清代苗疆的理讼，在这样复杂的社会结构和过程中，也会呈现出多样性。笔者提出一个寨款理讼、土司理讼、屯堡理讼和流官理讼的四分类型框架，来描述和分析。范愉提出“多元化纠纷解决机制”这个描述性概念，大体可以比拟这里的“理讼”。但又不完全等同，纠纷解决机制的多元性是指同一时空的共存多种解决机制（共时性），而这里的“理讼”首先强调的是各种机制的先后出现的历时过程性，然后才是共时性。清代苗疆，还有生苗区，既不隶属清帝国，也不隶属土司，但也有相应的理讼机制，笔者称之为“寨款理讼”。甚至在清初期皇帝的观念中，土司与清帝国是一种契约关系，土司管辖区域是一个不适用大清律例的“法域”，笔者称之为“土司理讼”。生苗区被新辟为苗疆，土司被改流，寨款理讼、土司理讼也分别发生了相应变化，但依然发挥着一定的理讼职能。屯堡理讼则产生于明朝在苗疆实行军民合治的卫所制度，清初撤卫所为州县，但是屯堡及其附近区域，场市集中，苗民、屯户、客民混居交往，武弁们就近擅理词讼，补流官理讼之不足。流官理讼是在苗疆最后全面建立的。因此，笔者的四分类型框架首先是描述性，其次是分析性。

寨款理讼，既维护了族群内部秩序，又有限地维护了具有紧密地缘联系的族群间的地域秩序。但是，此款与彼款并不具有必然通约性，因此，寨款的自治是有限度的，族群之间的交往秩序还需要土司理讼或流官理讼。寨款理讼曾受到流官衙门的限制。

土司理讼，在改流前，刑法严酷而擅定，并不适用大清律例。土司理讼由于不能白冤伸屈，导致轻生恶俗。在改流后，经制土司只在苗人的户婚田土等细故上有理讼权力；非经制土司则只有调查、“事实审”、向流官衙门汇报案情的权力。

屯堡理讼，因屯堡遍布苗疆、武弁衙门接近苗寨，部分流官及其差役畏惧苗人之强悍，屯堡附近场市集中等因素，屯堡武弁擅受民词，维护屯堡特区的秩序。

流官理讼，是推动苗疆社会转型的重要途径之一。从文书资料中表现出更强的法律理性，多贯彻了书面辩论原则。不少案件的诉禀稿对零散的“个别规范”和官府判决进行了梳理、归纳、解释、局部系统化的工作，比较清晰地展现了苗疆社会的某些方面的法律秩序和规范构成。

不仅屯堡理讼促进了苗疆内部的市场化，而且流官理讼促进了苗疆与内地的市场一体化。大宗苗疆木材交易是该市场一体化的缩影，“皇木案”“白银案”和“争江案”中，流官理讼不仅维护了苗汉“平价”交易原则，而且也不断地校正白银这个大宗交易的价值尺度，还不断调适利益冲突。

苗疆地主制的确立也是清代苗疆社会转型的重要方面之一。清律例允许苗人间的田土典卖，禁止苗人、土司向汉民典买田土，并要求赎退。流官衙门在违禁典卖田土案的“分配裁判”中，促进苗疆永佃制的发展，即赎退不能时，允许苗汉之间建立长久的租佃关系，共享土地资源。苗人地主为争夺田土，能娴熟地以流官理讼为工具，甚至不惜诬告对方谋反。流官理讼维护了田土流转公平秩序。

此外，流官理讼，既要因俗，又要易俗；不仅促进了苗疆契约制度的变迁，而且也使儒家价值伦理在苗疆社会化。

清代苗疆，最终建立起了以流官理讼为最高权威的多元互动、调适的理讼机制，实现清代苗疆法制的基本统一，得因俗与变俗之中，促进了苗疆社会转型，实现了苗疆与内地的一体化和深度融合。

笔者秉持历史实证立场与方法。一是结合清代的律例、则例、章程等王朝立法资料，但不限于此，而是试图尽可能搜集到代表性案例资料，使之建立在案例研究基础上。二是搜集清代苗疆督抚及其他流官、士人对苗疆理讼的代表性论述，并互相验证。最重要的是与案例进行验证。此外，坚持法史与法理的适度结合，也是笔者追求的学术立场。

笔者学力不逮，驾驭本课题有难度，不足之处，还请方家批评指正和谅解。

程泽时

2016 年 5 月 1 日

目　录

第一章　苗疆理讼与社会转型概述

第一节　苗疆

本书所界定的苗疆是指南方的黔、湘、桂、川、滇、粤、鄂七省境内少数民族聚居的区域。主要是基于明清最具代表性的史料归纳和总结而来的。

一、《明实录》和《大学衍义补》中的“苗疆”

《明实录》并未出现“苗疆”的语词。明代的敕旨奏议，并不经常使用“苗”来指称南方少数民族族群部落，而更多地使用“夷”或“蛮”。吕思勉认为，从蛮到苗的语用转化，“盖音转而字异”①。明朝在南方设立了许多大大小小的“蛮夷长官司”，还封有“征夷将军”“平蛮将军”的称号。在记述讨伐南方少数民族族群的叛乱的文献中，经常使用“苗蛮”“洞蛮”“瑶蛮”“土蛮”“番蛮”“僮蛮”“蛮人”“蛮民”“夷民”“番人”“清水江蛮人”等语词，偶尔使用“苗人”。明万历《黔记》第五十九卷即为“诸夷”，次级目录依次是“苗人”“罗罗”“仡佬”等。有明一代，“苗”并未取得替代“夷”“蛮”作为普遍性的族类代称的地位。

明正统十四年，征南总兵官都督宫聚所言：“苗贼滋蔓，西至贵州龙里卫，东至湖广沅州，北至湖广武岗州，南至四川播州地界。夷众二十余万，俱已

① 吕思勉:《先秦史》，中国友谊出版公司 2009 年版，第 190 页。

叛逆，围困贵州、湖广所属地方"；[①] 明成化十一年，湖广总兵官、左都督李震奏："沅、靖等边卫，控制川、贵、广西诸种蛮夷"；[②] 从以上二位将军奏言，或可窥见明代苗疆的地理范围与规模，横跨黔、湘、川、桂、滇、鄂诸省。

明儒邱濬（1421~1495）所著《大学衍义补》，集中讨论《大学》"八目"中的"治国""平天下"，凡一百六十卷，分"治国平天下之要"十二目。其中之第十一要目就是"驭夷狄"，[③] 该要目之下又分为八节，分别为慎德怀远之道、译言宾待之礼、征讨绥和之义、修攘制御之策、守边固圉之略、列屯遣戍之制、四方夷落之情、劫诱穷黩之失，全面而系统地总结了历代治夷经验。其中的"四方夷落之情"，分别综述了"南夷""北狄""西羌""西南夷"的情形，代表了明代对中国之外的族群部落的最为系统的认识水平。

《禹书》中关于舜帝派遣禹征讨"三苗"的记载，可能是迄今为止最早有关苗人的文献资料了。明儒邱濬认为："盖夷有四，而居南方者谓之苗。"[④] 又认为："中国之外有四夷，惟南蛮、北狄最为中国患。"[⑤]

丘濬还认为："夷者，异类之总名，而经史所谓蛮，则多指南方之夷也。夷狄之见于经者，始于三苗。所谓苗民者，《舜典》、《禹谟》《益稷》、《禹贡》、《吕刑》皆具焉。"[⑥]

关于明代的"蛮"大体范围，丘濬认为："今自巴蜀以东，历湖南北，桂岭、云、贵，数千里溪峒山箐之中，有曰仡、曰伶、曰僚、曰傜、曰僮之类，凡十数种，皆所谓蛮也。其间，最轻捷者曰猫（苗），说者谓此即三苗之后也。"[⑦] 但是，明代的苗人，依山而居，性习不常，不知伦纪礼义，显然与舜禹时期的"三苗"不同。因为禹誓辞"三苗"之罪，谓其君子在野，小人在位，可见当时的苗人是有国都官属，并非"无定居，无常业，不相统属"。

明代开国之初，于湖北、川东之间，设五立宣慰司，分别为永顺、保靖、贵州、思州、播州。此外还设立了大大小小的宣抚司、安抚司、招讨司和长官司，以及军民府、军民指挥使司，又兼设土官，以统辖苗人。"随其地

---

① 《明英宗实录》卷一八一，正统十四年八月丁丑。

② 《明宪宗实录》卷一八一，成化十一四年六月甲辰。

③ 笔者注意到有的版本把该目订为"驭外藩"，比如，台湾地区世界书局印行的"景印摛藻堂四库全书荟要"版本的《大学衍义补》。

④ （明）丘濬:《大学衍义补》，林冠群、周济夫校点，京华出版社 1999 年版，第 1268 页。

⑤ （明）丘濬:《大学衍义补》，林冠群、周济夫校点，京华出版社 1999 年版，第 1270 页。

⑥ （明）丘濬:《大学衍义补》，林冠群、周济夫校点，京华出版社 1999 年版，第 1329~1330 页。

⑦ （明）丘濬:《大学衍义补》，林冠群、周济夫校点，京华出版社 1999 年版，第 1330 页。

而设其官，因其俗而为之治，善者授以职，恶者分其势”。①

邱浚还总结明代在南蛮地区设治的效果，特别是土官制度的成效。“请以今广西左右江言之，两江地区二三千里，其所辖狼兵，无虑十数万，今设为府者四，为州者三十有七，其府州正官，皆以土人为之，而佐贰幕职，参用流官，故今百余年间，未闻有屯聚侵略者。而所以为州县害者，皆是不属土官管束之人。错杂州县间者，其间虽或亦有有司带管，及设土官巡检者，然流官无权，彼知其不久而轻玩之，而所谓土巡检者，官卑力薄，不足以相钤制。”②

总之，按照丘浚的总结，迄至明朝前期，“南蛮”“南夷”的使用，比“苗”使用更普遍。“南夷”即“苗”，泛指南方少数民族族群部落聚居的地区。

二、《清实录》中的“苗疆”

“苗疆”一词的最早出处，尚待考证。③但是，“苗疆”一词出现最频繁的清代文献要算《清实录》了。清代的皇帝们、大臣们经常使用“苗疆”一词，其中，亲临苗疆并处理政务的大臣们使用苗疆之所指，是最切近时空的，也是能够影响到朝廷六部大臣和皇帝对苗疆的认知的。但是，另一方面，皇帝和六部大臣在公文中关于苗疆的用法，也会对各地官员对苗疆的认知有引导和规范作用。因此，归纳和总结《清实录》中“苗疆”一词的用法和意义，可以揭示出“苗疆”的较为准确的意涵。

（一）处理苗疆事务官员在奏折中所使用的“苗疆”

苗疆分新设苗疆和旧有苗疆，或称“新疆”与“旧疆”。两广总督鄂弥达奏称，新设苗疆怀远县（今三江侗族自治县）应增添驻军。④广西巡抚杨锡绂曾疏称，苗疆新设各官，如桂林府分防龙胜理苗通判、全州移驻大阜

① （明）丘浚:《大学衍义补》，林冠群、周济夫校点，京华出版社 1999 年版，第 1330 页。

② （明）丘浚:《大学衍义补》，林冠群、周济夫校点，京华出版社 1999 年版，第 1333 页。

③ 据林芊考证，晚明天启五年工科给事中虞廷陛奏折内有“阳许收降，悬赏苗疆，阴令缚献”一句，首次出现“苗疆”一词，在其后的明代文献中，又不见“苗疆”踪影。详见林芊等:《明清时期贵州民族地区社会历史发展研究：以清水江为中心、历史地理的视角》，知识产权出版社 2012 年版，第 8 页。

④ 《清高宗实录》卷七，雍正十三年十一月壬子。

头（今属资源县）理苗州同、广南司巡检、龙胜司巡检（今均属龙胜各族自治县）、社水司（今属资源县）巡检，俱请铸给关防印信。[①] 两广总督杨应琚奏称，“广西义宁协，设左右两营，分驻龙胜、广南（今属龙胜各族自治县）等处。……该处系新辟苗疆”。[②] 贵州按察使赵孙英奏：“新疆苗民较淳于旧疆，治之之法，在严惩汉奸，或入苗寨唆讼，或种苗地久占，或开店诱为盗贼，似此不法，有犯悉遽解原籍，则蠹去而苗安矣。苗类本多淳朴，惟仲苗谲悍，潜踪窃劫。倮猡强肆，睚眦逞凶，向照苗例，军流徒皆折枷完结。嗣后此等苗，语言服饰与汉人同者，有犯实遣，不许仍安巢穴，则莠除而苗案矣”。得旨：好，一切实力为之。[③]

苗疆分紧要苗疆与非紧要苗疆之分，紧要苗疆或被称苗疆要地。钦差大臣、贵州总督张广泗奏称，湖南绥宁、城步二县并广西义宁县（今分属临桂县、龙胜各族自治县），均为紧要苗疆。[④] 两广总督、广州将军策楞也疏称，广西南宁一郡，为苗疆要地。[⑤] 广西布政使托庸奏称，粤西地方，西北界连楚南、滇、黔，悉系苗疆要地。[⑥] 署广西巡抚托庸又奏称，广西地方西北界，系苗疆要地。[⑦]

云南的总督、巡抚们的奏疏中，有时使用“夷疆”来代替“苗疆”，或因为似乎试图与贵州、广西等省苗疆相区别；或因为“云南地汉时已入中国，谓为西南夷”。[⑧] 云南总督兼管巡抚张允随疏称：“昭通、东川二府新辟夷疆，产谷无多”。[⑨] 但乌蒙总兵刘启元条奏苗疆事务时，把云南省的乌蒙、威宁纳入苗疆的范畴。[⑩] 又称，云南省之昭通、东川、元江、普洱四府内，有新辟“夷疆”。[⑪]

苗疆的官员有不同考核升迁规定。广西巡抚鄂宝奏称，粤西惟思恩府知府、桂林府龙胜通判，原定苗疆，近与腹地无异，应于五年俸满后，核其人地相宜者，题请优叙，仍留本任。[⑫] 吏部议准两广总督李侍尧所奏，广西义

---

① 《清高宗实录》卷一五四，乾隆六年十一月戊辰。

② 《清高宗实录》卷四七三，乾隆十九年九月乙巳。

③ 《清高宗实录》卷六八九，乾隆二十八年六月壬寅。

④ 《清高宗实录》卷一二七，乾隆五年九月丙申。

⑤ 《清高宗实录》卷二一一，乾隆九年二月癸酉。

⑥ 《清高宗实录》卷二一五，乾隆九年四月丁丑。

⑦ 《清高宗实录》卷二二七，乾隆九年十月癸酉。

⑧ （明）丘浚：《大学衍义补》，林冠群、周济夫校点，京华出版社 1999 年版，第 1351 页。

⑨ 《清高宗实录》卷二一一，乾隆九年二月甲戌。

⑩ 《清世宗实录》卷九六，雍正八年七月乙酉。

⑪ 《清高宗实录》卷五四，乾隆二年十月丁酉。

⑫ 《清高宗实录》卷六〇九，乾隆二十五年三月壬戌。

宁县，烟瘴深重，水土恶劣，将原定苗疆久任之桂林府龙胜通判，并五年俸满在任候升之龙胜巡检二缺，俱改为三年俸满，撤回内地候升。[①] 两广总督杨景素奏称，上林县地方辽阔，瑶壮错居，被改为繁难苗疆调缺。[②] 户部议准广西布政使朱椿所奏，粤西苗疆烟瘴，佐杂官调回内地与推升，均有一定年分，或三年调回，或三年候升，或五年推升。……云、贵、川、广、闽省之苗疆烟瘴缺，亦如此。[③] 云南永善县副官村巡检、副官村县丞，均为"夷疆要缺"。[④]

苗疆的官员编制可以变更和调整。吏部议准广西巡抚姚成烈所奏，思恩一府，向为"苗疆要缺"。查该府事简民淳，所辖瑶壮，与齐民无异，请删去"苗疆"字样，改为腹俸部选。所属经历、司狱如之。至百色同知、巡检二缺，与右江镇总兵同城，烟瘴颇重，应仍旧。[⑤]

苗疆的户籍统计不同于内地。广西布政使淑宝奏称，永宁（今属永福县）、养利（今属大新县）、永康（今属扶绥县）、宁明、东兰、天保（今德保县）、归顺（今靖西县）、奉议（今田阳县）、凌云、西隆（今隆林县）、西林等十一州、县苗疆，现俱设保分甲，与内地无异。将该州、县土著、客籍烟民，共男妇大小六十一万三千余丁口，汇入民数册奏报。[⑥]

苗疆有时称"蛮疆"。清康熙六年二月己酉，平西王吴三桂疏报："进剿乌撒，……蛮疆复定。"[⑦]

四川也属于苗疆。川陕总督岳钟琪题报："剿抚建昌、冕山贼番事竣，苗疆底定。"[⑧] 兵部议复川陕总督岳钟琪条奏川省苗疆善后事宜，……寻定建昌新设府曰宁远，建昌新设县曰西昌，宁番新设曰冕宁，盐井新设县曰盐源。[⑨] 四川总督黄廷桂奏言："建昌镇所辖竹核地方，当凉山之中，为苗疆腹心。"[⑩] 四川总督阿尔泰奏称，宁远府，系属苗疆。[⑪] 贵州省属于苗疆。贵州

---

① 《清高宗实录》卷七八八，乾隆三十三年二月甲子。

② 《清高宗实录》卷一〇五三，乾隆四十三年三月庚寅。

③ 《清高宗实录》卷一〇九六，乾隆四十四年十二月甲寅。

④ 《清高宗实录》卷一四，乾隆元年三月己亥。

⑤ 《清高宗实录》卷一一二〇，乾隆四十五年十二月乙卯。

⑥ 《清高宗实录》卷七七五，乾隆三十一年十二月乙丑。

⑦ 《清圣祖实录》卷二一，康熙六年二月己酉。

⑧ 《清世宗实录》卷六二，雍正五年十月甲申。

⑨ 《清世宗实录》卷六六，雍正六年二月壬午。

⑩ 《清世宗实录》卷一二〇，雍正十年六月己巳。

⑪ 《清高宗实录》卷七七九，乾隆三十二年十一月己未。

提督王无党曾奏称："黔省全属苗疆。"①

（二）皇帝谕旨所使用的"苗疆"

清代皇帝谕旨所使用的苗疆，常常指代云南、贵州、广西、四川、湖南、广东等省境内少数民族聚居区域。雍正帝谕："滇、黔、西粤俱苗夷杂处之区"。②乾隆帝谕："粤西壤接西南，为苗疆重地，匪徒滋事最为地方之害，尤当加意整顿"。③又旨"滇黔二省均属苗疆，地方风土，大略相似。"④

第二节　讼

一、讼的含义

"讼"，最早出现在《易·讼》中，是一个较之"狱"更具本原性的概念。此后在古汉语中，演变成一个与狱相对应的概念。汉儒郑玄讲："讼，谓以财货相告者"；"狱，谓相告以罪名者"。⑤宋儒程颐讲："讼者，求辨其是非也"。明儒邱浚讲："刑狱之原皆起于争讼。民生有欲，不能无争，争则必有讼。苟非听讼者中而听不偏，正而断合理，则以是为非，以曲作直者有矣，民心是以不平，初则相争，次则相斗，终则至于相杀，而祸乱之作由此始也"；⑥又讲："方言于公者，讼也，因而守之者，狱也。盖争而不已，必至于讼，讼而不已，必至于狱。"⑦后世虽有狱、讼的学术观念的区分，但并无制度上的区别。因此，在清代苗疆理讼的命题中，并不区分狱、讼。

① 《清高宗实录》卷一〇七，乾隆四年十二月十六日。
② 《清世宗实录》卷七七七，雍正三年六月二十一日。
③ 《清高宗实录》卷六四七，乾隆二十六年十月己丑。
④ 《清高宗实录》卷九四，乾隆四年六月壬午。
⑤ （明）丘浚：《大学衍义补》，林冠群、周济夫校点，京华出版社 1999 年版，第 905 页。
⑥ （明）丘浚：《大学衍义补》，林冠群、周济夫校点，京华出版社 1999 年版，第 902 页。
⑦ （明）丘浚：《大学衍义补》，林冠群、周济夫校点，京华出版社 1999 年版，第 905 页。

二、清代苗疆的主要讼争类型

（一）土司之争

土司常常因管辖土地范围和世袭官位发生讼争。明人王士性就讲，西南诸省“土官争界、争袭，无日不寻干戈，边人无故死于锋镝者，何可以数计也”。[①]明人徐霞客也讲：“独山土官，昔为蒙诏，四年前观灯，为其子所弑，母趋救，亦弑之。乃托言杀一头目，误伤其父，竟无问者，今现为土官，可恨也。”[②]清康熙年间贵州巡抚田雯也讲，土司“世其土即世其民，蝉联而蔓衍，争夺而战攻，苗蛮之患，率酿于土司，自昔然也”。[③]

部分土司不接受流官的管辖，擅杀自决。明人王士性又讲“云贵土官各随流官行礼，禀受法令，独左、右江土州府县不谒上司，惟以官文往来，故桀骜难治。其土目有罪，径自行杀戮”。[④]

（二）苗人族群之争

苗人族群之间也常常为争夺土地等自然资源或复仇发生讼争。明景泰初年，湖北松滋举人胡宗政，任黎平府经历，“机警有方略，广西苗人与西山洞瑶相仇杀，当事者、属吏抚之不听，宗政入洞中，为析曲直，瑶苗并服，事乃息”。[⑤]又如，清朝下江厅有一个名叫“九千里”的地方，山箐阻深，生苗据为巢窟。乾隆五十年后，始有人梯山伐木。嘉庆初，黔楚军兴，镇筸、铜仁红苗窜入，诡为生苗佃种土地。红苗故黠，而生苗愚之不觉。后乃稍稍侵占，又阴埋碑土中，给生苗共发之，即指之为先世遗业。生苗无以解，

---

① （明）王士性：《广志绎》卷五，西南诸省·广西，载顾久主编：《黔南丛书》第9辑，贵州人民出版社2010年版。

② （明）徐宏祖：《黔游日记》，张新民点校，载顾久主编：《黔南丛书》第9辑，贵州人民出版社2010年版，第74页。

③ （清）田雯：《黔书》，罗丽丽点校，载顾久主编：《黔南丛书》第10辑，贵州人民出版社2011年版，第13页。

④ （明）王士性：《广志绎》卷五，西南诸省·广西，载顾久主编：《黔南丛书》第9辑，贵州人民出版社2010年版，第29~30页。

⑤ 光绪十八年刻本《黎平府志》卷六下，宦绩，第47页。

于是生苗老果等悉其众以逐红苗，势汹汹。有司乃往谕，谴红苗归故土，而罪生苗之杀红苗者，苗众乃解散。盖道光三年事也。①

（三）苗人婚姻之争

苗人有“还娘头”的婚俗，姑姑之女必嫁舅舅之子，否则必须给舅舅家经济补偿。此陋俗常常引起婚姻纠纷。康熙年间思州知府蒋琛在《请革苗俗酬婚积弊详文》讲：“到思郡任后，检查旧案，凡民间争田雀角者十止一二，而苗人姑舅抢婚之案十有八九。”②

（四）土地权属之争

1. 屯军、苗民间的土地权属之争。如“雍正乙卯（1735）苗乱被平后，悉将叛苗之田土安各屯堡，设黄平卫千总于崖门司城内，以管束之，而统辖于镇远台拱分府……向来苗属黄平，辖于平越；屯军属卫，辖于台拱，彼此因山土构争，连年不解，档册虽存，而界址相连，难免淆混，此互控之所由来也”。③

2. 苗民间的界址之争。如绥阳县“民多争控界址及婚姻之事，盖界从未立石，而合婚俗以插香为定也”。④

（五）阴地风水之争

苗疆阴地风水的诉争较多，而且难以处理。汉民和苗人均信奉堪舆之术。清乾隆年间，先后任贵州布政使、巡抚、云贵总督的爱必达就讲，毕节县“邑俗多俭朴，崇诗书，然每惑于形家风水之说，往往致讼难解”。⑤

---

①（清）吴振棫：《黔语》，王𫍽勺点校，载顾久主编：《黔南丛书》第10辑，贵州人民出版社2010年版。

② 康熙六十一年增补刻本《思州府志》卷八下，艺文，第13页。

③ 嘉庆六年刻本《黄平州志》卷三，武备。

④（清）爱必达：《黔南识略》，罗丽丽点校，载贵州省文史研究馆编：《续黔南丛书》第2辑（上册），贵州人民出版社2012年版，第297页。

⑤（清）爱必达：《黔南识略》，罗丽丽点校，载贵州省文史研究馆编：《续黔南丛书》第2辑（上册），贵州人民出版社2012年版，第246页。

又讲“词讼汉俗多争站阴地之事，夷俗多负租夺佃之事”。[①]

（六）租佃之争

清代苗疆租佃制盛行。汉人租佃苗人田土，苗人租佃汉人田土，汉人或苗人租佃土司田土，均较为普遍，因此，“负租夺佃之事”时常发生，甚至发生聚集佃户争斗的群体性事件。比如，普安直隶厅“自兴义平定以后，土旷人稀，其土目大姓，招佃种土，流民凑聚，气类不一，滇蜀失业穷黎，携妻挈子而来者，踵相接也。土目以龙姓为尊，陇姓亦其支庶，每有小忿，辄互率其佃户，肆为角斗，以众为强，此风殆未可长也。其衿监士族，亦渐渐效尤，不以为耻，编氓无论矣”。[②]

（七）汉苗典卖田产之争

清代苗疆，“苗买客产，客买苗产，转辗售卖，未易清厘”。[③]汉苗典卖田产比较普遍，但是清政府明令禁止汉民向苗民、土司典买进田产，以防止汉民盘剥。道光六年（1826），据贵州巡抚嵩溥钦奉旨编查，各属买当苗土客民 31437 户，佃种苗人田土客民 13190 户，贸易、手艺、佣工客民 20444 户，住居城市乡场及隔属买当苗人田土客民 1973 户，并住居城市乡场买当苗民全庄田土客民及佃户共 4455 户。[④]部分苗人、土司利用清政府的禁令，要求汉民清退田土，发生纠纷。

（八）诬告之诉

清代苗疆诬告之风盛行，除了司法体制方面的一般原因外，还有着独特的原因，那就是土司理讼制度的历史影响。一是改土归流后，大量存在的夷目、

① （清）爱必达：《黔南识略》，罗丽丽点校，载贵州省文史研究馆编：《续黔南丛书》第 2 辑（上册），贵州人民出版社 2012 年版，第 247 页。

② （清）爱必达：《黔南识略》，罗丽丽点校，载贵州省文史研究馆编：《续黔南丛书》第 2 辑（上册），贵州人民出版社 2012 年版，第 274 页。

③ （清）爱必达：《黔南识略》，罗丽丽点校，载贵州省文史研究馆编：《续黔南丛书》第 2 辑（上册），贵州人民出版社 2012 年版，第 366 页。

④ （清）爱必达：《黔南识略》，罗丽丽点校，载贵州省文史研究馆编：《续黔南丛书》第 2 辑（上册），贵州人民出版社 2012 年版，第 3 页。

土目兴讼。比如，大定府境内，"惟府属土城诸夷目，讦讼成风，……然夷目之所以敢于争讼者，以胥吏通其声息也"。[①] 又如，水城通判的辖区内，"土司久革，其子孙私称为土目者，喜争讼。凡官有勾摄，必先檄土目，会役传提，否则逃不赴案也。大定诸属，惟水城为最难驯，其土目之积弊，亦更深于他属"。[②] 二是"杀人以牛马自赎，盗以一偿十"的不良法律责任制度。遵义府"其民多讼，正安、绥阳次之，桐梓、仁怀其最著也。人命盗贼，所在纷填，揆厥所由，盖渐积者久矣。闻杨氏为土酋时，杀人者令牛马自赎，有被盗者听民自搜，令盗以一偿十，故民有疾病死，亦必诬指其素嫌之人以泄忿；被盗之家，皆纠人远近自搜，指疑似之赃，取倍称之息，并有不必失盗，而故扰人以渔利者。故盗踪全无影响，而诬良磕索之风，较之真盗为尤烈。及官讯出实情，照例惩治，而良民之受其波累者，指不胜屈矣。今遵郡通属，命盗案件，岁不过数十起，而借端诬陷者，风未尽泯，盖流毒之深，自杨酋阶之厉也"。[③]

第三节　理讼

在古汉语，常常出现"治讼""听讼"的用法，也有"政平讼理"、[④]"狱讼易理"等提法，[⑤] 似乎"理讼"的提法不多见。陈寿《三国志》曰"官得其人，则政平讼理；政平故民富实，讼理则囹圄空虚"，[⑥] 被后世引为原典。明洪武二十七年，"命民间高年老人理其乡之词讼"。[⑦] 明初，州郡小民因忿兴讼，越诉京师，朝廷不堪讼累，因此朱元璋下令有司选择民间年老、公正，且可任事的，听理乡民的一般诉讼。涉及户婚、田宅、斗殴的，则会同里

---

① （清）爱必达：《黔南识略》，罗丽丽点校，载贵州省文史研究馆编：《续黔南丛书》第2辑（上册），贵州人民出版社2012年版，第229页。

② （清）爱必达：《黔南识略》，罗丽丽点校，载贵州省文史研究馆编：《续黔南丛书》第2辑（上册），贵州人民出版社2012年版，第231页。

③ （清）爱必达：《黔南识略》，罗丽丽点校，载贵州省文史研究馆编：《续黔南丛书》第2辑（上册），贵州人民出版社2012年版，第279~280页。

④ 《明太祖实录》卷一六〇，洪武十七年三月丙寅。

⑤ 《明太祖实录》卷一六八，洪武十七年十一月丁丑。

⑥ （西晋）陈寿：《三国志》，任苏杜郑仓传。

⑦ 《明太祖实录》卷二三二，洪武二十七年夏四月壬午。

胥理决。案情重大的才向地方官府告诉。此举实际上是国家司法权的委托行使和下移，以弥补官府理讼资源和能力之不足。明洪武三十年，还置“讼理幡”“政平幡”作为亲审罪囚时传谕之用。① 明永乐三年，巡按福建监察御史洪堪奏准：“词讼除奸盗、诈伪、伤人命外，若户婚、田土、斗殴相争，一切小事依洪武年间教民榜例，付该管老人、里长从公剖断。若里老徇私不公及顽民不服者，有司方如律治之，庶使狱讼清简。”② 即老人、里长理讼，不必拘泥于律法，但官府保有复审、监督之权力。嘉靖九年，南京刑部主事肖樟奏言“清词讼”，“诸曹各有职掌，其所司词讼有当自理者，有当听法司理者”，③ 所指的就是官府理讼。清康熙年间《方侯课民家训》也讲：“治民尚宽平，理讼唯正直，察狱必审情”。④ 清道光二十五年，云贵总督兼云南巡抚贺长龄在《与大定知府黄宅中书》就讲：“为守令者，必严缉捕，以治盗除暴，所以安良也；必勤听断，以亲民理讼，所以平政也”，⑤ 这是“理讼”一词较早的出处。

一、理讼的概念与特征

（一）理讼的概念

理讼是指双方或多方的纷争，有偿地在第三方权威的主持下，通过和平地讲理的方式，以恢复秩序为目的，达成新的纷争解决方案，并以第三方权威确保该方案得以施行的公共性服务活动。

（二）理讼的特征

1. 理讼是一种各方和平地讲理的活动。理讼不同于以斗杀、斗争等手段的解决纷争的途径。但是，斗杀之后，必然讲和。如“九名九姓苗，在独山州属。……丧葬、婚事，杀牛聚饮，醉必相斗，辄及干戈，受伤者纳

① 《明太祖实录》卷二五三，洪武三十年六月壬午。

② 《明太宗实录》卷三九，永乐三年二月丁丑。

③ 《明世宗实录》，嘉靖九年八月庚申。

④ 康熙二十二年刻本《天柱县志》，下卷，艺文，第60页。

⑤ 道光二十九年刻本《大定府志》卷五十三，第13页。

牛讲和”。[①]

2.理讼是一种有偿的公共性服务。其实无论官方还是民间提供的理讼服务都是有偿的。首先，中人有偿地提供理讼这种公共性服务。在田土买卖中，中人、代笔都是收费的。如果说代笔是以书写的劳务换取报酬，那么中人则主要以断理今后可能发生的契约纷争而预先收取报酬，而中人的见证参与的时间成本是次要的。尽管后来契约中，代笔都不写清自己以及中人所得的银钱数字，但并不意味中人是无偿的。试举一契如下：

立断卖山坡约人龙梳连，今为后香保、后龙保私卖山坡，请凭乡道向陆贵处理讲，陆处面善，无奈乡道排解，只得依从，备价银七两五钱整，买山坡坐落土名陈吾冲头九白，又下头长冲，又下头龙金仔水清米白，无人包占存土，其银一手交足，连酒席等一并在内。山坡任从陆姓开垦田丘。若有未理不明，在卖主向前理落，不与买主相干，自卖之后，永不得翻悔。如有那人先行翻悔，发（罚）生金一两，龙角［一］对，[②]酒扛入众共用，众人执字赴官，自当领罪，依旧成交。山坡一卖一了，父卖子休，如花落地，永不归枝，水流东海，永不回头。恐后无凭，立此断约山坡一纸，陆处子孙永远存照。

凭中证乡道龙正所、吴桥深、谢桥梁、王雨晚、陆富，五人共吃银一两

代笔王贵楚，银一两

康熙五十八年八月二十六日卖主龙梳连[③]

其次，清朝地方官府渐次招抚苗寨，收缴钱粮，也是以提供理讼服务为“对价”的。这种招抚毋宁为流官与苗民达成的一种“社会契约”。这种钱粮与理讼的交换结构，在清康熙三十六年三月十五日刊立黎平府平鳌寨的安民告示碑有清晰的呈现。下面录文如下：

黎平府正堂纪录八次宋

为叩天赏照勒碑以安民心事。据平鳌寨民姜明楼、姜爱楼等禀称“我等

---

① （清）李宗昉：《黔记》，罗丽丽点校，载顾久主编：《黔南丛书》第10辑，贵州人民出版社2010年版，第247页。

② 清水江文书中的明显错字，将在错字之后用（），内填正字，改正。明显漏字用［］，内填所漏的字。下文所引文书皆同。

③ 罗洪洋搜集整理：《贵州锦屏林契精选（附〈学馆〉）》，载谢晖、陈金钊主编：《民间法》（第三卷），山东人民出版社2004年版，第510页。

生苗，僻居山箐，田地匾窄，木山片无。历代锄坡以为活命，苦之至极，情莫可伸。于康熙三十五年六月内，叨蒙天星亲临巡抚，□□□愚昧，畏惧天威，各奔山林，惶惶无路可投，默默男女悲泣。幸获鸿慈，视民如子，出示招抚，复蒙甦生。俾苗不知礼法，止依土俗刻木亲为凭。回准每年输纳火烟银六两，敢不遵依，兢兢守法，赴府交完。再恳赏批执照给苗，准勒碑立于府门，以为永远规例。有味诉乞台前作主，垂怜极苦，佩施格外之仁，赏照勒碑，永沾天之恩，使顺民得以安生，免外界不致牵害”等情到府，据此合先给示。为此，仰平鳌寨民姜明楼等遵照，尔等既归版图，倾心向化，亦皆朝廷赤子，每年输纳火烟钱粮，务宜亲身赴府完解。每逢朔望，宣传圣谕，则孝悌日生，礼法稍知矣。今尔等愿归府辖，凡一切斗殴、婚姻、田地事件，俱令亲赴府控告，不得擅行仇杀，倘有故违者，责有所得。各宜遵府示。

康熙三十六年五月十五日示[①]

从该碑文可知，平鳌寨于1696年接受官府的招抚，愿归府辖，每年须缴纳火烟银六两，平鳌寨要求把六两的税额用碑刻固定下来，并立于府门，即要求黎平知府不能随意增加税额。黎平知府宋敏学也给了关于平鳌寨六两税银的批示，但只准刊碑于平鳌寨。同时，要求斗殴、婚姻、田地事件向黎平府控告，即提供理讼服务。

最后，寨款理讼也是有偿的。寨款理讼一般是广场式、集体式的，需要寨款范围内的所有苗人出席的，当事人需要招待出席的人员。嘉庆十八年，李宗昉督学黔中，就观察并记述道：

“黑楼苗在古州、清江、八寨等属，邻近诸寨共于高坦处造一楼，高数层，名‘聚堂’。用一木竿长数丈，空其中以悬于顶，名‘长鼓’。凡有不平之事，即登楼击之，各寨相闻，俱带长镖利刃至楼下，听寨长判之。有事之家，备牛待之。如无事而击鼓，及有事击鼓不到者，罚牛一支以充公用。”[②]

这里“备牛待之”就是有偿的。同治十年，徐家干在台拱厅帮办营务，

① 偶里乡平鳌“安民”告示碑（康熙三十六年三月十五日），姚炽昌点校：《锦屏碑文选辑》，锦屏县政协文史资料委员会、锦屏县志编纂委员会办公室1997年编印，第109页。碑文泐漫不清，难以辨识的，用□代替，下文所引文书、碑文皆同。

② （清）李宗昉：《黔记》，罗丽丽点校，载顾久主编：《黔南丛书》第10辑，贵州人民出版社2010年版，第250页。

注意到台拱厅苗人也有“分牛传约”的传统。

“地名四脚牛，……凡地方有事，须合众会议者，则屠牛分四脚，传之以为之约，因即以四脚牛名。曰水口，曰南江，曰古邦，曰高岩，号称四脚首寨，余各随所近者附之。主其寨者皆称曰“头公”，而首寨头公尤见尊大。牛传毕至，相应如响。”①

3. 理讼是一种为了恢复秩序的社会“自组织”（self-organizing）现象。文化人类学的研究表明，理讼在初民社会也是存在的，并非国家出现后才有。任何一个社会都有恢复秩序的自我修复能力，或为达成此目的，总会有一部分社会成员或某个组织产生，承担起理讼的社会职能。因此，理讼是一种为了恢复秩序的社会“自组织”现象。只是国家产生后，为维护统治秩序，理讼的制度化、组织化水平不断提高，且国家垄断了重要领域里的理讼权力。清代苗疆中的部分“生苗”区域，依然保留着议榔、合款等理讼形式。

4. 理讼是以第三方权威的存在为必要条件的。权威是一种使人自愿接受约束或服从的力量和威望。在任何社会中都是存在的，权威类型也是多种多样的。明清官宦寓居黔中，就观察到苗疆社会的种种权威现象，并有记述。

（1）小寨服从大寨的权威。如“洞崽苗在古州，先代以同群同类分为二寨，居大寨为爷头，小寨为洞崽，洞崽每听爷头使唤。婚姻各分寨类，若小寨私与大寨结婚，谓之犯上，各大寨知之，则聚党类，尽夺其产或伤命”。②嘉庆年间，古州厅同知林溥也有类似记述：“招抚之初，苗寨繁庶者，即自行出名。就抚小寨，不能自立，附于大寨，谓之洞崽，尊大寨为爷头。凡地方公事，均大寨应办，小寨概不与闻，亦不派累，如古附庸之例。大寨有所庆吊之事，牛羊酒酹，悉取给于洞崽，而偿其值。洞崽事爷头少不恭顺，即结讼频年，终无了期。”③

（2）乡老权威。如“杨保苗在遵义、龙里二属。性多狡犷，抗官司差拘

---

①（清）徐家干：《苗疆闻见录》，陈琳点校，载顾久主编：《黔南丛书》第11辑，贵州人民出版社2010年版，第93页。

②（清）李宗昉：《黔记》，罗丽丽点校，载顾久主编：《黔南丛书》第10辑，贵州人民出版社2010年版，第247页。

③（清）林溥：《古州杂记》，张祥光点校，载顾久主编：《黔南丛书》第11辑，贵州人民出版社2011年版，第104页。

而遵乡老约束”。[①] 又如“鸦雀苗在贵阳属。……有事时在官，唯听乡老之言”。[②]

（3）流官权威。如“东苗在贵筑、修文、龙里、清镇及广顺各属，……守法畏官，循礼服役”；[③] 如“水仡佬亦名仡兜苗，在施秉、余庆属。……婚姻丧祭俱循汉礼，知法畏官”；[④] 如“洞苗在天柱、锦屏二属。……通汉语，听约束”。[⑤]

（4）土司权威。明崇祯十一年，徐霞客至独山，就注意到“丰宁司”的治理情形。“上下二司者，即丰宁司也。频南界者分为下司，与南丹接壤。二司皆杨姓兄弟，而不和睦。今上司为杨柚，强而有制，道路开治，盗贼屏息。下司为杨国贤，地乱不能辖，民皆剽掠，三里之内，靡非贼窟。其东有七榜之地，地宽而渥，桀骜尤甚。其叔杨云道，聚众其中为乱首，人莫敢入。”[⑥] 上司土官杨柚，有治理的权威；下局土官杨国贤则无权威；杨云道是非正式的权威，而挑战土司的权威。

5. 理讼的结果是达成的新的纷争解决方案。除了流官理讼中应适用徒、流、死刑的、应审转的、需要报朝廷三法司而内结的案件，一般讼争案件的理讼均以达成一个新的各方大体能接受的方案为止。

二、苗疆理讼的分类与特点

依据理讼权威的不同，可以把苗疆理讼分为流官理讼、寨款理讼、屯堡理讼和土司理讼。其中，寨款理讼最早出现，土司理讼次之，屯堡武弁理讼又次之，流官理讼最晚出现，但在整个清代，四者在时间和空间上是共存的。

---

① （清）李宗昉：《黔记》，罗丽丽点校，载顾久主编：《黔南丛书》第 10 辑，贵州人民出版社 2010 年版，第 245 页。

② （清）李宗昉：《黔记》，罗丽丽点校，载顾久主编：《黔南丛书》第 10 辑，贵州人民出版社 2010 年版，第 249 页。

③ （清）李宗昉：《黔记》，罗丽丽点校，载顾久主编：《黔南丛书》第 10 辑，贵州人民出版社 2010 年版，第 243 页。

④ （清）李宗昉：《黔记》，罗丽丽点校，载顾久主编：《黔南丛书》第 10 辑，贵州人民出版社 2010 年版，第 244 页。

⑤ （清）李宗昉：《黔记》，罗丽丽点校，载顾久主编：《黔南丛书》第 10 辑，贵州人民出版社 2010 年版，第 246 页。

⑥ （明）徐宏祖：《黔游日记》，张新民点校，载顾久主编：《黔南丛书》第 9 辑，贵州人民出版社 2010 年版，第 71 页。

（一）流官理讼

流官理讼是指苗疆逐渐改土归流，建立起州县府厅、道、省等衙门，实行与内地基本一致的司法审判制度，处理讼争的过程和类型。

1. 苗疆的流官理讼是屯堡驻军的条件下逐渐实现的。迄至明代中后期，还有府州县等流官治下的边远苗疆地方，仍未对苗人族群实行有效的流官理讼管辖，只是对苗人征收钱粮而已。明代贵州“卫所治军，群邑治民，军即民籍来役戍者也，故卫所所治皆中国人。民即苗也，土无他民，止苗夷。然非一种，亦各异俗……总之盘瓠子孙，椎髻短衣，不冠不履，刀耕火种，樵猎为生，斗杀为业。群邑中但征赋税，不讼斗争，所治之民，即此而已矣”。[①] 据考证，王士性入黔的具体时间，是万历十八年（1590）四十五岁时，由粤藩转云南澜沧兵备副使，万历二十一年调迁河南提学并晋山东参政，赴任、离任途经之时。因此其所记述的“不讼斗争”当为信史。即当时在贵州苗疆设立的府、州、县，并不受理苗人的讼争，而交由土司或寨款理讼。

更有甚者，流官居然不在所辖地方驻扎施治，只是每年入境催收钱粮一次，比如荔波县的县官。明代“怀远、荔波二县皆土夷，县官不入境，止僦居于邻县，每年入催钱粮一次而已。然复怀远易，荔波难。荔波无一民，皆六种夷杂居，自思恩县西去，陆行数百里，深则重沟，高则危岭，夜则露宿，昼无炊烟，人多畏而不敢入”。[②]

明代以来荔波县历任知县，基本没有行使理讼职能，直到清乾隆初年在荔波县设营驻军之后，才逐渐对苗人行使理讼管辖。清乾隆六年，署贵州总督张允随奏：“贵州荔波一县，幅员辽阔，寨大人稠，苗性不一。前隶粤省时，因其僻远，知县终年不至，苗性不知有官，是以仇杀抢劫，习以为常。自改隶黔省安营建治，苗人有事渐知告官剖断”。[③]

2. 流官理讼最初处理的主要是土司间的讼争。早在唐宋，苗疆设立土司，实行羁縻政策。“至元明稍稍式廓，而安抚、宣慰诸司，仍以酋长加之名号，拥地负隅，互相雄角，小则遣官勘讯，大则命将出征，播州、水西猝未能

---

① （明）王士性：《黔志》，张新民点校，载顾久主编：《黔南丛书》第 9 辑，贵州人民出版社 2010 年版，第 10 页。

② （明）王士性：《广志绎》卷五，西南诸省，广西，载顾久主编：《黔南丛书》第 9 辑，贵州人民出版社 2010 年版，第 31 页。

③ 《清高宗实录》卷一三七，乾隆六年二月二十三日。

擒服也，故其时受之以讼，受之以师。”[①] 土司间争斗，规模小的，朝廷派官员勘讯处理，以理服人；而规模大的，不听朝廷处理意见的，则“大刑用甲兵”，派兵征讨，以力服人。

3. 流官理讼的程序是最规范、劳烦的。[②] 清道光年间，曾任贵州巡抚贺长龄作《耐烦劳与所属州县官》：“看案而耐烦劳，则原委透明；审事而耐烦劳，则虚实可辨；立谳而耐烦劳，则供勘明切；检验而耐烦劳，则尸伤明确，后来案无疑窦；鞫囚而耐烦劳，则反覆研讯，不事刑求，真情可得；批词而耐烦劳，则批断切中，小民不致守候；再告禀覆而耐烦劳，则确切对针，不致答非所问；问勘而耐烦劳，则界址分明，堂审更有把握；签票而耐烦劳，则票内字句轻重名目多寡俱有斟酌，胥役不能蒙混，而里民免无端警扰、意外之株连。”[③] 贺长龄把流官理讼总结为看案、审事、立谳、检验、鞫囚、批词、再告禀覆、问勘、签票等诸环节，均要耐烦劳。

4. 清代苗疆的流官理讼有希图案件“外结”的倾向。清乾隆初年湖南巡抚冯光裕就指出：“湖南治苗之法，相沿积习，惟以粉饰地方无事为能，而实在扰害地方之事，上司不乐闻，下属亦遂隐匿。苗人与汉人口角，地方官即责罚汉人。苗人与弁兵争闹，该管官即参革弁兵，总图姑息了结，博安静无事之名，以致苗人毫无忌惮。即间有奉上司批行拿审之案，各官俱令寨头、百户诱苗出官，当堂担保无事，甚至同苗吃血，誓不法处。及至审详，若应问拟重辟，则捏作自首故减罪名，奉上司批回，或枷或杖，不特并不发落，反赏盐斤遣归。”[④]

5. 流官理讼权力是清王朝授予，并受到直接控制的，且最高权威的裁判性权力。苗疆流官理讼，大清律例有着审限、法源、刑罚等方面的特殊条例规定，设有理苗同知、通判等特别官制。其理讼权威是逐渐得到苗民认同而确立的。理讼是苗疆掌握苗情的主要渠道之一，当某一领域词讼案高发时，流官会采取颁发告示、条约等地方立法形式确立规则，并准许和

---

① （清）爱必达：《黔南识略》，罗丽丽点校，载贵州省文史研究馆编：《续黔南丛书》第2辑（上册），贵州人民出版社2012年版，第14页。

② 关于清代流官理讼的制度描述，有那思陆的《清代州县衙门审判制度》（中国政法大学出版社2006年版）、《清代中央司法审判制度》（北京大学出版社2004年版），郑秦的《清代司法审判制度研究》（湖南教育出版社1987年版）等重要著作，无须笔者再赘述。

③ 道光二十九年刻本《大定府志》卷五十三，第20~21页。

④ 《冯光裕奏整饬吏治之法（乾隆五年六月十五日　朱批）》，载中国第一历史档案馆、中国人民大学清史研究所、贵州省档案馆编：《清代前期苗民起义档案史料（上册）》，光明日报出版社1987年版，第314页。

饬令苗寨刊碑。包括“清江四案”在内的具有重要影响的案件审结后，苗疆流官通常发布案件审结告示，以确立区域政治经济秩序。

苗疆流官出台剔弊新政，会预估可能产生的讼争滋扰，比较审慎稳健，以循旧便民为先。在出台普遍适用的政令与通过理讼个案解决方式之间，流官并无“立法”优先的偏好，常常会预估立法是否“启仇讦涉讼之繁”，反倒认为理讼的个案处理方式是否更为妥便，“消之以渐，则事可清而民不扰”，保持社会转型的节奏和秩序。

清朝早期，苗疆常见多发案件是苗疆姑舅中表婚俗而引发彩礼纠纷。清中后期，随着农耕生产方式和人工林技术的普及，山林田土纠纷成为常见多发案件。苗民控诉土司、流官、差役案件，土司控诉流官案件，风水争讼案件是苗疆独特的案件类型。部分案件控经道台、督抚，甚至京控，反映了对流官理讼权威的认同。

当然，四种理讼权力，也存在一定博弈与互补关系。

（二）寨款理讼[①]

寨款理讼是一种族群地域社会自治性的，对族群个体违反款约和群体利益的行为，进行裁判和处罚的活动。它的依据、程序不同于基于国家律例的流官理讼。

1. 寨款理讼，常常使用“木刻传人”，没有公差传唤；常常是立刻当众审理，并立即执行重刑，而不是层层复审。“广西宁明州所辖之五十三村土蛮，归化未久，本年三月内因役田争竞，有黄文珍等竟将邻寨之林文松捉回，用木刻传人，立时杀死，并将其子林德昭绑缚勒赎，不许报官。两广总督策楞，以该土蛮既经向化，即属朝廷百姓，何可听其自相仇杀？随经勒限查拿。兹已据地方文武，拿获首犯黄文珍，其林德昭亦经放回。”[②]《黔南识略》

① “寨款”是笔者创设的一个名词，并非对侗族地区的款文化不尊重。笔者不使用“侗款”一词，主要基于以下理由：首先，清代苗疆并无新中国所进行的科学规范的民族识别，在清代并无苗族、侗族等56个民族区分，而是使用“苗”来泛指南方诸少数民族。其次，清水江文书中已经发现了清代苗族村寨之间的款文书，可见款并非侗族所独有的文化现象。再次，《大辞海·民族卷》（夏征农、陈至立主编，上海辞书出版社2012年版）就解释：“合款，亦称‘款’、‘议款’、‘合榔’、‘议榔’。旧时侗、苗、水、布依等族的一种社会组织”，该卷主编为郝时远、史金波、道布、黄行等著名学者。复次，“侗款”一词是在1962年首次使用，后有1988年岳麓书社的《侗款》，才得以广泛传播的。最后，使用“寨款”突出其地缘性，而淡化其族别性。

② 《清高宗实录》卷二六七，乾隆十一年五月甲子。

记载，永从县的黑苗、高坡苗，“无土司管辖，遇有一苗争讼，则诸苗互罚之，以故邑称最简。”[①] 这是关于寨款理讼的记载。

2. 寨款理讼，所依据是族群社会内部所订立的自治性的款约，也有头人主持当众辩论的环节，处罚较之律例更严酷。署按察使钟昭曾奏：“粤西土俗，最易轻生。偶有偷窃事犯，即公众议罚。倘辩论不服，竟逼令自尽，或令伊父母亲族公同致死。臣必尽法按拟，并出示严禁。至苗、瑶各种，性最愚顽，惟听该头人指挥。如头人奉公守法，即可宁谧；若头人欺诈，多生事端。现饬各州、县将玩法头人逐一革除，另行委充”。乾隆颁旨认为：“以明刑弼教之意，行化民移俗之方，日计不足，月计有余，汝其勉之，亦不可欲速也。”[②] 即不遽为禁止。

明人记述贵州苗人的寨款理讼情景。“推其属之公正善言语者，号曰行头，以讲曲直，行头以一事为一筹，多至百筹者，每举一筹，数曰：某事云云，汝凌于某。其人不服则置之，计所置多寡，以报所为讲者曰：某事某事其人不服。所为讲者曰：然则已。不然，则又往讲如前。必两人咸服乃决。若收筹多而度其人不能偿者，则劝所为讲者掷一筹，与天一，与地一，与和事之老，然复约其余者，责负者偿之，以牛马为筹。凡杀人而报杀过当者，筹亦如之言语”。[③]

黔东南苗疆，“宰款合榔者，苗俗也，既汉人歃血盟誓之意。又曰合款，亦曰诂话。其会盟处，曰款场。其首事，曰头人。头人中之头人，曰榔头。悔盟者有罚，曰赔榔。”[④]

湘西苗疆苗人的寨款理讼，则由讼争双方请“理郎”，在各自家里举行。两方当事人，各有一个理郎，择日开理，甲方讲完一阵后，由介绍人走到乙方家里，对乙方的当事人及理郎介绍。乙方辩护后，又由介绍人走回甲方对当事人及理郎介绍，如此反复，最后合议评判了事，常常处理婚姻纠纷、田土纠纷、山林纷争、失物纷争等。[⑤]

3. 寨款理讼所依据的“苗例”或“夷俗”虽严，但能保证社会秩序安宁。“夷人法严，遇为盗者，绷其手足于高桅之上，乱箭射而杀之。夷俗射极巧，未射其心旋月，不能顷刻死也。夷性不畏亟死，惟畏缓死，故不敢犯道。

---

① （清）爱必达：《黔南识略》，罗丽丽点校，载贵州省文史研究馆编：《续黔南丛书》第2辑（上册），贵州人民出版社2012年版，第219页。

② 《清高宗实录》卷二九七，乾隆十二年八月丁亥。

③ 明万历三十六年刻本《黔记》卷五十九，诸族，苗人。

④ 马国君编著：《平苗纪略研究》，贵州人民出版社2008年版，第146页。

⑤ 张子伟、石寿贵：《湘西苗族古老歌话》，湖南师范大学出版社2012年版，第185~198页。

贵州南路行，于绿林之辈，防御最难。惟西路行者，……虽夜行不虑盗也。夷俗固亦有美处。”①

4. 寨款理讼权力是苗疆原始封闭条件下形成的，具有朴素的民主、自治精神和传统。苗疆村落社会，为了维护公共利益和秩序，通过联款（即契约）的形式，制定款条禁约，推选款首、款军等组织机构，惩处违反款约的行为。寨款把理讼等公共权力委托给款首行使，理讼被称为“开款”。这是苗疆纳入清朝版图前的真实存在的“社会契约”和固有历史传统。

清初开辟新疆六厅后，苗疆社会日益开放和流动，产生了流官与款首理讼权力的竞争和互补。固有的和外来的竞争突出表现在流官与款首理讼比赛的出现，以及禁止小事开款。联款村寨范围之外讼争，则需要流官理讼。村寨联款传统，被清朝以保甲、团练形式，加以一定程度的改造和利用。

（三）土司理讼

土司理讼是指世袭的土司、土官衙门处理本辖区内的讼争。

1. 苗疆的土司理讼早在唐宋就出现了。“黔于唐宋间析郡分州，授其土人，遥为羁縻，其时犹屯蒙也。”②

2. 有时土司权威高于流官权威，改土归流出现反复。明宣德、正统年间，广西忻城县境壮、瑶不服流官知县统治，起来造反，地方混乱，知县苏宽就居于府城，管不了县事。于是壮老韦公泰等推举前元土司、明初斥革土司莫保之子莫敬诚为县土官，出现流官、土官共治的局面。明弘治九年（1496）两广总督邓廷瓒疏于朝，革流官，以莫氏为土官知县，准予世袭，改忻城为土县。从宋庆历三年（1043）至明弘治九年，流官统治453年而结束。③土官统治时期，一般民事纠纷案件，由堡目、里正、峒长或村老调解。调解不下，用捞油锅或到社坛赌咒的办法裁决。较大案件诉讼到土官衙署，在位土司审理。④

清代忻城土司衙门审判厅门联曰：“如得其情，哀矜勿喜；期于无讼，

① （明）王士性：《黔志》，张新民点校，载顾久主编：《黔南丛书》第9辑，贵州人民出版社2010年版，第10页。

② （清）爱必达：《黔南识略》，罗丽丽点校，载贵州省文史研究馆编：《续黔南丛书》第2辑（上册），贵州人民出版社2012年版，第14页。

③ 蓝承恩：《忻城莫氏土司500年》，广西人民出版社2006年版，第3页。

④ 韦业猷：《忻城土司志》，广西人民出版社2005年版，第66~67页。

讯谳惟公”，[①] 也秉持着封建正统法律思想。清雍正七年（1729）设汉堂衙门，配有汉典史1名，其职责是监督土官行为和查处地方命案等。汉典史，称右堂，有衙门和印信，专司督饬牢役看守监狱，其衙门在土司衙署附近。典史可受理轻微案件。[②]

3. 明清官方史志对土司理讼的记述，多以“威刑”“虐政”名之，以论证和宣扬改土归流的正当性。明人王士性讲：“云贵土官，各随流官行礼，禀受法令，独左、右江土府州县不谒上司，惟以官文往来，故桀骜难治。其土目有罪，径自行杀戮。”[③] 清人罗绕典讲：“明代土官，皆生杀自恣，其小者，犹能以虐政，害其所部苗民。今则宣慰、土府诸大土司，皆裁。其小者，又以所部租税，与汉人相买卖，如田业，然至有贫不能举火者。有大狱讼，皆决于流官，见流官与乡保无异，苗民亦且轻之，往时虐政减除殆尽。”[④] 清人陈鼎讲：“黔省苗蛮，种类甚多。有……共三十余种。风俗各异。惟宋家、蔡家、马镫龙家，乃战国时楚伐宋、蔡、龙三国，俘其民，放之南徼，流而为苗者。知中原礼义，衣服祭祀，婚嫁丧葬，辑让进退，一禀于周。而花苗、东苗、西苗、牯羊苗四种淳朴外，其余皆不可以礼法教者，惟土司威刑始得以制之。……生苗者，无头目，不服土官钳束，雄而强者即为长。”[⑤]

问题是土司理讼尽以“斧钺汤镬”，何以维持数百乃至近千年的统治？另外，土司多为历代汉人征讨苗叛的将军，其家族不少是诗书传家，熟习礼法，也可能未必尽是“威刑虐政”？明清贵州四大土司中，就有例外。明永乐以后，贵州四大宣慰使之一的三任宋氏土司宋斌、宋昂、宋炫，政尚清简，好学攻文，能做诗词，《黔记》收录了宋昂及其弟宋昱、宋炫所作七言诗多首。宋昂在位时，“有苗弄兵者，昂必自咎。于政不加诛责，以故政治旁洽，边鄙辑和。”[⑥] 明清两朝鼓励土司子弟到内地读书并参加科举考试，但土司在其辖区多奉行愚民政策，并不兴办学校。愚民政策可能是土司维持长期统治的重要原因之一。

① 潘学明：《广西忻城莫氏土司官族诗文赏析》，广西人民出版社2006年版，第280页。

② 韦业猷：《忻城土司志》，广西人民出版社2005年版，第56页。

③（明）王士性：《广志绎》卷五，西南诸省，广西，载顾久主编：《黔南丛书》第9辑，贵州人民出版社2010年版，第29~30页。

④（清）罗绕典：《黔南职方纪略》，罗丽丽点校，载贵州省文史研究馆主编：《续黔南丛书》第2辑（上册），贵州人民出版社2012年版，第386~387页。

⑤（清）陈鼎：《黔游记》，苟爽、罗正副点校，载顾久主编：《黔南丛书》第9辑，贵州人民出版社2010年版，第197页。

⑥ 明万历三十六年刻本《黔记》卷五十六，故宣慰列传，宣慰宋氏。

土司理讼的依据是朝廷律令，还是苗俗、苗例，抑或是土司擅定的“立法”呢？播州杨氏宣慰使，维持地方统治达八百年，清代遵义府是播州旧地之一。清人爱必达评价遵义府，就讲“其地富饶，冠于全省，顾其民多讼，正安、绥阳次之，桐梓、仁怀其最著也。闻杨氏为土酋时，杀人者令以牛马自赎，有被盗者听民自搜，令盗以一偿十，故民有疾病死，亦必诬指其素嫌之人以泄忿，被盗之家皆纠人远近自搜，指疑似之赃，取倍称之息，并有不必失盗，而故扰人以渔利者。故盗踪全无影响，而诬良磕索之风，较之真盗为尤烈，及官汛出实情，照例惩治，而良民之受其波累者，指不胜屈矣。今遵郡通属，命盗案件，岁不过数十起，而借端诬陷者，风未尽泯，盖流毒之深，自杨酋阶之厉也”。[①] 播州土司理讼，援引“苗例”，属于因俗而治。至于“盗一罚十”，也并无过当之处。因此，指控清代遵义府的诬告之风，乃播州杨氏土司理讼所启，似乎并无充分道理。至于“官汛出实情，照例惩治”中的“例”，所指是否为明朝律例的诬告反坐例，抑或是土司所立的“土例”，则由于缺乏资料，不得而知了。

4. 土司理讼权力是中央王朝“封土建司”所授予的，是逐渐受到限缩和挤压的。改土归流前，土司理讼既包括“事实审”，又包括依照苗俗、苗例的“法律审”。改土归流后，土司不准擅专理讼，土民向土司投词，土司有查核事实并申详州县流官之责，即“事实审”。不过，土司依然习惯性行使“轻件”的理讼权力，但是受到所辖村寨头人的制约，曾有旨在限制土司理讼权力的土司与村寨头人之间的政治契约出现。土司理讼权力，由此呈现出一定程度的“程序法治化”趋势。

（四）屯堡理讼

屯堡理讼是指提督、副将、游击、都司、守备、千总、把总等武弁处理讼争。

1. 屯堡理讼的自然社会环境十分复杂。屯堡及其周边是军户、客民的集中居住区域，也是汉苗、兵苗集中交易的场市。千总以上武弁，均有自己的独立官署，一般多设置在州县府厅等的主城之内。但也有于苗疆扼要处所，建筑屯堡的，千总、把总、总旗、小旗、百户等基层武弁驻扎其间。比如，贵州省清江和台拱两厅内，共有屯堡 23 处，驻扎 4 卫屯军三千数百

① （清）爱必达：《黔南识略》，罗丽丽点校，载贵州省文史研究馆编：《续黔南丛书》第 2 辑（上册），贵州人民出版社 2012 年版，第 279~280 页。

余户，每卫千总1员。又松桃一厅的主城之外，共设汛堡30处。清代苗疆地方，苗多则屯户多，苗少则屯户少；苗多的地方，汛堡星罗棋布，与苗寨相为错综，彼此交换商品，甚至典卖租佃土地。客民或贸易营生，或耕种度日，附居于屯堡与苗寨之间。

2. 屯堡理讼的强制权威最直接和有效。古云“大刑用甲兵”，屯堡弁兵是清朝的武装力量的组成部分之一，虽然每一汛堡额设兵丁五六十名、七八十名，多至一百数十名，却备而不用，就是一种威慑强制力量。各汛堡相距不过四五里，远者至七八里，汉民、苗人、客民投告便捷，比起去百数十里之外的厅城、府城等控告，其成本不啻天壤之别。

3. 屯堡理讼常常僭越了军法管军的界限，在屯军移民、苗汉日渐交流融合的条件下形成，常常断理屯堡场市交易纠纷。清代苗疆，除清初、咸同年间处于战时状态外，屯军汉民与苗民经济文化交流频繁，民族融合是大趋势。屯堡处于交通便捷之处，间断周期开市的商贸场市也设立在屯堡内，屯堡成为了汉苗、军民交易行为地。尽管有“至有与兵、民、熟苗关涉之案件，隶文官者，仍听文官办理；隶武官者，仍听武弁办理”乾隆谕旨，屯堡的千总、总旗等武弁们，还是就近、即时地断理了屯堡场市交易纠纷，维护市场秩序。

第四节　社会转型

一、社会转型

社会转型，一般是指社会从一种形态向另一种形态具有进化意义的转换，它的具体内容是结构转换、机制转轨、利益调整和观念转变。在社会转型期，人们的行为方式、生活方式、价值体系都会发生明显的变化。理讼是以法律手段解决社会矛盾、维护社会秩序的有效途径，具有规范、保护、补偿、矫正、限制与扩张等作用，是社会平稳转型的最后一道防线。社会转型是理讼变革的原动力，理讼变革又推动了社会转型的实现和完成。

但就清代苗疆的社会转型而言，它显然不是一个自然演化的过程，而是中央王朝强制干预占主导作用的被动转变过程。新辟苗疆、改土归流是显据和明证。如果不新辟苗疆，该生苗区域内，就不会有土司理讼和流官理讼。如果不改土归流，该土司管辖区域内，就不会有流官理讼，土司理讼也不会发生调整和变革。

二、清代苗疆的社会转型

清代是清水江流域所在苗疆地区的社会转型期。除了从单一稻作农业，向稻作与人工林业并存的二元经济转型外，清代苗疆社会转型至少还包括：从封闭走向开放；从有语言、无文字，到识汉字、说汉话；从汉苗仇敌、汉苗分治，到汉苗相安、化为一体；从苗例苗俗、不通礼法，到“礼法”“赤子”话语，“充斥”词稿和碑铭；从“封土建司”，到“改土归流”。既有清廷力促“向化”之力，又有苗疆社会固有精神和传统的自发演进之功，而前者是主导性的。理讼制度因应这种趋势而嬗变。总之，清代苗疆社会转型是一个苗汉日益良性互动、经济文化资源逐渐共享的过程，是一个理讼体制和机制不断调适，实现“汉不扰苗，苗不仇汉”的过程。

（一）经济维度

1. 明代苗疆还处于自然实物经济状态而商品货币经济尚在萌发。明朝虽然常常赐予朝觐的土司、土官以钞、币，但是明代苗疆基本还处于自然实物经济状态。虽然实行盐引开中之法，但其目的是促使商人向驻军输送粮食，并无商品粮食供给市场。

虽然明万历三十三年（1605）后，朝廷正式允许租税货币化，并三分纳钱，七分纳银，但是，苗疆尚未推行。万历三十三年七月二十四，贵州巡按毕三才题称：“贵州山多田少，额赋甚俭，虽赖川湖协济，而岁出浮于岁入，日今仓库空虚，官军俸粮历一二年不支，无处措借，乞行本政司依式鼓铸制钱，以济民用裕国计”。户部复言“今举黔地从来未有之物，一旦责之以必行，恐于民俗不无少梗”。[①]

即便是大明宝钞，也未见通行苗疆。洪熙元年（1425）八月十一，贵州水德长官司张沂奏“部符令民计口纳食盐钞。贵州郡县皆洞溪蛮民，自耕

① 《神宗万历实录》卷四一一，第 17 页。转引自贵州民族研究所：《〈明实录〉贵州资料辑录》，贵州人民出版社 1983 年版，第 1047 页。

以食，商旅不至，无货易钞。乞赐免纳”。[①] 宣德七年（1432）正月二十三，思南府奏：“以钞法不通，市镇铺店，亦如例征钞，岩洞深阻，商旅不至，市无交易，皆受雇外境办钞输官，夷民艰难，乞蠲免前项米、钞”。[②] 宣德七年五月初二，贵州思南知府张谨奏：“本府税课，岁办课钞一万二千六百余贯，边民之地，别无出产，商旅不至，课钞皆民赔纳。近户部以钞法不通，于课额外再加五倍，夷民贫困，虽鬻子女不能办，追责急，则窜山峒。乞仍旧为便”。[③] 洪熙、宣德两朝，均免贵州苗疆纳钞。

苗疆零星商品经济，也停留在以物易物阶段。正统九年（1444）六月初四，湖广、贵州二布政司奏“苗民被虫鼠灾伤田禾，告欲伐山木，并以土产方物变易米粮，恐巡逻者遏抑，无以为生”。上曰“苗民亦吾赤子，可坐视其饥窘耶，宜听其交易”。[④] 即以木材、山货换取米粮。

明正德至万历年间，采办大木，促进苗疆木材和劳动力的商品化。明正德九年，因修乾清宫、坤宁宫，在四川、湖广采运大木，[⑤] 各官吏军民人等，是从官府领木价和夫价的。[⑥] 但是，明代并未促进苗疆人工商品林种植业的兴起。

汉民向苗人提供的消费借贷，也被压制。景泰元年（1450）八月初六，奏准“水西革勒寨头目阿忽等所统人民，……今已去逆效顺，其田地未及耕种者，免其税；并令贵州都、布、按三司、巡按监察御史，严加禁约，有司军民不许放钱债，倍取利息，复致激变，庶使其永远向化，边境宁静”。[⑦]

2. 清代苗疆的商品货币经济有了长足发展。其一，以清水江流域所在苗疆为典型代表的人工林业商品经济的兴起。这种为卖（木材）而买（种子、

---

① 《宣宗宣德实录》卷七，第 11 页。转引自贵州民族研究所:《〈明实录〉贵州资料辑录》，贵州人民出版社 1983 年版，第 169 页。

② 《宣宗宣德实录》卷八六，第 7 页。转引自贵州民族研究所:《〈明实录〉贵州资料辑录》，贵州人民出版社 1983 年版，第 218~219 页。

③ 《宣宗宣德实录》卷九〇，第 1 页。转引自贵州民族研究所:《〈明实录〉贵州资料辑录》，贵州人民出版社 1983 年版，第 222 页。

④ 《英宗正统实录》卷一一七，第 2 页。转引自贵州民族研究所:《〈明实录〉贵州资料辑录》，贵州人民出版社 1983 年版，第 296 页。

⑤ 《武宗正德实录》卷一一七，第 6 页。转引自贵州民族研究所:《〈明实录〉贵州资料辑录》，贵州人民出版社 1983 年版，第 661 页。

⑥ 《神宗显皇帝实录》卷二，第 13 页。转引自贵州民族研究所:《〈明实录〉贵州资料辑录》，贵州人民出版社 1983 年版，第 858 页。

⑦ 《英宗实录》卷一九五，景泰附录一三，第 4~5 页。转引自贵州民族研究所:《〈明实录〉贵州资料辑录》，贵州人民出版社 1983 年版，第 339~340 页。

土地）的商品经济，具有资本主义大生产的因子，是与“为买而卖”的小商品生产（比如，农民为买食盐，而卖掉部分粮食）有着根本区别的。清江四案之一的“白银案”、“争江案”和“皇木案”，就充分地反映了人工林业商品经济的繁荣。“白银案”反映了大规模的木材商品交易对银两——价值尺度和价格标准的统一化的强烈需求。“争江案”反映了沿江村寨试图冲破行政垄断、市场垄断，追求交易自由、交易平等的强烈需求。“皇木案”反映了明清两朝采办皇木，由官办为主向商办为主的转变，反映了苗木山贩、木商水客对于商品交易的平等、自愿原则的内在渴求。

不仅贵州清水江流域，而且清代两广苗疆，也出现木材商品经济。康熙四十一年，民人虞有兴等，与佛山关税木客简献东，共谋占瑶人邓头短等的大掌岭巨杉，与邓头短互讼，经广西巡抚、按察司断处，枷号虞有兴、简献东，山木断还瑶人，并豁除山税。① 光绪七年（1881），桂林府兴安县正堂柳断处，六峒山多田少，所产稻粱，不敷半年食用，全赖禁蓄竹木砍伐编筏，运省发卖，木客刘金才漂去杉木二百余株，流至城坪，被该处孙显标等捞取数十株，私行变卖。② 宣统元年(1909)，恭城县正堂钱断处，八甲洞瑶人诉木商，因运放木排，而擅开粮坝，嗣后每年春分以后，霜降以前，正田禾急需蓄水之时，每月只准逢三开坝，一月□□放木排。头川二川两坝，限由七点钟起至一点钟止，龙岩坝准放至二点钟止，每次交坝工钱共三千文。春分以前，霜降以后，无须灌溉，随到随开，不得勒收坝工钱文。③

其二，苗疆土地由土司领主所有制向地主私有制转变。土地的领主制与地主制的最大区别，在于有无租佃制。领主制强制奴隶劳动，而占有奴隶的全部劳动成果，除去最低限度的工食，而地主制中，地租是与佃农事先约定的，地主和佃农共同分享劳动和土地结合所得收益，佃农因有部分的土地孳息的收益权，而有劳动积极性，因而会提高生产效率。《清史稿》卷三百五十九载：“广西土司四十有六，生计日绌，贷于客民，辄以田产准折”。④

---

① 《大掌岭杉木税详惩奸骗》，载杨一凡、田涛主编，张冠梓点校：《中国珍稀法律典籍续编·少数民族法典法规与习惯法（下）》（10），黑龙江人民出版社 2002 年版，第 37~40 页。

② 《严禁沿河居民变卖木商漂流竹木碑记》，载杨一凡、田涛主编，张冠梓点校：《中国珍稀法律典籍续编·少数民族法典法规与习惯法（下）》（10），黑龙江人民出版社 2002 年版，第 152 页。

③ 《判决坝案碑记》，载杨一凡、田涛主编，张冠梓点校：《中国珍稀法律典籍续编·少数民族法典法规与习惯法（下）》（10），黑龙江人民出版社 2002 年版，第 171 页。

④ 《清史稿》卷三百五十九，《谢启昆》列传一百四十四，第三十七册，第 11358 页。转引自龚荫：《中国土司制度史》（上），四川人民出版社 2012 年版，第 185 页。

《清朝续文献通考》卷一百三十六载："嘉庆四年谕台布复奏，广西土司典出地亩，今既查明汉民占种土司田亩，为日已久。如概令备价回赎，则土司疲惫无力。若欲分别查办，悉数追还，则汉民资本全亏，必致失所。……且汉、土相安已久，即土司疲乏无力，亦只可听其自为生计，又何必官为过问乎？"。[①]《钦定户部则例》卷四载：贵州"兴义、普安一带客民，有置当苗民全庄田土者，所招佃户，多系汉人"。[②]《清史稿》卷第三百五十八载：四川"宁远府属夷地，多募汉人冲佃"。[③]雍正三年，云贵总督高其倬条奏苗疆事宜："土司贫苦，往往将所管有粮之田，作为无粮之土，卖与绅衿、商民，以致完纳无资，每至派累苗户。请饬令查核清楚，令各买田之人照例输纳，兵部照准。"[④]这充分说明地主经济已在西南少数民族地区发展起来，土司制度的经济基础已经崩溃。清代的改土归流，就是变奴隶主和农奴专政为封建地主阶级专政。[⑤]

其三，苗疆货币商品经济，有了相当的发展。"白银案"，就表明银两成为苗疆大宗交易的货币。此外，制钱也在苗疆省份鼓铸，并在日常生活消费中使用。道光二十四年，四川苗疆冕宁县境内行使私铸小钱，以致银价增贵，钱价贱落，私钱充斥，该县出示，"不得掺用小钱，存积私钱之家，限一月内各自首缴"。[⑥]该县境内，"凡遇交通贸易，竟将可以行用之钱，任意挑剔，故为选择，以致贫民有钱不能使用"，于是又出示："将可用局钱另悬木牌以作示样；除实系破烂不堪使用之钱，不准使用，其余一切时行铜钱，毋得故为挑剔。"[⑦]

---

① 《清朝续文献通考》卷一三六《职官·直省土官》，第二册，第8959页。转引自龚荫：《中国土司制度史》（上），四川人民出版社2012年版，第185页。

② 《钦定户部则例》卷四《户口》四《番界苗疆禁例》条，道光十一年校刊本，第二册，第20页。转引自龚荫：《中国土司制度史》（上），四川人民出版社2012年版，第185页。

③ 《清史稿》卷三五八，《常明》列传一百四十五，第三十七册，第11347页。转引自龚荫：《中国土司制度史》（上），四川人民出版社2012年版，第185页。

④ 《世宗实录》卷三一，第15~17页。转引自中国科学院民族研究所贵州少数民族社会历史调查组、中国科学院贵州分院民族研究所编：《〈清实录〉贵州资料辑要》，贵州人民出版社1964年版，第497~498页。

⑤ 龚荫：《中国土司制度史》（上），四川人民出版社2012年版，第185~186页。

⑥ 《冕宁县严禁行使小钱告示》，载杨一凡、田涛主编，张冠梓点校：《中国珍稀法律典籍续编·少数民族法典法规与习惯法（下）》（10），黑龙江人民出版社2002年版，第113页。

⑦ 《冕宁县严禁苛择钱文告示》，载杨一凡、田涛主编，张冠梓点校：《中国珍稀法律典籍续编·少数民族法典法规与习惯法（下）》（10），黑龙江人民出版社2002年版，第114页。

（二）政治维度

1. 明代的改土归流是不成功的。首先，明朝后期高层，就有恢复土司羁縻制的议论。成化十五年（1480）十二月初六，礼部右侍郎周洪谟就疏言：宋、元两代，苗疆“皆立土官，以夷治夷，羁縻而已”。明季“代以流官，不通夷语，不通夷情，其下因得苛刻，激变其党；洪武、永乐、宣德、正统年间，四命大将徂征，随服随叛；景泰初年，势益滋蔓，得汉人缚之于树，乱箭射之，曰：尔害我亦已久矣。天顺、成化间，累出为恶。臣于时尝言，剿之不得，抚之不从，惟立土官治之，为久远之利，诸夷忻然悦服。……如此则汉不扰夷，夷不仇汉，可相安于永久矣！”。[①]

其次，明王朝为平叛弘治朝的米鲁事件（1499–1504）、万历朝的杨应龙事件（1593–1601）、天启朝的奢安事件（1622–1627）付出沉重财政负担。平叛奢安后期，贵州、湖广、四川三省财政皆被拖累。天启五年（1625）六月初四，总督贵州蔡复题奏：“海内之穷，惟黔为最，亦惟今日为甚。练兵则激犒无资，用兵则悬赏无饵。运米以赡兵，缮甲制器以治兵，则料脚无措”。[②] 天启五年（1625）六月初六，御史王柞昌言：“奢酋发难以来，除朝廷发帑以济急需外，诸凡兵饷之不足者，一切取之民间，膏髓已枯立见毙，又安所得转输乎！欲求民不竭泽，兵不枵腹，惟有屯田一著。……永宁、蔺州、遵义其田地之膏腴，固可耕而食也，诚严督诸将卒、部曲计亩栽种，二、三年后可免小民挽输之苦”。[③] 天启五年（1625）七月二十四，御史袁鲸就条陈曰“黔难未平，楚力已匮”。[④] 天启六年（1627）十二月初一，兵科给事中李鲁生疏言：“今天下两大患，东则辽，南则黔”。[⑤] 史家常谓，辽东之患，亡明。殊不知西南苗患，也加速了明朝灭亡。崇祯三年（1630）

① 《宪宗成化实录》卷一九八，第1~3页。转引自贵州民族研究所：《〈明实录〉贵州资料辑录》，贵州人民出版社1983年版，第500页。

② 《熹宗天启实录》卷五五，第8页。转引自贵州民族研究所：《〈明实录〉贵州资料辑录》，贵州人民出版社1983年版，第1257页。

③ 《熹宗天启实录》卷五五，第17页。转引自贵州民族研究所：《〈明实录〉贵州资料辑录》，贵州人民出版社1983年版，第1259页。

④ 《熹宗天启实录》卷五六，第15页。转引自贵州民族研究所：《〈明实录〉贵州资料辑录》，贵州人民出版社1983年版，第1264页。

⑤ 《熹宗天启实录》卷七四，第2页。转引自贵州民族研究所：《〈明实录〉贵州资料辑录》，贵州人民出版社1983年版，第1289页。

九月初三，总督朱燮元奏："御蛮之法，治与不治，既来则安，不专在攻取也。今水西既已纳疑，残蔺安敢负固，惟当明定疆界，使诸蛮自耕牧，遵往制，职贡赋，数世之利也。若设屯兵，臣以为不便。"上未许之，后推勘，卒如其议。又欲用兵郡县土司者，燮元奏不可。明末朝廷，已无力征剿，无力再添置屯堡和屯兵了，遂准"燮元分以地俾世守"。①

最后，屯堡和改土归流的成果无法维持和巩固。天启六年（1627）十二月二十四,四川巡按陈睿谟就奏："永宁、遵义二路屯田奉有明旨，今岁幸际有秋价平谷贱，此系屯田之明效矣。但获利未几，衅端随冗，遵义自平播改流以来，已二十余年，居民践土食毛，各有分业，顷自避乱以来，而丘垄庐舍，尽非我有，即云将卒、云屯，尽为王土，而哀鸣鸿野，无处惊栖，毋乃驱华民资敌国乎？"②太仆寺少卿仍以御史巡按贵州监军陆献明也疏言："昔臣入黔，正省城围困之后，抚臣王三善被难之时，耕耨无人，军民逃窜，即东偏近楚一带，满目荒凉。今则禾稼如云，此贵阳以东景象也。而西南郡卫，经酋残破者，未必尽然。……凡与苗邻者，子孙妻子辄掳归朝，思、铜诸府，平、清诸卫，老幼失其骨肉，哀号震于村墟，诸路非无营哨，而些许饥馁之将卒，焉能御沸地之群苗"。③无论地方大员，还是中央巡视大员，均持一致见解：贵州苗疆改土归流成果，贵阳以东或可维持，贵阳以西则手长袖短，鞭长莫及。

2. 清朝的改土归流也曾遭遇反复而成效显著。首先，西南苗疆最后一块生苗区，被新辟为六厅，并"设土归流"，整个西南苗疆尽数籍入大清帝国版图。

其次，限制了土司、土官的征缴租税、徭役的权力。乾隆十二年（1747），两广总督策楞和巡抚鄂昌批准，清理广西太平府安平土州每年规银、米谷以及长短伕役应革、应留各项，并由太平府刊碑晓谕遵行。其中，革除承袭银两、八化折柴炭银、站马、三厢润月米、伕役、次男次女婚嫁银、看牛送马、硝磺银、瓦草银、鱼花银共计10项，保留每年八化田例银、八化额例公用、八化额粮银、六甲米、州判柴马银、钦差及其他人伕、本官婚丧及长男长女婚嫁银、上中食三化、额设土兵、领销府埠盐余10项，并规

① 《怀宗崇祯实录》卷三，第10页。转引自贵州民族研究所:《〈明实录〉贵州资料辑录》，贵州人民出版社1983年版，第1306页。

② 《熹宗天启实录》卷七四，第28~29页。转引自贵州民族研究所：《〈明实录〉贵州资料辑录》，贵州人民出版社1983年版，第1293~1294页。

③ 熹宗天启七年八月，第26~28页。转引自贵州民族研究所:《〈明实录〉贵州资料辑录》，贵州人民出版社1983年版，第1301页。

定标准。[①] 光绪十八年（1892），世袭果化州正堂赵自请减免租赋徭役，养廉钱、官差过境，照例应缴纳；承袭合州旧帮项；若遇正堂红白喜事，仍旧照帮项；柴火到年晚三乡共柴火一百担；二三官房外，一切不准妄派乡伕；割水沟、玉米、修马房准免；票提案婚姻田土以及偷窃等件，准差二名，每名俸钱二百文；命盗奸拐忤逆不孝等事，准差四名，每名俸钱四百文；邻村红白喜事，往来一切小用人伕，一概通行免。[②]

最后，清代较之明代加强苗疆的吏治，尤其是不宽纵苗疆武职。比如，清同治、光绪年间的差役腐败运动。

（三）文化维度

1. 明朝文化教育以官府倡导为主，苗人没有形成内在动力。明朝在苗疆推行儒教、医学，在卫所、州府设立儒学、医学（惠民药局）；加强对佛教、道教管理，并土司、州府设立僧纲司、道纪司。永乐八年十一月三十，设四川永宁宣抚司医学、阴阳学、僧钢司。[③] 但是，苗疆文化教育受到以下因素制约：

其一，朝廷所派教官语言不通。宣德九年（1434）十二月初一，以监生李源为四川永宁宣抚司儒学训导。李源，本永宁儒学生，以选贡入监。宣抚奢苏奏："本司儒学生员，俱土獠夷人，朝廷所授教官，语言不通，难以训诲"。[④]

其二，兵燹不断，儒学停续不时。景泰元年（1451）十二月二十四，贵州各卫、府儒学多被叛苗攻劫，教官起送赴部别用。[⑤] 景泰三年二月初四，准有司修理被叛苗所毁儒学。[⑥]

---

① 《安平土州永定例规碑》，载杨一凡、田涛主编，张冠梓点校：《中国珍稀法律典籍续编·少数民族法典法规与习惯法（下）》（10），黑龙江人民出版社2002年版，第57~58页。

② 《果化州土官陋规蠲免碑刻》，载杨一凡、田涛主编，张冠梓点校：《中国珍稀法律典籍续编·少数民族法典法规与习惯法（下）》（10），黑龙江人民出版社2002年版，第162~163页。

③ 《太宗永乐实录》卷七三，第3页。转引自贵州民族研究所：《〈明实录〉贵州资料辑录》，贵州人民出版社1983年版，第138页。

④ 《宣宗宣德实录》卷一一五，第1页。转引自贵州民族研究所：《〈明实录〉贵州资料辑录》，贵州人民出版社1983年版，第244页。

⑤ 《英宗实录》卷一九九，景泰附录一七，第11页。转引自贵州民族研究所：《〈明实录〉贵州资料辑录》，贵州人民出版社1983年版，第344页。

⑥ 《英宗实录》卷二一三，景泰附录三一，第2页。转引自贵州民族研究所：《〈明实录〉贵州资料辑录》，贵州人民出版社1983年版，第364页。

其三，儒学设、裁反复，不能持之以恒。洪武二十六年正月二十二，罢广西荔波县儒学，因“生员皆苗蛮、瑶、僮，鴃舌之徒，教养无成，不堪选贡，徒费民供，无益国家”。[①] 永乐十五年（1417）七月十七，设四川乌撒军民府及云南临安府嶍峨县二儒学、贵州镇远府儒学。[②] 洪熙元年四月二十六，革四川乌撒军民府儒学。[③] 宣德八年（1433）三月初五，设四川乌蒙军民府儒学，置教授一员、训导四员。[④] 万历四年八月二十三，裁永从县儒学，生员量留籍贯行止无碍者，十余名附学。[⑤]

其四，激励和考核措施不健全。学额太少。明永乐十八年（1421）十二月初五，命贵州思南等八府所选贡生员李正等，送国子监进学，赐赉如云南生例。[⑥] 成化三年（1467）十月二十七，贵州士子赴云南乡试，解额只十人，而广西取士至五十余人。[⑦] 成化十七年十一月初九，上曰“蛮夷率化，既建学置徒，比之内地，但科举之业，未可猝成，宜岁贡生员一人，俾观我国光，相劝于学，以称立贤无方之意”。[⑧] 嘉靖二年（1523）五月二十八，诏复贵州宣慰司学生员一年一贡之例。[⑨] 考核不健全。弘治八年（1495）正月二十五，据奏“万全都司并开平等卫、隆庆等州，学校虽设，而教官或缺；生徒虽俱，而讲习罕闻；兼之军卫数多，未得有司提调，虽有提学御史，又以地临边境，道路往来，动须防获，巡历难徧，考校不时，故生徒无多激励，

---

① 《太祖洪武实录》卷二二四，第3页。转引自贵州民族研究所：《〈明实录〉贵州资料辑录》，贵州人民出版社1983年版，第86页。

② 《太宗永乐实录》卷一〇六，第7页。转引自贵州民族研究所：《〈明实录〉贵州资料辑录》，贵州人民出版社1983年版，第153页。

③ 《仁宗洪熙实录》卷九下，第7页。转引自贵州民族研究所：《〈明实录〉贵州资料辑录》，贵州人民出版社1983年版，第166页。

④ 《宣宗宣德实录》卷一〇〇，第2页。转引自贵州民族研究所：《〈明实录〉贵州资料辑录》，贵州人民出版社1983年版，第232页。

⑤ 《神宗万历实录》卷五三，第9页。转引自贵州民族研究所：《〈明实录〉贵州资料辑录》，贵州人民出版社1983年版，第873页。

⑥ 《太宗永乐实录》卷一一八，第7页。转引自贵州民族研究所：《〈明实录〉贵州资料辑录》，贵州人民出版社1983年版，第157页。

⑦ 《宪宗成化实录》卷四七，第6页。转引自贵州民族研究所：《〈明实录〉贵州资料辑录》，贵州人民出版社1983年版，第460页。

⑧ 《宪宗成化实录》卷二二一，第2页。转引自贵州民族研究所：《〈明实录〉贵州资料辑录》，贵州人民出版社1983年版，第507~508页。

⑨ 《世宗嘉靖实录》卷二七，第10页。转引自贵州民族研究所：《〈明实录〉贵州资料辑录》，贵州人民出版社1983年版，第700页。

成材者少”。①

其五，投资兴学不够，需往他处附学，且有冒籍侵占学额情形。正统九年（1444）闰七月二十四，命各处土司衙门，应继儿男俱照军生例，遣送官学读书、乡试，其相离地远者，有司计议或二卫、三卫设学一所。②嘉靖元年（1522）七月二十四，设平溪卫学。此前，湖广平溪、清浪二卫军生，附贵州思州府学。嘉靖三十四年十月十八，贵州开科，湖广五卫、四川永宁宣抚司学。先后附入，且未尝限制其名额，于是四方游食、逋罪生员，皆冒五卫、永宁籍求试。其后云南、广西学校近贵州境者，复求附科试。③万历三十一年（1603）九月初一，令余庆、湄潭、瓮安三县子弟附黄平州学，龙泉县子弟附石阡县学。平越、安顺廪额二十名，一年一贡；黄平、新贵个廪额十名，三年一贡。黄平等州县新民子弟，稍通文理者，准入学，不准应试，以万历三十年为始，起贡须十年外，应试须二十年外。④

其六，直到晚明，应袭的土司、土官子弟，才被要求入儒学。嘉靖元年（1522）十一月十七，令土官应袭年三十以下者，得入学习礼，不由儒学者，不得起送承袭，其族属子弟愿入学者，听补廪科贡，与军民武生一体。⑤

2. 清朝苗疆与内地经济交流日益紧密，从而形成了接受文化教育的内在动力。清王朝在苗疆推行文化教育，以经济、切用为旨归，因应了汉民经济交往日益紧密的需要，也得到苗人的积极响应，形成了接受汉文字教育的内在动力。主要表现在：

首先，清初苗疆成功地推行了契约、文字教育。雍正三年，云贵总督鄂尔泰奏准的《经理狆苗事宜十一条》就有“苗多占地仇杀，令契开明界趾，官给印信承业”“同名各照祖先造册，不知本姓者为立姓”二条，表明田土契约在清水江流域的推行，是清朝前期官府倡导和推行的。⑥促使了苗疆由

① 《孝宗弘治实录》卷九六，第7页。转引自贵州民族研究所:《〈明实录〉贵州资料辑录》，贵州人民出版社1983年版，第560页。

② 《英宗正统实录》卷一一九，第10页。转引自贵州民族研究所:《〈明实录〉贵州资料辑录》，贵州人民出版社1983年版，第298页。

③ 《世宗嘉靖实录》卷四二七，第4页。转引自贵州民族研究所:《〈明实录〉贵州资料辑录》，贵州人民出版社1983年版，第806页。

④ 《神宗万历实录》卷三八八，第1~2页。转引自贵州民族研究所:《〈明实录〉贵州资料辑录》，贵州人民出版社1983年版，第1040页。

⑤ 《世宗嘉靖实录》卷二〇，第7~8页。转引自贵州民族研究所:《〈明实录〉贵州资料辑录》，贵州人民出版社1983年版，第697页。

⑥ 程泽时:《清水江文书之法意初探》，中国政法大学出版社2011年版，第214页。

“刻木为凭”向“字约为据”的转变，既满足了定分止争的需要，又满足了保护苗人产业的需要。这是清水江文书得以保存至今的重要原因之一。

不仅贵州苗疆如此，而且湖南、广西苗疆亦如此。苗人买卖田土，须树立契据，但无须过割纳税。乾隆四十七年（1777），湖南巡抚景禄批准“瑶买瑶产，无论年月远近，优免投税。如瑶买民业，照例投税，以安瑶民”。至嘉庆十七年（1812），湖南永州又给示照行。[①]此后，嘉庆十八年（1813）、同治十一年（1872），瑶人照录各前宪印照，禀请永州府永明县存案，亦再次申明“瑶田瑶量，免丈免量，瑶买瑶产，免其过割纳税，其余置买民屯产业房屋等项，过割投税，毋得隐匿”。[②]同治十一年（1872），又申谕：瑶人免派杂役，其瑶买瑶田，历无投税推收过割。照录各前宪印照，禀请存案，仍循旧章。[③]

契约文化，深入苗疆，并已扎根。光绪四年（1878），广西兴安同知示谕：买卖田业山场，必自立书卖断绝契据，日后不得反复向买主增补找索，致于禀究。境内田亩，公认上田每谷一担，作画卖价钱五千文，中田每担价钱四千文，山阴水旱下田作价三千五百文，不得增短勒索。[④]光绪十三年（1887），今广西龙胜自治县内存有的禁约碑载：“官有律条，民有禁约；买田土，不许翻悔，一卖一了，父卖子休，出入价钱高低，不与买主相干；不许重叠抵当，偷买偷卖”。[⑤]

苗疆流官，还改变了苗人（瑶人）的某些不合时宜的契约观念——违约罚金畸高。康熙年间，两广的连阳县令李来章，就在其所撰的《连阳八排风土记》中记述：“瑶人旧规，批立合同必云：‘如有犯者，罚龙角二对，活虎二只’。或须折赎勒银，动至三百六十两，以致人口、田产尽售，不足，则摊派宗族以及亲戚，莫有免者。邑人效尤，其与瑶人争讼，亦复如是，启衅招怨，牢不可解。兵加祸结，职此之故，前人亦有欲变其俗者，口弊舌干，

① 《安瑶印照碑》，载杨一凡、田涛主编，张冠梓点校：《中国珍稀法律典籍续编·少数民族法典法规与习惯法（下）》（10），黑龙江人民出版社2002年版，第88~89页。

② 《清溪古调瑶碑》，载杨一凡、田涛主编，张冠梓点校：《中国珍稀法律典籍续编·少数民族法典法规与习惯法（下）》（10），黑龙江人民出版社2002年版，第91~92页。

③ 《优免瑶税瑶差碑》，载杨一凡、田涛主编，张冠梓点校：《中国珍稀法律典籍续编·少数民族法典法规与习惯法（下）》（10），黑龙江人民出版社2002年版，第136~137页。

④ 《章程永固碑》，载杨一凡、田涛主编，张冠梓点校：《中国珍稀法律典籍续编·少数民族法典法规与习惯法（下）》（10），黑龙江人民出版社2002年版，第148~150页。

⑤ 《金坑禁约碑》，载杨一凡、田涛主编，张冠梓点校：《中国珍稀法律典籍续编·少数民族法典法规与习惯法（下）》（10），黑龙江人民出版社2002年版，第155~159页。

总付罔闻。匪独瑶人不肯遵，即平民亦不肯遵也。琐细之事，才如芥子，比而纷错百出，乱不可理。褊心不平，顽骨难换，欲求化大事为小事，化小事为无事，如昔人之所言，亦乌可得哉！予宰连山，屡逢此辈，百方劝谕，怵以大害，盖不知几费苦心矣。后乃稍稍听从。如黄牛一只，今断毁银三两；水牛一只，今断毁银二两五钱；擅绹人头，定责十板。若有别项，准此类推之。如有指一衣一履索银百余两者，坐以抗违激变之罪。自此，小案易结，不致酿成大祸，以故地方幸得稍安。"[①] 不仅连阳瑶人如此，清水江苗疆在康熙朝以前，也存在违约罚金畸高的观念。康熙五十四年，岑梧寨陆姓向苗绥寨人买进山场的卖契中，也写道"如有翻悔，发（罚）生金一两，龙角一双"。[②] 康熙五十八年，岑梧寨陆姓向苗绥寨人买进山场的又一卖契中，还写道"如有那人先行翻悔，发（罚）生金一两，龙角一对"。[③] 但此后，未见生金一两的罚金约定。究其原因，应该是官府劝谕和引导，使违约金逐渐祛除了畸高的惩罚性，而逐渐走向填补损害的性质。

其次，汉、苗经济交往日益加深，需要语言、文字工具。乾隆二十四年三月二十三日，湖南巡抚冯钤就称，"抚楚半载有余，于苗疆加意体察"，发现"近来苗猺向化，乐与民人亲近，而民人亦因其亲近，遂与之交往，或认干亲，或结兄弟，彼此绸缪"，并饬令：严禁民放苗债，盘剥苗瑶；禁民买苗产。[④]

但是，不同民族之间的经济交往，是"青山遮不住，毕竟东流去"。乾隆十八年，署乾同知王敷贲就称，"委署苗疆要地，数月以来"，"体察乾属情形"，就禀请建议："汉买苗产，应请出示并免归赎也。查乾隆十二年定例内开，此等汉民毋论居住年分久暂，一概不许赎买苗田，如有汉民希图粮轻，再买苗田，与土苗贪得重价，卖给汉民者，将民苗分别责惩，仍令苗人倍价赎回等语。窃思苗人（田）原属有限，藉[⑤] 此耕作，尚难资生，一经

---

① 《禁革瑶俗赎物平价》，载杨一凡、田涛主编，张冠梓点校：《中国珍稀法律典籍续编·少数民族法典法规与习惯法（下）》（10），黑龙江人民出版社 2002 年版，第 40~41 页。

② 罗洪洋搜集整理：《贵州锦屏林契精选（附学馆）》，载谢晖、陈金钊主编：《民间法》第 3 卷，山东人民出版社 2004 年版，第 509 页。另见王宗勋主编：《乡土锦屏》，贵州大学出版社 2008 年版，第 123 页。

③ 罗洪洋搜集整理：《贵州锦屏林契精选（附学馆）》，载谢晖、陈金钊主编：《民间法》第 3 卷，山东人民出版社 2004 年版，第 510 页。

④ 清刊本《湖南省例成案》，卷五，典买田宅，载杨一凡、刘笃才编：《中国古代地方法律文献》丙编（2），社会科学文献出版社 2011 年版，第 360 页。

⑤ "藉"，同"借"，下文同。

汉民承买，势必益贫无赖，是以例禁甚严，原为轸恤苗人之意。卑职体访乾属地方虽无新来汉奸擅入置产，其附近汉民居住年久，与苗人往来熟悉，尚有私行典买之弊，第未据告发，不便官为追扰，细绎此弊，不能尽除之故，实缘汉民恃有例载所载'买苗田仍令苗人备价赎回'之语，希图未发觉，则田产可得；或发觉，则契价仍归，以致汉民利心终难泯化，嗣后严行出示，如有民苗再犯，此例一经告发，除将民苗分别责罚，田产仍归苗人管业外，所有典买契价，并请免其追赎，庶价业两空，汉民无所贪图，此风或可永息矣"。[①]但布政使周人骥、按察使沈世枫认为："该署禀请并免追赎之处，查民苗违禁典卖，全在地方官不时查察，严加究治，自不致于轻犯，即或偶有讦告到官，亦在该员临时酌量审断，应将所请免追价赎之处，毋庸议"。事实上，这种禁止民买苗产的禁令，是起不到多大效果的，布政使周人骥、按察使沈世枫未必就不清楚，只是"欲纵故擒"、外紧内松的策略而已。道光二十二年（1842）四月十一日，据贵州巡抚贺长龄奏："近来苗人皆知汉语，无借通事代传，苗兵并无操防之责，止供差遣，请具裁撤"。[②]

最后，从数十万份保存至今的清水江文书来看，接受汉文化教育的苗人，已经熟练地使用运用汉字，参与词讼，参加科考，设定群己权界。

需要指出的是，明代朝廷和官员也曾认识到，苗人也讲信义，但是没有试图在苗疆推行信义的契约文书形式。永乐三年正月二十八，有五寨生苗顺服，刻箭为誓，不服叛乱。上曰："蛮夷虽顽犷，然亦有信义。今既向化，当以信抚之。……其所刻箭，付湖广都司藏之，仍戒饬有司务尽怀绥之道"。[③]清王朝却在新辟苗疆六厅之后，就在其地推行土地契约文书，且不征收契税。比之明朝，见识更为深远。

（四）社会维度

1. 明代苗疆社会：有军无民，且苗人仇汉仇军。明代苗疆社会，人口流

---

① 清刊本《湖南省例成案》，卷三十三，户律，钱债，违禁取利，第9~10页。载杨一凡、刘笃才编：《中国古代地方法律文献》丙编（3），社会科学文献出版社2011年版，第301~305页。

② 《宣宗实录》卷三七〇，第20~21页。转引自中国科学院民族研究所、贵州少数民族社会历史调查组、中国科学院贵州分院民族研究所编：《〈清实录〉贵州资料辑要》，贵州人民出版社1964年版，第567页。

③ 《太宗永乐实录》卷三三，第6页。转引自贵州民族研究所：《〈明实录〉贵州资料辑录》，贵州人民出版社1983年版，第123页。

动主要依赖屯军这种国家兵役的强制性移民，且屯军大批逃亡，随军民人就更少。弘治九年（1496）八月十三日，巡按贵州监察御史丁养浩曾言："贵州有军无民，修造供馈，其费皆出于国"。[①]无论军民，均没有实现在苗疆安居乐业。

不少逃亡的屯军士卒，以及外省流民，在苗疆沦为强盗，信奉"丛林法则"。正所谓孟子所曰："无恒产而有恒心者，惟士为能。若民，则无恒产，因无恒心"。嘉靖三十八年（1559）四月初九，初，贵州普安卫安南所屯军李昂等，聚众行劫，拒捕杀人，流毒川贵者且七年，至是昂等渠魁九人就擒，巡抚贵州御史高翀等以闻，及称，贵州军民鲜少，多系江西川湖流民侨居生事，宜申明保甲以稽土著。[②]

屯军的进入打破了土司力量长期博弈所形成的平衡格局。土司们信奉"宁费万金，不让寸土"，[③]为争夺田土，土司与土司之间常常发动战争。

在这种近似的丛林社会中，苗人村寨或村寨之间形成一种武装自卫性质的组织——"款"，试图对抗来自土司、屯军、盗匪的侵扰。

2. 清代苗疆社会：逐步实现了苗汉融合。首先，逐步突破了姑表婚，并实现了族群之外的通婚。康熙六十一年，思州知府蒋琛，检查旧案，发现"凡民间争田雀角者十止一二，而苗人姑舅抢婚之案十有八九"。而大明律载：娶己之姑舅妹妹者杖八十，禁止抢婚，遂请求禁革。[④]嘉庆三年，四十八团鸣锣会议，款场刊立款碑八条，重申盘王子孙妻女，毋许外民百姓为婚，不许瑶族与外民通婚。[⑤]既然有如此的款禁，就表明了其时瑶族已经在逐渐突破了族内婚姻。血缘纽带，无疑是促进汉苗融合的坚固纽带。

其次，"寨款"这种民间非正式组织，逐渐与里甲、保甲、屯军、团练组织融合。寨款从地方本位，向国家本位转变；从反抗官府、朝廷，向亲近王朝、协助官府转变，如古州土司杨占先，于道光二十六年间，"椎牛盟款"，

① 《孝宗弘治实录》卷一一六，第2页。转引自贵州民族研究所：《〈明实录〉贵州资料辑录》，贵州人民出版社1983年版，第568页。

② 《世宗嘉靖实录》卷四七一，第4页。转引自贵州民族研究所：《〈明实录〉贵州资料辑录》，贵州人民出版社1983年版，第810~811页。

③ 《神宗万历实录》卷三八七，第2~4页。转引自贵州民族研究所：《〈明实录〉贵州资料辑录》，贵州人民出版社1983年版，第1032页。

④ 《请禁革苗俗酬婚积弊详文》，载杨一凡、田涛主编，张冠梓点校：《中国珍稀法律典籍续编·少数民族法典法规与习惯法（下）》（10），黑龙江人民出版社2002年版，第78页。

⑤ 《团规碑记》，载杨一凡、田涛主编，张冠梓点校：《中国珍稀法律典籍续编·少数民族法典法规与习惯法（下）》（10），第78页。

与附近百余寨联款，抗击叛乱，为国捐躯。光绪十一年，黎平知府郭怀礼为其写传记。又比如峒民吴金随齐款，举起“忠义大款”大旗，协助官府抗击咸丰五年的苗叛。可见，官府、土司、寨款、苗人形成了一定范围的良性互动，而不是明代的土司、寨款、苗人几乎一致地仇视官府的立场。

再次，苗疆社会从战乱逐渐迈向和平。大量发生的夫役诉讼，就是明证。很多的夫役，都是战时应急而设的，承平之后，夫役的公平性就受到各方的质疑，而不断提出修改的诉求。这种逐步改进的调适方式，也是与苗疆转型相适应的。

最后，苗疆相对较低的赋税条件、繁荣的人工林商品经济等，吸收了大批汉民在苗疆安居乐业，大量内地商人在苗疆建设会馆，经商谋利，共享苗疆安宁和进步。

第二章　寨款理讼

《民族词典》（上海辞书出版社 1987 年版）、《大辞海·民族卷》（上海辞书出版社 2012 年版）均一致认为，“款”又称“合款”“议款”“议榔”“合榔”，是“旧时侗、苗、水、布依等族的一种社会组织”。可能其他南方少数民族的语言中，还有另外的叫法。在本章笔者使用“寨款”来泛指这种自治和自卫的社会组织。既有的南方少数民族习惯法研究对此内容已有详尽描述的，本章不再赘述。

第一节　寨款理讼与“苗疆水火二法”

《晋书·刑法志》载，李悝“撰次诸国法，著《法经》。以为王者之政，莫急于盗贼，故其律始于《盗》、《贼》。盗贼须劾捕，故著《网》、《捕》二编”。李悝可能是最早从事“比较刑法学”研究，并将成果运用到立法中的中国古代法学家。可惜《法经》已佚失，不知其是如何规定惩治盗贼。假设法律的历史继承性的前提成立，也不外乎墨、劓、剕、宫、大辟五刑。溯源至部落时代，蚩尤时代苗民就创制五刑。从蚩尤时代到清代苗疆，苗民的演变难以考证。但是，按文化人类学观点，部落习惯是有深浅不等的遗存的，可能比文字记载更为可靠。本节借用清水江文书资料，考察一下清代寨款理讼是如何适用“苗疆水火二法”，处理盗案的，以及由此引发的与流官理讼的管辖冲突。

一、“苗疆水火二法”入侗民款条

清光绪十九年（1893），邛水县（今三穗县）上里各洞合款立法，且刻版印刷，总共三款，可谓“约法三章”。为讨论方便，兹转引如下：

邛水上里各洞合款各条

一捕盗之款。来自邛水多盗，无过近年，偷牛盗马，偷米盗谷，以及家财，间及妇女，各寨受害，实属不堪枚举。揆厥由来，皆系乡多游民，习为内痞，又以内痞勾结外痞，相互恣肆，或佩马刀，或佩双刀，或佩洋炮，各乡横行，不服盘诘，伺使举事，可估者估，可抢者抢。不估不抢，必出于偷，拿定被获，不过送究，送究不过责押，所以贼盗如此充斥。想我上里各洞，俱迩苗疆，而究不如苗疆之安静者，实由近蛮地而不能学蛮法，故益无忌惮，使唤奈何。今我等既经合款，凡遇捕盗，有敢拒捕者，照例格杀勿论。即或跟踪追获赃真犯实者，鸣知大款，公同照苗疆水火二法，或沉塘或烹死。不使一盗偷生，则盗风自无不靖。抄窝家亦准此议。倘盗有尸亲，大款逗（斗）钱抵控，更好追抵党与（羽），斩草除根。

一合御痞之款。痞之所仗者，同类人多，又有凶器，又更有值价之说，所以放肆。今我等既合大款，一家之事，各洞共之，以各洞人抵数十痞，何难之有。现在行有保甲，凡甘服保甲约束者，非痞；不服保甲约束者，即痞也。各洞各先驱逐，倘有不服驱逐者，再鸣大款议处。

一合逗（斗）之款。今既公议捕盗禁痞之条，必需经费。又不能预定多少，兹不计多少，而计逗派，各洞皆以额粮为准，按亩均摊任。现问各洞总甲、里长、洞长等，归数每亩应派多少，临时大款酌量，另有知单。其余小条，各洞各议，大款不暇琐及。

光绪十九年四月吉日合款公议①

第一款“捕盗”，既吸收采纳了属于国法的“例”，即“凡遇捕盗，有敢拒捕者，格杀勿论”，又借鉴吸收了不属于国法的“苗疆水火二法”。但是，洞（侗）民亦把苗民对盗贼的水火刑罚称为“法”。这里，“送究”就是送

① 贵州省档案局编：《贵州清水江文书．三穗卷》第1辑第2册，贵州人民出版社2016年版，第115页。

官府追究治罪的简称。但是，侗民发现“送究”不能震慑贼盗，必须用“蛮法”。可见，侗民从实用观点出发看待国法，不唯国法是尚，能够解决地方治安的，都可以进入款条。

需要特别指出的是，对于窝藏贼盗的，抄家，并依“苗疆水火二法”惩处。假如被处死的盗贼有亲人（“尸亲”）控告官府的，“大款”斗钱凑钱抵抗控诉（“抵控”，而不是“抵命”）。显然，侗民知道，行“苗疆水火二法”可能会招来官司，是与“国法”冲突的。

第二款“御痞”中，侗民接受并依据属于国法的“保甲”，来区分“痞”与“非痞”。对于不服保甲约束的，先由各洞先“驱逐出境”，不服驱逐的，再由“大款”执行。需要说明的是，这里“驱逐出境”，不是现代国际法或刑法意义上的，而是指逐出村寨范围之外。光绪二十七年（1901）下江永定章程碑，就有“驱逐出境”的记述：

“……至外来会匪以及不法之人，或作乞丐，成群结党，入寨强讨，籍以探熟路径，一经查实，准该寨首传齐寨众，公同驱逐出境……”①

第三款“合斗”，根据“捕盗禁痞”所需经费，按田亩均摊，由各洞核实田亩数量，报送“大款”以决定斗钱的标准。这里，“洞”是“大款”的“合款”成员单位。“总甲”和“里长”是官府委任的基层头目。由此，可以看出，侗民存在两套组织系统，一套是民间的款洞组织系统，一套是官方的保甲组织系统。侗民在向官府投粮纳税的同时，而官府却没有履行好“除暴安良”的职责，需要另外一套社会组织系统发挥作用，需要侗民承担双重的“社会治理成本”。

那么，“苗疆水火二法”，是否真的在苗疆施行呢？

二、“苗疆水火二法”成为了“团款营规”而被施行

上文所引的“上里各洞”，今属三穗县良上乡，与剑河（清江厅）、锦屏县近邻。“上里各洞”在款条中所指的“苗疆”，应该指剑河、锦屏一带。剑河县属于生苗区，锦屏多属于熟苗区。

咸丰元年（1851），黎平知府胡林翼，“亲自下乡，札各处建碉、设团防保甲事件，巡至文斗、瑶光，知此为黎镇门户，回衙即札文，举文举姜

① 张子刚编撰：《从江石刻资料汇编》，2007年内部印发，第25页。

吉瑞、武生姜含英并各各寨团首等，办理北路建碉、设团防保甲事件，各地方遵奉力行”。[①]于是，产生了因抗击苗叛、保护黎郡而军功赫赫的“三营”。其中，咸丰六年（1856），文斗寨武生姜含英，担任中营总理，为创办中营而捐家产。[②]咸丰八年，姜含英因劳而卒，由文斗上寨的例贡姜弁英接任。咸丰十一年（1861），姜弁英劳故，由中仰寨陆景嵩接任。同治元年，文斗上寨姜名卿接替陆景嵩，担任中营总理至光绪十二年。[③]根据清水江的流向，居于上游的，称为文斗上寨；居于下游的，称为文斗下寨。自清康熙以来，上寨属于黎平府龙里长官司，下寨属于镇远府天柱县。[④]

下引四份诉禀稿，就收存在文斗上寨，涉及“苗疆水火二法”之“委死于河”。

尽管隐去了涉案的不少当事人的姓名，但是可以推断出，被告就是文斗上寨姜名卿。因为后引的第四份诉禀稿“为违众逞凶、死于其族、非亲投诉、恳救党羽、以靖地方事”记载，咸丰乙卯苗叛，即咸丰五年（1855）。按照“迄今廿年”推算，应该是1875年，即同治十三年。其时，文斗上寨的姜名卿担任中营总理。而且，该诉禀稿还提到“上寨”、“恩星亲辖”和“下寨”由天柱县管理。所以，被告就是时任中营总理的姜名卿。至于，被“委死于河”的是姜开玉，该诉禀稿已经言明身份。

先看原告方的一份诉禀。

为杀命抄护、溺尸毁室、吁天提究事。窃朝廷设官立法，原以除暴安良。而土豪杀命、抄护、溺尸、毁室，案久悬而法不及，民何聊生。冤于△年△月△日，土豪率其兄弟父子，登门将△兄△△登时打死，抄其家而毁其室。幸嫂侄逃脱匿避，不然，则全家受害无存。△兄受杀，尚不足随其毒心，督其党羽，将其兄尸抛溺于河，不准亲人看视啼哭。人命重件，骨肉至情，遭其残毒，惨不可言，连夜奔叩府主，以杀命、溺尸等情陈报，蒙府批提究，不知是何情节，凶等无一到案审讯。△△等叠叩，叠批严拿。迄今四月之久，凶无戈获，案悬冤沉，豪势更昌。现饬其子侄访缉△△等报案，亲友个个

---

① 锦屏县地方志编纂委员会编《锦屏县志：1991—2009》，方志出版社2011年版，第1546页。所载光绪十九年姜海闻所撰《三营记》。

② 王宗勋：《乡土锦屏》，贵州大学出版社2008年版，第181页。

③ 锦屏县地方志编纂委员会编《锦屏县志：1991—2009》，方志出版社2011年版，第1551页。所载光绪十九年姜元卿所撰《三营记》。

④ 王宗勋：《乡土锦屏》，贵州大学出版社2008年版，第179页。

拿到处死，以人命为草芥，视王章为具文。以其死于豪手，不如死于天辕，即△兄受杀之冤，由系豪网搕朱△△等之波及，命死尸溺，家倾产破，嫂侄无依，△等难顾，含冤莫白，情切戗心。若不吁恳亲提究办，伸雪覆盆之冤，则死者之余骨，终沉水底，即生者之性命难免沟壑。只得粘抄报府词批，沥血哀号台前作主，赏准亲提凶党，审讯究办施行。①

该诉禀应该是一份续禀。禀稿中，讼师把被告姜名卿描述成一个土豪，上门杀死姜开玉，并抄其家，毁坏其室，抛其尸于河，草菅人命，视王章为具文。虽控诉到黎平府，但是没有开起审讯程序，即“案久悬而法不及”。

但是，它没有告诉姜名卿杀死姜开玉的缘由，想必知府大人也想知道。于是，被告姜名卿的讼师，拟了一份“为严除内奸、以御外侮事”的禀稿，见下：

为严除内奸、以御外侮事。窃惟地方不幸，屑小成群，小则约赌放□，大则穿窬拱壁，甚至于打劫杀人，似此恶流，法在必诛，罪难毕恕。是故内奸不作，外患不生，然御外患者，必先除内奸，方能御外患。惟自本年△月，突有△处△人，亲至△等地方，据报伊子△△由△处回归，至△处遇贼四人行劫，杀毙伊子，其△△身负十二伤，不死装死，幸而得活。报称失去本钱若干，且恳团等严缉偿命等语。因团等闻之骇异，当经保长△△前去查验，果系属实。△等莫可如何，退而忖度缘由，流必近处形迹，差丁密访。又于△日本寨△△报称，是夜被盗，失去若干钱文。一月之余，被杀被劫，地方何堪。若不严除，任之滋蔓，是长恶也。而且近日四路行劫之风日渐，恐其内外患党，将来地方受害，殆无宁日。△等窃虑地方，身处之重，力加严密查访，幸天不盖恶，穴党奸谋，□于△△主持。地方既已知情，恨不得即时网究。△等恐其事属孟浪，再三酌查，果于事成可拟，于情可原也。乃于△日传丁提来审问，不意恶等自知事露，转伤户丁△△，几乎卒命。幸得人多救回。当拘△△究问，据其供招，历历在数人之共惯。督饬△△近族人等，解赴天辕，请律究办。无如恶逆族近亲人等，均属穷朴，熟知此恶素行不法，恐致牵累，哀求△等，自愿领回，委死于河，以警后患，以杜将来。不意恶党不知避罪，胆敢蒙蔽天辕，诬耸天听。仁天盟心有素，含切民瘼，秉霹雳之威，杜民间之害，庶使霜雪被而荆棘枯，纪纲振而暴戾泯。△等身属地方，痛心无奈，只得联名秉公据实，叩诉台前作主，赏

① 张应强、王宗勋主编:《清水江文书》第3辑第6册，广西师范大学出版社2011年版，第450~451页。清水江文书中的诉禀稿，系抄件，省略了人名，而用△△代替。下文所引亦同。

准雷震施行，深沾德便。[①]

被告的答辩是，姜开玉是本寨的内奸，勾结外匪，抢劫杀人，盗人钱物。已被文斗寨团防所秘密查实后，开玉还拒捕杀伤团丁。被拘审后，开玉也如实供认了。姜名卿等团首，要其近亲押解到黎平府按照清律惩处。但是，其近亲族人怕致拖累，请求"自愿领回，委死于河"。对于姜名卿的解释，知府批示如下：

批　既系该近族自行溺毙，何以又控告，孰真孰伪，必须对质，仰即来辕候讯可也。[②]

显然，知府颇有疑惑。但是，他并没有质疑"近族自行溺毙"的合法性。换言之，它对于"苗疆水火二法"之"委死于河"是认可的。

原告又针对被告的答辩，递交了一份"为杀命丢尸、移殃栽族、泣恳察讯、律办雪冤事"的诉禀，见下：

为杀命丢尸、移殃栽族、泣恳察讯、律办雪冤事。缘△等以凶极毙命等情，报控虎豪△△弟兄在案，理合静候验明律办，曷敢多渎。窃念△△弟兄，富甲边方，钱神广大，素行聚恶，流毒非常，仗捐职为护符，恃人势为羽翼，无毒不为，无恶不作，地方居民，咸皆畏惧。冤于△△△△父子，将△△等非刑吊打，勒令供招偷窃，伊等受刑不过，只得依勒供招。△等遂以为得计，即令党羽△△率领多人，将△△等并△△兄△△一齐绑至，伊摆设公案，升炮坐堂审问，吩谕每人要出钱六千六百文、猪一只，以为赎罪之费，限三日之内呈缴。遭冤者具皆遵命。及至十一日，有钱者缴钱，有猪者缴猪，惟△兄贫穷，猪钱两无所出。不料有拂恶情，即督令伊胞弟△△子侄△△等，将△兄扭翻在地，伊亲执铁锏，将脑顶打伤，登时毙命。迨至半夜，伊复升炮，令△△等将尸抛弃于河，不许尸亲妻子啼哭，地方老幼，无不嗟伤。讵伊视人命如草菅，胆敢串通△△等，假以乡团名色，捏词妄禀，诬称系族人将△兄溺毙，稀图将伊之罪，移害族人。试问伊将△兄，交于族人是

① 张应强、王宗勋主编：《清水江文书》第3辑第6册，广西师范大学出版社2011年版，第453~455页。

② 张应强、王宗勋主编：《清水江文书》第3辑第6册，广西师范大学出版社2011年版，第456页。

谁？将△兄溺毙者是谁？恳饬伊指出。如果族众明知△△不法，自行委死于河，岂敢妄控天台，自取罪戾乎。总总恶奸，难逃天鉴。仁天冰轮在扎，明察秋毫，似此杀命丢尸，移殃栽族，若不泣恳迅差严拘凶犯△△等到案，按律办抵，则死者不能瞑目，含冤泉壤。情切戗心，泣乞台前作主，赏准严拘律办，免冤蔽覆盆，生死衔结不朽。①

原告的讼师，否认了近族自行委死于河的说法，认为是姜名卿栽赃陷害姜开玉的族人。在禀稿中，描述了姜名卿“摆设公案，升炮坐堂审问”和“非刑吊打”姜开玉，姜开玉不堪刑讯逼供，“依勒供招”偷窃，被勒令罚钱罚猪。因姜开玉不兑现，姜名卿用铁锏击其脑部而毙命。仔细推敲会发现，原告的讼师并没有质疑姜名卿“摆设公案，升炮坐堂审问”的“合法性”，原因何在？笔者思量：其一，姜名卿担任中营总理，黎平知府袁鸿基发给令旗一杆、戳记一颗，是由特札委任的。②其二，根据中营章程，缉拿盗匪，是中营团防的职责所在。我们尚没有发现同治年间的“中营章程”，但是在《三营记》中有“奉府主札谕‘照依该营章程办理，无庸稍懈’等语”的记述，以及“中营张化队，不守营规，自相斗殴，拨付下营办事”的记载，还发现有光绪三十二年的“三营劝民栽植树木章程十二条”，③足资证明“中营章程”的存在。“中营章程”应该是经过知府批准和认可的“军法”。下引被告姜名卿的讼师所拟的“为违众逞凶、死于其族、非亲投诉、恳救党羽、以靖地方事”的禀稿，就足以印证。

为违众逞凶、死于其族、非亲投诉、恳救党羽、以靖地方事。缘△等凶揕毙命等情，具控△等，词连多人在案，蒙票差提，业将△△因不法身死情由禀诉，谅邀天鉴。无如恶党△△等，起意败坏地方，先图谋陷正人，愈控愈行得志。既已控府，胆又控道，自恃冒认尸亲为奇，捏词蒙蔽，禀续至七纸之多。所谓穷凶肆恶，其锋不可当（挡）也。但控关人命，岂有尸亲置身事外。已死△△现有妻室子女，兼有亲房嫡堂兄弟。自知身死该当，久已甘

① 张应强、王宗勋主编：《清水江文书》第3辑第6册，广西师范大学出版社2011年版，第451~453页。

② 锦屏县地方志编纂委员会编《锦屏县志：1991—2009》，方志出版社2011年版，第1551页。所载光绪十九年姜元卿所撰《三营记》。

③ 锦屏县地方志编纂委员会编《锦屏县志：1991—2009》，方志出版社2011年版，第1558~1559页。所载的《三营劝造林告示》。

心情愿，与同姓疏远之△△等，无相干涉。乃前后七词，何已并无尸［亲］之名，明系恶等，见地方安靖过久，外奸不入，内匪难安，早欲搅滥团款，使正人萎缩自匿，以使恶等出头为乱。如小人之必害君子，以必得莫具而后已。惟是△等地居边界，楚宁昆连，尤与清江、天柱接壤，最为紧要之区。具一禀，尚分二属，上寨□恩星亲辖，下寨系天柱管理。自咸丰乙卯□苗为匪扰乱，是与瑶光一带，联络大团，上中下分为三营。蒙历任府主札委△充当△处总理，禀请立有营规团款森严。迄今廿年来，内乱不作，外盗难窥，地方之所以始终而就保护者，良由清内御外之所致也。今恶等名则藉△△之死，实则图地方之乱。蓄谋兴恶，已非一日。无奈□牢固，防范维严，良善得以保身家。恶等忌之如仇敌。每思动作，无隙可乘。恶等尝云，有日得志，必将乡团总理逐户杀绝方休。倘此次谋成恶遂，善者固不容干托足，第恐人心从此涣散，团众一朝解□，则恶焰愈炽，原必难扑灭，此实恶等之冀谋，地方不坏不休，所谓成之不足，败之有余矣。至若首恶△△，与党伙平素种种之劣迹，合再缕晰续明。窃△△自幼性本愚顽，常在本寨雇工，酷好赌博。伊父在日，早已教训不听，死后更无忌惮，日与痞棍△△等三五成群，昼出夜入，甚则数夜不归，吹膿赌吃，无所不尽。乡团屡次劝戒，怒目泯毁，动辄持刀追杀，以致乡团不敢充当，任意横行，无人敢斥其非，妇女幼孩，路旁不敢仰望，寨中父老皆咎总理等不敢约束，无奈□恶异常，难以化顽。背后时出恶语，去年△月内纠聚党羽，结盟放钱，大五大六，称呼毫不避讳。讵料△月内△△家被盗，撬空入室，窃去布匹衣物等件，从来未有之事，接续而出。正拟暗地查访，以上□行迹，□□可疑，众人口言，日视手指，皆以开玉为然，日积人多，朝夕拥至职家，啧啧烦言，一言百和，众口一词，必要往拿开玉，按以营规惩治。兼失主狂噪不休，事难塞责。职等尤虞事涉孟浪，着人往唤开玉跟问，殊伊早存拒杀之心，不惟不听传唤，胆敢挥殴逐去，丁鼠窜逃回，团众气忿，登时即往围拿。讵恶手持双刀，逞凶拒杀。今恶党控无为有，一切含沙影射之词，诳弊案下。而职等与伊平素无仇。总为地方一日不靖，良善难安。在恶等引领切望，团属案祸幸□，但恐祸无底止，似此自犯自咎，与众无尤，非亲干讼，理所难容。为此缕晰续明。[①]

被告姜名卿的讼师坚持主张，姜开玉触犯众人利益，中营应众人要求依“营规”惩处，由其近族“委死于河”。姜名卿依“营规”惩处姜开玉并

① 张应强、王宗勋主编：《清水江文书》第3辑第6册，广西师范大学出版社2011年版，第456~461页。所附释文识别有多处错讹。本书所引的，笔者已经纠正之。

非私人行为，而是履行职责的行为。

需要特别指出的，被告的讼师是依《大清律例》作辩护有二：其一，坚持姜开玉“手持双刀，逞凶拒杀”的情节。根据“罪人拒捕”律，“若罪人持仗拒捕，其捕者格杀之，及……，皆勿论”，[①]道光以后特别是咸丰、同治、光绪三朝，苗疆的地方官府屡次赏准地方团防组织对盗匪“格杀勿论”。[②]所以被告方认为姜开玉“法在必诛”“自当身死”“自犯自咎”。其潜台词就是，中营本可以据律“格杀勿论”，但是中营没有“孟浪”从事，没有过错。其二，“非亲干讼”，“前后七词”，“并无尸［亲］之名”，不合常理。控告前后有七张诉禀状词，都有署上姜开玉妻儿或堂兄弟的姓名，原告却是同姓疏远的族人。“检验尸伤不以实”律文后所附的条例，有“……若尸亲控告伤痕互异者，许再行覆检……”之句。[③]虽然大清律例没有禁止族人控告，但是毕竟“尸亲控告”才是常理。尸亲不出名控告，族人叠控不止，可见其用心叵测，志在搞垮中营乡团，败坏地方安宁局面。

尽管没有发现黎平知府的判决，但是胜负至此已判。

三、实践法律观诠释与启示

通过对以上一份款约和四份禀稿的讨论，笔者不想基于国家法和民间法二分的习惯视角来讨论清代苗疆诉讼之刑事法源问题，而是基于郑永流教授所提出的实践法律观来分析。[④]

（一）“苗疆水火二法”入款约和营规，印证了“法是关系的本体”的观点

“法是关系的本体”。“主体是在关系之中，必须在主体与主体的关系之

① 田涛、郑秦点校：《大清律例》，法律出版社 1999 年版，第 543 页。

② 锦屏县地方志编纂委员会编《锦屏县志：1991—2009》，方志出版社 2011 年版，第 1546 页所载道光年间赏准文斗、平鳌、岩湾和加池四寨团丁对湖广盗匪“格杀勿论”。另见张子刚编撰：《从江石刻资料汇编》，2007 年编印，第 25 页所载，光绪二十七年，下江理民批示从江县 96 寨对粤匪盗贼“准予格杀勿论”。

③ 田涛、郑秦点校：《大清律例》，法律出版社 1999 年版，第 592 页。

④ 郑永流：《实践法律观要义——以转型中的中国为出发点》，载《中国法学》2010 年第 3 期。以下引号内的引文均出自该文。

中发现法之本体。发现的方法是实践，在实践中通过获得唯一正解。因此，法的本体是关系的本体，具有主体间性，这尤体现在‘契约即法’及以意思自治为基础的私法中”。在洞（侗）民、苗民、地方官府与盗贼的关系中，发现惩治盗贼之法。洞（侗）民发现苗民采用“苗疆水火二法”在实践中效果良好，故吸纳入其款约，放弃地方官府倡导和实行的“送官究治”之法。“苗疆水火二法”虽为苗民古习，也被继承而入中营营规。无论款约，还是团款营规，都属于“契约性法”，具有主体间性。

（二）不应只关注地方官府的裁判，应该从禀稿中探究讼师续造法的过程

“法是规范与事实相互关照的续造性结果”。“已知预设的法律是未完成的法律，那么，如何使预设的法律变成具有完成性的行为理由？这要对规范与事实进行处理，实际是发现规范与事实是否存在意义的同一性。这一发现过程就是等置，等置就是要将事实一般化，将规范具体化。事实总是表现为个案，将事实一般化就是把个案向规范提升，看其是否存在规范中行为构成规定的要素”。本案中，无论原告讼师，还是被告的讼师，都有大量事实性的描述，其目的都是不断地把事实拉向自己所主张的规范。比如，原告讼师在事实中，刻意淡化被告姜名卿的中营总理公职身份，把他描述成一般土豪劣绅杀人，意图适用《大清律例》中的私罪“故杀”。而被告姜名卿的讼师则把姜开玉描述成一个劣迹斑斑、触犯众怒的凶顽，持双刀拒捕，即使按照《大清律例》也“法在必诛”。其近亲怕送官以致拖累，故依“苗疆水火二法”而委死于河。需要指出，研究清代诉讼审判，存在一种倾向，只关心判词堂断引用了什么实定性规则，这是规范法律观影响太深。日本学者研究明清诉讼的民事法源尤其如此。往往忽视讼师们的作品——禀稿中讼师们的续造作为行为理由（包括裁判理由）的法的细致作业过程是不恰当的。

（三）基于法社会学立场有国家法与民间法的二元对立，但作为具体的法是一元的

“对规范与事实进行等置所形成的判断是法，这种法融规范与事实于一体，当然是一元的，同时，法的这种一元性是在等置实践中产生的。”本案中，姜开玉作为中营村寨的内奸，勾结外匪，既抢劫杀人，又盗窃，按照营规所定的惩治盗贼的“苗疆水火二法”而委死于河，是一元的。尽管《大

清律例》也有惩治盗贼之法，但是没有具体被适用到案件，或者在被告的讼师在案件事实与大清律例的等置实践中被排除掉了。

（四）清代苗疆诉讼的刑事法源是多元的，但是只是预设的法律和一般准则，作为准据的法是有说服力的讼师具体意见

"预设的法律只是一个指南，经过对规范与事实进行等置后而形成的作为行为理由的法，是否就成为具有绝对合理的知识，即真理，也不可作肯定回答"。"预设的法律关联着过去的定型事实，是对过去的事实的知识，知识具有可应用性，法关联着当下的新事实，是对当下的事实的意见，意见具有创造性"。在侗民、苗民的观念中，没有大清律例的绝对权威，一切以实践和实效为判断标准，实践实效最有说服力，因此他们在款约中吸纳"苗疆水火二法"，并约定"倘盗有尸亲，大款逗（斗）钱抵控"。他们自信地认为采用"苗疆水火二法"引起"尸亲"控诉，也无妨，不过"斗钱抵控"。他们没有国法具有天然的至上的说服力的观念，相反他们相信诉讼中他们会有更具说服力的意见，因为"苗疆水火二法"能"更好追抵党羽，斩草除根"，能更好地实现"除内奸、拒外侮、靖地方"的目的。被告姜名卿的两份诉禀稿，例证充分，读起来比原告两份禀稿，更有说服力。

（五）"法是实践智慧"，应关注诉禀中"讼师之法"

"法是一种去实践才能领悟和获得的智慧"。讼师们的讼禀稿，真实记录了他们应用"预设的法律"的活动全过程，记录了他们联系具体的情境，考虑个案事实及变化，随历史变迁而动，凭借自己的反思和自我调整能力以及个人的经验，而非完全从预设的法律的规定性出发，实现了"恰与其分，个别正义"。实践出能力。"草鞋无样，边打边像"。研究中国传统司法，也应该关注"讼师之法"，而不仅仅是"法官之法"。

第二节　清代苗疆"寨款"的自治限度

清代苗疆最终进入王朝国家时代，但是咸丰、同治年间古州厅、清江

厅等地出现苗民大起义，企图脱离清廷统治，史称“咸同兵燹”。激烈的军事对抗中，“寨款”的组织传统得到了激活。起事的一方和以清廷地方官府为首的反起事的一方，都利用了“寨款”组织传统。笔者不使用“侗款”，是因为清代清水江文书表明：苗寨之间、侗寨与苗寨之间，也出现“联款”。论者们一致认同“款”的自治性，却往往忽视其自治的限度。本节以两份清水江诉禀稿为中心，作一探讨。

一、两份诉禀稿的考证：婆洞团款控诉三营、九寨两大团款

文斗寨至今收藏一份题款为“甲寅年姜元熺订”词稿簿，其中收录两份涉及三营团款的诉禀稿。由于隐去姓名，须先考证。

为难除殃民、余黎纙遗事。缘△等遵恩传调，随姚总理进剿六洞首匪，方胜二仗，贼尚未平。忽遭△△等于〇月〇日，统领二百余人，旌旗队伍，浩浩荡荡，直入民乡屯扎口子，称要田要钱，如有不从，务杀殆尽，阖乡老弱妇女，逃散四方，猪牛鸡犬，搜杀无遗，并将〇寨〇〇坐屋折毁，〇等闻之骇异，只得告假奔回，保全老小。切（窃）去岁首匪入境，总赖伊等帮救，然头敌先锋，皆出〇等死力。正月卫城战胜，三月中林杀敌，古顿破营，皆△等当先，功被瞒冒，亦以为自保身家，不敢贪天功而为己力。伊等向△［要］地要田，△等血战之功，又将问谁要乎。今伊自视奇勋，六洞事未蒙传调，必怀怨望，胆敢兴师，无法无天，莫此为甚。若不恳恩严究，只恐谁阴起事，彭越、英布之祸，正去不期，生灵涂炭，情迫难已，只得禀乞。[①]

该禀稿所载的“正月卫城战胜，三月中林杀敌，古顿破营”，与《三营记》所记述的咸丰七年正月、三月的战事是吻合的。咸丰七年“正月十三日，官军出黎平府城南门，下营出西门，上营出北门，中营出东门，大败古州和清江厅的叛苗，黎平城得以解围。黎平知府多文、开泰知县冯桂阳，保举上营总理姜吉瑞以知县试用，中营总理姜含英以把总尽先补用，下营总理姚廷桢以把总尽先补用”。三月“初六日，上营甘塘队出至中林，与贼打

① 张应强、王宗勋主编：《清水江文书》第3辑第6册，广西师范大学出版社2011年版，第431~433页。“只得禀乞”后面，抄录诉禀稿时，省略了接续后面的“祈官旬”。文中△△代表一方人名，〇代表另一方人名或时间。抄录诉禀时省略人名和时间，以△、〇代替。下文引用亦同。

一仗，胜”。“廿八日，三营遵府主多札调出击古顿，合城兵，前后共毁贼营，贼败归古州”。[①] 该诉禀称去年“古顿破营”，即咸丰七年三月功破古顿首匪军营。因此，该禀稿应是咸丰八年呈送黎平知府多文的。

《三营记》载，咸丰六年十二月二十二日，“三营人抵城，贼退扎黎平寨、三什江等处。是夜，贼忽掠营，以为三营袭杀，自相践踏，连夜奔逃。……城急遂定，归营，即丈量田丘，摊派分给团练。凡粮食所需，有不敷者，仍照抽田制派之，有银钱者亦各捐输。自是人人欣愿，众志成城”。[②] 即三营团练的军粮，是按照各营所保护的各寨各户田亩数量进行抽收摊派的，并不是把田亩划拨给三营团练管业。

但是，也出现了例外情形。同治元年，“因姚廷桢屡于下营地方格外捐罚，下营人心亦已解体，呼应不灵。至虽有三营之名，只有两营之实。府主袁特札八阳廪生杨瑞廷总理下营团务”。[③]

咸丰六年九月二十六日，“公举河口武生姚廷桢，领甘乌、八洋、平略、新寨、岩寨、寨藻、扒洞、岑梧、高常、高贞、归故、大坪团丁，驻扎高贞坡头，呼为下高贞营”。[④] 三营之下营，原只领九寨，并不包括甘乌、八洋、平略三寨。咸丰六年十月十五日，“三营团众六千余人，分队下边沙冲杀，自巳至未，杀声震地。……甘乌、八洋、平略团丁，亦由寨武打上，各路大胜。……至是甘乌、八洋、平略，遂与下营联团”。[⑤] 故初步推测，该禀稿不是下营十二寨中的某一寨所呈，而是包括边沙寨在内的婆洞联款，因为：其一，该联款遵奉官府传调，“随姚总理进剿六洞首匪”，不是由姚总理率领；其二，禀稿中原告自称“△等地方，素称忠厚”，并提及三营在边沙寨折毁房屋，侮辱妇女；其三，边沙系婆洞地区的核心，古代婆洞大款包括边沙、流洞、魁洞、果构、八教、寨伍、高表、西洋店、便晃、者模、者

① （清）姜海闻：《三营记》，光绪十九年撰，转引自锦屏县地方志编纂委员会编《锦屏县志：1991—2009》，方志出版社 2011 年版，第 1549 页。

② （清）姜海闻：《三营记》，光绪十九年撰，转引自锦屏县地方志编纂委员会编《锦屏县志：1991—2009》，方志出版社 2011 年版，第 1547 页。

③ （清）姜海闻：《三营记》，光绪十九年撰，转引自锦屏县地方志编纂委员会编《锦屏县志：1991—2009》，方志出版社 2011 年版，第 1551 页。

④ （清）姜海闻：《三营记》，光绪十九年撰，转引自锦屏县地方志编纂委员会编《锦屏县志：1991—2009》，方志出版社 2011 年版，第 1547 页。

⑤ （清）姜海闻：《三营记》，光绪十九年撰，转引自锦屏县地方志编纂委员会编《锦屏县志：1991—2009》，方志出版社 2011 年版，第 1547 页。

楼等寨。[①] 咸丰兵燹中，包括婆洞大款在内的款组织得到“激活”。

该寨再向黎平知府多文呈送“为蠹食鲸吞、以暴易暴事”的告禀，兹引如下：

为蠹食鲸吞、以暴易暴事。缘△等地方，素称忠厚。祸于去岁△月△日，在地稠与贼战败，阵亡九人，贼遂入境，阖乡皆逃。独启蒙寨匪徒杨本深，不知何故不走，△等向九寨营求救，不惟不许，反将往求之林△△等，百般威逼，出具投诚九寨字样，并出钱出田等字，嗣［后］全得△△带阖乡精壮，打败贼匪，伊等始同追杀。然所［杀］敌尽出△等精壮，系卫城及中林、古顿亦然。今三营总理△△等，于本月△日带领人三百余人，扎入△等寨口，称奉恩命，主要分△等田地，不与务要烧杀，坐吃山崩。○○折毁边沙寨○○作屋，辱其妻女，人心惶恐。切恩星之宠伊也，将以御暴。今伊之恃宠也，反以为暴，而掠○贼再暴，而淫民妻女三暴，而拆民房，愈暴愈甚，民实难堪。若不重惩究治，只恐汉阳殆尽，鹫食无已，势必尾大不掉，或不仅究其民而止，为此。[②]

该婆洞团款，在地稠战败，阵亡九人，贼进入婆洞地方，婆洞联款遂派林某向“九寨营”求救。“九寨营”威迫林某出具投诚九寨字约，并承诺出钱出田等字据，方肯相救。

那么“九寨”“九寨营”与“三营”是什么关系呢？

《三营记》记述，咸丰九年“四月初旬，上营、九寨团丁自带口粮，同官军会，复柳霁城，兼帮官军米廿二石”。[③] 可见，“上营”和“九寨”是并列的，不同的。人类学田野调查表明，“九寨”是锦屏县北部地区的九个古老村寨，大部分坐落在一条东西走向的山梁上，属北部侗族。最初时期的九寨系指今三江镇的王寨、小江和平秋镇的魁胆、平秋、石引、高坝、皮所及彦洞乡的黄门、瑶白。这里的“九寨营”，应该是指位于高坡的九寨联款的款军。“三营”和“九寨营”是互不统辖的。

至此，我们大体清楚了该两份诉禀稿，涉及三个团款组织：原告是婆

---

① 王宗勋编:《乡土锦屏》，贵州大学出版社 2008 年版，第 136~137 页。

② 张应强、王宗勋主编:《清水江文书》第 3 辑第 6 册，广西师范大学出版社 2011 年版，第 433~435 页。“为此”后面，抄录诉禀稿时，省略了接续后面的“祈官旬”。

③ （清）姜海闻:《三营记》，光绪十九年撰，转引自锦屏县地方志编纂委员会编《锦屏县志：1991—2009》，方志出版社 2011 年版，第 1550 页。

洞团款，第一被告是三营团款，第二被告是九寨团款。其中，三营团款，是与黎平府、开泰县联系最为密切的，也是战功赫赫，屡次解围黎平府城、开泰、柳霁等县城，屡受朝廷褒奖封赏的。婆洞团款和九寨团款是真正的侗款，也受黎平府的调遣，协同三营防堵古州、清江苗叛军队的袭击。

二、寨款自治的限度：此款与彼款并不具有必然通约性

寨款的本质是寨民之间的契约，此寨与彼寨的合意。但是，未必一定能达成合意。可能基于地缘、血缘（通婚）等关系，数寨能够联款，比如形成婆洞、三营、九寨三个团款的缔结。三个团款虽然接受黎平府的调遣，但是三者之间并没有盟款契约关系。或合意，或强制，二者必居其一。于是，出现了“蠹食鲸吞、以暴易暴”的现象：一是婆洞团款在前方作战，婆洞遭遇袭击，派林某就近向九寨团款求救，被逼迫出具投诚、出钱出田的字约，作为求援的对价。要婆洞团款，臣服于九寨团款。二是三营团款直接屯兵婆洞地区的入口，要分婆洞团款所辖洞寨的田地，并扬言是遵奉黎平知府的命令。

原告婆洞团款认为，咸丰七年苗叛军队进入婆洞地区，的确得到三营团款的帮救，但是头敌先锋，皆出婆洞团款出死力，自保身家。如果血战之功，皆要田土补偿，那么婆洞团款又向谁索要？显然，三营团款、九寨团款是仗着兵强马壮人多，得到官府的倚重，企图以强凌弱，以大压小。

申言之，团款的自治和自卫性质，是有地方本位的，是以小团体利益为最高原则的。如果不加以约束和克服，就会走向极端，解构刚刚建立起来的苗疆“王朝国家架构”，就会如诉禀稿所说的“尾大不掉”，而生“彭越、英布之祸”。同治七年（1868）六月十六日，上谕军机大臣“其跋扈不驯之滇、黔各团首，均著次第惩办，檄令各归地方官督理，严惩大团首私行仇杀、干预公事旧弊，以杜乱源”。[1]

---

① 《穆宗实录》卷二三六，第2~3页。转引自中国科学院民族研究所贵州少数民族社会历史调查组、中国科学院贵州分院民族研究所编：《〈清实录〉贵州资料辑要》，贵州人民出版社1964年版，第564页。

三、寨款的自治限度之克服：土司或流官衙门的他律

寨款，是古代和近代苗疆社会特有的民间自治和自卫组织，具有原始氏族农村公社和原始部落联盟的特征，是前王朝国家社会组织结构的一个活化石。它本身无法组织更广地域范围的乡土社会，形成更大范围内的秩序和安定。前王朝国家时代中，部族之间的争斗杀戮惨烈程度应该大于王朝国家时代的村寨争斗。因此，进入王朝国家时代具有历史必然性。

进入王朝国家时代，寨款的自治，也可能沦为款首或大寨的独断和擅权，出现联款内的大寨欺凌弱小村寨的不平等和专制。但是，进入王朝国家时代后，自治之上有了王权的“他律”，一定程度上可以克服这种独断擅权和不平等。这也是婆洞团款向黎平知府两呈禀稿的原因所在。此款与彼款并不具有必然通约性，以达成更大的范围的联款，但是王权法律，不能容忍大款对小款的强制、强迫。王朝官府会引导、规训、维持着此款与彼款的和平共处。

第三节 寨款理讼与流官理讼的渐近与争竞

清代苗疆，进入王朝国家时代，“寨款”不再是纯粹的自治和自卫了，添加了土司、流官的他律。清水江流域所在苗疆，清代林业商品经济繁荣，对外交流日益密切，对苗疆社会安全和秩序提出了新的需求。因应此种政治和经济的转型，“寨款”的主体、形式、功能、价值也发生了变化。本节重点讨论“寨款”的缉盗、平叛功能与官府目标的一致性，以及理讼上的竞争关系。

一、“寨款”的缉盗御匪传统得到官府的支持

清水江流域所在的苗疆，嘉庆、道光年间林业经济日益繁荣，与外地的经济往来也日益频繁。山菁林密的自然地理环境，也给盗匪提供了藏污纳垢的去处。光绪十九年，姜海闻在《三营记》作如下撰述：

黎平北路之清水江，距城一百四十里右一带地方，上自瑶光，下至平略沿河一带，今所称三营者。……

嘉庆年间，官清民肃，上下相安，三营无累。

道光初年，有湖广恶匪号称“草上飞”（即杨定龙，首逆）、“落地飞”（郭老晚，又名“见风起”）、“独眼龙”（即杨虎子，“草上飞”胞兄）、“搜山豹”（即吴老永，又名“不沾泥”“老教师”）、“红岩儿”（冯孩儿）、“听风消”（萧祠贞，在平略窝上）、“番天亮”（即龙绍玉）、“水上漂”（吴庆虞）、“坐地虎”（王宗玉，继尧，控买包卖）、“一支虎”（杨小五）、“千里眼”（萧金保，即祠贞侄）、杨进牙崽、金乔牙崽、陈大汉、邓瑞阳、“杨答答毛”“杨顿牯牛”“瓦上霜”“随风走”等数十人，占据平略、张化、南包地方，串拴沿河一带地棍，掳掠妇女，霸斫杉木，强放木排，劫寨拱屋，捆人索价，偷牛盗马，沿河一带受害者数百家，计赃数十万。虽多具控，无如左右有人，愈控愈蜂毒，无法无天。至十三年冬月，文斗寨姜济岐、姜载渭、姜绍齐、钟华、［钟］英、春发、起滨、绍吕、本清、姜荣先、姜廷映、姜开泰、述圣，平鳌寨姜起灿、姜起书、姜宗烈、文煌、姜彩、姜烈、国轩、世华、治宏，岩湾寨范绍学、范绍昭、献琳、献璧、范文秀、老为，加池寨姜之谟、之林、之毫、姜廷瑜、开明、开让、光秀等创首捐资，合以“聚匪抢劫”等情，首出控告（除捐项不敷外，四寨买木见十抽一，以作公用），屡请差兵严拿。数年之久，结成巨敌，被伊屡次黑夜入各寨纵火，有不能两立之势。嗣得道宪、府主清廉爱民，赏准“格杀勿论”告示，并饬差兵协同四寨团丁，出至平略严拿，杀死三人，生拴十余人，得歃血名簿一本，捆解至城枭首，余党远窜，始得安然。四寨公私上四十余禀，银钱费四千余金。[①]

因得到匪徒的歃血名簿，故姜元卿对劫匪的情况记述，比较详细准确。道光初年，文斗、平鳌、岩湾、加池四寨深受劫匪盗贼之害，多次请求官府缉盗安民，但是匪盗们并没有得到有效惩处和遏制。于是“四寨合款”，由四寨富绅倡议捐款，从卖木价款中见十抽一，筹集公共治安经费，一方面上控，另一方面组建款军团丁。贵东道、黎平府准予四寨合款的款军和团丁，有对于匪徒可以“格杀勿论”的权力，并派差兵协助。

四寨先后向官府呈送四十多份告禀，可惜笔者尚未发现其留存，不过发现了一份“四寨合款”的合同和文斗寨留存的“立收字”。前者是“四寨

① （清）姜海闻：《三营记》，光绪十九年撰，转引自锦屏县地方志编纂委员会编《锦屏县志：1991—2009》，方志出版社 2011 年版，第 1546 页。

合款”的直接证明，后者可以印证“四寨合款”以及绅首“创首捐资”的事实。兹分别录文如下：

立合同文斗、平鳌、岩湾、加池四寨人等，为安靖地方，以保身家事。近因地方人心不一，故外境匪徒结党，时或数十人，时或数百人，扰害地方，偷盗木植，朋阻木排，牵耕牛，磕油火，凶蛮横行，地方受其欺压，无可奈何。窃思我等地方，山多田少，贫富全靠木植，养活身家。遇客商来，则砍木放排，虽无大利，而每日获钱，亦可早晚资用，免受饥寒。且大则拨本钱行买卖，小则削木皮，资炊爨，卖柴薪，生意多路。今遇匪徒如此，将山木坎尽，何以为生？且本处并外乡客贩，凡作木植生理，屡被匪党捏情强阻强放，东家闻知，不发资本，众等岂不束手待毙，是以齐心聚议，书立合同。凡遇外来匪党，阻排偷木等情，必须齐为努力追捕擒拿。倘至斗殴杀伤，不拘彼此，不得怨悔退缩。如有等情，众等将此怨悔退缩之人，捆绑呈官究处。兹恐人口难凭，特书合同四纸，各执一纸为据。

当凭

神灵罚咒，如口是心非者，神灵鉴察，必受谴诛。

文斗姜春发存加池一纸

平鳌姜启书存岩湾一纸　意合心同

岩湾范绍学存文斗一纸

加池姜之模存平鳌一纸

代笔　姜东智

道光拾叁年拾壹月拾柒日①

此合同字，不像其他“款禁”那样简明地禁止什么，如何惩罚，而是充分地阐述匪害之烈和合款之必要。此合同字，除了意合心同和官府认可之外，依然需要神权的辅助，以加强其权威性。此合同字，是交叉收存各款寨的纸合同。匪党危害到当地林业商品经济正常运作，危及四寨苗民的主要财产利益。

立收字人文斗寨姜载渭、述圣、绍齐、起滨等，因四寨合款，以前匀

① 张应强、王宗勋主编:《清水江文书》第1辑第8册，广西师范大学出版社2007年版，第205页。

七之银所有款，平账不敷。今再派加池寨姜之豪、之模、开让、世泰名下，当收纹银四拾九两洪平，前后均派□经等项，一概收清，所有黎平债务，各在载渭等开消（销），不与之豪等相干，其有合同收字为据。

之豪、开让伯侄出纹银二拾二两

之模出纹银二拾二两

世泰出纹银五两

凭中　李万明、苏荣光

道光拾五年九月廿日起滨笔立①

该文书大体反映了文斗寨绅首姜之豪（毫）、开让、之模（谟）、世泰等捐资以及在黎平府城发生的费用开销经办情况。

"王者之政，莫急于盗贼"。缉盗御匪，本是任何王朝官府应该提供的基本公共服务项目之一，也是维持王朝有效统治的首要任务。但是，苗疆盗匪素来猖獗，单靠官府的力量，不足以满足苗疆社会治安的需求。苗疆"寨款"，在前王朝国家时代，就发挥过有效缉盗御匪的历史作用。这项传统在新的历史条件下，重新得到弘扬，并得到官府的支持。

二、"寨款"自卫传统升华至"忠义报国"价值高度

前王朝国家时代，"寨款"组建"款军"，进行军事自卫，是一项捍卫部族成员生存权利的自发的组织形式。进入王朝国家时代，苗疆或被土司统治，或被流官治理，在与中原内地日益密切的经济文化交流中，逐渐认同了"家国观念"，有了忠义报国的初步价值共识。咸丰初年，苗民起义风起云涌。一方面，"寨款"被利用成为发动起义的军事组织，走向背离家国的方向，另一方面，"寨款"军事自卫传统，被升华至"忠义大款"。

（一）土司杨占先联齐"高洋款"

光绪十一年（1885），新任黎平知府郭怀礼，为咸丰六年（1856）战死的古州长官司杨占先撰写传记，节录如下：

① 张应强、王宗勋主编：《清水江文书》第3辑第6册，广西师范大学出版社2011年版，第102页。

……道光二十六年，占先袭职，年二十九。时匪盗充斥，劫掠无虚日，占先率胡文忠林翼团甲章程，督率有方，盗风顿息。当事以是知其能。咸丰五年六月，逆首余正纪叛大坪山，齐苗各匪响应，犯古州。前署守多文檄占先，赴高洋齐团防之，清台苗匪猖獗，逼近高洋，布蜚语，人心怀二。占先椎牛按剑，奋声曰："吾受国家教养之恩泽，百余年矣，当杀贼以报国，岂可从贼耶？汝等欲反，可先杀我。"情辞慷慨，声泪俱下，断指誓，众皆失色，乃歃血盟以死御贼。挑壮丁八百人充长练，扎高洋，事急则添丁助战。贼扑朗洞，占先往拦，贼大败，斩首十余级，追贼洋洞、塘流、扒王、高微坳等处，连战皆捷。附近百余寨，皆愿与联团，各处难民亦倚高泰□保，□扶老携幼来者，数千家，悉令得所，军威因之大震，多文命占先为西北团总，请予四品顶戴，并军械旌之。……①

土司杨占先凭借自身的实力，利用"椎牛盟款"的古老仪式，断指发誓效忠国家，附近百余寨与其联款，形成了黎平府西路"高洋款"，有力地阻击了叛军，保护一方安宁。杨占先后被叛军围困，为国捐躯。因其断指的显著特征，其尸体被找到并确认。

（二）峒民吴金随齐联"忠义大款"

与土司杨占先几乎同时，黎平府曹滴峒人吴金随举起"忠义大款"的旗帜，与土司杨占先的高洋款相为犄角。不仅附近的苗寨与之合款，而且客居黎平的汉人汉寨也参加其款。光绪十八年《黎平府志》为其立传：

吴金随，府属曹滴峒人，不识字，而自有机变。咸丰五年苗乱，各寨响应吴金随，初被胁从，即潜语其众曰："自古无有苗为王者，我等幸各为良民，免遭剿灭"，先是其家偶藏有道家木印，至是语其众为神赐，命以齐团除贼，远近闻者多信之，竟逐杀清台逆苗，联为忠义大款，汉人之被难者，半归焉。知府多文给以忠义款木记，与西路高洋款杨占先相为犄角。前后贼来攻，辄败。邻寨有警，皆往援之。同治二年总兵成应洪战殁，下温发匪万余，趁势扑金随寨。金随三面堵剿，杀贼一千有奇，贼窜粤，黎境赖以安。知府袁鸿基、马树清先后上其功，辞不受职，奖以钱帛，悉市牛酒，与款众共之。其他仗义勇为，皆出于公愤，而无跋扈之行。故黎平军兴几

① 民国三十七年贵阳书局铅印本《贵州通志》，土司志六，第58页。

廿年，而其境独获保全，乡人荫受其福。迄今年近百岁，步履犹健，殆亦峒民中所仅见者欤！[①]

难能可贵的是，吴金随利用道家木印，借助“神权”的力量，鼓舞和激发普通民众的信心和士气。屡建战功，获得官府的奖赏，从不居功受职，独享其利，而是与款众共同分享，继承了“寨款”的朴素民主和平等遗风。

三、款首的理讼权威受到流官的压制

清代黔湘桂侗族地区，不再是“有款无官民做主”了，进入了王朝国家时代。其间，款组织的传统权威和流官的正式权威之间发生过竞争，特别是理讼权力的竞争。

（一）人类学田野调查资料表明，款首与县令发生过理讼权威争竞

邓敏文、吴浩曾于 1987 年左右在黔湘桂田野调查，考察多位款首的墓碑，记录老人口传历史。其中，就包括清代款首吴公义的故事，非常生动地反映了款与官的争竞。

广西的三江、龙胜，湖南的靖州、通道等侗族地区，古代分为 13 个款坪。高定村属于 13 个款坪中的地瓜坪。[②] 清朝嘉庆年间，地瓜款坪的一位名叫吴公义的款师，曾经代表全款坪到当时的怀远县与县官辩论，要求免交钱粮。他告诉县官猛江河“蚊子母鸡大，蚂蟥扁担长，莱籽九层壳，田地不产粮”，为了让官员相信，他决然地割下自己的一边耳朵。县官半信半疑，又不敢到当地了解情况。只好同意免去钱粮，只让高定人每年缴纳 9 斤棉花。[③]

吴公义后被推选到王相坪去参加四个款坪联合举行的讲款大赛，一举夺魁。其名声传到县太爷耳朵里，知县大人便派人找他去县衙里，要与他比比口才，当众断案。知县命人将一间房子屋檐上的瓦全部打烂，并让两

① 光绪十八年刻本《黎平府志》卷七下，第 78 页。

② 邓敏文、吴浩：《没有国王的王国——侗款研究》，中国社会科学出版社 1995 年版，第 149~153 页。

③ 邓敏文、吴浩：《没有国王的王国——侗款研究》，中国社会科学出版社 1995 年版，第 44 页。

人装扮成肇事者和屋主，“屋主”说屋上的瓦有三千三百三十九块，“肇事者”说只有一千一百一十三块。两人争讼，告到县衙。知县叫吴公义来裁断。如果此案断不清，知县说要割掉其半边耳朵，并挂在衙门上，企图压压县境内款组织的声威。吴公义也针锋相对地提出条件：如果我把此案断清了，那就要用针线穿住大人的鼻孔，以示知县大人笨得像头牛要人牵引。知县只得答应。这事一传开，大伙纷纷跑来旁听，公堂挤不下，只好搬到露天场地。断案开始，款首吴公义和知县一起登台。还没有等知县在椅子上坐稳，吴公义就把手中的一束毛草，向众人一挥，整个场地鸦雀无声。吴公义说：“我是款乡之人，今天来到县城，知县要我断案，众人为我做证。如我断案不清，割我半边耳朵，悬挂县衙之门。如果案件断明，就让知县大人鼻孔穿针，吊上一节三尺长草绳。”说完就开始审问。“我问你屋主，你屋上的瓦，烧瓦的是哪个匠人？盖瓦之时，何人搬运？何人作证？何人在旁作证？你如实招来，若有半句假话，就割下半边耳朵，挂在你家大门。”“我又问你肇事之人，你何故爬上人家屋顶，做此等伤天害理之事？你是点清数目再打？还是打了以后不想赔偿主人？如果你点清数目再打，有何人与你同行？他可愿意出庭作证？你快快如实招来，如有半句假话，就鼻孔穿针，并用草绳穿着，周游县城。”“屋主”和“肇事者”怕受刑，当众道出实情。台下观众欢声雷动。不知何时，知县躲进县衙，紧闭衙门。款首吴公义从此名声大震。数任知县均惧怕其威名，连桂林知府都佩服其学问，大家送他一个绰号“款王半边耳”。吴公义逝于 1914 年，墓地尚存，就在今广西区三江县独洞乡高定村吴家墓地里。[①]

口传历史是否确实，无法准确稽考。但是故事传诵至今，反映了侗民对于曾经的“有款无官的自治”历史的向往，对“官治”的一定程度的反抗。尤其是对流官理讼的能力、公正性、权威性的质疑，对传统的款首理讼方式和权威的留恋。

（二）官府告示刊碑，明令限制“开款”理讼

剑河县翁座乡翁座村，至今留存一块光绪二十年（1894）刊立的碑铭，刊刻的却是同治十三年（1874）贵州巡抚曾璧光发布的告示，包含 13 条“条规”，其中就有三条涉及“款”，摘引如下：

---

① 邓敏文、吴浩：《没有国王的王国——侗款研究》，中国社会科学出版社 1995 年版，第 165–166 页。

一、城乡各寨，照前编联保甲，不准敛钱；庵庙、船店、烟馆，不准容留匪人。如有携带妇女、牛马、什物，来历不明，放闷烟贩私钱者，盘查送究，不准得钱卖放，亦不准刁难好人。

一、黎平一带隔属，联团谓之联款，嗣后小事不准开款。万一遇有成股贼匪，四出窜扰，方准款众齐款抵御。其平日偷窃强抢案件，只由邻近之团料理，俱须送官，不准齐款去河烧杀致死。如再有犯以小事开款者，定即重惩。

一、团甲等人务须秉公持正，毋得假作威福，欺平民，遇事科派，勒索夫马酬谢。且官只谈公事，如有挟嫌陷人，藉公肥私，并出外妄传官家口语，吓诈乡愚，以及包庇应传之人，及恃隔属不令投案，查出革究。①

咸同兵燹后，“苗疆未定，民困未苏”，贵州巡抚曾璧光发布此“为出示严禁事”的告示，旨在剔除勒派索扰之夫役积弊，也包括理讼中的此类情形。联款只限于抵御贼匪，缉拿窃贼，但是不能僭越官府的刑罚权，不准小事“开款”；即使偷窃强抢案件，只能由邻近之团缉拿凶犯，俱须送官，不准“齐款”擅自使用“款”所特有的“水火二法”，即沉河和烧杀。

总之，清代苗疆“寨款”发生了以下嬗变：（1）主体上的变化：不仅是侗民联款，而且土司、苗寨、汉人也联款；（2）形式上的变化：由封闭自治自主，变为对外开放，接受地方官府的领导和管理；（3）功能上的变化：军事自卫和缉盗御匪功能被发挥，而理讼功能被限制；（4）价值上的变化：由村寨地缘利益本位，升华到保家卫国的忠义层面。

第四节　清代黔省苗疆保甲、团练与寨款的融合

研究苗疆之“款”的著述中，不可避免地涉及保甲、团练制度。“寨款”是苗疆传统的、非正式的制度形式。保甲、团练，是官府推行的正式或特殊时期基层制度形式。二者在性质、功能上，既有相同的地方，又有不同之处。清代以降的史料和著述中，常常出现“齐团”“齐款”“团款”等提法，表明“寨款”“保甲”“团练”之间出现融合或混同。明清苗疆官府是如何推行保甲、团练的，是如何利用和改造“寨款”，三者又是如何历史和逻辑

① 贵州省剑河县志编纂委员会：《剑河县志》，贵州人民出版社 1992 年版，第 1039~1040 页。

统一地实现融合，实现苗疆基层组织管理制度演化的，就是本节要初步讨论的重点。

一、保甲

（一）清初中期保甲不行苗疆

雍正初年，云贵总督鄂尔泰上奏《请分别流土官考成疏》，并得到批准，其疏曰：

“土官之设，原以官斯土者，苗蛮难御，风土不宜，故以土官为之钤制，流官为弹压。数百年来，土司漫无考成，以苗治苗，无异以盗治盗。徒挟土司之势，以残虐群苗。又纵群苗之凶，以荼毒百姓。横征暴敛，贡之朝廷者，百不一二，烧杀劫掳、苦我民生者，十常八九。伏读谕旨，以流官吏目，职分卑微，如何改重，使流土相安。臣窃念，流官职守当重，而土官之考成宜严。土官之考成不严，则命盗之案日积。大凡杀人劫财者，具系苗猓，虽报闻即捕，而潜匿寨中，已莫可窥探。无论吏目微员呼应不灵，即使州县关移臬司牌票，亦置若罔闻，十不一解。非知情故纵，即受贿隐藏，流官束手无策，大吏深难其事，不敢题咨，多从外结。其实外结者亦复无几，故劫杀愈多，盗贼愈甚。苗人无追赃赔命之忧，土官无降级革职之罪。有利无害，何靳而不掳乎？

据臣愚见，事有专责，考成宜分三途。虽各不免参罚，而轻重攸分。盗起内地，即是乡保不能稽查，而捕快又不能缉获也，责在文员；盗自外来，是塘汛不能盘诘，而兵丁不能救援也，责在武弁；盗由苗寨，是平时不能钤束，临事又不能防闲也，责在土司。以此三者，分别议罪，土官无辞，流官亦服。至于清盗之原，莫善于保甲之法，率以十户。云贵土苗庞杂，户多畸零，保甲不行，多主此议。不知除生苗外，无论民夷，自三户以上，皆可编甲。不及三户者，编附近甲。最宜严责者，莫于捕快与汛兵。盖内地之盗，捕快多知情；外来之盗，塘兵且通气，捕快宜分定乡村，某村失盗，宜责在某人。而捕快之中，奸良不一，又须十人立一快头，缉盗不获，捕快与快头同一治罪，大抵盗情未有能欺捕快者。塘兵之设，原以昼盘诘，夜许零住。逐村经理，逐户稽查，责在乡保，一遇有事，罚先及之。一家被盗，一村干连，保长、甲长不能觉察，左邻右舍不能救护，各皆酌罚，无可逃罪。此法一行，则盗贼来时，合村鸣锣响应，互相救护，虽有凶狠之盗不可敌，当看其来踪，尾去其路，必不可逃保甲巡防。伊等平日无事，昼则赌博，夜则酣睡，甚者出入不意，乘机盗窃，种种不法，又或伙众结强，唆使劫掠，阳防阴助，其恶不可胜言，必须严加号令，定为成法，使不得不留心稽查，则盗贼弥而兵丁可用矣。"①

鄂尔泰指出，云贵苗疆命盗案件频发而难破的根源在于"苗人无追赃赔命之忧，土官无降级革职之罪"。并建议区分命盗案件的类型，分别追究责任：(1)"盗起内地，即是乡保不能稽查，而捕快又不能缉获也，责在文员"。捕快中设立"快头"，实行连坐。(2)"盗自外来，是塘汛不能盘诘，而兵丁不能救援也，责在武弁"；(3)"盗由苗寨，是平时不能钤束，临事又不能防闲也，责在土司"。

鄂尔泰还认为"清盗之原，莫善于保甲之法，率以十户"，"除生苗外，无论民夷，自三户以上，皆可编甲。不及三户者，编附近甲"。但是，多数官员并不主张施行保甲，因为"云贵土苗庞杂，户多畸零"。

可以推断，其上奏此疏时，保甲并未行之苗疆。究其原因还有：

第一，尚不具备推行保甲的文化条件。苗疆尚不通用汉字，苗人尚无汉字姓名，无法填写保甲信息，以保证人名一一对应。雍正二年鄂尔泰讨平长寨仲苗阿革等，上奏《经理仲苗十一事》，就建言"苗人多同名，各照祖先造册，不知本姓者，官为立姓"。②

第二，尚不具备推行保甲的制度条件。"贵州土司单弱，不能管辖所属。苗患尤大，平日烧杀劫掠，拿白放黑，以为生计，有径至城汛，捆人子女，勒令取赎者，地方文武视为故常，而原告并干证，反拖累至死"。③贵州苗疆土司没有树立统治权威，没有建构起统治秩序，苗疆尚奉行弱肉强食的"丛林法则"。

第三，尚不具备推行保甲的经济地理条件。乾隆元年张广泗在《议覆苗疆善后事宜疏》中描述，"苗疆田土尽属水田，亦非若塞外陆地易为耕种"，"苗人止知耕种水田，所有山土悉皆抛弃"。④可见，苗人营生管业之地域范围十分有限，山土尚处于原生状态，故山箐林密，村寨间隔窎远，最易于盗贼啸聚劫掠。苗疆不如内地，因垦殖多年，村寨阡陌相连，烟户庐舍相接，

① 民国三十七年贵阳书局铅印本《贵州通志》宦绩志四，第53~54页。

② 民国三十七年贵阳书局铅印本《贵州通志》宦绩志四，第52页。

③ 民国三十七年贵阳书局铅印本《贵州通志》宦绩志四，第53页。

④ 乾隆六年刻嘉庆补修本《贵州通志》卷三十六，艺文·疏，第4~5页。

编联保甲，可以形成无缝隙的、地毯式的网络。即便苗疆编联保甲，也无法形成全覆盖的网络。

黔省各府州县所管地方寨落内，如尽属苗人者，遵照乾隆四十一年上谕停止编查保甲令，该管土弁严行管束稽查，毋许容留匪类，将随时查察缘由，按月具报查考，如尽系汉民仍一体编查。黔省汉苗杂处村寨，如汉民多于苗人，即由地方归于汉民册内查办。如苗人多于汉人，即由土弁归于苗人数内查报。苗瑶寄籍内地，久经编入民甲者，照民人一例编查，其余各处苗瑶责令千百户及头人峒长等稽查约束。倘有生事犯法，不行举报，分别定罪。①

雍正四年（1726）四月二十二日，上谕曰“弭盗之法，莫良于保甲。……至各边省，更有藉称土、苗杂处，不便比照内地者，此甚不然。村落虽小，即数家亦可编为一甲，熟苗、熟僮即可编入齐民”。②乾隆十七年《开泰县志》、乾隆三十六年《黎平府志》均未提及保甲。镇远府属施秉县方志载，“施秉在清代乾道嘉之时，城乡安靖，未办保甲”。③

道光二十六年（1846）四月二十日，上谕：贵州巡抚乔用迁奏请编查苗寨客民分居户口一折。贵州附居苗寨客民，既经编入保甲，其分户另居者，自应一律编查。著该抚饬令各地方官督率村寨保长人等，将客民旧户迁徙若干，现存若干，其旧户内有子孙分户另居若干，逐一查明造报，毋得假手胥吏，致滋扰累。④

（二）咸同兵燹后之保甲

咸丰元年（1851）九月初二，贵州巡抚乔用迁奏编查保甲现办情形。得旨：“办理尚属认真，毋得日久生懈”。⑤咸丰六年（1857）十二月十八日，

① 《户部则例》，载道光二十八年《保甲书》卷一，定例，第6~7页。

② 《世宗实录》卷四三，第18~20页。转引自中国科学院民族研究所贵州少数民族社会历史调查组、中国科学院贵州分院民族研究所编：《〈清实录〉贵州资料辑要》，贵州人民出版社1964年版，第292页。

③ 朱嗣元修、钱光国等纂：《施秉县志》，“团防保甲警察”，民国九年稿本，第41页。

④ 《宣宗实录》卷四二八，第17页。转引自中国科学院民族研究所贵州少数民族社会历史调查组、中国科学院贵州分院民族研究所编：《〈清实录〉贵州资料辑要》，贵州人民出版社1964年版，第296页。

⑤ 《文宗实录》卷四三，第2~3页。转引自中国科学院民族研究所贵州少数民族社会历史调查组、中国科学院贵州分院民族研究所编：《〈清实录〉贵州资料辑要》，贵州人民出版社1964年版，第296页。

上谕："保甲与团练相辅而行，贵州省苗、教各匪勾结滋扰，曾据蒋霨远以咸丰三年以来，办理团练，颇有成效入奏"。[①]

咸丰年间，黎平知府胡林翼编联保甲，仿行内地的宗族家法制，苗人逐渐实行汉字姓名，并修编家乘族谱。

咸同兵燹后，民生凋敝，盗贼滋生，黔省通饬苗疆编联保甲，府县应设立"保甲局"。其法如下：

一、每家给一门牌，十家给一总牌，择一家为牌长，九家听其编查。十牌设一甲长，数甲设一总甲，均选公正有声望者，充当。如不足十家，或有十数家者，亦应编联一牌，不必拘十家之例，其独居零户择较远近处所附入。又烟户在数十家以上，或不是十牌，或有十数牌者，亦设一甲长，不必拘十牌之例。

一、每家门牌，务将男丁、女口、姓名、年岁、作何生理及男妇做工，逐一注明，不得遗落，遇有迁移生死等事，由牌长查知改注，递报甲长，甲长汇报总甲，注明册籍。如有新添之户，随时报补，给门牌，一应门牌均用板贴挂，勿许汗损。

一、总甲须督同各甲长，将每甲若干牌、若干户，或司寨，或屯所，系何地名，距城若干里，逐一编查清楚，汇造循环二册，送保甲局分别署钤印，一册存署备查，一册发归总甲，每届循环互换。如有怪舛错遗漏，及应改注不改注者，一经察出，量予责罚。

一、每十家牌内，须互相稽查。如一家有窝贼入会为匪情事，九家查知出首。倘敢徇隐，九家连坐。如系挟嫌诬指，反坐严惩。又隅遇盗贼、火灾等事，毋论同牌、同甲长及牌长等务督率，互相援救，不得坐视，违者科罚。[②]

但是，不是每地认真实行，或敷衍应付，比如施秉县：

咸同两朝，全县为苗占据。光绪初年，居民还定安集，兼防苗官兵，防察甚严，盗贼亦不常闻。光绪季年僻静，村寨间一发现抢案，官府饬团

---

① 《文宗实录》卷二一五，第17页。转引自中国科学院民族研究所贵州少数民族社会历史调查组、中国科学院贵州分院民族研究所编：《〈清实录〉贵州资料辑要》，贵州人民出版社1964年版，第296页。

② 张应强、王宗勋主编：《清水江文书》第1辑第8册，广西师范大学出版社2007年版，第166页。

缉捕，尚能如期破案。其时所谓之保甲，亦仅虚名，尚未照章编制。[①]

或借编联保甲之机磕索苗民，《苗疆记闻录》对此有记载：

苗疆既肃清之明年，而丹江有复叛之事者，何也？先是屠君瀚通判丹江事，以善后章程有编联保甲一条，恣意侵削。每门牌一张，索钱八百文。有不应者，则勒团保迫之。疮痍未复，民不聊生，一二悍鸷之徒，遂相率而谋，为之抗团保，告请减，曰：此纸墨费钱，一户取八百不为苛，仍令团保严追不少缓。于是苗情汹汹，遂聚数百人，乘夜扑厅城，入署执屠君杀之，剖其腹，并戕其妻子数人，发其藏，得钱数百吊，皆苗纳之门牌费也。[②]

丹江厅通判屠君瀚借编联保甲，勒索门牌钱，酿成叛乱。黔省有司对编联保甲有犹豫顾虑之嫌。光绪二年，古州同知余泽春在《善后条陈》中建言“保甲不可不行”，曰：

保甲不可不行。此辈匪徒，或潜藏老箐深林，或混迹乡村城市，或充官勇沿途磕诈，或三五成群盘踞村寨。苗民无知，任其停留，欲剔除根株，非力行保甲不可。刊刷保甲册式样，地方官亲自沿门填注籍贯生理、男丁女口、寄居雇工，明白登载，设有牌长、甲长，有事连坐，日日按查，无业游匪无从匿迹。村寨责成头人，照式遵办。再行亲自下乡，或委廉干妥员，按册查询有无匪类，立刻惩办。如此一年之间，定可肃清。[③]

光绪中后期，黎平府保甲和团练进入和平时期，二者衔接结合，行之各村寨。光绪三十二年二月颁发的《三营劝民栽植树木十二条章程》，其第三条就有如下规定：

一、界限宜清理也。近来争讼山场之事，具因界限不清所致。今既兴栽种，则必使之各享其利，方足鼓舞人心。自今或系祖岭，或系新购，或系一家私业，或系地方公业，各行清理，尤必就近约同乡邻、牌长、甲长

---

① 朱嗣元修、钱光国等纂：《施秉县志》，“团防保甲警察”，民国九年稿本，第41页。

② （清）徐家榦撰：《苗疆见闻录》，载顾久主编：《黔南丛书》第9辑，贵州人民出版社2010年版，第87页。

③ 光绪十四年刻本《古州厅志》卷十下，“艺文志”，第1页。

及总理公正人等，指明四至，竖立界碑，载明册内，并书明“毫无侵占”字据，送存总局，以备查考。追树木栽成多少，再在山脚立一总牌，使人皆知此山为某氏之业，即随同总理人等，复到总局具结登册，始报官给予执照，永远管业。此系子孙无穷之利，希各勇往为之。

可见，当时苗疆的地方管理体制依次是“家→牌→甲→团→县（厅、府）”。光绪十七年，天柱县知县曾汝材颁发了“编联保甲以靖地方事”的告示，并实贴于文斗寨，其曰：“编联保甲之法，十家为一牌，十牌为一甲。所有各里团绅，均由本县择贤札委，以专责成。至于牌长、甲首，即由该团绅择优举充”，[①] 团练和保甲紧密衔接结合，成为常态化的基层组织形式。

二、团练

（一）清初之团练

清代黔省团练，应始于雍正末年。张广泗在《议覆苗疆善后事宜疏》中记述，“查前经督臣尹继善，因逆苗蠢动，饬令通省招募新兵，共五千余名，训练已及一年，技勇娴熟。今军务告竣，现在酌减归农，应即在此新兵内，招其能耕种田亩，并愿赴苗疆承领者，给与耕种”。即让团练新兵，承领部分新疆逆苗绝产，转变成新的屯兵。

（二）道光年间之地方团练

道光二十九年，陶履诚任开泰县知县。“时发逆李沅发鼠窜中潮，履诚设卡防，民以安堵。郡多会匪，履诚督隶卒，至上普寺，获匪首姜大五枭示，大府上其功，加同知衔。坐某事被议，士民请留不果，作《五开棠咏》，立长生位，志其德”。《五开棠咏》十首，依次是《持廉咏》《兴学咏》《听讼咏》《勤蚕咏》《从戎咏》《募勇咏》《缉盗咏》《练团咏》《礼士咏》和《哦诗咏》。兹录其中三首如下：

---

① 张应强、王宗勋主编：《清水江文书》第3辑第7册，广西师范大学出版社2011年版，第121页。

募勇咏

重赏励勇，非财不济。惟我陶侯，得其死力，巡诸险隘，早夜提防，纷纷械送，缚豕擒羊。

缉盗咏

射人先马，擒贼先王。惟我陶侯，鉴古李黄，掘其祖墓，听吾指麾，元凶授首，道路清夷。

练团咏

以民卫民，团练要著。惟我陶侯，致民踊跃，肥羊美酒，鼓示先鞭，感及愚顽，称我公贤。①

该三首诗大体反映了陶履诚在募勇、练团、缉盗防匪等方面的突出政绩。募勇，大体是为了补充官府捕快以及塘汛员弁力量之不足，从民间雇募勇武之士，巡查开泰县各处险隘，缉捕盗贼若“缚豕擒羊”。练团，“以民为民”，应该是让各寨抽调精壮男丁，加以训练，成为村寨自卫力量，开泰县给予引导和奖励。《三营记》就记述了道光年间，黎平府属之文斗、平鳌、岩湾和加池“四寨团丁”，和官府差兵一起缉拿盗匪的情形。②可见，道光年间，清水江苗疆练团较为普遍。

清代朝廷每开一处新疆，都会建设营汛，控其险要，“员弁闻劫掠，即行拿获，一面申报，获犯会审，毋袒狥”。③“新疆安设营汛，原以建威消萌，守御弹压。各该汛兵，俱有营伍地方之责，巡防操演之烦，非若口外征兵驻守，无事可派，令屯田以资军食也”。④陶履诚募勇练团，表明塘汛这些正式的军政制度措施正逐渐失去其应有效用。

---

① 光绪十八年刻本《黎平府志》卷六下，“秩官志·宦绩”，第64~65页。

②（清）姜海闻：《三营记》，光绪十九年撰，转引自《锦屏县志：1991—2009》，方志出版社2011年版，第1546页。

③（清）鄂尔泰：《经理狆苗十一事》，载民国三十七年贵阳书局铅印本《贵州通志》宦绩志四，第52页。

④（清）张广泗：《议覆苗疆善后事宜疏》，载乾隆六年刻、嘉庆补修本《贵州通志》卷三十六，艺文·疏，第4页。

（三）咸丰、同治之地方团练

咸丰年间，苗疆练团，成效最显著者，要算胡林翼。据说其经验后为1927年蒋介石围剿红军所借鉴和吸收。胡林翼咸丰元年至咸丰二年任黎平知府。

1. 团练、保甲并举。胡林翼认为，“御外寇莫若团练，清内匪莫若保甲”。官府严格执行团练、保甲之奖惩规定，并及时审理。其法如下：

“如本寨有人出外为盗，则责成本寨乡正、团长、牌长交人。如外寨有盗入境，而不救援，不追捕，则责成本寨、邻寨乡正、团长罚钱入寨充公备用，而官不经手。其乡正、团长等册，常时批阅，有事按册札饬勒交。因公来署，待以殊礼。送贼到府，给以重资。一刻不迟，一钱不花，随到随审”。

《三营记》对胡林翼办团练、保甲，有如下记述：

咸丰元年，府主胡文忠公亲自下乡，札各处建硐、设团防、保甲事件，巡之文斗、瑶光，知此为黎镇门户，回衙即札文举姜吉瑞、武举姜含英，并各寨团首等，办理北路建硐设团防保甲事件，各地方遵奉力行。

咸丰二年，李沅发扰至黎境，三营遵府主札谕，每十户招团练一名，训一杆一炮，以待调用。①

2. 倚民力、地利以自卫。胡林翼认为“言战不如言守，用兵不如用民，用民力以自卫，不如先用地利以卫民”。

（1）募勇以补营兵、差役捕道之不足。“因营兵捕盗，见盗即抛弃军械，拼命先逃；差役不能捕盗，反妄拿良善。乃自行招募壮勇百余人，分巡游徼，如明参将沈希仪、国朝傅臬司重庵雕剿之法，行之半年，士民用命，得盗三百余人”。②

（2）练团以克绿营兵之不振。“绿营兵弁滑弱，万不可靠，且需索供应，

---

① （清）姜海闻：《三营记》，光绪十九年撰，转引自《锦屏县志送审稿》，2009年打印稿，第1546页。

② 光绪十八年刻本《黎平府志》卷六下，“秩官志·宦绩”，第71页。

甚苦烦扰，不如土著之民保护乡里，其情既切，其勇自倍”。[①]“雇募精壮民苗千名，统以谙练绅士，择要隘筑土堡守之，编成行伍，课以技艺，使知战守之法”。[②]“办团练一千五百余，寨设卡栅四百五十余座，每卡派民夫四至二十名不等，分班轮守，逐月委员及老成绅士，分带练勇巡查，周而复始”，[③]“节浮费而收实效”，“且不惜小费可省大费，不惮小劳可省大劳”。[④]

（3）环边要隘添设堡、卡、屯，以成网络。黎平“府境毗连湖南、粤西，山深箐密，盗出没剽夺，捕之辄越境窜”。[⑤]其与广西“西北交界，各要隘横亘二百余里，滇黔两省调往兵丁，及往来文报均由此经过，视他处尤为紧要”。[⑥]“一律筑堡浚濠”，“寨建堡卡四百五十余座，连屯相望”。

（4）奖劝捐谷置仓以备城守。胡林翼“晓谕绅民出力，捐资破格奏奖，郡城素无积储，劝捐谷储仓，备守城之食”。[⑦]“自后黎平叠被攻扑，城卒不可拔，皆公练勇、储粟力也”。[⑧]

咸同兵燹中，各地苗疆团练规模，扩大至极。光绪二年，古州同知余泽春《善后条陈》中，有如下描述和建言：

练勇不可遽撤。黔省军兴以来，各营勇练，或散或招，先后不下十余万，并招抚逆首多人，未经大创。古州、清江各属几于无人不勇，无勇不贼，号褂、洋炮、鸟枪、刀茅人人皆有，招则为勇，散则为贼，或敲磕银钱，或强派酒食，稍不遂意，则肆行杀掠，无所不为，甚或勾连外贼，虚张声势，以为打起发，免裁撤之嗃矢。统带将弁，各有所利，任其所为，毫不约束。故下游屡反屡复，皆此辈为之也。今幸下游练营，统归宪台节制，节次整顿，渐有纪律。外患不兴，自无可虞。若因各处肃清，遽行裁撤，则此数千之勇，仍复为贼，将来不可收拾矣。曷若就此营练，先选老成晓事之将弁领之，再行严加简阅，汰出老弱，留其精壮，合并营头。其各处驻防之营，归地方官节制调遣，如有骚扰，准由地方官，禀请裁革严办。每年分四季

① 光绪十八年刻本《黎平府志》卷六下，“秩官志·宦绩”，第72页。
② 光绪十八年刻本《黎平府志》卷六下，“秩官志·宦绩”，第71~72页。
③ 光绪十八年刻本《黎平府志》卷六下，“秩官志·宦绩”，第71页。
④ 光绪十八年刻本《黎平府志》卷六下，“秩官志·宦绩”，第72页。
⑤ 光绪十八年刻本《黎平府志》卷六下，“秩官志·宦绩”，第66页。
⑥ 光绪十八年刻本《黎平府志》卷六下，“秩官志·宦绩”，第71页。
⑦ 光绪十八年刻本《黎平府志》卷六下，“秩官志·宦绩”，第72页。
⑧ 光绪十八年刻本《黎平府志》卷六下，“秩官志·宦绩”，第66页。

简阅，每季十去其一，不过三年即可尽裁。其所裁去者，为数甚少，不能为害。且递解回籍，不准停留一处，即无所施其伎俩矣。在省只多一年半之饷，可省无穷之饷，切不可惜此小费，遽议更张。①

咸同期间，一个黎平府办团练达一千五百余名，黔省勇练不下十余万人。叛平之后，如何处置和消化团练就成了一个苗疆军政难题——“无人不勇，无勇不贼。招则为勇，散则为贼”。古州同知提出一个逐渐消化，拨归地方官府节制的方案。光绪期间，黎平府就设有“团练局”和“乡团练分局”，应该是节制和消化全府各地团练兵勇的机构。光绪三十二年二月颁发的《三营劝民栽植树木十二条章程》，其第一条、第二条就有如下规定：

一、总局现已附设。种树总局，现设郡城团练局中，专司督率倡导，给照注册，以及联络分局，考察利弊等事。各乡分局来城注册请照，以及遇有必须禀事件，尽可随时赴局商酌办理，以免出入衙门，书差勒索等弊。

一、四乡宜设分局。府县所属其地辽阔，总局概难劝导，惟各乡团练分局就近办理，务将各章程逐一与人言明，使人人皆知有利无弊，勇往遵行，方为得法。如有吹散人心，从中阻扰者，准其禀官究治。②

团练总局和乡团练分局的设置，使团练从战时体制转向承平体制；从战御为尚向经理种树等民生转变。

三、融合

清代黔省苗疆督抚大吏，常常在奏疏之中，每每倡言在苗疆施行保甲之法。究其实然与实效，黔省苗疆实行保甲，自咸丰初年黎平知府胡林翼始，盖文化、制度、经济条件日益具备，内忧外患形势所迫耳。而团练之法，则始于雍正末年尹继善。而把保甲和团练二者紧密结合，发挥其最大实效者，还算黎平知府胡林翼。清光绪中后期，黔省苗疆保甲和团练，进入主

① 光绪十四年刻本《古州厅志》卷十下，“艺文志”，第1页。

② 《三营劝栽种树木十二条章程》，光绪三十二年二月。

要经理营生事务的和平体制，逐渐成为常态化的基层组织形式。

保甲不行之时，苗疆“寨款”组织形态继续原生存在。保甲编联之时，寨款和保甲互相博弈、借鉴和转化。苗疆兴办团练，亦有更化苗疆“寨款”军事自卫传统之功，所以有“谓款为团”“团款”之称谓。

第三章　土司理讼

土司理讼，在改土归流前后是有变化的。之前，土司只对清王朝承担赋税、纳贡和出兵随征的义务，但理讼权力是独立、自足的，不受地方官府和中央王朝的监督和限制。之后，土司的理讼权力是有限制的，是受监督的。其中，经制土司只在苗人的户婚田土等细故上有理讼权力；非经制土司则只有调查、“事实审”、向流官衙门汇报案情的权力。

第一节　清“改土归流”前之土司理讼

清初苗疆土司林立，康熙、雍正两朝对大部分土司进行了“改土归流”。考察改土归流前的土司理讼，受资料所限，只能选取典型样本进行描述和分析。笔者选取雍正十三年被“改土归流”的容美土司为典型，容美土司管辖方圆两千余里的地盘，包括现在的湖北鹤峰、五峰两个县的绝大部分地区和恩施、建始、巴东、长阳等县清江以南的大部分地区，容美土司与保靖土司交好结盟，与桑植土司世代联姻。雍正十三年，吏部关于容美土司改流的部文称：“彝陵改设府治，添设知府一员，必得熟悉苗疆，才守兼优者，方克胜任”，[①] 可见，容美土司管辖地方及其周边，也属于苗疆的范畴。

① 中共鹤峰县委统战部、县史志编纂办公室，中共五峰县委统战部、县民族工作办公室：《容美土司史料汇编》，1993 年内部发行，第 65 页。

一、土司擅定严酷刑法，不同于大清律例

康熙年间，田舜年任容美土司，顾彩游历其间。其《容美纪游》讲："其刑法，重者径斩，当斩者列五旗于公（指田舜年）座后，君先告天，反背以手掣之，掣得他色者皆可救，惟黑色则无救。次宫刑；次断一指；次割耳。盖奸者宫，盗者斩，慢客及失期会者割耳；窃物者断指，皆亲决，余罪则发管事人棍责，亦有死杖下者，是以境内凛凛，无敢犯法，过客遗剑于道，拾者千里追还之。"[①] 顾彩为土司宾客，难免溢美之词。

就在顾彩游容美南府的数日间，田舜年"每旦必割数人耳"，顾彩"力劝其除是刑，君不决，余夺其刀为裁纸用，自后稍止"。[②]

在顾彩游容美中府的数日间，有个百斯庵的袁姓僧人，曾作过田舜年的伴读，行医中误开药方，致人丧命，被害人控告至土司衙门，田舜年下令没收其药具，告诫子弟不得再延请袁和尚。同年三月，田舜年的一个孙子，即田丙如的儿子生病，田丙如偷偷地让袁和尚开药医治，并痊愈。田舜年获知后大怒，狠狠地责备田丙如，并要以违令罪杀袁和尚。袁和尚无奈，只得向顾彩求救。顾彩向田舜年讲："违令虽当斩，然昔杀人而今救人，是其奉教进益处，亦可赎"。田舜年免除死刑，但把袁和尚逐出郡城，让其居住小昆仑，读书三年，方许行医。

又有一个案例，有个名叫九寿儿的阉人，偷了田舜年的舍利狲裘，割去皮袄的衣面，将舍利狲皮卖给梅相公。梅相公是浙江人，是田舜年的客人。当初，梅相公不知其为赃物，而贱价买进，后盗窃案破，梅相公既惭愧又惧怕，自缢身亡。田舜年当初无意杀九寿儿，但怒其致客死亡，才要杀他。顾彩赶去劝阻，已经来不及了。[③]

当地汉民由流官审理，即所谓"土人有罪，小则土知州、长官等治之，大则土司自治。若客户有犯，则付经历，以经历为客官也"。即在容美土司境内，实行土客分治。[④]

---

① 高润身:《容美纪游注释》，天津古籍出版社 1991 年版，第 53~54 页。

② 高润身:《容美纪游注释》，天津古籍出版社 1991 年版，第 54 页。

③ 高润身:《容美纪游注释》，天津古籍出版社 1991 年版，第 54 页。

④ 田敏:《土家族土司兴亡史》，民族出版社 2000 年版，第 200 页。

二、土司理讼未能白冤伸屈，导致轻生恶俗

法律与风俗是相互影响的，二者通过理讼（包含司法）的中介发生作用。如果理讼清明，冤屈得伸昭，那么风俗自然淳美。如果讼争难理，那么就只能以粗暴武力等极端方式解决，冤冤相报，遂成恶俗。

容美土司被改流后，分设了鹤峰州，第一任知州毛峻德曾发布《禁轻生》的告示，描述了容美土司治理下的轻生恶俗，其文曰："尔等百姓，向为土司管辖，彼时法律不明。或与人有怨，即以投河、自缢，□□之人命，破人之家，甚至戕人之命，以泄其忿。因而恶习相沿，动辄轻生"。[①] 究其衅端，"既无深仇，又非大敌，或以田土不清，或以口角微嫌"。[②]

毛峻德还告诫："凡含冤负屈，直书具告，自不必投河、投崖、自缢、自刎，始可泄恨也。况人命虽属重件，而真假律有明条，如谋杀、劫杀、故杀、斗殴杀、戏杀、误杀、过失杀，此七种乃真人命，律有斩、绞、赎轻重不等之罪。若投河、投崖、自缢、自刎等项，轻生自尽之人命，律载呈报到官，印官即亲往相验，果系轻生自尽，殴非重伤者，即于尸场审明定案，将原被人等释放。如印官故意迟延拖累，照易结不结例处分。若系自尽并无他故，尸亲捏词控告，按诬告律科断。如刁悍之徒，籍命打抢，照白昼抢夺例拟罪，仍追抢毁物件，给回原主，其勒索私扣者，照私扣科断，勒索财物入官，等语，则是自尽命案，乃徒自丧命，并不能以累人。"[③]

据此文告，可推出土司理讼未能白冤伸屈，导致轻生恶俗的结论。

① 中共鹤峰县委统战部、县史志编纂办公室，中共五峰县委统战部、县民族工作办公室：《容美土司史料汇编》，1993 年内部发行，第 72 页。

② 中共鹤峰县委统战部、县史志编纂办公室，中共五峰县委统战部、县民族工作办公室：《容美土司史料汇编》，1993 年内部发行，第 73 页。

③ 中共鹤峰县委统战部、县史志编纂办公室，中共五峰县委统战部、县民族工作办公室：《容美土司史料汇编》，1993 年内部发行，第 73 页。

第二节　清“改土归流”后之苗疆土司理讼

当今的“土司学”俨然成为一门显学，[①]但是鲜见专门、深入研究土司理讼方面的成果。土司制度作为一种政治制度安排，解决社会纠纷、维持社会秩序是其必要的功能之一。研究土司理讼的意义，显而易见。清雍正二年上谕四川、陕西、湖广、广东、广西、云南、贵州督抚、提镇，“宜严饬各属土官爱惜土民，毋得视为鱼肉，毋得滥行科派。如申饬之后，不改前非，一有事犯，土司参革，从重究拟汉奸，立置重典，切勿姑容宽纵”，[②]由此大范围地铺开了清代的“改土归流”。清水江文书中，发现了道光年间的涉及土司理讼的且隶属一个山林纠纷案件的数份诉禀稿、批文、甘结。[③]本节以此为中心，进行个案研究，以初步揭示清代“改土归流”之后苗疆土司理讼的制度性事实（institutional facts）。

一、该组文书收录地——“者蒙村”的略考

该组文书至今保存在贵州省黔东南苗族侗族自治州锦屏县启蒙镇者蒙村。者蒙村位于锦屏县城和启蒙镇的西南面。东与边沙村一坝相隔，南邻魁洞村，西接北晃村者模，北接雄黄村。“者蒙”是侗语地名的汉字记音（xaih mongs 寨蒙），为“官住之寨”。寨蒙，原由寨英、寨凸、寨芳、锦沟、果锦等小寨组成。相传明代中期，寨英杨凤卿由江西随军至黎平，后定居于此。其有文化，通阴阳，为周围村寨侗民敬畏，尊之为“蒙”（侗语“官”），其

---

① 参见李世瑜：《关于构建“土司学”几个问题》，载《云南师范大学学报（哲学社会科学版）》2011 年第 2 期；贾霄锋：《二十多年来土司制度研究综述》，载《中国边疆史地研究》2004 年第 4 期；李良品：《建国以来西南地区土司问题区域研究综述》，载《中南民族大学学报（人文社会科学版）》2007 年第 6 期。

② 光绪十八年刻本《黎平府志》卷六下，“土司”，第 92~93 页。

③ 张应强、王宗勋主编：《清水江文书》第 3 辑第 1 册，广西师范大学出版社 2011 年版，第 317~342 页。但是，既没有录文，又没有确定其书写时间。笔者进行识读和录文，确定年代时间。

居住之寨遂称为“寨蒙”。道光二十四年的该组文书中亦称“寨蒙”。1980年地名普查，更称为“者蒙”。

者蒙是古代婆洞大款之核心。该大款组织，包括边沙、流洞、魁洞、果构、八教、寨伍、高表、西洋店、便晃、者模、者楼等寨。者蒙，清代属黎平府龙里长官司管辖。民国三年属锦屏县第五团防总局边沙团防分局管辖，民国十五年属边沙乡，民国三十一年属启蒙乡。1951年以后属启蒙乡（镇）。

者蒙地处河谷，两边青山屏拥，上下皆为田坝，婆洞河从中穿流。后龙山和寨脚锁口处有合抱大枫、松、楠、荷、红豆杉、猴栗、樟树等古树数百株。郁郁葱葱，遮天蔽日。全村人口现逾1200人，有杨、刘、蒋、龙、林、陆、赵七姓。其中，杨姓最早入居，人口最多，现分五房。清乾隆年间，婆洞十倜寨联合在边沙修建文昌阁，子弟集中阁内读书。此后至今者蒙不再单独办学。[①]

二、黎平府龙里司属寨蒙杨本深等与边沙寨杨德恒等山林纷争之理讼

（一）龙里司杨绍奇理讼：“事实审”

道光二十四年三月初二，黎平府□头杨德恒到龙里司杨绍奇处控告者寨蒙杨本深等焚毁其庄屋，掳抢耕牛等财物。下引就是其诉禀的抄件录文：

道光二十四年三月初二日□头杨德恒　诬报　司主老爷禀

为白日焚掳、恳详律究事。缘职有土名归栋田一分，因隔窎远，于道光十六年内分侄成材移居耕种，祸于本月初一日申时分，有匪党数百余人，手执刀枪器械，毁壁劫掳，彼时侄等雇工未回，有木匠左均照，在家作工，认识系寨蒙滥匪杨△△△△等数人在内，其余姓未识。均照急赶侄等归回，一切什物牛只，掳罄一空，所有住屋亦被焚毁。方今现□党匪滋扰，平民寝食难安。恶等胆敢效尤，无法无天，莫此为甚。情□□已，只得开单报恳台前，赐文详究施行。

① 王宗勋：《乡土锦屏》，贵州大学出版社2008年版，第137页。

府（司）批 候勒集一干人证□□虚实，讯明究惩。[1]

值得关注的是原告请求杨绍奇“赐文详究施行”，即请求杨司主详文上禀黎平府，追究被告六人的责任。因为详文是上行公文。仅过三天，三月初六，寨蒙的六被告童生杨本深、寨民杨老白、玉书、荣发、世敏、元魁也向龙里司司主杨绍奇呈送诉禀，进行辩解和“反诉”，并出具手印甘结。

初六日在司主诉禀

具告诉寨蒙童、民杨本深、老白、玉书、荣发、世敏、元魁，为挟□□□设局诬害事。缘童蚁等通寨有公山一所，土名扒骂，□向屡遭讼棍杨成炳等横争，曾控经府道，叠次有案，于道光二十一年蒙批，府主亲勘判结可稽。殊知伊寨滥痞不遂，去岁冬月，强将此山杉木，盗砍截锯数十余株，但山隔童八九里许，窎远失查，伊等得志猖獗。于本年春，复砍千余株，并将满山焚毁。有本寨杨宗基，系此山栽手，即杨德恒嫡亲姐丈，因挂清路过眼见，山木砍倒遍地骇然，当传报寨众，声称公山杉木被人盗砍，木尚在山，约集每户出人丁一名，于二月二十六日，同栽主杨宗基，往山将砍木搬回无异。殊知富吏杨德恒心怀不忿，阴蓄局谋，贿赂素养十余年保庆之左均照，诬坐蚁童等焚劫大条，陷童、蚁等于死罪，以泄向日争山之隙。窃德恒山棚与蚁寨山场，相隔里许，毫无干涉，何敢昧良焚毁？亦焚毁重件，大干法纪，律应难逃。况伊水牛二只，肉重一千百余斤之大牢，藏于何处？蚁寨与伊寨上下一里，亲戚叠叠，况宗基与德恒郎旧（舅）至亲，又系栽主。杨老白即系宗基血侄。恳提宗基到案质讯，果否焚掳，泾渭自分，何得恃富恃矜，挟仇冤栽，置童于死地？忍心害理，狠恶已极，只得粘抄实究虚坐甘结，泣禀台前，赐详究，沾恩不朽。[2]

被告也是请求杨司主“赐详究”，请求申详黎平府。

手印甘结

---

① 张应强、王宗勋主编:《清水江文书》第3辑第1册，广西师范大学出版社2011年版，第317页。该处“府批”，或是杨德恒把呈送龙里司的诉禀，又抄呈至黎平府，抑或是“司批”的笔误，因为该抄件表明是呈送龙里司的“司主”的，且后文有“司差口禀”。笔者倾向于后者。

② 张应强、王宗勋主编:《清水江文书》第3辑第1册，广西师范大学出版社2011年版，第317~319页。

具甘结△△，今结到老爷台前，缘富吏杨德恒挟仇冤栽，诬童、蚁等焚劫一案，蒙恩差提，实处骇然。窃读孔圣之书，守周公之礼，教学糊口，通乡共知。于二月二十六日，有栽主杨宗基约众搬木，每家一名，童蚁未敢抗众。伊称焚掳重件，实系冤栽。如果有焚掳实情，不但童、蚁等合家问罪，即通寨老幼，亦愿一体受罚。如果设局诬控应反坐，出具手印甘结是实。

龙里司杨司主，派去调查案情的差役曾开泰、欧阳陞等核实了两件事：一是杨德恒所称的山棚确被焚烧，但是时间不是杨德恒所称的申时（下午3时至5时），而是戌时（下午7时至9时）。即并非“白日”焚掳。二是寨蒙的公山扒骂之木被他人砍倒千余株，均被盘回。下引就是“司差口禀”的录文。

司差口禀

具口禀下役曾开泰、欧阳陞等，为禀明事。小的奉差前往寨蒙，会同巡丁，拘唤杨△△等，并查焚劫实情一案。于初四日查得归栋山，旁言于本月初一戌时分，果被失烧，去山棚二重。又有杨德恒之侄、杨德和之三子所称亦然。查得寨蒙杨本深等公山扒骂之木，不知被何人所砍伐千外余株，二月二十六日伊寨蒙众公同往山盘回此木。小的所不敢抗瞒，所禀是实。[①]

龙里司杨绍奇应原被告的请求，呈送了“详文”。该详文被抄录时，其首部被漏掉，抄录两造情词时有省略，且和“司差口禀”错误地前后“拼接”，笔者把二者分开，录文如下：

……旋据杨本深即禀、杨德恒原报禀云……作主，赐文详究等情，据此应袭当拘杨宗基讯。据供称，小的本寨有蒋邦礼二月二十五日，因挂清过路眼见，蚁等同栽公共杉木，不知被何人盗砍，横倒满山，是以传集计议，于二月二十六日，每户出人丁一名，搬回砍倒之木是实。其有杨德恒报称，白日焚掳，蚁等毫不知情。据此应袭复覆查杨德恒、杨本深等寨蒙、边沙二寨民人。因此山叠控府道，以此不无挟嫌情弊。△△当将杨本深、杨宗

① 张应强、王宗勋主编:《清水江文书》第3辑第1册，广西师范大学出版社2011年版，第319~320页。

基提到，不敢擅专理，今录备两造情词口供，连人申解宪台衙，赐讯究核夺施行。[①]

三月初九，龙里司杨绍奇就详文禀报。从三月初二到初九，只过八天时间。可见，土司理讼的效率不低。在该详文中称“不敢擅专理”，希望黎平府“讯究核夺”，并附上“随详文问供”如下：

三月初九日随详文问供

杨本深供系寨蒙人，年四十岁。小的训蒙糊口肆业。有本寨公共杉山，土名扒骂、归向，于去岁冬，盗截锯数十株。至今春复砍千外余株，遍山焚毁，不知伊寨何人。本寨杨宗基系此山栽主，即杨德恒姐丈嫡亲，因挂清路过眼见，小的合寨于二月廿六日搬木归回。杨德恒草棚，相隔伊寨七八里远，隔小的寨八九里许，说焚掳，小的不知。其水牛二只，现在伊家耕种。试问栽主杨宗基虚实自明，求恩宽限，赶杨老白系杨德恒外甥，杨玉书系伊族侄，杨荣发系伊堂女婿。杨元魁、世敏五日到案。杨宗基求原差拘提到□□□，冤方可得白是实。[②]

综上，龙里土司杨绍奇自道光二十二年三月初二接到原告杨德恒的诉禀起，至同年同月初九详文上报黎平府，完成了其理讼职责：一是查清了焚烧茅棚、盗砍杉木的重要事实（material fact），以及府道诉讼历史（procedural history）；二是备录两造情词和口供；三是申解一干人证到黎平府。

（二）黎平知府刘宇昌继续理讼

1. 二造继续递禀，控辩攻防。三月初九详文到黎平府。同月二十三日寨蒙杨本深等具诉禀，指出边沙寨杨德恒的白日焚掳指控有“六虚”。录文如下：

三月二十三日于黎平府刘　□

---

① 张应强、王宗勋主编：《清水江文书》第3辑第1册，广西师范大学出版社2011年版，第320页。

② 张应强、王宗勋主编：《清水江文书》第3辑第1册，广西师范大学出版社2011年版，第320~321页。

为背案妄砍、设局诬控事。缘蚁寨扒骂、归向等处山场，自种招种数百年无异。道光十九年遭杨德恒、讼棍杨成炳诓哄伊寨横争，于中取利。蚁寨难甘越占，控府控道，蒙前府主杨亲搭（踏）勘，断令蚁寨照旧管业，二比遵结，申详在卷。一连三年毫无异议。本年正月德恒叔侄死灰复燃，暗使滥痞杨老化、老连，欺蚁寨穹远，盗砍千外余株，有本寨杨宗基清明挂亲始见，蚁等本欲控究，诚恐讼累难当，合寨各出壮丁于二月二十六日，忍将砍木搬回，有拂杨德恒叔侄之贪心，更不遂老化、老连之恶念。于本月初一日戌时分，自焚山上之养牛棚，捏词妄控虫等，希图掩盖翻案、兴妄砍之最。不思告禀可造，棚内雇工杨老松难瞒。良善可欺，宿店之玉书复证。且伊雇工老松说，系戌时分烧，何捏申时回禄，其虚一；伊家只有水牛一只，初四日眼见田坝耙田，其虚二；起火之日，蚁玉书、元魁在龙里衙门口店歇，其虚三；两间草棚价值不过七八百文，一人放火足矣，何至要数十人之多，其虚四；如果见蚁等焚掳，何不申明巡丁塘兵，仅素养廿余年湖广滥痞左均照为证，其虚五；且童在伊家教书四载，书关尚在，岂有先生为盗之理，其虚六。似此背案强砍，复敢设局冤诬控，只得粘抄手印甘结，诉乞大老爷台前作主严究。若有一字一语属虚，情甘加倍问罪。如系冤栽并恳坐诬，沾恩不朽。

批　现据老白等来府具诉，着原差速集人证，送审毋延。①

黎平知府刘宇昌做出批示，似乎并不“在意”其中杨德恒是黎平府的吏职身份。但是，把杨本深“禁押”了起来。寨蒙德杨本深等六人再次出具手印甘结如下：

具手印甘杨玉书六人今结到大老爷台前，缘杨德恒听侄成炳捏以白日焚掳、妄报蚁等一案，蚁等实无其事。且初一日蚁玉书、元魁有事在龙里住宿，童本深亦在本寨学堂教书。况被火茅蓬内，现有伊雇工杨老松歇宿，岂有老松不见，越五六里之远左均照，反见之理，明系杨德恒等主使老化、老连，设局放火，以掩盗砍之罪，恳恩严讯。如系蚁等知情，情甘加倍问罪。如是伊等串害诬控，并恳照律坐诬。出具手印甘结是实。②

---

① 张应强、王宗勋主编：《清水江文书》第3辑第1册，广西师范大学出版社2011年版，第321~322页。

② 张应强、王宗勋主编：《清水江文书》第3辑第1册，广西师范大学出版社2011年版，第322~323页。

杨本深被羁押了十天，寨蒙的杨元魁等人又向黎平府呈送诉禀：一是陈述被拦路打劫情形；二是将杨本深“暂保在店”。录文如下：

四月初三日报禀　在半路被劫

具报禀。杨元魁等，为拦路打劫、报恳验究事。缘蚁等山场杉木，遭边沙寨杨德恒、成炳主使背案盗砍，伊等恐理法难容，捏蚁等烧伊坡上牧牛茅蓬，以放火打劫，大题妄控虫等六人在案。现有伊家教书先生本深赴辕鸣冤，未蒙质讯，禁押至今。寨头杨学智、学海与保长杨家文，不忍本深与蚁等受伊冤诬，约同赴辕，具结恳保。于前月二十八日，随带纹银一十二两，又铜钱四千文，同蚁元魁，与本深子世铎，由家起程，行至边沙地名石羊殿屋边，有强盗三十余人，将学智、学海、家文打倒在地，均受殴伤，不惟随代银两抢尽，并将一行五人衣裤等掳完，粘单呈阅，有边沙杨麻子等七人在路上割草，蚁等喊救，麻子与盗说，虫等上城告状，带有白银五十两，用力打他，自然得完。强盗复拿刀背又打学智、学海脚骨，昏死复苏。虫等就近报明龙里司主，饬差满朝元看明可讯。本深久压班房，现在染病甚重，二比人证已齐，赏即严讯，固握沾恩。倘公繁未暇，恳准暂保在店，以便延医调治。既遭人害，复遭盗抢，恸哭伤心，只得报乞大老爷台前作主，验缉，免至强盗成风，沾恩不朽。

批　本深等是否被德恒诬控，候讯明查究。本深如是患病准暂取的保，毋庸计脱延案。至所称行路被抢，获有犯匪，正在研讯，候勒缉各匪，务获究办。[①]

从黎平知府刘宇昌的批示看，寨蒙杨元魁等携银进城路上，被抢劫殴伤，后向龙里司报案，似乎是令刘知府信真的，并非后引诉禀中杨德恒所称“藉职之案，报劫是伊之计穷，藉以报劫为援”，即杜撰被劫以博取知府同情。兹引如下：

四月初八日德恒续禀

为情真罪著、饰恶诬诉事。缘职以白日焚掳，具报杨本深一案，曷敢多渎。惟伊于前月初一申时分，统领杨老白将职归栋庄房，上下六间概行焚烧，掳职牛物，不但左均照认实，而且□经塘兵巡丁，是日验明可证。

① 张应强、王宗勋主编：《清水江文书》第3辑第1册，广西师范大学出版社2011年版，第323~324页。

此职庄房被焚于申，而于戌，且诬左均照可贿，而塘兵巡丁是日职岂能一概可贿乎？伊之欲盖弥彰，先伊一人捏诉，混扯先年争控山土，为嫌隙之田，即可掩今日之恶，蒙批催讯，复使老白诳禀，然后藉职之案，报劫是伊之计穷，藉以报劫为援。况职与伊等寨落相联，素无嫌隙，岂有自焚庄房，藉以私怨而报公仇，亦无是礼（理）。且先年之案，职并不在场，伊称主使老连、老化等砍木，职亦骇然，并与职无干，岂肯妄禀，而自取罪戾。今串合焚职庄房，掳职牛只，反云现见职牛耙田，职以农为本，岂无另有牛只。然伊为盗见诬确凭，职之情真，伊之罪著，反架捏诳诉，希图脱罪，诬职庄房指为茅棚。屋虽被烧，而基址尚在，楼屋茅棚，情形大有各异。恶称玉书是日，俱歇司衙，并不同来焚掳，不思申与戌有昼夜之分，玉书鬼域行为，去来未定，此种诬情难逃神鉴，职在庄延师，教读多年，并未延伊就馆，盗充西宾，有玷斯文。伊之诬师是盗非盗，而盗得漏网，职之被盗，反遭坐诬。若不续禀，恳差验明被焚基址情形，并赏传讯左均照、巡丁杨枝瑞、塘兵梅士龙到案，泾渭攸分，职冤方能昭雪，情万难已。续乞台前作主施行。①

在该诉禀中，杨德恒主要强调有二：一是先年寨蒙、边沙争控山土，其非参与人，不存在挟嫌报复盗砍寨蒙公山杉木的动机。二是先年寨蒙、边沙争控山土是私人之间的恩怨，盗伐寨蒙公山杉木，是“藉以私怨而报公仇”，不符常理。

2. 寨蒙合寨为杨本深向黎平府具保状。按照前文所引的黎平知府刘宇昌的批示“本深如是患病准暂取的保，毋庸计脱延案”，寨蒙合寨为其担保。兹录保状如下：

具保状杨荣时、学智、昌祖、志仁、通渊等，为合词恳保事。缘蚁寨二佰五十余户，除杨秀配窝匪为非外，其余合寨人等，俱系耕读为生，并无一非为，秀配窝留，前经合寨攻禀，不敢护庇。今本深被边沙寨德恒挟恨诬告，放火抢掳，现在禁押，复蒙批取的保。如本深果系不端，恩星虽准保释，蚁等仍照秀配攻禀，与对方除害。查本深历年以来，俱系教读糊口，一切犯法越理之事，不独本深不肯自为，尚遇人开导，正业为务。遭此妄告，实堪怜悯，且伊现在病患，蚁等遵批连名的保，俟本深病体少愈，

① 张应强、王宗勋主编：《清水江文书》第3辑第1册，广西师范大学出版社2011年版，第324~326页。

恳准秉公严审，本深与玉书等五人，果有放火烧屋、劫抢水牛衣物，本深固当问罪，即蚁等联名保释之人，俱愿一体同刑。是以恳乞台前作主保释，沾恩不朽。

批　准予的保，毋得远离延案。[①]

从该保状看，寨蒙是一个是非分明、秩序良好的侗寨，曾有杨秀配窝留匪徒，合寨“攻禀，不敢护庇”。因此，黎平知府刘宇昌批注杨本深“的保”（保释）。

3. 被告杨本深之子杨世铎进禀。道光二十四年四月十八日，被告杨本深之子杨世铎向黎平府进禀：一是陈述杨本深因被冤控而病势日沉，博取同情；二是指出原告杨德恒一方的关键证人没有到案。他们分别是违背府道断案而越界砍伐寨蒙公山杉木的杨老化、老连，帮杨德恒放牛、在被火烧的茅棚内歇睡的雇工杨老松。杨世铎请求添提该三人。

四月十八日世铎进禀

为仇不共戴、不究不甘事。缘父本深，素昔教学为生，在地方冰兢自守，从无非为，不独蚁寨人人共知，即邻寨莫不均晓。窃冤遭边沙杨德恒、成炳挟以妄控不遂之嫌，捏以放火抢劫，控蚁父与杨玉书六人等在案，蒙提蚁父押候，蚁父即具手印甘结，诉明冤枉在卷，因押至月余，得染瘟病。蒙准取的保调治。今蚁父病势愈沉，现在饭食不进，蚁思父十有九死，恳传被诬控之杨玉书五人等，与原告德恒等严究讯虚实。如蚁父果有抢劫等事，生犹应亲领罪戾，瘟死何敢怨言。若系德恒故害，生身父母，不共戴天之仇，蚁断不与伊两立，且背案砍木之杨老化、老连，与帮伊牧牛、现歇火烧茅棚内之杨老松，俱未到案。若不恳准添提，虚实何辨。只得泣乞大老爷台前赏准添提严审，真伪自分，沾恩不朽。

批　准添提杨老松等勒集严究。[②]

黎平知府刘宇昌批示，添提原告杨德恒一方三名关键证人到案。

4. 杨德恒具催禀，被斥“素称健讼”。原告杨德恒是黎平府吏职，向

① 张应强、王宗勋主编:《清水江文书》第3辑第1册，广西师范大学出版社2011年版，第326页。

② 张应强、王宗勋主编:《清水江文书》第3辑第1册，广西师范大学出版社2011年版，第327页。

黎平府递禀，认为被告方屡施“延案之计”，而屡屡得逞。似乎该“哓渎”行为惹恼了黎平知府刘宇昌，刘宇昌批示“该职素称健讼，人所共知。……涉讼两造，应各赶集人证送候……毋庸哓渎”。其潜台词为：你杨德恒素有“健讼”恶名，还是赶集原告方证人到案，原告是否为延案之计，本府自然清楚，无须哓哓不止了，你本身就是在延案。

六月初八日德恒催禀

为讦延脱罪、续恳讯结事。缘职以白日焚掳等情，具报杨本深等一案，蒙恩将杨本深押候，以雪奇冤。殊伊素凶顽，率众焚掳，伊之情真罪著，自知难逃法网，遂捏扯远年公案，挟仇诉塞，并使伊党杨元魁，以拦路打劫伊、子世铎以仇不共天诬控，皆伊延案之计。胆捏风寒小疾，取保逃回，久不赴案。况原差看明，被焚情形，具禀在卷，伊竟事外逍遥，害职等守候日久，若不续恳迅结，职遭伊毒害莫白，且拖累无休，迫切难已。续乞台前饬差提集讯究施行。

批　该职素称健讼，人所共知。至与杨本深、涉讼两造，应各赶集人证送候，讯明虚实，分别核究，毋庸哓渎。①

5. 被告杨本深一方连续催禀，原告方关键证人不到案。由于原告方关键证人不到案，寨蒙的被告方于六月二十三日继续催禀知府：一是杨德恒藏匿杨老化、老连、老松不到案；二是杨德恒一面请中人讲和，一面“捏情催禀”。兹录如下：

六月二十三日续禀

为畏供匿盗、希图蒙害事。缘杨德恒、杨成炳使伊寨滥棍杨老化、老连等欺虫寨窎远，背前任杨主断案，越界盗砍虫寨杉木一千余株，价值银三百余两，蚁寨闻信，只收回已砍之木一百一十八桐，其余九百余株，既被盗砍盗卖，伊知理法难逃，捏情白日焚掳，妄控蚁等在案，希图掩盖盗名，虫等已具手印甘结，合寨耆庶保甲，并具虚甘同坐公禀，蒙恩照破严批，伊知难逃王法，计将老化、老连并伊雇工杨老松匿藏，实情自然难出，一来免赔数百木价，二来妄报焚掳重案，必得蒙混下场，害虫等守候日久，伊明中请人讲和，暗地捏情催禀，奸诈百出，虫等既遭背案砍木，复受强

① 张应强、王宗勋主编:《清水江文书》第3辑第1册，广西师范大学出版社2011年版，第328页。

盗污名，虫等断不与伊甘休，只得续乞大老爷台前，杨德恒现在歇店，赏准传查严究，沾恩不朽。

批　候比催集讯。①

黎平知府刘宇昌对于原告方杨德恒关键证人不到案，似乎无可奈何，只能批示“候比催集讯”。原告方七月初一继续催禀，请求实究虚坐，并增加一项追赔木价的诉请。兹录如下：

七月初一日催禀

为原被两齐、恳赏讯结事。缘杨德恒主使老化、老连背案越界，砍虫寨杉木一千余株，价值三百余两，伊知公论难逃，着人先喊雇工杨老松将水牛放出，自将坡上牧牛茅蓬烧毁，捏以白日焚掳，具控蚁等五人，并控在伊家教书先生杨本深在案，蚁等闻知，遂具手印甘结，如实情甘枭首在卷。蚁等在店守候。五月奈伊老化、老连并牧牛雇工杨老松隐匿，原差不敢送审。今德恒现在歇店，虫等难当久累，情甘与杨德恒赏审，虚实自明，只得冒罪续乞大老爷台前作主严审，实究虚坐，并恳追赔木价，以警诬控而免妄砍，恩沾不朽。

批　是否人证齐集，原差查明，送案候讯。②

黎平知府刘宇昌仍坚持“人证齐集查明”原则，作如上批示。

（三）贵东兵备道朱艧理讼

1. 杨德恒到道衙越诉，指控寨蒙杨本深等贿赂龙里土司杨绍奇等。原告杨德恒见黎平知府刘宇昌等候其关键证人杨老化、老连、老松到案才会堂审。故寨蒙一方在抄录禀稿时添注“杨德恒禀，屡批屡坏不遂”。于是，七月初一向贵东道朱艧“越诉”，“添砌”被告寨蒙杨本深等人贿赂龙里土司杨绍奇、黎平府差役周步荣等情弊。此情弊是此前杨德恒的所有诉禀中没有提及的。兹录如下：

① 张应强、王宗勋主编：《清水江文书》第3辑第1册，广西师范大学出版社2011年版，第328~329页。

② 张应强、王宗勋主编：《清水江文书》第3辑第1册，广西师范大学出版社2011年版，第329~330页。

杨德恒禀，屡批屡坏不遂，七月初一日奔朱道台进禀

为焚烧劫掳、贿差舞弊、恳赏亲提、悯念雪冤事。缘职居边沙寨，有土名归栋田一分，命侄成材，移居耕种。祸于三月初一日申时分，冤遭盗匪数十，手执刀枪凶器，毁壁劫掳，侄等雇工未回，内室等俱皆逃脱避命，惟木匠左均照在家作工，认识首恶系寨蒙无恶不作、坐地分肥之惯盗杨△△，带领杨老白、荣发、士敏、玉书、元魁等，多人将衣物猪牛掳尽，住屋纵火焚烧。职即申鸣塘兵、巡丁验明，除报明司主、汛主外，当报经府主刘，虽蒙票差缉拿，而惯盗杨△△银钱通神，先贿司主杨绍奇，用详文以蒙蔽府主，复贿蠹役周步荣，凭神手而得钱卖放，致使纵盗扰害良民，欲雪其冤而不得，欲报其仇而不能。不惟职之负屈含冤，凡近年被劫之家，冤不能申，案不能破，皆由蠹役等之受贿卖放，众盗等始得以漏其法网。杨△△平素包揽词讼，坐地分赃，上下各寨，无不共知共见，兼有杨老白等为之爪牙，以虎添翼，无事则□□良民，有事则贿其蠹役，乡民百姓，寝食难安，职受伊焚□之害，冤遭莫白，万死难甘，只得泣恳钦命大人阁前施恩作主，亲提严讯，律究施行。顶祝鸿慈不朽。

批　案关白昼焚抢，已阅四月之久，该府并不勘严拿匪徒，转将杨本深纵放，地方官所司何事，候差提亲讯严究。

失单附。[①]

从三月初二杨德恒向龙里土司杨绍奇递禀，至七月初一向贵东道台朱腹递禀，“已阅四月之久”。朱腹的批示，似有责备黎平知府之意，亦不无偏听则暗之嫌。

2. 寨蒙的杨本深等向贵东道进禀，揪住杨德恒隐匿关键证人的要害不放。贵东道衙在古州，距离黎平较远。七月十五日寨蒙的杨本深等向贵东道进禀，对杨德恒贿赂司主、府役的指控不予理睬，揪住杨德恒隐匿关键证人，不到案对质的要害不放。兹录如下：

七月十五日在古州道台朱　进禀

为捏控焚掳、恳提坐诬事。缘虫寨地名归向等处山场，自种招种已历数百载。道光十九年遭讼棍杨德恒诓哄伊寨横争，于中取利，虫等难甘越占，控经前道陆，蒙批府主杨亲临勘验，断虫寨照旧管业，二比遵结，申

① 张应强、王宗勋主编:《清水江文书》第3辑第1册，广西师范大学出版社2011年版，第330~331页。

详在卷。至今三年无异，本年二月内德恒死灰复燃，暗使匪棍杨老化、老连，欺虫寨穹远，盗砍虫等□内，杨宗泗手栽杉木九百二十株，蚁等挂清始见得，伊侄杨成炳□□□□可证，蚁等正欲赴府具控，伊知理法难逃，反于三月初一日戌时分，自焚山内牧牛草棚，捏控虫等焚掳在案，虫等粘结诉明，合寨巡丁、保甲复具结，如实甘坐，府主照破奸情，严批必要杨老化、老连，与在棚牧牛杨老松质讯，伊知事情败露，隐匿三人不出，害虫等守候半年之久，藐批玩票，万恶已极。今幸恩星批准伊词，正虫等见天之日。伊之奸诈百出，势必仍将老化、老连、老松隐匿，使虫等无对质之人，意欲冤沉海底，是以星夜奔辕。若不赏准添提同解一切放火原由，终难得出，情迫难已，只得粘连手印甘结，禀乞钦命大人阁前赏准行文，添提老化到案，虚实自分，沾恩不朽。

批　饬杨德恒将杨老连等一齐解到，候公回讯结。[①]

贵东道衙差役拘禁了寨蒙的杨本深、荣发、老白、世敏，以及龙里土司杨绍奇。但是，杨德恒没有将杨老连、老化、老松等关键证人递解到道衙。

3. 古州厅同知杨书魁查明、递解人证交黎平府。道台朱艭在接到寨蒙杨本深一方的诉禀后，曾提讯两造，发现“各执一词”，于是一方面“行黎平府勘讯”，另一方面“札发古州厅递解所有原被人等，并查明”。见下录的古州厅同知杨书魁的札文：

古州厅杨　札解

为札发递解事。本年七月十七日奉护巡道宪朱批　开案据黎平府职员杨德恒抱告杨日新，具控杨△△等焚掳贿弊等情一案，原被人投审前来，当经本护道提讯两造，各执一词，除行黎平府勘讯外，所有原被人等合行札发递解，札到该厅查明，迅即签差妥役将杨日新、左均照、杨玉书、杨元魁解交黎平府衙门收审，无违，等因。奉此，弊署厅当即具文迁派妥役，将原被告杨日新等递解堂台，俯赐收审，仍祈将收明缘由，赐覆备案。为此，备牒须至呈者。

计牒解民人杨日新[②]

---

① 张应强、王宗勋主编:《清水江文书》第3辑第1册，广西师范大学出版社2011年版，第332~333页。

② 张应强、王宗勋主编:《清水江文书》第3辑第1册，广西师范大学出版社2011年版，第333页。

古州同知杨书魁在牒解抱告民人杨日新的札文中，简述了道台朱腹的理讼经过。朱腹发现该案涉“越讼”，仍交黎平府收审。古州厅查明案情的最大贡献是把杨德恒之子杨日新，也涉嫌背案越界盗砍寨蒙公山杉木的事实查清。

（四）黎平府新知府杨书魁继续理讼

根据下录的杨本深向黎平府诉禀所称“欺前主心慈，胆捏词上控道宪”，可以推知此时前任黎平知府刘宇昌卸任，由杨书魁接任。[①] 兹录诉禀如下：

七月二十三日黎平府禀

为既冤复害、丧尽天良事。缘蚁本深教书糊口十余年，从无系毫妄为，即连控之杨玉书等，素平均无坏行。本年二月遭讼棍杨德恒主使杨老化等，盗砍蚁寨公山杉木九佰二十株，事露恐蚁寨告发，设局自烧山上牧牛皮棚，捏以白日焚掳，报蚁等六人为强盗在案，蚁等六人俱出实究虚坐手印甘结，诉恳严审在卷。因伊守棚雇工杨老松，与盗砍杉木老化、老连，被德恒隐藏不到，是以未蒙讯究，欺前主心慈，胆捏词上控道宪，虫本深闻批赶到古州，具情粘结恳审。本月十六日蒙道宪亲讯，问出诬良实情，面谕虫等仍交恩星究办。虫本深十八日转黎，尚有杨司主与荣发、老白、世敏，被道差拘留古州，不由赴案质审。若不恳恩赐文关回，德恒父子得以在家逍遥，蚁本深与拘留古州六人，一日花用千钱，将来不知出在何处。德恒先后两害虫等宁死无生，情出无奈，只得禀乞台前赏准关回冤告之人，大堂严审，实究虚坐，以免诬告而快人心。万民顶祝。

批　候移关杨荣发等到案质讯究夺。[②]

从该诉禀可知，龙里土司杨绍奇，因为被杨德恒指控接受寨蒙杨本深等贿赂，“用详文以蒙蔽府主”刘宇昌，而被“道差拘留古州”。到七月二十三日杨本深递禀时，杨荣发等人还没有被古州厅递解到黎平府。这里的“移关”指从古州厅到黎平府。

1. 寨蒙合寨上禀，恳求提齐杨德恒隐匿抗提的关键证人并追赔。八月

---

① 参见光绪十八年刻本《黎平府志》卷六上，“秩官志”，第66页。

② 张应强、王宗勋主编：《清水江文书》第3辑第1册，广西师范大学出版社2011年版，第334~335页。

初三，寨蒙合寨上新任黎平知府杨书魁上禀，要求彻查其扒骂公山盗伐案。录文如下：

八月初三日杨荣时、学智等今（仝）寨上禀

为主使抗提、图免赔偿事。缘杨德恒、杨日新，父子背案，越界雇老化、老连偷砍虫等扒骂山杉木九百余株，价值纹银三百余两，德恒自料理法难容，计烧坡上牧牛茅棚，诬赖虫寨杨△△等放火劫掳，又越控古州道辕，拖毙杨荣发性命。本深有无放火抢夺，恩星明察秋毫，临审泾渭自分。虫等不敢插禀，惟蚁地方山多田少，□靠杉木为众寨养命之源。既遭德恒雇人偷砍，复遭德恒设计□赖，虫等于本年三月呈保本深之时，已当面禀刘主，蒙谕在店□候讯。追德恒难逃公论，主使老化、老连与守棚雇工老松，抗不赴案，暗使吴文英与蚁等讲和不遂，胆敢捏情越控道辕，害虫守候五月之久。兹幸恩星莅任，摘奸发伏，远近共仰神君，正刁民无容身之际。若不恳恩讯明追赔，不独合寨养命失靠，且将来背案越界，强砍成风，地方祸无底止。只得禀乞台前赏饬原差提集老连等到案，讯明追赔，合寨沾恩不朽。

批　准勒提杨老松等集讯。[①]

黎平知府杨书魁，批示“勒提杨老松等集讯”。这是前任黎平知府刘宇昌、贵东道道台朱𦢊批示勒提该三关键证人后的第三次批示。

2. 被告杨荣发被拘留古州而冤毙，其妻禀诉。八月十二日，被告杨荣发在拘留古州时死亡。八月十八日其妻让胞侄杨家泽到黎平府禀诉杨德恒，请求“严讯究坐”。兹录如下：

八月十八日杨荣发妻禀

为无辜害毙、恳审律坐事。缘地棍杨德恒、日新、成炳父子叔侄，暗使老化、老连背案盗砍氏寨公山杉木九百余株，值□银三百余两，被氏夫等查明指实，众议三月初三日禀控，伊知理法难逃，先于初一日自烧坡上牧牛皮棚，价值不过一两零，捏以白日焚掳，抢夺衣物牛只，大题妄控氏夫荣发与本深六人，在前主刘案下。氏夫如果实情罪应斩绞，随票差提。复添传杨老化、老连与守棚雇工杨老松质讯，伊知捏情败露，隐藏老连等三人不出，又捏满纸虚词上控道辕，被告之杨本深等，随粘甘结禀诉道宪，

① 张应强、王宗勋主编:《清水江文书》第3辑第1册，广西师范大学出版社2011年版，第335~336页。

当堂审明，当即发转恩辕究办，杨得恒不愿来辕审讯，串通道差将氏夫荣发拘留古州，氏夫既不能遂意伸冤，复串害拘押，已于本月十二日冤毙古州，伊父子反在家庭自乐。氏闻信本欲从夫地下，因大仇未报，是以暂留余生。氏夫虽死，被告之杨本深尚在，恳恩星严审。民夫果然放火，果然抢劫，莫诉先毙，□□□□□异，□所应该。如果系伊父子用计诬控，若不恳恩究坐赔命搬户，氏死不甘心。理应亲身来辕，因长子年甫三岁，次子尚在襁褓，呱呱而泣，不能远离。特着胞侄杨家泽泣叩台前，赏准严讯究坐，免氏夫生死遭冤，存殁沾恩不朽。

杨杨氏年三十岁。[①]

3. 黎平知府杨书魁谕令寨蒙寨耆老和杨本深教学书房邻近之人质讯。新任知府杨书魁改变了审理策略，不再纠结于原告杨德恒证人杨老化、老连、老松是否到案，而是发现被告杨本深一方的人证比较齐全，添提新人证比较方便。于是，在九月初七进行堂讯，要求寨蒙德耆老和杨本深教学书房邻近之人接受质讯。下录为其禀覆与甘结。

本寨耆老禀覆

为遵谕查明、据实禀覆事。缘杨德恒以白日焚掳控杨本深等一案，蒙恩于本月初七日堂讯，谕令蚁等□□查明果否焚掳，以凭照律严办，限五日内查明，据实禀覆。蚁等实见查得三月初一日二炮之时，见寨北方，忽有火光耀，并非德恒词载所□申时见火。且查知彼时德恒雇工老松与血侄成材，现在棚内睡熟，忽被杨老化、老连喊起，同牵棚内牛出，后老松将此情伊妻弟杨老发，老发因而转告虫等得知，恳跟究老化、老连、老松、老发四人，自见虚实。且查得本深等六人平素并无非为，三月初一日，本深现在本寨学馆教书，日夜歇宿，一刻未尝他往。现有邻居杨枝连、蒋邦礼，同学生杨△△现在可证。至杨玉书、元魁亦在隆里满朝福家饮生子喜酒，俱有人可指证。其余老白、荣发、世敏皆在家，各执农业。其放火劫掳，实无此情。且现据司差曾开太查明禀复，开太问明德恒之侄成材，亲认水牛现在耕田，可质。因德恒背案越界强砍杉木，希图掩盖起见，以致挟嫌诬控。今蒙明谕案关焚掳重情，△△等不敢袒护。如有袒护等情，亦同甘

① 张应强、王宗勋主编：《清水江文书》第3辑第1册，广西师范大学出版社2011年版，第336~337页。

反坐。理合将查明情□据实禀乞。[①]

“是非难遮邻里，真伪难瞒地方”，黎平知府深知杨书魁其中道理，谕令寨蒙耆老“查明果否焚掳，以凭照律严办，限五日内查明，据实禀覆”，并“要本深教学书房邻近之人质讯”。

具甘结民杨枝连、蒋邦，今结到大老爷台前，缘杨德恒以白日焚掳，具控杨本深等劫抢一案，蒙恩审讯，堂谕要本深教学书房邻近之人质讯，焚掳之日，本深有无外出。虫等俱在本深书房右边居住，三月初一日，自早至晚，本深实在书房，教书讲书，并不见伊外出。如有外出焚掳非为，以及平素不端等弊，不独本深问罪，即蚁等二人俱愿□□同刑。□德恒连控同掳之杨玉书、元魁、荣发、老白等，俱系守分小心之人，实系德恒妄控。如有焚掳等弊，虫等具愿同罪。□蒙传讯，虫具甘结是实。[②]

根据杨本深教学书房邻近居住的杨枝连、蒋邦的甘结，杨本深在杨德恒茅棚庄屋被焚掳之时，在书房，没有外出的作案时间。也就证明杨德恒在诬告。

4. 黎平府堂谕德恒缴照坐诬，寨蒙杨本深等具遵息结。黎平知府杨书魁查清了案件事实：一是杨德恒违背府道定案，越界强砍寨蒙公共杉木九百余株；二是杨德恒自焚茅棚，诬陷杨本深等白日焚掳和贿赂龙里司主、黎平府役。并就“民事损失部分”进行调解，让杨德恒酌量补偿寨蒙杉木损失纹银若干两。但是，让杨德恒“缴照坐诬”。此照应该是杨德恒所任黎平府吏的牌照或执照。即免去府吏职务，坐诬焚掳、贿赂等罪的刑罚。但是，寨蒙杨本深等，出于内亲情分，从宽坐诬究办。兹录其具遵息结如下：

具遵息结民本深、老白、元魁，今结到大老爷台前，缘德恒违背府道定案，越界强砍△等公共杉木九百余株，伊捏以白日焚掳，先控前府主刘，复控护道朱，送交恩星案下，蒙提堂讯，蚁等六人实无焚掳情事，其越界强砍扒骂、归向、景柳格之木，地界□□德恒归株茅棚，与凸胖盘娘隔一小岭、一大冲，其山木价业已□□酌量补偿纹银五□□整。日后照旧照案

① 张应强、王宗勋主编:《清水江文书》第3辑第1册，广西师范大学出版社2011年版，第337~338页。

② 张应强、王宗勋主编:《清水江文书》第3辑第1册，广西师范大学出版社2011年版，第339页。

管业，二比不得横争。至于杨荣发押毙古州，△等苦劝自安天命，堂谕德恒缴照坐诬。此乃恩星执法秉公，但两寨俱系内亲，未免结仇世代。查德恒诬告之事，并非德恒有心故害，实系误听左均照，恳恩从宽，坐诬究办，以全亲戚。△等出自心平，并无强压等弊，出具遵结是实。①

三、清代“改土归流”之后的苗疆土司理讼职能

清代清水江流域土司大体可以分为三类：“改土归流”中被裁汰掉的不讨论；另两类是“改土归流”后保留的土司以及新辟苗疆后“设土归流”的土司，它们是讨论的中心，本节将探讨它们的理讼职能。

（一）“改土归流”后保留的土司与理讼

《黎平府志》载：“各司图册，自汉以功授职者多。盖武侯南征，欲为羁縻之计，有能招抚彝众者、率土归诚者，即授以长官之职，俾边疆安戢，始无南顾之忧。至宋元未设流官，诚以蛮夷叛服无常，亦只增设土司羁縻，勿绝而已。明时各司图册，俱称其祖于洪武二三年归附，仍受原官。查洪武三年，辰州卫指挥官刘宣武率兵招抚湖耳、潭溪诸洞。于是诸洞长官来朝，命其仍受原职。设蛮夷长官司十四，隶辰州卫管辖者居多，后俱改隶靖州。永乐十一年设黎平、新化二府，各辖七司。后裁新化府，故十四长官司俱归并黎平府。其有乐敦洞长官司、上黎平长官司早经裁革。即十四司内之赤溪司、西山司、福禄司、曹滴司亦渐次裁去。今正长官十一、副长官四，俱有自明以来宗支图册可考。”②其中，对本节涉及的龙里长官司进一步记述：“龙里长官司杨，原籍江西丰城县，汉时以功授。明洪武二年，杨光福投诚，仍授前职。世袭杨昌盛（光福子）、杨礼（昌盛子）、杨受永（礼子）、杨正聪（受永子）、杨茂（正聪子）、杨应芳（茂子）、杨武（应芳子）、杨启龙（武子）、杨启凤（启龙弟）。”③清顺治、康熙年间以上土司投诚后，颁给“号纸

---

① 张应强、王宗勋主编：《清水江文书》第3辑第1册，广西师范大学出版社2011年版，第340页。该“具遵息结”，同册第341、342页还有基本相同的抄件两份。

② 光绪十八年刻本《黎平府志》卷六下，“土司”，第93页。

③ 光绪十八年刻本《黎平府志》卷六下，“土司”，第96页。

各一道、正长官铜印一颗，回司抚化苗蛮，催征钱粮，严辑盗匪为专责”。[①]其中，道光二十二年龙里长官司由杨绍奇承袭。[②]在其任上发生了上文所要讨论的山林纠纷案子。

此类经过“改土归流”保留下来的土司，[③]朝廷赋予的职责有三项：一是“抚化苗疆”；二是“催征钱粮”；三是“严辑盗匪”。从字面上看，似乎没有明确地包含或赋予其“理讼”职责。

但是，通过以上案件详细分析可知：

1. 土司理讼（fact in issue finding）是流官受理并审断的必要前置程序和环节。黎平府属土司治下的苗民山林田土等纠纷，如果无法通过寨内耆老、寨款等民间调解处解决而希望“官断”的，那么应该先向土司具禀，由土司查明事实后，详报黎平府，由黎平知府等流官审断。对于焚掳、盗劫等重大案子，土司没有专擅理讼之权，必须申详所属流官。

乾隆三十五年大腮与卦治之间的夫役诉讼案的结案告示中，也有“据湖耳司申详杨海银等具控夫役一案，业经本县差役提审讯”记述，也证明土司申详讼案是必经的前置程序。

广西省例则明确规定土司的有限理讼权力。光绪十六年广西巡抚出示晓谕：“凡有土司所属田土户婚等细故，遵照定例，由该土司审理，若非审断不公及未到土官呈告，即赴州县衙门越诉者，不得轻准传提。如有必须提审之案，只许派差协同土役提解，不准派官亲家人前往，致滋骚扰。其派去之差，应与土役赴原告家传唤，不得安坐土署需索，该土官亦不得藉端科敛钱文。倘敢玩违，一经查出，或被告发，定即严参究办不贷。”[④]如“左州承审太平、安平二土州、罗白土县命盗事件。养利州承审万承、龙英、全茗、茗盈四土州命盗事件。归顺州承审上映、下雷二土司命盗事件”。[⑤]以广西太平土州为例，在太平土官统治时代，民众诉讼除赌博、盗窃等较轻的民事案件由土官审理外，如奸、拐、盗及民

---

① 光绪十八年刻本《黎平府志》卷六下，“土司”，第 97 页。

② 光绪十八年刻本《黎平府志》卷六下，“土司”，第 100 页。

③ 康熙二十三年黎平府属的三郎司杨世勋因议叙土司而改土归流；该府属的赤溪湳洞司吴承宣、杨鸣鸾因议叙土司案而不准承袭；该府属的西山阳洞司、曹滴司久归流。见光绪十八年刻本《黎平府志》卷六下，“土司”，第 102 页。

④ 广西民族研究所编:《广西少数民族地区石刻碑文集》，广西人民出版社 1982 年版，第 62~63 页。

⑤ 嘉庆六年刻本《广西通志》卷一七七，经政略，谢启昆修，胡虔纂，广西师范大学历史系中国历史文献研究室点校，广西人民出版社 1998 年版，第 4845~4846 页。

事在三百两以上的财产诉讼案件一律归左州承审，土官无权审判。土官审理所辖范围内的小案件，如偷鸡、偷竹笋或风流案件等。[①]

2. 土司理讼属于“事实审”的性质。尽管土司亦能查清案件事实，但是其所属流官并不受土司详报的事实认定的约束，可以自由裁量。

3. 土司理讼可能发生和承担道德风险。如果土司收受一造的贿赂，歪曲事实，那么可能被另一造指控（亦可能是被诬陷）而被强制参加此后诉讼过程，接受流官的质询，甚至拘押。因此，土司理讼是受到有效制约的。

笔者审慎地区分使用“理讼”和“断讼”，是因为从个案看，尚不见“改土归流”以后土司审断案件的例证。但是，从地方流官的“避讼”的基本立场来看，也不排除土司调处小案，而双方悦服的情形发生。申言之，改土归流后，苗疆土司没有法律明确赋予的审断狱讼之专权（original and appellate jurisdiction），但是有理讼查核案件事实（fact-finding）之明确职责。土司理讼起到过滤、减少立案的作用。

（二）新开苗疆后“设土归流”的土司与理讼

清雍正年间，新辟苗疆六厅，各厅设立土司。以古州厅为例，“古州自平定后，额设同事二十三名，题奉部议果有效力最勤，准古州理苗同知将实绩详明，督抚给予外委土把总、土千总服色。昔存土千总六员、土把总六员，外委土舍十一名，共二十三名。今分作四等，给支工食银两有差。一等七名，每年工食银二十两；二等七名，每年工食银十六两；三等八名，每年工食银十二两；四等一名，每年工食银四两”，[②]“各寨均归其管束，由布政司颁给钤记，向无土司”。这种土司有“工食银”，“有差”，有归其管束的苗寨，但无土司的土地。

“熟苗曩亦不驯，渐摩日久，悉安耕凿，有该寨头人与土司通事究治。大事则土弁送至古州厅勘谳。古今苗众向化，颇恭顺守法。各寨头人由苗众公举正直者充任，官为酌定，无委札。”[③]可见，这种“土司通事”，是古州厅管理各苗寨的中间环节。对于纠纷“小事”，可以同寨头一起“究治”，享有一定范围内的理讼权力。

---

① 广西壮族自治区编辑组编：《广西壮族社会历史调查》（第4册），广西民族出版社1987年版，第122页。

② 光绪十四年刻本《古州厅志》卷之一，“苗寨”，第12页。

③ 光绪十四年刻本《古州厅志》卷之一，“苗寨”，第17页。

第四章　屯堡理讼

清代屯堡理讼，既有明代苗疆卫所军民合治体制的历史遗留影响，又有清代苗疆治理的种种现实合理性，还有大清律例、则例的授权依据。不过，屯堡武弁一定范围上超越职权，擅理民词，既有效地维护了屯堡及其周边地区汉民、客民、屯户、苗民之间日益密切的交往秩序，又弥补了流官衙门理讼能力的不足。

第一节　屯堡武弁理讼的缘由

一、屯堡武弁理讼的历史渊源

明代设有专门的军事法司系统。明代地方设立都指挥使司，统率卫、千户所、百户所等，属五军都督府而听从兵部调令。与布政使司、按察使司合称三司，分掌地方军政、民政、刑狱。五军都督府设有专门的五军断事官，总治五军断事官。苗疆就设有贵州都司、云南都司、广西都司、湖广都司、湖广行都司、四川都司、四川行都司等。各都司设断事司，专理刑狱。各卫所及守御千户所设镇抚，以理刑狱。但镇抚武人，多不谙文移，不通律意，甚至有不识一字者，刑狱往往委之于吏及识字军。[1]但是，

---

① 《明宣宗实录》卷七三，宣德五年十二月乙酉。

军事法司系统也不是截然独立于民事法司系统。苗疆不设府、州、县但设卫所的地方，卫所兼理民政，此类卫所也称“实土卫所”，自然卫所的镇抚也兼理民词诉讼。因此，苗疆屯堡武弁理处民词，乃明代“实土卫所”旧例。

清初，裁撤司卫所，改置府、州、县。由此，卫所的镇抚兼理民词，就被府、州、县流官理讼所取代。

二、屯堡武弁理讼的现实理由

清代苗疆屯堡武弁是指驻扎在苗疆屯堡中的绿营兵、屯军千总以下的基层军官。清代地方军事单位依次是镇、协、营、汛、塘。其各级指挥官，按职权高低依次是提督军务总兵官、镇守总兵官、协副将、营参将、营游击、营都司、营守备、汛千总、汛把总、外委托千总、外委把总。提督统辖全省军务，直接听令于总督，并受巡抚节制。总督、巡抚、提督分别直辖标营，其中，督标四至五营，抚标二营，提标三营。把总以上武官，均建各自衙署一所。一营的额兵六百名左右，一汛的额兵一百名左右，各营汛，修建土堡、砖城、石城、炮台、营房驻扎。一塘驻兵二至五人，修建塘房、卡房、哨楼、烟墩等，以驻守游巡。这些镇、协、营、汛驻扎绿营兵的区域城堡包围、楼台耸立、衙署规整，属于军事管理区。此外，苗疆还有屯军，修建堡墙，驻扎军户，以卫千总统辖屯军，经理屯粮，操练兵丁，并修建衙署。卫千总下设百户、总旗、小旗等武弁。这类军事管理区，也是土堡、石堡林立。黔省古州、八寨、台拱、丹江、清江等五厅，设立九卫，共一百二十堡，屯军八千九百三十户。[①]这些屯堡分布在大大小小苗寨之中，被其包围。千总以下的基层军官，也经常巡查，与苗民经常接触。换言之，苗民接触千总以下的军官，比接触府、州、县、厅的流官更方便。因此，也就产生了清代苗疆屯堡武弁“擅受民词”的违反大清律例的现象。

清代苗疆屯堡武弁理讼的原因除了便利之外，还有多方面的原因。

一是文官不敢入苗寨调查、传唤。“内地武弁，不许干预民事，而苗疆不然，文员怯懦，不敢轻入峒寨，惟催粮及买物、派夫，则差役前去，持票滋扰。此外一切争讼、劫杀等事，多系武弁管理。千把微员，皆受理讼

---

① 《清高宗实录》卷三四七，乾隆十四年八月二十九日。

词。”[①] 明至清乾隆初年，历任荔波县知县不敢入境听治苗人之讼狱，尽管苗疆的府、州、县、厅的长官均有亲辖标兵。文官不擅调兵，也不愿调兵，怕激成苗变。

二是苗人强暴凶蛮抗拒差役捕传。即便是熟苗抑或在苗疆旧疆，也经常发生苗人拒捕杀死公差的案件。嘉庆四年八月初九，贵州黄平州生员柏玺具告彭添全串同杨万帼盗当田亩一案，应讯人证杨万帼屡次传唤不肯会面，差役李成元、时泰奉票传唤，途遇杨万帼胞弟杨万允，押同至家往寻，被杨万帼率领弟兄拒殴，将李成元打伤，将时泰打死，并将其左眼及茎物、肾囊割去。[②] 嘉庆四年八月二十六日，遵义县李如玥具告陈瑄、夏廷万抢割田谷一案，因夏廷万先经避匿，公差曾洪贵同差役张应试奉票拘提，将夏廷万在家中寻获，押同进城。途中，夏廷万之子夏正顺持刀追夺，将曾洪贵戳伤，将张应试打死，夏廷万逃跑。[③] 嘉庆八年闰二月二十日，贵州仁怀厅邓錞具告邓钱、邓钦阻水一案，差役罗起俊、郑洪升奉票传唤邓钦，令其赴案候审。邓钦不服传唤，与郑洪升争扭，邓钱持刀帮护，将郑洪升殴伤倒地身死，邓钱等旋即逃逸。[④] 尽管此类案件，每每依据官司差人勾摄公事抗捕不服、殴打差人致死者，斩监候律，对拒捕杀差者拟斩监候，秋后处决，但依然不能。

三是苗疆屯堡武弁依恃武力借讼勒索。“汛兵营目，全皆勾当公事，威权所及，摊派随之。于是因公苛敛，文武皆行其令。因事需索，兵役竟逞其能，甚而没其家赀，甚而辱其妇女，苗人不胜其忿，而又无所告诉，是以发愤而与之拼命。至于一杀兵役，而其衅遂开矣，武弁张大其词而通详，文员推诿其过而捏禀。为上司者，或剿或抚，意见不同，行文查议，动经时月，苗人乃得闻风而预为之备，四处勾连，多方煽动，血酒一饮，则凶党固结，木刻一传，则良苗胁从，比及官兵之至，已聚集多人，乘高据险，

---

① 《孙嘉淦奏陈抚绥苗瑶之法以靖边圉折（乾隆七年五月十一日　军录）》，载《清代前期苗民起义档案史料（中册）》，第 95 页。

② 杜家骥主编：《清嘉庆朝刑科题本社会史资料辑刊》第三册，天津古籍出版社 2008 年版，第 1672~1673 页。

③ 杜家骥主编：《清嘉庆朝刑科题本社会史资料辑刊》第三册，天津古籍出版社 2008 年版，第 1671 页。

④ 杜家骥主编：《清嘉庆朝刑科题本社会史资料辑刊》第三册，天津古籍出版社 2008 年版，第 1692 页。

此其所以反之易而平之难也。”①

三、屯堡武弁理讼的律例依据

大清律例、则例对屯堡武弁理讼权力有着明确的规定。

（一）居住州县的屯丁涉嫌命盗案件的，武弁有缉拿之责

“经理民事之卫所官弁，其屯丁居住州县地方，有命盗等案者，该州县一面移会卫所，一面严行缉拿，限满无获，该督抚将州县官与卫所官弁一并开参，照例议处。如卫所官弁，因州县既有责成，徇庇屯丁，故意推诿，许州县官揭报督抚题参，交兵部议处。”②

（二）弁可以和州县等官员一同约会审问有关军人的涉及民事的词讼，但不得单独受理

清律规定“凡军人有犯人命，管军衙门约会有司检验归问。若奸盗、诈伪、户婚、田土、斗殴，与民相干事务，必须一体约问。与民不相干者，从本管军职衙门自行追问。其有占吝不发，首领官吏以违令论，各笞五十。若管军官越分辄受民讼者，罪亦如之。”③条例规定“在外军民词讼，除叛逆机密重事，许提、镇、副、参、游、守等官接受，会同有司追问外，其余不许滥受。凡户婚、田土、斗殴、人命一应词讼，悉赴该管衙门告理。军衙有司不系掌印官，不许接受词讼。”④但是，实际上苗疆屯堡武弁超越职权，违背程序受理民词的现象也在所难免。

---

①《孙嘉淦奏陈抚绥苗瑶之法以靖边圉折（乾隆七年五月十一日　军录）》，载《清代前期苗民起义档案史料（中册）》，第95页。

②《钦定六部处分则例》卷四十三，人命。

③（清）薛允升:《读例存疑》卷四十，刑律之十六，诉讼之二，军民约会词讼。

④（清）薛允升:《读例存疑》卷四十，刑律之十六，诉讼之二，军民约会词讼。

第二节 清代新辟苗疆六厅地区之屯堡理讼

清雍正七年以前，黔省“下游之黎平、镇远、都匀、凯里等处生苗，盘踞於黔楚粤三省接壤之间，阻隔道途，难通声教，仍然夜郎自大，肆意横行，地方官从不敢过问”。[①]“古州一带，苗民向居化外，延环三千余里，盘踞数十万众，性情犷悍，兵械繁多，居逼汉民，界连郡县，时出扰乱，为地方隐忧”。[②]雍正六年，张广泗“於巡抚任内，承办清理开通，安设镇营，扼其险要，欲以化导，抚循渐底驯顺”。[③]“古州、都江、清江、台拱、八寨、丹江各处，于雍正七年设有同知、通判等员”。[④]此六处新设苗疆六厅，大约即今天榕江、三都、剑河、台江、丹寨和雷山六县。除三都县今属黔南州外，另外五县属于贵州省黔东南苗族侗族自治州。此为本书言说的空间边界。

一、屯堡理讼命题的提出

（一）新辟苗疆六厅屯堡

雍正十三年二月，苗疆六厅地区又起叛乱，发遣滇蜀楚粤六省大军进剿竟未平。同年十月，张广泗总理苗疆事务。后授经略，自将军以下悉听其节制；复兼管贵州巡抚印务，文武事权统归一人。至乾隆元年九月，“所有新疆内地，从前未净余孽，扫除罄尽，其现存者皆逐名查讯悉无，正凶

---

① 鄂尔泰:《抚剿生苗情形疏》，载乾隆六年刻、嘉庆修补本《贵州通志》卷三十五，艺文，疏，第47~48页。

② 张广泗:《苗疆告竣撤兵疏》，载乾隆六年刻、嘉庆修补本《贵州通志》卷三十六，艺文，疏，第6~7页；另载光绪十四年刻本《古州厅志》卷之十上，艺文志，第28页。

③ 张广泗:《苗疆告竣撤兵疏》，载乾隆六年刻、嘉庆修补本《贵州通志》卷三十六，艺文，疏，第7页；另载《古州厅志》卷之十上，艺文志，第28页。

④ 张广泗:《议覆苗疆善后事宜疏》，载乾隆六年刻、嘉庆修补本《贵州通志》卷三十六，艺文，疏，第1~2页。

顺逆分明，威信昭著。各路镇将、文武先后禀报，军务全竣”。[①]张广泗统计其战果：“新疆内地附逆悖叛者，共一千二百二十四寨，悉经剿毁、痛加歼除；其余三百八十八寨，系寨小丁弱，致被胁迫，姑免毁其巢穴，仍令将该寨所有附逆凶徒，全数拿献，方准赎罪。统计临阵斩首者，共一万七千六百七十余名；临阵生擒并顺苗擒献赎罪者，共二万五千二百二十余名口。内审系妄称名号或伪署官职，首恶要犯，应解省质审结案者，共四百余口；审系拒敌官兵，烧劫村寨，法无可贷，即在军营枭示者，共一万一千一百三十余名。所获逆苗家口，审有稍有矜疑者，即行释放安插外，其逆犯家属，例应充赏为奴者，共一万三千六百余名；其临阵枪炮中毙，未及割取首级，围寨焚烧，投崖自尽以及饿毙山林者，实不下数万。收获炮位鸟枪，共计四万六千五百余门，长矛刀弩盔甲等项，共十四万八千余件，得获米谷牛马畜牲无算”。[②]

兵燹之后，苗疆人口锐减，田土荒芜，大量临时驻军需要裁撤，需要妥善筹划善后事宜。对此，鄂尔泰、张廷玉等廷议，主张“逆苗绝产，安插汉民领种”；乾隆帝则钦定“与其召集汉民，不若添设屯军，俾无事则尽力于南亩，有警则可就近抵御，则扎苗疆之兵数较多，则兵气自奋，且省添兵之费”。张广泗认为“屯军洵为至当不易、永远宁谧之良规”，[③]并详细筹划建议且得到奏准实施。

其一，招募兵丁屯田。“此项屯军，除先尽兵丁内之子弟能耕种者，招令承领外，但兵丁子弟无多。查前经督臣尹至善，因逆苗蠢动，饬令通省招募新兵，共五千余名，训练已经一年，技艺娴熟。今军务告竣，现在酌减归农，则在此新兵内招募能种田亩，并情愿前赴苗疆承领者，给与耕种。如仍田多兵少，即就近招募年力精壮，可充兵丁之人，令其领种”。[④]前引“临阵斩首者”“在军营枭示者”二项，就共达28800人。因此，招募的屯兵中，兵丁子弟、新兵所占比重较少，就近招募的汉民比重较大。

① 张广泗：《苗疆告竣撤兵疏》，载乾隆六年刻、嘉庆修补本《贵州通志》卷三十六，艺文，疏，第18页；另载《古州厅志》卷之十上，艺文志，第37页。

② 张广泗：《苗疆告竣撤兵疏》，载乾隆六年刻、嘉庆修补本《贵州通志》卷三十六，艺文，疏，第18~19页；另载《古州厅志》卷之十上，艺文志，第28~38页。

③ 张广泗：《议覆苗疆善后事宜疏》，载乾隆六年刻、嘉庆修补本《贵州通志》卷三十六，艺文，疏，第3~4页；另载《古州厅志》卷之十上，艺文志，第25~26页。

④ 张广泗：《议覆苗疆善后事宜疏》，载乾隆六年刻、嘉庆修补本《贵州通志》卷三十六，艺文，疏，第4页；另载《古州厅志》卷之十上，艺文志，第26页。

其二，确定屯田定额。“苗人所种水田，上田每亩可出稻谷五石，中田可出四石，下田可出三石。合计屯军每户，给与上田六亩，或中田八亩，或下田十亩，其所收米谷可敷一年之口食。且苗人止知耕种水田，所有山土悉皆抛弃。令所设屯军，除不侵占苗界外，其余附田山土，尽其垦种杂粮，则衣食益为饶裕”。①

其三，确定屯军安家补助标准。“屯军……每户给收盖房屋银三两，牛具籽粒银五两，再议给口粮。秋冬应募者，接济至夏收而止；春夏应募者，接济至秋收而止。每大口给米八合三勺，小口半之，计口授食，俾得尽力南亩以待收成”。② 屯守兵丁可以携家眷带儿女，举家迁入苗疆六厅地区。

其四，修建屯堡。“选择扼要处所，建筑堡墙，或用石砌，或用土筑，官给工价口粮，即令该屯军等自行修筑，庶几彼此声势联络，出入田畴，得收守望之益”。③

其五，建立屯堡特区体制。“每十户如营兵之什长，设一小旗；每五十户，如营兵之管队，设一总旗；每百户如营兵之百总，设一百户，责令管束稽查，与营兵无异”。“新疆现有同知、通判等官，政务甚简，此项屯军似不必另设卫守备，应古州添设卫千总二员，台拱、清江、八寨、丹江各添设卫千总一员，专司一切屯种、训练事务。将各该处同知、通判加以清军衔，令其兼辖，而统辖于古州巡道。统属每于农隙之时，该管丞倅等董率操演，该管巡道仍不时稽核点验，务使技艺纯熟，以期有勇知方，遇有征调，按册而稽，一呼可集，较之远调兵士，其利奚啻倍”。④ 屯堡之内，卫、百户、总旗、小旗、屯户，逐层统辖。

其六，分界区划屯军与苗寨。“苗疆既立，屯军则应禁扰累，以寓抚恤苗人之意，其就抚余苗，固不宜令与屯军杂处，而居宜酌给土田资生”。承办苗疆官员“分往各处，相度情形，将田土间杂处所，逐一区画齐整。凡已剿之寨，投抚余苗，酌其人口多寡，拨给土田，归并安插，量给赏恤，

① 张广泗:《议覆苗疆善后事宜疏》，载乾隆六年刻、嘉庆修补本《贵州通志》卷三十六，艺文，疏，第 4 页；另载《古州厅志》卷之十上，艺文志，第 26 页。

② 张广泗:《议覆苗疆善后事宜疏》，载乾隆六年刻、嘉庆修补本《贵州通志》卷三十六，艺文，疏，第 5 页；另载《古州厅志》卷之十上，艺文志，第 26~27 页。

③ 张广泗:《议覆苗疆善后事宜疏》，载乾隆六年刻、嘉庆修补本《贵州通志》卷三十六，艺文，疏，第 5 页；另载《古州厅志》卷之十上，艺文志，第 27 页。

④ 张广泗:《议覆苗疆善后事宜疏》，载乾隆六年刻、嘉庆修补本《贵州通志》卷三十六，艺文，疏，第 6 页；另载《古州厅志》卷之十上，艺文志，第 27 页。

务令屯军与苗人田土山场界限井然，以杜将来参混侵占之弊”。[①] 屯军与苗寨实行划界分治。

乾隆二年起，苗疆六厅陆续招募大量汉民屯兵，修建屯堡。乾隆、嘉庆、道光三朝，屯堡制度确实起到了加强维持新辟苗疆稳定的作用。

但是，咸丰同治年间，屯堡成为苗民起义攻陷的目标，屯军或逃或亡。兵燹之后复业者无几，只得另招屯户。[②] 光绪以降，屯田逐渐被佃租、转让给屯堡外的私人，武备日益松懈，屯兵私自承顶、雇替。[③]

辛亥革命后，1913 年 7 月财政部颁布《清查官产章程》和《清查官产处办事章程》，成立专门机构，清查各省土地和建筑物二项官产。[④]1914 年 8 月颁布《官产处分条例》，授权财政部以变卖为主、租佃、垦荒为辅的方法处分官产。[⑤]1915 年 6 月颁布《贵州省十卫屯田缴价给照章程》，凯里、八寨、清江、丹江、台拱、古州、松桃、黄平、施秉所设十卫的屯田、余田，先尽现在承种、完纳粮租之户，缴价领照，永远管业。凡属于屯卫之园林、房基、山塘、空地、废署，也准照办理，[⑥] 将屯堡官产有偿出让给私人。屯堡制度从此彻底地被废除了。

1991 年前后，雷山县对境内的丹江厅的厅城、土司城、屯堡遗址进行调查。丹江厅城，黄茅司、鸡讲司城共 2 座，肇泰堡、治安堡、长丰堡、永定堡、培墉堡、连城堡、震威堡、南屏堡、北建堡、望抚堡、抚远堡、绥宁堡共 12 座，尚有遗址残存。丹江厅各堡屯军，多为江西、湖南、四川、江南等外省籍、迁居黔省黄平、平越（今福全）、独山、镇远、邛水等地居住的汉人应募。永定堡，有江南迁移黔东居住都匀、独山等地的汉人张、王、

---

① 张广泗:《议覆苗疆善后事宜疏》，载乾隆六年刻、嘉庆修补本《贵州通志》卷三十六，艺文，疏，第 6 页；另载《古州厅志》卷之十上，艺文志，第 27~28 页。

② 刘广和:《培墉堡》，载雷山县政协文史资料委员会编:《雷山文史资料选辑》第二辑，1992 年内部发行，第 225 页。

③ 张岳奇:《剑河屯堡之安设及其消亡》，载政协剑河县委员会文史研究委员会编:《剑河文史资料》第一辑，1986 年 6 月内部发行，第 36~42 页。

④ 《清查官产章程》，载《政府公报》1913 年 7 月 7 日第 428 号，命令，第 3~4 页。《清查官产办事细则》，载《政府公报》1913 年 7 月 21 日第 434 号，命令，第 3~4 页。

⑤ 《财政部拟定官产处分条例呈暨大总统批令》(1914 年 8 月 1 日)，载中国第二历史档案馆:《中华民国史档案资料汇编》第三辑，财政，凤凰出版社 1991 年版，第 1611~1614 页。

⑥ 《财政部抄送贵州省十卫屯田缴价给照章程等咨》(1915 年 6 月 9 日)，载中国第二历史档案馆:《中华民国史档案资料汇编》第三辑，财政，凤凰出版社 1991 年版，第 1637~1644 页。

陈、杨等四姓，屯兵81名，眷属及其子弟随迁，立81户。[①]

先于屯堡，土司和营、汛、塘，出于防御目的，已修建了城堡。屯堡常常与土司城、营城、比邻而居。比如，丹江厅里的培墉堡和鸡讲土司城、鸡讲营城，就三足鼎立，互为犄角。鸡讲营城，当地人称之“营上城”，周围五六华里，城墙高一丈二尺，厚五尺，有东西南北四门，门上建有城楼，还设有炮台、碉楼和烟火台。城内有右军守备衙门和千总衙门。“营上城”之外，筑有两座小城，一是土司城，另一是木城，城内住的均是屯军家属及普通居民，即培墉堡。培墉堡有屯军80户，设有总旗，百户。[②]另外，鸡讲营下辖六个汛一个哨，每汛建小城。[③]当年苗疆六厅地区，城堡林立。

屯堡是一种特殊的苗疆地方政治制度。实行此种制度，既向苗疆补充了大量劳动力，又能控驭苗民、稳定苗疆。屯军区域，实行道、厅、卫、百户、总旗、小旗、屯户的多层级管理体制。屯军区域之外是苗寨区域，则实行道、厅、土司、苗寨、苗户的多层级管理体制。屯堡、土司统辖之外，还有镇、营、汛、塘一套绿营军事系统。

（二）屯堡理讼命题之提出

乾隆元年上谕：“苗民风俗与内地百姓迥别，嗣后苗众一切自相争夺之事，俱照苗例完结，不必绳以官法。至有与兵、民、熟苗关涉之案件，隶文官者，仍听文官办理；隶武官者，仍听武弁办理”。[④]据此，苗疆六厅地区所发生的案件，按照管辖、隶属的职制关系，似可分为文官受理案件和武官受理案件两类。武职系统内部，有犯事的，向其所隶属的上一级衙署投状控告。文职系统亦如此。屯兵隶属于小旗，小旗隶属于总旗，总旗隶属于卫千总，卫千总隶属于厅，是明确的。但是，屯堡内的屯兵家眷，非兵非军，一旦涉讼，受理管辖是否也按照“隶武官者”对待，不够明确。

---

① 详见雷山县政协文史资料委员会编：《雷山文史资料选辑》第二辑，政协雷山县文史资料委员会1992年版，第194~256页。

② 刘广和：《培墉堡》，载雷山县政协文史资料委员会编：《雷山文史资料选辑》第二辑，政协雷山县文史资料委员会1992年版，第224页。

③ 向振华：《清鸡讲司古城》，载雷山县政协文史资料委员会编：《雷山文史资料选辑》第二辑，政协雷山县文史资料委员会1992年版，第231~232页。

④ 光绪十四年刻本《古州厅志》卷之十上，艺文志，第10~11页。

《大清律例·刑律·诉讼》有“军民约会词讼”律：“词讼凡军人有犯人命，管军衙门约会有司检验归问。若奸盗、诈伪、户婚、田土、斗殴，与民相干事务，必须一体约问。与民不相干者，从本管军职衙门，自行追问。其有占有，吝不发首领官吏，以违令论，各笞五十。若管军官越分辄受民讼者，罪亦如之”。[①]其有条例“在外军民词讼，除叛逆机密重事，许提镇副参游击等官接受，会同有司追问外，其余不许滥受。凡户婚田土斗殴人命，一应词讼，悉赴该管衙门告理。军卫有司，不系掌印官，不许接受词讼”。[②]在新辟苗疆六厅之屯堡地区，军民约会词讼律例是否得到施行？

此外，尽管屯堡和苗寨是划界分治的，但屯堡也是地方经济文化的局域小中心。屯堡地处交通要冲，多开设场市；屯堡人口集中，屯户占有比苗户较多的土地资源，农业生产技能也相对较高，其富余农产品，自然成为商品，与周边苗民、营兵交换。即跨界的经济交往是无法阻隔的。乾隆五十五年《清江厅志》记载，全厅有“场市”8处，分别是清江场（丑未日）、柳霁场（卯酉日）、南嘉场（辰戌日）、岑松场（寅申日）、台列场（卯酉日）、顺安场（五、十日）、湳洞司场（一、六日）、玉粱场（卯酉日），[③]其中，设立于屯堡处有4处，分别是南嘉堡、台列堡（今三穗县台烈）、顺安堡（今三穗县顺洞）、玉粱堡（今三穗县良上）。[④]又如，丹江厅的望抚堡，曾开辟过场市，兔（卯）鸡（酉）两日，周边苗户、营兵、屯户也来赶集，现兔场遗址尚存。[⑤]屯堡的设立，促进了当地商品经济的发展。市易密集之处，纠纷发生之时，又由谁办理？

基于以上三个疑问，催生出“屯堡理讼”的命题，在当时的时空条件下的屯堡理讼是一幅怎样的图景？下文依据清水江文书两份诉禀稿和地方志资料，作一初步讨论。[⑥]

---

① 田涛、郑秦点校：《大清律例》，法律出版社1999年版，第491页。

② 田涛、郑秦点校：《大清律例》，法律出版社1999年版，第491~492页。

③ 乾隆五十五年《清江志》卷二，场市，第47~48页。该志油印本藏于凯里学院图书馆文献特藏室。

④ 张岳奇：《剑河屯堡之安设及其消亡》，载政协剑河县委员会文史研究委员会编：《剑河文史资料》第一辑，1986年6月，第37~39页。

⑤ 罗茂星、龙向日：《望抚（丰）堡 抚远堡》，载雷山县政协文史资料委员会编：《雷山文史资料选辑》第二辑，1992年内部发行，第249页。

⑥ 由于这方面史料的匮乏，无法对屯堡理讼进行全面类型化，只能就笔者所占有的资料，对屯堡理讼的侧部面相作一个初步复原，并基于法社会学立场，分析屯堡理讼在苗疆社会转型中的作用。

二、屯堡卫千总僭越理讼权力：屯堡与场市的界分

（一）诉禀稿之考证与解读

下引的一份诉禀主旨句是“为听痞殃民、枉酷无辜事”的诉禀稿，所载的“南嘉堡场市米场斗量纠纷案”，大约发生在清道光年间的清江厅。

为听痞殃民、枉酷无辜事。缘南加（嘉）堡当居孔道，水陆并通，历开场市，每逢辰戌之期，油盐米汁，均集于斯买卖。堡有卫主及总旗、百户巡查。街有客长经纪，交易从来相安。无何近年有滥痞杨△△，素在场中，惯行揸诈。经事主控禀官究，首士斥非，不知□许次矣。恶不惟不知改悔，犹敢更生毒念。复□本月△△日，虎视米场买米之△△等三人，与船户买米时，因经纪吴△△执斗不暇，呼及绅民等，公雇专守百□，言灯火之熊△△代量，皆无异言。嗣忽出△△，向△△□米不遵，即图揸诈方休，强抢去米併斗，于卫主堂下，妄控所用大斗等语。卫主不识奸谋，即拘龙△△到案，不问虚实，每人酷丈数百板，押禁。恶又生一计，至二更时分，复□入□内，将熊△△扭见卫主，奈卫主不容分诉，又将熊△△酷杖一百板。时民等俱以（已）各睡，竟不知情，次早方悉。嗟乎，可怜受杖者，嚎啕不已，无奈只得奉请各省首士湖南△△、江西△△、福建△△，代恳卫主之恩，开汤网，施周仁，不独民等衔环，即百姓皆戴德矣。被（倍）加惩民等，实无宥身。论邀恳，有各省首士确质；言释放，有总旗、百户确凭；问虚实，有处客长、经纪可证。似此听痞殃民，南加（嘉）乃清、黎杂处之地，客商聚集之区，非赖仁廉之官，奸恶成风，良善无处安诸，不已佥叩。①

该诉禀稿的大意是：杨△△到“卫主”那里控诉，在南嘉堡米市交易中使用“大斗”量米的卖米商人龙△△，以及“代量”的临时充当经纪人的熊△△缺斤少两，损人利己。“卫主”信之，并以酷杖惩罚。湖南、江西、福建三省商会的首士出面向“卫主”求情“邀恳”。可是“卫主”反而倍加

① 张应强、王宗勋主编：《清水江文书》第3辑第6册，广西师范大学出版社2011年版，第423~427页。由于墨迹漫漶，不能辨识的字用□代替；原稿中已经隐去当事人的姓名，用△△代替。明显的别字，用（）注明。

惩罚。于是，南嘉堡的客长、经纪全体一致“佥叩”向清江厅通判公禀。

新辟苗疆六厅的同知、通判，雍正七年设立时，原为该厅文官之首，但是由于乾隆元年后，朝廷加以“清军衔”，兼有武职官衔，可以管辖卫千总等武职属官。因此，该控告卫千总“听瘖殃民、枉酷无辜”得诉禀，应该是向清江厅通判具禀的。

清江厅，设左卫十堡，右卫十一堡，分置左、右卫千总。左卫千总衙署，驻柳受堡。右卫千总衙署，驻柳荫堡。[①]“左右两卫屯堡建自乾隆三年，一切旗帜器械，系各军自行收执，并未建造局房。遇有损坏，系卫千总动支余田租米，变价另制。其每年操演硝磺、铅弹，亦系千总照依秋成时价，将屯粮支放堡目工食外，余米变价采买，照例分给”。[②]可以推知，逆苗绝产，在招募屯军之后，还有余田，可以租佃出去。卫千总有朝廷俸银的，岁支俸银四十八两、养廉银一百六十两、案衣银二十四两、薪红银四两。总旗、百户属于堡目，只有工食。百户，岁支工食米一十二石。总旗，岁支工食米六石。[③]

南嘉堡，是清江厅左卫十堡之一。“南加（嘉）大小两堡，土城两道。大堡城垣周围二百二十丈，城门三座。小堡城垣周围一百丈，城门二座。墙身均高八尺，宽四尺，收顶三尺，茅草苫顶”。[④]“南加（嘉）堡，额设屯军一百一十五户，男妇大小五百四十五名口”。[⑤]内设百户一名，总旗二名，小旗十一名，散军一百零一名。因其堡田山不敷，将杂堡三十余里，地名九加丈余，公田山土内，拨田六亩、山一所，安军一户住坐，就近佃耕公山。总计安军九百八十一户。[⑥]定额是115户，实际安设981户，可见，南嘉堡是严重“超编”的。因此，南嘉堡的粮米日消耗量大，南嘉堡设仓六间，额储社谷一千零四十四石八斗九升。[⑦]南嘉场市贸易十分活跃，场期一直固定。《清江志》载，南加（嘉）场辰戌日，[⑧]与诉禀叙述吻合。

---

① 乾隆五十五年抄本《清江志》卷四，赋役。

② 乾隆五十五年抄本《清江志》卷三，屯堡。

③ 乾隆五十五年抄本《清江志》卷四，赋役。

④ 乾隆五十五年抄本《清江志》卷三，城池。

⑤ 乾隆五十五年抄本《清江志》卷四，户口。

⑥ 乾隆五十五年抄本《清江志》卷三，屯堡。

⑦ 乾隆五十五年抄本《清江志》卷四，仓廒。

⑧ 乾隆五十五年抄本《清江志》卷二，场市。

（二）诉禀稿之管窥

1. 屯堡卫千总僭越了断理场市商事争议的权力。据前引张广泗的《议覆苗疆善后事宜疏》，卫千总以及百户、总旗等堡目，皆系军职，并无维护场市交易秩序的职责和权力，只有维护公共治安秩序的职责和权力。

清代苗疆六厅地区商品经济的发展催生出商业行会自治习惯，商人们试图维护自己的商业习惯，排斥屯堡武弁的介入。如诉禀稿所称："堡有卫主及总旗、百户巡查，街有客长、经纪，交易从来相安"。堡是卫千总等武弁的权力边界范围；街市只是商人的舞台。先有街市，后有屯堡，屯堡的新设促进了街市的繁荣。场市是靠客长、经纪等行业内部权威来维持交易秩序的，具有较强的自治性。这里的客长，既包括米市、油市等等专业行业商户中的自然头领，也应包括外省的商帮会馆的首士。在光绪十四年的《古州厅志》所附的"古州厅城图"上，东南城外赫然地标明"江西会馆""广东会馆""湖广会馆"楼馆，外省籍商人的势力可见一斑。不过，商人们并没有援引《大清律例·刑律·诉讼》"军民约会词讼"律中的"军卫有司，不系掌印官，不许接受词讼"的条例来论证该卫千总受理词讼的违法性。

本案中，"滥痞杨△△"显然是绕过了"客长、经纪"，直接向清江厅的左卫千总（即"卫主"）控告。南加堡场市商民，不服卫主的滥施杖刑，联名"佥叩"，控告"卫主"。诉禀稿所称："南加乃清黎杂处之地，客商聚集之区，非赖仁廉之官，奸恶成风，良善无处安诸"，即含蓄地控诉该"卫主"，不是"仁廉之官"，"听痞殃民，枉酷无辜"。

2. 存在着促进场市与屯堡二分发展的"商民告官"制度事实。场市中行会的自治性，也是有限度的。其自治习惯，一旦受到屯堡武弁等军事权威的压制和挑战是无法抗御的，需要寻求更高的权威的裁断和支持。清江厅等苗疆六厅的同知、通判，身兼文武衔职，既可受理控告武职弁兵的案件，又可受理控诉文职属吏的案件。于是，南嘉堡场市商民，公同控告该卫千总"听痞殃民，枉酷无辜"，矛头指向了卫千总。因此，该诉禀稿也是一份纯粹的"商民告官"的诉状，是商人与屯堡武弁之间的博弈，维护场市与屯堡之习惯边界的书证。

苗疆六厅地区，存在着的"商民告官"的制度事实，也促进了场市与屯堡二分发展。商人开设场市，即使屯堡的屯兵及其家眷进入交易，也要遵守诚实信用、等价有偿等原则，不能以强凌弱，以武力相威吓，违背交易对方的意愿。即使发生交易纠纷，也应当先由客长、经纪优先断理，而无屯堡武弁充当法官的理由。如不服商人行会的断理，也应当由厅通知、厅通判来裁断。因此，该卫千总既僭越了场市商人行会的习惯所赋予的场市理讼权力，又僭越了厅通知、厅通判的朝廷赋予的法定裁判权力。

三、屯堡总旗行使巡查捕盗权力：理讼中的层级监督

下引一份诉禀主旨句是“为矫枉入罪、曲陷难甘、吁天越壑事”的上诉贵东兵备道的禀稿，无法确切知道案件发生在“苗疆六厅”中哪个厅，以及哪个堡，但是，由于该上诉禀稿和前引清江厅南加堡的诉禀稿，抄录在同一本盖有“瑾顺号”印戳的禀稿簿中，可以推知其属于清江厅或其附近的其他厅。该案发生在道光十七年（1837）。兹引如下：

为矫枉入罪、曲陷难甘、吁天越壑事。窃父△身当总旗，为堡中首领。祸于道光十七年八月初五日，半夜时有守陇亩之龙老胖五人，捉获一贼，系江西人氏之齐明杰，当夜连赃，扭至△宅，敲门喊投，时已举家睡寂。父又抱疾莫起，乃命△弟武生△△问悉来历，当嘱△等代（带）去，暂寄公所，鸣□户旗等，明日送城报官。△等将贼代（带）去，旋有杨老毛等，从而踬贼交殴，卒被老毛将贼肾囊踢伤倒地。越至初八日，因伤身死，尸属△△以△家□侥，且△父身当堡目，弟列武庠，遂置下手之诸人不控，诬以△家被窃田谷，△弟纠人捉贼，赴厅诳控，厅主亲诣验明，委系肾囊一伤殒命。老毛亦具供在案无隐。夫何厅主不详审起衅之根因以成招，惟苟尸亲之报词而定谳，竟以△弟为衔恨田谷被窃，谋纠缚殴肇衅。虎衿矫曲入罪，择供臆拟通详。嗟嗟△家，并无被窃田谷之因，△弟未有纠人捉贼之事。户旅人众，现有报卫、报厅之原词可查，老胖诸人亦有孰捉孰殴之活口俱在。是此平白栽冤，真是草菅人命。官庭妄为出入，民命攸关生死。负屈难甘，只得匍匐上告。①

该诉禀稿大意是：江西籍汉民齐明杰，在堡内半夜行窃，被守陇亩的屯兵龙老胖等五人抓获，投送至总旗家门。总旗因病未起，嘱咐其身为武生的儿子开门询问究竟，并吩咐暂拘公所，明日送城报官。但是，杨老毛等

① 张应强、王宗勋主编：《清水江文书》第3辑第6册，广西师范大学出版社2007年版，第409~410页。

人与齐明杰互殴，把齐明杰的肾踢伤，三天后毙命。尸亲向厅通判（或厅同知）控告，总旗家因谷被盗，小儿子身为武生，纠集众人捉贼，绑缚齐明杰，殴打伤肾致死。厅主亲自验伤，认定总旗的小儿子主谋纠众缚殴齐明杰致死，总旗的大儿子不服，向贵东道（分巡古州兵备道）上告。

《大清律例·刑律·断狱》有“官司出入人罪”律文，并附有“改造口供故行出入”的条例：“凡初次供招不许擅自删改，俱应详载揭帖。若承问官增减原供，希图结案，按察使依样转详，该督抚严察题参。不行察参，将督抚交部一并议处，按察使亦不得借简招之名，故为删改。倘遇有意义不明，序次不顺，与情罪并无干碍，即就近核正申转，将改本备案，不得法换销毁，违者依改造口供故行出入例议处”。[①] 所谓“虎衿矫曲入罪，择供臆拟通详”，即是指控厅主及其刑名师爷，只采择尸亲一方的口供，向贵东道详报。这也是一种变相的改造口供。

“古州地方，系新辟苗疆，水陆崎岖，道路疏阔。原分布塘汛，以资防范，且通邮递，而捍卫行旅”。[②] 清代苗疆先有绿营兵驻防的“塘汛”，后有屯兵的屯堡。无论塘汛，还是屯堡，都在扼要之处筑有土城或石城。屯军旨在加强塘汛的防范功能。屯军有缉盗的职责，但是无审讯之权力。因此，按诉禀所述“暂寄公所”，总旗对于齐明杰的处置并无不当。杨老毛等人应为屯兵，假如殴伤齐明杰致其毙命，总旗至多负疏忽而不亲为、管束不力之责。

这里的“虎衿”指谁呢？是指讼师，还是指厅通判（同知）衙署内的刑名幕友或“书办”？能“择供，臆拟通详”的，只能是后者。因为诉禀稿有“官庭妄为出入，民命攸关生死”，限定在官庭内。

“户旅人众，现有报卫、报厅之原词可查”。可知，发生命盗案件，堡目需要向卫千总衙署报告，卫千总再向厅同知或厅通判详文报告。该案属于命盗重案，非厅可自理，案犯亦须解至贵东道，再审转贵州省按察使司。

该诉禀稿，不是以总旗名义具禀的，也不是以身为武生的总旗之子具禀，而是以总旗之子、武生之兄的名义具禀的。而且，是控告厅主“矫枉入罪”。由此可见，苗疆六厅地区，存在着的“民告官”制度事实。

由于只有该上告案件一方的禀稿，没有死者江西籍汉民齐明杰的家属一方禀稿和厅主的判词依据，故无法全面展开分析。但是，可以得出结论的是，无论总旗是出于追获自家被盗谷物的目的还是出于公共治安目的，

① 田涛、郑秦点校：《大清律例》，法律出版社 1999 年版，第 585~586 页。

② 光绪十四年刻本《古州厅志》卷之七，武备志。

缉捕盗贼总是在行使着屯堡总旗的法定职权。其缉捕窃贼的职权行为的合法性，要受到其上级的卫千总、厅同知或通判的事后监督，而且厅同知或通判的理讼权力，也要受到其上级贵东兵备道的监督。

四、初步结论

清代新辟苗疆六厅地区之屯堡，是清帝国版图内的特别军政区域之一。屯堡与周边苗寨、场市发生着密切的经济交往促进着当地商品经济的发展。屯堡也成为汉民进入新辟苗疆的合法通道。卫千总、总旗在履行军事职责之外，还兼理屯堡公共治安，甚至一定范围内“僭越”了断理讼争的权力。就近断理场市交易纠纷，既受到来自商人行会的抵制和抗拒，还受到层级监督；即便办理职权范围内的公共治安案件，也要受到层级监督。层级监督中，经常出现“民告官”制度实践。厅同知、通判身兼政、军衔职，使得屯堡理讼不可能有文官、武官分理词讼的明确界限。总之，屯堡理讼，成了商人、屯堡武弁、外来汉民、苗民等各方诉求博弈、互相制衡的场域和形式，维护着屯堡的政治、经济秩序。毕竟讼争胜于战争。

第五章　流官理讼与法律理性

关于清代苗疆流官理讼，在清水江文书中保留了数量较多的资料，比如禀稿、批词、判词、诉禀稿簿、结等种类。其中，诉禀稿簿又可分为两种：一种可能是讼师、衙门刑书或官代书所收集的各种案件的诉禀稿的抄件汇编；另一种是某个影响大的案件的诉禀稿、批词、判词的抄件汇编。这些文书是讼师、刑名师爷、官员、苗人等主体的法律理性的集中表达。本章将以上述材料，初步探究一下其中的实质理性（说服理性、推理理性和价值理性）和形式理性。[①]

第一节　禀稿的类型与讼师之理性

有学者认为，禀文与详文类似，是地方司法审判中下级对上级的报告请示，属于上行的司法文书。一般是对案件审理中的某一问题或某一程序用禀，全案审结时用详。[②] 正所谓"先禀而后详"。[③] 显然，这种观点是基于官府档案文书，从中国古代地方司法审判机关内部公文的视角来考察的。在清水江

---

① 熊明辉:《法律理性的逻辑辩护》，载《学术月刊》2007 年 5 期。

② 倪正茂、俞荣根、郑秦等:《中华法苑四千年》，群众出版社 1987 年版，第 341 页。该书诉讼制度编为郑秦教授所主编。

③ 王又槐:《办案要略》，见张廷骧编《入幕须知五种》，转引自倪正茂、俞荣根、郑秦等:《中华法苑四千年》，群众出版社 1987 年版，第 341 页。

文书这样的“私家档案文书”中，笔者也发现有为数不多的几例详文，但是大量被发现的还是禀文。但是，清水江文书之禀文，更多的是讼师代拟，由黔首平民向地方县府鸣冤申诉的状告或报告之草稿或抄本。本节试图依据其自身逻辑，梳理其格式、种类、演变，探讨和展现讼师理性的层面。

一、禀与续禀

就同一事项，按照向官府递送禀文的时间先后顺序，可以将禀分为禀和续禀。之所以还需要递“续禀”，其原因主要有二：一是官府办事效率有限。清水江流域府县管辖范围辽阔，山高林密，城寨之间路途崎岖遥远，差役人数有限。所报告事项，多有拖延。“猴子不上树，多打几遍锣”。当事人只得“续禀”，催促尽快办理。二是所报告的事项，随着时间推移，出现了新的情况，需要及时报告给官府，以利于解决。

（一）禀

禀，一般用于首次向官府报告事项或提起控诉。它有将“禀”字单列为标题的，非常类似于地方司法审判机关内部的禀文的格式。在清水江文书的禀稿中，将“禀”作为单列标题的禀稿，非常少见。下引的一则来自锦屏县乌山寨1738年的文书，就是适例。

禀

乌山□□□□□　　□

禀

大老爷台前禀者。因本年五月内，吴今楼等砍山造事，蚁父子控经代理府主蒙批，送天台查报，当蒙差拘。正蚁拨云睹日矣。于六月二十七日，公差拘齐被犯起身之后，今楼早令伊寨吴三九、吴冗加等多人，将蚁粟米一块，约有十把，竟割一空，蚁妻赶至地茶报明黄差头。嗟！蚁一家老幼全赖此粟度荒，而今楼唔令悖差擅割，情同活杀。若不禀究，三尺虚悬。只得乞禀天台作主，委差踏勘，严究唔偿，如虚反坐。上禀

乾隆三年七月　　　　日[①]

① 张应强、王宗勋主编：《清水江文书》第3辑第3册，广西师范大学出版社2011年版，第373页。

这份1738年的禀稿中，由于字迹脱落的原因，无法知道具禀人父子的姓名，只知道被犯（被告）是吴今楼等。在上具这份禀稿之前，吴今楼等被原告父子控告到黎平府，并被公差拘提走了。但是，吴今楼让其同寨的吴三九、吴冗加等多人，把原告的一块粟米抢割了。原告的妻子先向黄差头报案，后向黎平府递呈这份禀，并承诺"如虚反坐"。这份禀稿字迹工整，应该是一份抄存底本，不是草稿。

这种以"禀"为单列标题，然后叙述案情的禀文，没有概括案情和诉求的"禀首句"和"主旨句"，[①]需要仔细阅读后，才能明白案情的来龙经过、是非曲直。而且，"禀"作标题，单占一纵列，浪费纸张和空间。因此，这种格式的禀文就渐渐地不被采用，"禀"不再被单列为标题，置于段首，且添加禀文主旨句。下引的禀文，多是"禀"置文首、添加"禀文主旨句"的格式。

（二）续禀

同一事项常常使用多次续禀，最多达到七八次之多。从下引的一份1804年的续禀可以推知，姜作兴于1804年阴历九月，递交了禀首句为"昧心负骗"的禀，控告范文浩、范玉平；同年八月二十日后，递交了第一份"续禀"，要求官府催促二被告呈缴本利银，官府也派差传唤；同年九月，又递交第二份"续禀"，就是下引的禀稿，其禀文主旨句就是"为欺天藐法、违限抵抗事"，再次催促派差役拘留范文浩，迫其尽快还银。

续禀

具续禀民姜作兴。为欺天藐法、违限抵抗事。缘蚁于四月内以昧心负骗控范文浩、范玉平一案，蒙准差提，已于七月审讯。伊等自知不是，业已当堂招认，自愿本利还蚁。因一时无银，当堂出具限状，限在八月二十日呈缴。至期并不到案，蚁又具禀恳究，蒙赏差往唤。不料伊等计谋百出，不惟分文不缴，且敢独令玉平一人到案抵搪，而文浩反于家内逍遥事外，明系欺天藐法、违限抵抗。若不泣恳严究，则蚁因此案听候数月之久，吃用将及十有余金。即使追清，则所得不能偿所失矣。死不心甘，只得泣乞仁天父母老爷台下作主，赏赐饬差拘究严追，沾恩不朽矣。

---

① 在很多禀稿和状稿中，往往都有一个"段首句"，概括案情和诉求，也就是"主旨句"，其通常的格式是"为……事"。比如，"为横行拉木、辨恳公判事""为忘情盗截、反行捏控事"等。

嘉庆九年九月　　日禀[①]

这里的“限状”，是指范文浩、范玉平等向官府出具的限期呈缴的承诺书。

二、报禀与诉禀

区分当事人在递交禀文时，是否知晓被告，是否需要官府侦查，并确定被告，分别使用“报禀”或“诉禀”。有明确的被告的，则使用“诉禀”；不知晓被告的，使用“报禀”。

（一）报禀

清水江两岸，山险林箐，盗贼出没潜藏便利，刑狱案件时有发生，被害人并不知晓是何人所为。被害人使用“报禀”，陈述案发经过和损失情况，请求官府缉拿盗匪。下引的1904年的一份报禀，就是例证。

为巨盗劫掠、居民遭殃、报恳验究事。生近年来家道稍殷实，突于本月十七夜亥时分，冤遭不识姓名之强盗五六十名，洋驳轰击，喊杀连天，通寨惊惶。合室逃避，胆将开山大斧，劈破大门，蜂拥而入。金银服饰，抄虏一空；用器箱奁，打坏无数；卧室冲毁，香炉捶坏，任其蹂躏，不敢撄锋。当经申鸣三营团首，勘验明确。若不奔叩严究，必致酿成叛逆之忧。以言其情，情莫惨于此；以言其害，害莫甚于此。谨粘失单报乞大老爷台前作主，迅赏亲验，签差严缉律究，如虚甘坐，施行公侯顶祝不朽。[②]

在这份报禀稿的首部，抄录者还加了按语说明，“光绪三十年二月十七夜子时范之伟公家被盗，五六十名所具报禀，即公元一九〇四年甲辰二月范之伟家被盗劫掳一案报禀”。可见，至少在讼师的观念中，是有报禀和诉禀之分的。

另外，清末民初时期，清水江两岸，盗匪啸聚山林，十分猖獗，对举

① 张应强、王宗勋主编：《清水江文书》第1辑第5册，广西师范大学出版社2007年版，第163页。

② 张应强、王宗勋主编：《清水江文书》第3辑第1册，广西师范大学出版社2011年版，第184~185页。

报者常常打击报复，甚至逼良为匪。受害人惧怕打击报复，也曾使用“密禀”的用语；[1]有见官府缉拿不力的，祈求地方驻军，也曾使用“恳禀”的用语。[2]此二种，实则属于“报禀”的别称。

（二）诉禀

诉禀必须有明确的被告。清水江文书中，诉禀是最为多见的禀文类型。这得益于两方面：一是由递交诉禀的当事人的后世子孙留传收藏，多为散稿；二是由官府所指定的、当事人进城具控时所投宿的歇店抄录保存，多为成册稿本，每纸常常盖有店家字号戳记。比如，黎平府城的“恒顺店”。所见的诉禀，很少使用“诉状”的用语。下引的一份1886年的诉禀，其禀文主旨句就是“为平白诬奸、诉恳坐究事”。它既有答辩的作用，又具有反诉的作用。既辩解自己不存在犯奸的时间、地点和理由，又指控原告方诬奸反坐。

具诉禀民姜春明，年三十二岁，驻加池寨，距城一百四十里。为平白诬奸、诉恳坐究事。窃有劣衿替侄嫌妻之姜相齐、为弟休妻之姜为谟、狐假虎威之狡童姜克顺、姜为烈等，纵恿姜为瀚，以养奸难受具控文斗姜开熊，并伊族叔姜克兆，牵诬控民于仁天案下，蒙赏差提，理宜赴辕，曷敢抗提。情因民家寂寞，逐年往外雇工。□正月离家，十月归里，固有违天提，明系冤被奸名，含冤莫白。民今赴辕□□□□奸情大件，应当日男女双拿，可谓真章（赃）实犯，法网难逃。况奸情不过□□□□鸣地方乡团，上则当必控告衙署官长，据伊词云，事出三月内，何得延□□□□诬控害民，姜相齐等恃刀笔之如锋，仗家财之万贯，冤害民身，由此捏□□□□愚弱之家，皆死于劣生狡童之手。伊家巨富，民实贫穷，何能奸富贵之妻，岂有通奸，系伊族叔，养奸在伊丈人。揆度天理人情，有所不合。据伊词称，贡生姜秉智等，确为奸证。未非奸证，概属绅衿首事之人，中有弊端。究奸证，见奸之时何时，奸所何所。叩天追证到堂，质审方休，不然，伊明系平地风波，捕风捉影，然而雪桥易架，殊知红日难逃，天鉴高悬，自然

---

① 参见张应强、王宗勋主编：《清水江文书》第1辑第5册，广西师范大学出版社2007年版，第225页。

② 参见张应强、王宗勋主编：《清水江文书》第1辑第5册，广西师范大学出版社2007年版，第176页。

昭透海底。民实系白肉栽疗，叩天医药，恩同再造，德戴仁天。仁天执法如山，原谅虚实，坐究劣生狡童，得免诬控成风，迫不得已，只得诉乞青天大老爷台下作主，准赏坐究施行，顶祝公侯万代。

光绪十二年十月廿八日　　具[①]

三、白禀与官代书状

按照官府所受理的诉禀，是否经由官代书填写格纸，并盖戳记，可以将诉禀分为"白禀"和"官代书状"。"白禀"是官府批语中的正式用语，而"官代书状"是笔者的指称用语。尽管契约有白契和红契的习惯分类和指称，但是笔者不见有"红禀"的提法，还是使用"官代书状"更为准确。

"白禀"的指称，只在府县对诉禀、续禀的批文中出现，没有出现在黔首平民的禀稿中。下引的这份1833年的续禀稿，其尾部所抄录的官批为"静候集讯，毋渎，白禀发还"，出现了"白禀"的指称。

禀状人民吴成思　年四十九岁

吴锡祥　年

具续禀。乌山寨民吴成思、吴锡祥等藉坟强放、害上加害事。缘虫等被土豪杨远昌强葬蚁等地名高良坡阴地一穴，虫等自去年五月以来，屡控有案。□又奔控道辕，仍蒙批案下。始末原委叠禀如鳞，已□天鉴，殊恶等刁藐非常，胆敢不候讯断。突于本年三月内，将虫等砍卖杉木，有三百余株，被伊统领多人，横行强放。虫等情急，就近禀经龙里司，阻木详报，当凭塘兵曹开学、潘朝隆，将木交平□寨店主杨昌坤守。具报在卷，屡蒙审讯。奈神手遮天，诡计百出，卖主龙永义未到，支捂搪抵，以致案悬莫结，迄今两载之久。虫等坐受其害，只得含泪忍恶。讵恶杨远昌仗财作胆，肆□□□，临审私逃回家。复五月廿八日，又统领多人，如狼似虎，硬将守木杨昌坤父子纠众相绑，□将三百余株尽行强放，恶极恶□。不续恳严惩拘追，况恶强葬强放，藉坟霸山，□人可恕，理情难容。将来虫□山场树木，尽遭霸占，有莫天大祸，人命之忧。迄祈仁天高悬如镜，劈断严究。情迫

① 参见张应强、王宗勋主编：《清水江文书》第1辑第5册，广西师范大学出版社2007年版，第171页。

不得已，泣泣上续青天大人台前作主，追究严拘施行，沾恩不朽。

道光十三年六月　　□日续禀

批静候集讯，毋渎，白禀发还

十四日

杨远昌未到，龙遗书惧讯逃回[①]

该案关涉侵葬阴地风水，牵连木材交易，先后控诉到黎平府、贵东道，至今保存下了包括上引续禀稿在内的9份文书，其中还包括盖有官代书印章的格纸禀稿，包括正状式1份，[②]副状式2份。[③]官代书字迹模糊，但是可以辨识出“贵东道于”几个字，应该是贵东兵备道道台于克襄所颁发的官代书印章。[④]格纸有16列23行，右起第1列没有划分成23个小方格，为一个大单元格，填写具状人姓名、年龄、住址和距城距离等项，计346个空格。正式禀状首部有官府批文。副式状一份盖有“贵东道于”颁发的代书印章，另一份没有盖，以“代书”二字代替。可见，“正状”官府批示后发还，“副状”留存官府作后续审理参考之说，未必符合清代黎平府的实际。[⑤]

所谓“白禀”，应该是指未盖官代书印章戳记，但是也被官府受理批示的诉禀。其理由有二：一是其他地区也有白禀受理批示的例子。据邓建鹏查阅巴县档案发现，“偶有例外，巴县档案中就存在无官代书戳记状纸亦被受理的情形”。但是，不知是否在清代巴县也被称为“白禀”。在清水江文书中，大量被发现附有官批的诉禀稿，都没有使用格纸，没有盖有代书印戳。所谓的规范的正状和副状，极为罕见。二是清水江文书中多见“白契”，“红契”少见，并严格执行纳税验契盖戳制度，“白契”在诉讼中依然具有证据效力。因此，笔者合理推断，在清代的清水江流域，黎平府、开泰县等府县两级可能没有严格执行“状式条例”和官代书制度，而在道以上衙门则严格执行该两项制度。故在清水江文书中，“官代书状”比较少见。

---

① 参见张应强、王宗勋主编：《清水江文书》第3辑第3册，广西师范大学出版社2007年版，第404页。该禀稿的整理者，把时间判读为“道光十五年”，应该为“道光十三年”。

② 参见张应强、王宗勋主编：《清水江文书》第3辑第3册，广西师范大学出版社2007年版，第395–396页。

③ 参见张应强、王宗勋主编：《清水江文书》第3辑第3册，广西师范大学出版社2007年版，第398–399页。

④ 官代书印章格式研究，详见邓建鹏：《清朝官代书制度研究》，载《政法论坛》2008年第6期。

⑤ 状式研究，详见邓建鹏：《清朝“状式条例”研究》，载《政法论坛》2010年第3期。

四、公禀与诉禀、报禀

前文已经辨析了诉禀、报禀的区别，其实二者有一个共同点，就是都由受冤屈人或受害人提出，即由直接利害关系人提出。其实，在中国传统诉讼中，不仅仅是一个裁判者、原告和被告的三角形的关系结构，还有与案件没有直接利害关系的第三方，也会就案件前因后果、是非曲直向官府报告，常常使用“公禀”。因此，可以把非案件直接利害关系人所递交的反映案件事实或提出解决方案建议，或表明立场态度的禀文，称为“公禀”。

向官府递交公禀，可能有三种情况：一是应官府差役的要求，反映案件真实情况，起到证人的作用；二是应诉争的一方要求，向官府提出支持一方或调解解决纠纷的建议；三是出于公道，主持正义，自觉自愿向官府反映是非曲直。这种情形比较少见，毕竟进城投宿，需要盘缠伙食费用。急公好义的人不多，但是能做到见义忘利、屈己利人的，则古今少见。递交公禀的人，常常是邻居、乡绅、团甲首事之人等。

下引的一则“为不平则鸣、据实禀明事”，就是邻居出面作证，主持正义，支持在理的一方的例子。

具公禀。民姜兆瑚、姜凤至、姜恩瑞，住加池寨，离城一百廿里，寓恒顺店。

为不平则鸣、据实禀明事。缘民加池寨有姜献义具控姜作干一案，已蒙批准，提讯察究，只冀听候神审，民等何敢冒渎。但民与二比，具系一本［房］，因姜献义之粪棚在上，作干住屋在下，居隔数丈，内有老坎为凭，闰六月十三日，姜献义雇工△△挑土填基，其实并未塞到阳沟，姜作干藉此为由，动以呈凶，不准公言。民等虽居邻近，不忍坐视，民寨加池，人户百余，素称风俗忠厚常守，惟姜作干习惯成性，只得据实禀恳大人台前审讯施行。[1]

有的公禀不一定出现“公禀”两字，但是可以根据内容判断它属于公禀。下引的就是这种情形：

---

① 参见张应强、王宗勋主编：《清水江文书》第3辑第5册，广西师范大学出版社2007年版，第316~317页。

为据实禀明、佥恳缉究事。缘本寨监生范之伟，心地光明，世代忠厚，家承祖业，乐善好施。祸因本月十七夜亥时分，有五六十名大盗，炮轰震地，喊声澈天，公然进寨分击近邻门户，凶守各街巷口，敢大斧劈破之伟大门，蜂拥入室，吼杀之声，惨不可闻。△等义宜急难，无如精壮人丁早远出拖木，在家者尽属老弱，且无几人，万难撄锋，徒为嗟叹。该盗虏尽，席卷而去。△等往慰渠家，器用箱篓坎坏，房门壁板尽破无存，谷米油缸倾覆殆遍，银钱劫尽，服饰虏空，香炉挞碎，桌椅倾颓，蹂躏不堪，狼狈实甚，见者泪下，闻者心酸。过后查知，盗由南包上岭顿坡而去，尾追不及。此系实在情形，经凭三营团首会验，理合联名公恳父母大老爷赏准勘验缉究施行，实为德便。①

在这份报禀稿的首部，抄录者还加了按语说明，“本寨众网所呈之报禀”。该报禀中称“佥恳”“联名公恳”，就表明它是一份“公禀”。“佥”，为古汉语词汇，意为“全，都”。这份公禀，旨在证明受害损失情况，呼吁官府缉拿劫匪。

五、禀稿类型与讼师之理性

法学思维或法律思维方式之一是类型化的思维。笔者对清水江文书之禀稿的以上梳理，依然是类型化思维，依然是不完全的归纳方法。形式逻辑学，是近代从西方引进的十分精确的科学知识系统。但是，中国自古就有“人以群分，物以类聚”的古训。类型化的思维方式，应该是中国人固有的思维方式。中国古代的讼师，也不例外。

中国正统法律观念中，对讼师的“德性”，给予长期一贯的过分否定，由此也限制了对讼师理性的积极关注。讼师密本，也只在有限的范围内流传，也为古代知识精英阶层所不屑。但是，讼师也在实实在在地解决着一个又一个法律实务问题，推动着狱讼的进行。他们的作品即禀稿，被清水江两岸的苗民世代收藏着，故不能否认这些讼师的曾经所起的作用，以及他们的“语词的力量”和“理性的力量”。

笔者以为，对禀稿的以上分类，在最大程度上接近了讼师对禀稿的分

① 参见张应强、王宗勋主编：《清水江文书》第3辑第1册，广西师范大学出版社2007年版，第185页。

类观念，还原了讼师之理性。尽管当时的讼师没有编写现在的“法律文书写作”“法律文书学”之类教材和著作，也达不到今天的系统化的“知识理性”水平，但是，讼师们是具有介于“经验理性”与“知识理性”之间的理性水平的。这一点可以从他们所留下来的词稿簿、诉讼稿本中反映出来。他们区分并恰当地使用“禀”“续禀”“报禀”“诉禀”“公禀”用语，绝非仅仅在修辞意义上使用，还来源于对诉讼这种社会事实的类型化的思维和观念。尽管在禀文中，常常会出现雷同甚至套路化的叙事论理方式，尽管词稿本还有诉禀典型或专业用语的摘录汇集，[①] 但是，讼师们绝不仅是“寻章摘句老雕虫”，绝不是“有修辞而无条理”。他们是有着成熟的“经验理性”，而且是极具中国特色的“知识理性”，或可称之为“讼师法学”形态。[②]

第二节　诉禀稿之“模块化”逻辑结构

《清水江文书》第3辑第4册收录了一本题款为“龙光卫订　刀笔书”的诉禀稿簿，其中，大量抄录的是诉禀稿，每页盖有“龙时卿”的方形印章。[③] 但是，其中最为罕见的是，诉禀的格式用语的摘抄与整理，有“窃……”格式句46句，“若……”格式句8句，“祈官句”44句。清水江文书中的诉禀稿的主文部分，多为文言、白话混杂，一般都包含“为……事”格式的诉禀主旨句、“缘……”或“情因……”格式的诉禀叙述长句（段）、“窃……”格式句、“若……”格式句和最后的“祈官句”，共“五大模块”。这五大模块，都需要讼师出色的文字表达能力，能使诉禀如“匕首、投枪”般的简短、明快和有力，能使诉禀稿如泣如诉般的感染、煽情和动心，体现说服理性。这种模块化、程式化的诉禀内容格式，使得诉禀可以“标准化”，可以被广泛地模仿、复制，促进“诉学”的系统化和逻

① 诉禀典型或专业用语。比如，雪桥易架，红日难逃；神手遮天、诡计百出；等等。

② 关于讼师之理性的命题，笔者还将从其他角度深化论证。本节只从其作品禀稿的类型角度论证之。

③ 该《刀笔书》抄录了一份“续禀”，内称“……民自宣统元年办理地方公务，直至民国贰拾年……”。可见，该《刀笔书》所抄录的诉禀稿，应该是为清末至民国南京政府时期所发生的案件而拟撰的。

辑化水平的提升，以利于传播。今天我们阅读许多用毛笔书写而字迹褪暗、模糊难辨的诉禀稿原件，只要你能抓住“为……事”“缘……”或“情因……”“窃……”“若……”以及最后的“祈官句”，就能推知其诉禀稿的大意一二。古代官员受理诉禀，也应该是看这些关键词。明代律学家王明德在其名著《读律佩觿》中指出，“律有以、准、皆、各、其、及、即、若八字……相传谓之律母”，例、但、依、从等字为“律眼”，[①]并做出详细的剖析。笔者以为，诉禀稿中的“为……事、缘、情因、窃、若”等类似于“律眼”的关键词，或可称为“禀眼”。进行研究，不无意义。

一、“窃……”格式句

龙光卫订的《刀笔书》，共摘录了46条“窃……”格式句，不妨引用如下：

1. 窃命案首重主谋，律例最严凶手。
2. 窃雪桥易架，难逃红日。
3. 窃是非难逃冰鉴，虚实莫昧旁观。
4. 窃法可欺，则天下无不可杀之人。
5. 窃真假难瞒邻右，虚实自有地方。
6. 窃恩断如山崩。
7. 窃钱入手而事翻，实属得寸入尺；搕不遂而捏控，何异灰烬复燃。
8. 窃远有官厅，近有团族。
9. 窃亲爱从和平而得，恶感自嫌疑而生，有由尚矣。
10. 窃物本乎天，人本乎祖先之坟墓隆替，子孙之祸福随之。缘民…
11. 窃孽龙不斩，遍地成恶；刁恶不除，群黎受害。
12. 窃民知过而改悔，官亦愿民无事。
13. 窃人命关天。
14. 窃稗草同生，莠良各别，兄弟同胞，心术各异。
15. 窃天下是非难辨，人间真邪易知。
16. 窃是非难遮邻里，真伪难瞒地方。良心难昧，天理昭彰。

---

① （明）王明德：《读律佩觿》，法律出版社2001年版，第2~3页。转引自谢晖：《中国古典法律解释的哲学向度》，中国政法大学出版社2005年版，第247~248页。

17. 窃事不近于实在，不敢联名公渎；理有关乎地方，故特据由直奏。

18. 窃公道自在人心，真伪难逃冰鉴。

19. 窃治匪无畛域之分，而争产必讲属地主义。

20. 窃死尸不埋，阴阳不安，冤结不解，寇仇难脱。

21. 窃上有省刑薄罚之典，下有不耻之德。

22. 窃商无夺买之例，商规无歧卖之条。

23. 窃国家品级有赏有革，公庭爵位有升有降。

24. 窃设义勇以防内奸，集团防以御外寇。

25. 窃普天之下，莫非王土；率土之滨，莫非王臣。

26. 窃思物皆无主，法亦空彰。

27. 窃行凶毒害、因公罹祸者，人谁甘当。

28. 窃猪羊吃杀，牛马吃还，本国律之定例也。

29. 窃律有减等之条，罪有让情之例。

30. 窃违法坐罪，固国律所当行；援刑易科，实仁政之德惠。

31. 窃思官坟丈余，民坟八尺。

32. 窃国有分安省县，区有分定乡邻。

33. 窃盗匪之扰乱地方治安，其毒害不可名言。盗匪未发生，设法以预防御之，若发生，设法以堵御之，有备无患之善策也。

34. 窃民为邦本，食为民天。

35. 窃除盗安良，农业能保；养虎我舞奸，地方难安。

36. 窃千军易得，一将难求，较之地方办事，何不独然。情…

37. 窃联保甲以弭盗贼，结团体以固地方，法诚善也。

38. 窃官有正条，民有私约。

39. 窃国家设置义谷，原以防饥。

40. 窃年谷不登，颗粒似玉，发仓赈济，理之常然。

41. 窃在家从父，出嫁从夫。夫也不良，宠妾虐氏。

42. 窃民国有离婚之例，且有缺席裁判之章程。①

43. 窃国有常刑，原为抑强扶弱，聊有公论，岂容嫁祸飞诬。

44. 窃为官称父母，视民如赤子，一视同仁，从未有重富贵而轻贫贱者也。

45. 窃婚姻须得男女同意，嫁娶必待双方议妥，未能有不嫁而估逼强娶之理也。

---

① 据此推断，应为民国初年撰写。

46. 窃阴阳和而雨泽降，夫妇和而家道成。[①]

（一）诉禀中“窃”的含义和用法

《论语 · 述而》云“述而不作，信而好古，窃比于我老彭”。这里的“窃”，“犹言私”。常用作表示个人意见的谦词。《荀子 · 哀公》：“窃其有益与其无益，君其知之矣”。杨倞注：窃宜为察，察其有益与无益。这里的“窃”为“察”。[②] 我国南朝杰出的科学家祖冲之有句名言“愿闻显据，以核理实，浮词虚贬，窃非所惧”。这里的“窃”，谦指祖冲之自己。那么，诉禀稿中的“窃”是什么意思呢？比如，“窃思物皆无主，法亦空彰”“窃思官坟丈余，民坟八尺”，这里的“窃”，显然是指表示个人意见的谦词。但是大多数时候，“窃”后面省掉“思”，直接引出语句，并成为诉禀稿的一种固定用法。

（二）“窃……”格式句的作用

在一份诉禀稿中，“窃……”格式句，或置于“为……事”诉禀主旨句之后，或置于“情因……”或“缘……”的诉禀叙述长句（段）之后。“窃”虽表示一种自己意见的谦称，但是其后所引导的都是排比、对仗工整的格言，阐发某种与案件事实有联系的普遍被认同的道理。它们一般构成官吏、幕友和讼师三者在诉讼观念上的基本共识。而被告方或官府的行为，多违背了该道理。它们事实上构成了形式逻辑推理三段论之大前提，成为讼师们进行是非判断、立论的准据。在某种意义上，“窃……”格式句，和“情因……”或“缘……”的诉禀叙述长句（段）结合在一起，分别构成形式逻辑推理三段论之大前提和小前提，而“为……事”的诉禀主旨句则是该逻辑三段论的结论。

“窃……”格式句，以其所引导的格言的本身性质，可以粗略地分为事理、情理、法理三种类型。比如，“窃是非难遮邻里，真伪难瞒地方”“良心难昧，天理昭彰”“窃年谷不登，颗粒似玉，发仓赈济，理之常然”，就属于“事理”类型的。“窃为官称父母，视民如赤子，一视同仁，从未有重

① 参见张应强、王宗勋主编：《清水江文书》第 3 辑第 4 册，广西师范大学出版社 2011 年版，第 152~157 页。序号是笔者添加的。

② 徐复等编：《古汉语大词典》，上海辞书出版社 2000 年版，第 2166 页。

富贵而轻贫贱者也”“窃婚姻须得男女同意，嫁娶必待双方议妥，未能有不嫁而估逼强娶之理也”，就属于“情理”类型。而“窃命案首重主谋，律例最严凶手”“窃民国有离婚之例，且有缺席裁判之章程”，则属于“法理”类型。

二、“若……”格式句

诉禀稿中的“若……”格式句，一般出现在“祈官句”之前，“窃……”格式句和“缘……”或“情因……”诉禀叙述长句（段）之后。通过“若”所引导的假设条件句，描述不递呈诉禀进行控告的严重社会危害后果，进而加强论证到官府控告的正当性。“若……”格式句所进行的反面论证，进一步加强了前面“为……事”的诉禀主旨句、“窃……”格式句，和“情因……”或“缘……”的诉禀叙述长句（段）所构成的逻辑三段论的论证及其结论。

“若……”的句式，有时用“倘……”代替，有时会以“似……，若……”的句式出现。比如，“似此罪大恶极，若不严提惩究，将来势逞跋扈，残害闾阎，国际难安矣”。

龙光卫所订的《刀笔书》，共摘录了8条“窃……”格式句，兹引用如下：

1.（告上状）若不天外投天，叩天作主，以人命为草芥，国法作废弛，为毒极恶极

2. 非恳垂怜，主作飞令开释，则全家生活不能生存矣

3.（告异县县长）李县长竟各君其国，各子其民之心，一味曲护[1]

4. 若不伸恳详究，诚恐效尤成风，巧诈得势，良善不能生理矣

5. 似此痞滥刁棍，若不劈其奸宄，则鬼域之危害，良民无□类矣

6. 若不恳祈严提惩究，将来地方效尤，而效之法地，成为夷地矣

7. 似此罪大恶极，若不严提惩究，将来势逞跋扈，残害闾阎，国际难安矣

8. 似此荆棘塞道，绑票横行，若不禀恳严缉法办，将来匪风炽，糜滥地方不浅矣

① 此句不符合“若……”格式句，但是《刀笔书》的摘抄者就把它放在“若……”格式句中。

三、“祈官句”

所谓“祈官句”，是笔者“杜撰”的词汇。现代汉语语法中有“祈使句”的类型。据此，笔者把诉禀稿尾部的奉承和乞求官员尽快提审、办结案件并伸其冤抑的套语，统称为“祈官句”。“祈官句”是对“为……事”的诉禀主旨句之请求的再次重复强调。

龙光卫所订的《刀笔书》，共摘录了44条“祈官句”，兹引用如下：

1. 青天莅任，铁面无私，无恶不锄，无冤不雪，谅不容主谋轼兄之不究，亦不忍氏夫冤沉黑海之不伸。古之人命不过三朝，今之命案，律不和解
2. 仁天荣任，秦镜高悬，铁面无私，冤伸有日
3. 仁天　　福星　　帐下
4. 天恩　　天星　　麾下
5. 恩星　　青天
6. 仁廉　　钧长
7. 仁恩　　钧台
8. 钧座
9. 天恩荣任，清同海水，雪冤从此得伸
10. 恩星临篆，焯犀高照，弊蕴毕露矣[①]
11. 幸我恩星高照，照破种种奸情，胸罗甲兵，誓殄殃民群寇
12. 惟仗仁廉，方施法网，感再造之恩，泽被枯骨，赦无辜之宥
13. 仁恩荣任斯土，有武城郅治之声，四知之誉，民沾爱戴，囚被春风
14. 兹幸福星下照，念切痌瘝
15. 仁恩廉明素著，政教兼施
16. 天恩恫瘝在抱，慈惠素怀，广积世世阴功，大开时时方便
17. 仁廉司法如天，劝善刑暴，固有权衡，况此罪大恶极
18. 今幸恩星荣导，广悯舆情
19. 恩星兹惠及民，保民如保赤子，视民无如伤。
20. 福星下照，铁面炯然，均沾爱戴，咸被春风
21. 天恩临篆，阳春有脚，万民均沾爱戴，四野咸被春风

① 临篆，即莅任的意思。古代印章多为篆文，篆遂指代官印。官员上任办案，要用官印。

22. 仁恩荣任，草木咸春，泽及枯骨

23. 兹幸天星莅任，政简刑清，刀下留人，保民如保赤子，罪可容赦，命件化为雀角

24. 幸逢仁廉荣任，恫瘝在抱，悯恤为怀，大开恻隐之心，广布德泽之路

25. 今幸恩导荣任，俯察下情

26. 足见仁恩爱民，如告非视民无伤矣

27. 仁廉恫瘝在抱，俯念民艰，无所不至

28. 惟我天恩洞悉民瘼，深忧民困

29. 旋逢仁天荣任，万象回春，从此民欲善□惠颂□封

30.（武官）麾下明察秋毫，是非真伪，已属洞鉴中矣

31. 幸逢恩星临篆，红日当天，雪桥难逃

32. 钧长莅位斯土，爱民如赤子，政简刑清，照破环宇

33. 幸遇天星下照，秦镜高悬，怪象悉显，泾渭攸分

34. 仁恩高悬秦镜，无出不烛。如有伤痕，民愿抵偿；如无伤，例应反坐

35. 天星家园湘楚，德播黔乡，照临斯土，高悬秦镜①

36. 天恩临篆，越石炯然，道不拾遗，肺石风清

37. 恩星荣任斯土，有花落草生之歌，肺石风清之庆，民沾爱戴，犹被春风

38. 仁恩莅任斯土，有雨润榆杨之祥，冰上镜中之颂，民沾爱戴，犹被春风

39. 仁廉莅任，荣光柱邑，德播黔乡，秦镜高悬，容光必照矣

40. 仁天廉明，怜悯保释，赦出图圄，超脱苦海

41. 仁天秦镜高悬，秋毫必察，是非曲直，泾渭攸分

42. 天恩莅任斯邑，再世龙图

43. 仁恩明见万里，听察如神

44. 有日青天，不私覆明②

“祈官句”中，往往把拟向控告的官员称为“仁天”“仁恩”“仁廉”“仁

---

① 可以看出，该官员是湖南籍，在贵州做官。

② 参见张应强、王宗勋主编：《清水江文书》第3辑第4册，广西师范大学出版社2011年版，第158~161页。

恩”“天星”“天恩”“青天”“福星”等，可见儒家的“仁”观念在诉讼中的影响。“仁”在诉讼中特指官对民的体恤、怜悯，而不是“你不仁，我不义”意义上的“仁”（平等主体之间的尊重和体谅）。比如，“幸逢仁廉荣任，恫瘝在抱，悯恤为怀，大开恻隐之心，广布德泽之路”。在皇朝帝国时代，技术条件落后，一般老百姓是无法面见天颜的，他们唯一可能跪地具禀时“偷窥”到的是州县府的命官们，他们往往视这些命官们为这方水土之上的“天”，于是就有了“仁天”“天星”“天恩”“青天”等称谓。

“祈官句”中，常常还有奉承官员精明而善于断狱的一个成语“秦镜高悬”。“秦镜”，相传秦始皇有一面镜子，能照见人的五脏六腑，知道心的邪正。[①] 秦朝奉行法家思想。在某种意义上，可以看作法家思想的在诉讼表达中的孑遗。

“祈官句”中，常常还有奉承官员清正廉明而无百姓控告之的一个成语“肺石风清”。“肺石”，古代设在朝廷门外的赤石，百姓可以站在石上控诉地方官吏。因色赤如肺而得名。《周礼·秋官·大司寇》：“以肺石达穷民。凡远近独老幼之欲有复于上，而其长弗达者，立于肺石，三日，士听其辞，以告于上而罪其长”。[②] 当然，使用“肺石风清”还有警醒官员公正办案的意味，毕竟“肺石”之制后来发展成为越诉、京控（告御状）等制度，制约和督促下级官员廉明办案。

四、诉禀稿的逻辑结构

诉禀稿的主文部分，一般都包含“为……事”格式的诉禀主旨句、“缘……”或“情因……”格式的诉禀叙述长句（段）、“窃……”格式句、“若……”格式句和最后的“祈官句”，共“五大模块”。它们之间有着清晰的逻辑关系：“为……事”格式的诉禀主旨句，是形式逻辑推理三段论的结论，“缘……”或“情因……”格式的诉禀叙述长句（段），是小前提，“窃……”格式句，是大前提。此三模块完成正面论证。“若……”格式句，进行反面论证，加强论证。最后的“祈官句”，对“为……事”格式的诉禀主旨句之请求进行重复强调。可见，讼师的智慧，形之于诉禀稿，也是清晰的，极具逻辑性的。这种模块化的逻辑结构，是长期诉讼实践形成的，

---

① 徐复等编：《古汉语大词典》，上海辞书出版社2000年版，第1941页。

② 徐复等编：《古汉语大词典》，上海辞书出版社2000年版，第1794页。

既有逻辑理性，又具有实用理性。至于它定型于何时，尚待考证。由此，也进一步深化、补充论证了“讼师之理性”的命题。

第三节　和结、甘结和保结

清水江文书中，保留下来不少清代、民国时期的诉讼文书底稿或草稿。其中，不少诉争的案件，最后是以调解、和解的形式结案的，正所谓“案结事了”。所有产生的这类“结”的文书，有不同的种类、格式和特点。本节试图简单梳理之。

一、和结

和结是诉讼中，两造共同向官府出具的和解并终结诉讼的法律文书。和结一般一式三份，两造签字画押后，交官府保存一份，两造各执一份。下引的一则“和结”应该是诉争两造之一所收执的。两造在一张纸上两边书写，但是，两造是反向书写的。

道光三年正月，为定包争论，在城所具和禀、和结三纸在内。

具和结。民苗举寨王琏，今结到

大老爷台前，缘蚁以藉种混争控吴学仲一案，蒙恩批示寨头词证查明，中等照二比文约，实系先年俱得买土名定包山，左有一小岭，二比相争。中等照约，是蚁之山。蚁自愿管茶盘沟以上，下至沟头冲破（坡）下。属蚁管业自甘终讼，所具和结是实。[1]

具和结。民乌山寨吴学仲，今结到

大老爷台前，缘王琏以藉种混争控蚁一案，蒙恩批示寨头词证查明，中等照二比文契，实系先年俱得买土名定包山，因左有一小岭，二比相争。照约是王姓之山，蚁不敢争，自愿管［茶］盘沟以下。自甘终讼，

① 参见张应强、王宗勋主编：《清水江文书》第3辑第3册，广西师范大学出版社2011年版，第370页。

所具和结是实。[1]

此外，除了这种“和结”的形式外，还有“同心和结合同字”的形式。[2]

二、甘结

甘结是诉讼中，控诉或答辩的一造在向官府递交状子（“诉禀”）的同时，附带在状尾承诺所陈属实并甘愿承担“实究虚坐”责任的一种法律文书。“甘结”的出现，可能是因诬告的情形在古代讼狱中普遍存在，官府为解决讼累，要求控诉的一造单方向官府承诺据实禀报，否则承担“虚诬反坐”的罪责，从而设置一道过滤程序，以减少案件受理的数量。下引一则“诉禀”就附有“甘结”。

具诉禀。童生杨昌远为关奸扎局、凭空欺罔事。缘吴成思等复以强放等情控童一案，理合诉明，情因去年四月，童用价八十两零六分，得买龙遗书、龙永义、永恒等锦囊阴地一幅，卖契备卷，并执有龙腾风得买杨士烈老契，叠□当凭中黄廷栋等先立窨堆，后迟半载方去进葬，足见此地，实系腾风所遗。为遗书所受应卖，断无可疑。吴成思等有何凭据，伊等见遗书所发重价，胆敢聚众以杳范虚诞之词上渎天听，不思黎郡五龙入城，枝枝叠葬，有谁关碍？伊等于去年五月央中杨琰，出有葬无关碍清白包童进葬字据，又勒童复出价银五百两，各有伊等收字可验，童等重父委曲，致受伊等搕索，□于破家荡产。童本良善之家，买地葬地，柸土之外一草一木，尚敢履虎尾捋须。伊等搕欲未厌，无中生有，诬童本年三月强放霸木，架控之巧，龙里司王隋（遂）其术，中迷不加核，慢为详报，其实弓兵阻止店主看守，皆属子虚，欺人尚属不可。伊敢以欺天又诬童五月二十六日率领多人，捆绑杨昌坤父子，又将木值强放，更属黑天。似此扎局，实属神奸。欲究其情，惟恳提齐龙遗书等，并案内有名之人，及土司弓兵曾开学、满朝龙、杨昌坤父子，问其有无木植阻止看守之事，取据二比，实究虚坐甘结，

---

① 参见张应强、王宗勋主编：《清水江文书》第3辑第3册，广西师范大学出版社2011年版，第371页。

② 参见张应强、王宗勋主编：《清水江文书》第3辑第3册，广西师范大学出版社2011年版，第403页。

当堂研讯。童若虚，自甘重罪。为此，加结恳乞大老爷台前作主，严提讯究施行，存殁沾恩不朽。

具甘结。童生杨昌远今结诉

大老爷台前。缘民吴成恩以复行强放、藉坟霸山控童一案，堂讯若实，童缘加倍受罪；若系伊等朋奸扎局，凭空欺罔，亦望从重惩治。所具甘结是实。[①]

当然，也有在"诉禀"的行文的尾部附带"甘结"内容（如"实究虚坐""如有不实，甘愿重罚"等），而不单独以严格的"甘结"样式出现的情形。

三、保结

保结是指在诉讼中，两造之外的第三方出面向官府具告，陈述案件相关事实，请求给予两造之一方以宽大处理，或提出调解折中方案的一种文书。

黔东南地区榕江县寨篙区色边乡苗寨后侧的岑最山至今保留有两块碑铭，一块是山林诉讼碑，另一块是山林契约碑。其中山林诉讼碑记载，八柳寨杨琼枝兄弟 3 人状告张老领盗砍杨家山林，霸占林地，黎平府"断明地界，地与林永属杨氏祖业"，"并据该寨乡团高飞熊等公同保结，前来合行，给照管业"。落款为"光绪十六年五月十四日"。[②]这里的"公同保结"，就是乡团士绅首领高飞熊等人向黎平府呈递"保结"陈述所诉争的山林应该属于杨琼枝兄弟 3 人祖业，不属于张老领的，请求黎平府判归杨氏兄弟。

"保结"的习惯，一直传承到民国时期。下引的一则"具邀恩禀"，虽无"保结"之名，却有"保结"之实。

具邀恩禀绅民刘大材、刘开德、龙云炳

为邀恩和息、俯准所请、批饬销案、以免终讼拖累事。缘绅民团内龙

---

① 参见张应强、王宗勋主编：《清水江文书》第 3 辑第 3 册，广西师范大学出版社 2011 年版，第 366 页。该册第 367 页所附部分释文，有多处辨识判读错误，笔者改正之。

② 政协贵州榕江县文史资料研究委员会、榕江县林业局：《榕江文史资料》第 5 辑（林业专辑），1990 年内部发行，第 62 页。该小文由周年荣撰写，题为《岑最山林诉讼碑及契约碑》，但是没有引用完整的碑文。按照清代惯例，多将"官府堂断"照录刻出。

运保以恃富欺贫，各由具控龙汉流、汉濯等于前任李主案下，而汉流、汉濯等旋以利己损人，各情诉明在卷。值李主卸篆，未沐堂讯。查保所具控之原因，误听旁唆，非嘱本意。而流等封禁之意见，消除地方之害，亦实属不得不然，以致互控到县。且保乃流、濯等之叔公，而流濯等又系保之孙辈。二比俱属族谊。突生轇轕，所以绅民等俱属亲谊，不忍坐视，入中劝解。查保设棚烧灰，不无花费工程，流、濯等出钱贰拾千文，以补保所花费柴火之资。而柴火劝归流、濯搬运使用。查流、濯等所封禁之地点，与村窝远，恐留歹人为害地方，兼之损坏坟山龙脉，永远封禁不烧。二比俱皆悦服，所以讼费一切二比平均负担，甘愿无事。但案关刑事，可否得准了息，绅民等不敢擅专。今幸恩星荣任，广悯舆情，所以绅民等不敢擅专。为此不揣冒昧，只得联名邀恳县长台前，俯准所请、批饬销案、以免缠讼累。绅民不胜沾恩之至，谨禀。①

据此可知，龙汉流、汉濯设棚烧石灰，但是龙运保予以阻止，互控生诉。由于李县长卸任（“卸篆”），没有及时审理。但是，地方乡绅调解成功，请求销案。

在民国北京和南京政府时期，都有“刑事诉讼法”和“民事诉讼法”的专门法典，规定了“保释”制度。但是，第三方出面的保结的形式，以其历史的惯性还在清水江地区被实行着。下引一则1936年的“公同保结”就是证明。

为年幼无识、公恳开释事。窃公民乡属刘宣成，年未及冠，事理不知，历年攻读，并不非为，通地可结。而其中该父东贵纵有不法行为，犁牛之子骍而且角。又悯念伊母龙氏圭秀哀求，故公民等不忍坐视，恳祈帐下大开恻隐之心，广布好生之德，而定成恩沾再造，德戴二天，虽今生刻骨铭心，不能补报，来世结草衔环。为此不揣冒昧，只得联名公恳伏乞营长麾下赏准开释，不徒定成沾有自之恩，公民感无量之德，沾恩施行。

廉洁乡绅民　　刘大材　刘炳唐　龙凤姿　龙大海

中华民国廿五年六月　　日　　具禀②

① 参见张应强、王宗勋主编：《清水江文书》第3辑第4册，广西师范大学出版社2011年版，第177~180页。

② 参见张应强、王宗勋主编：《清水江文书》第3辑第4册，广西师范大学出版社2011年版，第152~153页。

注意这里的“并不非为，通地可结”，意为所有村寨的人可以为刘宣成出具“保结”，证明其品行端正。

四、结论

“和结”是诉争双方合意结案并向官府呈送的法律文书，旨在止争终讼；“甘结”一般是诉争的一方向官府呈送“诉禀”时，附带单方承诺据实陈述，“虚诬反坐”的法律文书，旨在让官府确信有冤屈而受理之；“保结”是诉争双方之外的第三方（常常是士绅、团甲首人等）向官府反映案情、意在支持一方或调解双方，尽快结案的法律文书，旨在促进官府办案的效率和公正，营造和睦安宁的乡土秩序。

第四节 《夫役案》中两份官文书之辨正

《夫役案》的诉状、判词、甘结和结案告示，绝大多数都已经公开录文和发表，并被解读。其中，一份雍正九年“署贵州黎平府古州理苗同知滕 恳天给示、召集疲民、以全苏息、以便公务事”的官文书（以下简称《夫役案》雍正九年官文书）还存在定性争议，或为“告示”，或为“详文”。另一份嘉庆二十一年王寨所具“为恳念旧章、免遭奸漏事”的诉禀稿（以下简称《夫役案》嘉庆二十一年王寨诉禀稿），杨有赓先生把其当作王寨王克明在贵州省按察司上诉的状稿，[①]不无商榷之处。笔者试作一辨析。

一、《夫役案》雍正九年官文书之辨正

（一）录文

《夫役案》雍正九年官文书，先后有杨有赓研究员和张应强教授的录文，

① 贵州省编辑组：《侗族社会历史调查》，贵州民族出版社1988年版，第191页。

比较会发现二者有差异，抑或该份官文书有不同抄录版本，转抄出现错漏。现转引张应强教授的录文如下：

署贵州黎平府古州理苗同知滕　　恳天给示，召集贫民、以全苏息、以便公务事。雍正九年三月十二日，奉总统军分巡务贵东道加三级纪录二次方批："据赤溪司茅坪寨吴世英等诉前事一纸，痛蚁茅坪数十余家"云，奉批"可否立市，仰黎平府妥议报夺"等因批到府。奉此，该卑署府查议，将毛平借夫立市之请，即网利当江。该与王寨、卦治三处，皆面江水而居，在清水江下游，接地生苗交界。向者生苗未归王化，其所产木植，放出清水江，三寨每年当江发卖，买木之客，亦照三寨当江年分，主于其家，盖一江厚利归此三寨。即轮流当江之年，为送夫之年，此当江送夫例所由来也。但三寨之中，卦治不当大孔道，故议帖帮大腮之夫，王寨、茅坪相距十余里，俱在大道之旁，故议轮流值年，当江年分轮替当夫。但王寨于当大道稍纡，而茅坪背黄峭山脚，自天柱县归黔，于雍正四年之后，黄峭山之路于是始通。兼之官兵往来皆直捷而不乐纡回，凡军装炮抬之杠但，与零星杂差之肩送，莫不由毛平索夫，而毛平夫役遂繁苦十倍于王寨矣。去岁系王寨当江年份，而夫役只落茅坪。王寨既帮茅坪，实难推卸，故毛平避夫自匿。卑府出示，令其照当江年份当夫者，正欲均劳苦于王寨，而苏茅坪之累也。乃毛平吴世英等，即粘此示呈请立市，吁恩宪台。批奉到职，查一立则垄断独登，沿河各寨见其利尽归，共起争端。无论立市毛平，于理不可。即悯其因夫之累，而立市以补之，窃恐享利不久，结怨沿河。况今春以来，奉行急公之民一案，军装夫役，俱有脚价，卑署府俱行文锦屏县，令其给送不给还之例，每里给以夫脚一厘，差照数封发。又以上送夫天柱，路途太远，命天柱县拨雇夫，邦寨接替，茅坪上只送夫三十里。目下古州清理将峻，兵设往来，亦非往昔众多，是以毛平之夫以在息肩之日。相应仰恳宪台，仍照卑署所议。王国良诉争江一案，严行出示禁革。将当江立市名色永远革除，不得限年轮流，任从苗民、客商之便，爱于某寨贸易，即泊某寨，使沿江之民，皆有贸易，均沾乐利，则宪台恩尤无涯矣！缘奉此批，查妥议事，理是允协。卑署府为此理合敬杼末议，伏俟衡夺。为此，备由另缮书册，伏乞照验施行。

雍正九年五月初三日示[①]

① 张应强：《木材之流动：清代清水江下游地区的市场、权力与社会》，生活·读书·新知三联书店 2006 年版，第 51~52 页。

（二）辨析

1. 该官文书是“详文”，非“告示”。张应强教授认为该官文书是“黎平府古州理苗同知滕文炯于雍正九年（1731）五月初三日颁布的一则告示”。[①] 杨有赓研究员、徐晓光教授均认为是“呈文上报”。[②] 笔者同意后二位的观点，它就是上行公文的“详文”，理由如下：

首先，滕文炯只有“妥议事”而无“衡夺”的权限。贵东道台接到茅坪吴世英的一纸“借夫立市之请”后，批示“可否立市，仰黎平府妥议报夺”，即让黎平府拿出妥当方案，报贵东道最后定夺。方显的批件到达黎平府衙时，黎平知府张钺已经离任，黎平知府一职已经出缺而新任未定，古州理苗同知滕文炯“暂时署理”知府一职。该详文中，多次出现“卑署”“卑署府”的谦称。尽管很快滕文炯被正式任命为“贵州黎平府正堂”，[③] 但是滕文炯针对“借夫立市”没有最后定夺之权，不可能超越方显的授权发布告示。

其次，该详文被卦治人龙士昌于嘉庆二十四年抄录，不代表其曾出示。张应强的录文为“雍正九年五月初三日示”，但是杨有赓的录文没有“示”，不排除抄录者添加。详文是官府内部公文，一般不公开出示，不具有对外效力。

再次，文首的“恳天给示”、文尾的“伏俟衡夺”“伏乞照验施行”，均表明滕文炯希望“宪台”（即道台）方显采纳并实施其建议方案。

最后，嘉庆二十一年的王寨王克明与卦治文秉风互控的双方讼词中，先后出现了“蒙前府主滕怜悯…申详方明示注…”[④]“雍正年间滕主先奉方道

---

① 张应强：《木材之流动：清代清水江下游地区的市场、权力与社会》，生活·读书·新知三联书店2006年版，第51页。

② 贵州省编辑组：《侗族社会历史调查》，贵州民族出版社1988年版，第185页。另见徐晓光：《清水江流域林业经济法制的历史回溯》，贵州人民出版社2006年版，第25页。

③ 张应强：《木材之流动：清代清水江下游地区的市场、权力与社会》，生活·读书·新知三联书店2006年版，第108页。另见贵州省编辑组：《侗族社会历史调查》，贵州民族出版社1988年版，第186页。二位录文有差异，需比对。

④ 《夫役案》：五月十三日王克明又续一禀。转引自贵州省编辑组：《侗族社会历史调查》，贵州民族出版社1988年版，第191页。

宪批示详明"[①]"兼以方宪明示，斑斑可证"[②]"即伊所粘雍正九年方宪告示"，[③]都指向滕文炯向道台方显"申详""详明"的事实。既然最后由道台方显"衡夺"，那么"雍正九年方宪告示"指的就是方显对滕文炯建议方案的最后定夺而出的告示。

必须注意，该《夫役案》是卦治一方抄录的，可能出于自身的利益考虑，没有完全抄录王寨一方的禀稿及其所粘抄的官文书。比如，嘉庆二十二年正月二十三日卦治文秉凤向镇远府所递禀稿中，就陈述"即伊所粘雍正九年方宪告示，系因禁革抽江名色，亦非改易张宪成规"，就证明王寨一方的确粘抄了"雍正九年方宪告示"作为法律依据。但是，不能把"雍正九年方宪告示"混同于滕文炯的详文。不过，也表明方显采纳了滕文炯的"将当江立市名色永远革除"的建议。

2. 该详文的结构是"一文申详两事"。正因为是详文，且两事存在关联，所以滕文炯一并详明了"借夫立市"和"王国良诉争江"两事的处理方案。研究"争江案"和"夫役案"都要引用该详文，必须弄清该详文的结构，以及滕文炯的论证逻辑。

3. 在滕文炯此详文之前，黎平府曾发过"照当江年份当夫"告示。黎平府为解决茅坪和王寨之间夫役承担不均衡的问题，于雍正九年发过告示，令二寨各自"照当江年分当夫"。此前，茅坪和王寨共同承担大道夫役，卦治帖帮大腮的夫役。由于经过黄哨山之路开通，官兵直接到茅坪就近征派夫役，王寨并不主动分担军装夫役，落了个清闲。因此，茅坪吴世英粘抄了该"照当江年份当夫"告示，到贵东道台方显那里请求立市。

4. 在滕文炯此详文之后，黎平府发过调整茅坪、王寨夫役的告示。滕文炯正式实授黎平知府，应该是在得到贵东道的批准后，立刻发布告示。

贵州黎平府正堂加一级记录二次滕　为晓谕事。照得毛平（坪）、王寨夫役下送大腮二十里，上送天柱县城六十里。本府念上送天柱远，且隔黄哨大山，今已饬令天柱县，于邦寨设立雇夫接替，合行晓谕。此示，仰茅坪、

---

① 《夫役案》：卦治对王寨在省具控的反诉词稿。转引自张应强：《木材之流动：清代清水江下游地区的市场、权力与社会》，生活·读书·新知三联书店 2006 年版，第 125 页。

② 《夫役案》：嘉庆二十年正月二十一日王克明在镇远府周大老爷护理古州贵东道具禀。转引自贵州省编辑组：《侗族社会历史调查》，贵州民族出版社 1988 年版，第 192 页。

③ 《夫役案》：嘉庆二十年正月二十三日我等卦治在镇远府周大老爷护理古州贵东道具禀。转引自贵州省编辑组：《侗族社会历史调查》，贵州民族出版社 1988 年版，第 192 页。

王寨合寨知悉，嗣后凡有军装送于邦寨交卸接替，不得接送天柱县城。其夫每名十里差役，给以米价一分，以示抚恤。运装以外，一切无票起夫者，不得滥应。倘有假兵役，横行检人，即许扭禀。

雍正九年五月二十日示①

总之，《夫役案》雍正九年官文书，应该是黎平府古州理苗同知滕文炯上呈贵东道台方显的详文。

二、《夫役案》嘉庆二十一年王寨诉禀稿之辨正

（一）录文

为恳念旧章、免遭奸漏事。缘蚁等以附籍漏役控文秉凤一案，应宜静候，曷敢琐渎。但蚁等王寨、茅坪、卦治三处轮流当江之实于雍正十年，蒙前府主滕怜悯蚁等三寨路当大道，夫役繁多，民苗苦累，申详方，明示注蚁等三处轮流当江，取其系毛利息，以帮补夫役之费，示案确据。是蚁等三寨有江有夫，无江无夫，江以夫名，夫随江应者也。兹卦治文秉凤等云："江河一带，便客买卖，并非有江河则当夫，无江河则不应役"。独不思天地莫非王土，一民莫非王臣，沿河一带，何地不可当江，而独设令蚁等三处，亦可思朝廷恩养之隆，各宪德泽之深矣。又称与潘寨、留巳等寨向当清江之夫，不思伊系湖耳属，为天星覆冒之区，卦治居天之地，为天之民，何以接应清江？而且当清江之利，惟卦治独专，潘寨等处均未攸分。则卦治与蚁等三处一体当江，乐利与同，自应劳逸与共，岂可潘寨同列乎？久定之章程，而欲脱然事外。虽伊等巧漏可以弥缝，而神鉴肝肺如见。至称云蚁等希图生枝妄派，要伊等越司应役，更属荒谬。窃思蚁等三寨自康熙以历雍正，蒙各宪之恩，给示当江，优免规仪银两。即天星荣任以起，为蚁等三寨费尽全心，亦谓蚁等三寨山多田少，凡夫役等项全靠江河帮补。殊伊食德背恩，只知当江乐利，并无一役急公，是伊等恃彼富恶，以乱旧章，

① 《夫役案》：雍正九年五月二十四黎平知府滕文炯告示。转引自张应强：《木材之流动：清代清水江下游地区的市场、权力与社会》，生活·读书·新知三联书店 2006 年版，第 108 页。转引自贵州省编辑组：《侗族社会历史调查》，贵州民族出版社 1988 年版，第 187 页。录文略有差异。

应请改正均平，俾相安于化日。况明示所载，资借当江帮补夫项，可见江以夫名，夫随江应。伊既逞奸漏役，何以循例当江？伊既循例当江，岂能却卸夫役？为此，抄呈方宪明示。续乞。①

此处“抄呈方宪明示”，是指雍正九年贵东道台方显的告示，并非前文所录的黎平府古州理苗同知滕文炯的“恳天给示，召集贫民、以全苏息、以便公务事”详文。根据王寨在此诉禀中的转引，该雍正九年贵东道台方显的告示，注明“三处轮流当江，取其系毛利息，以帮补夫役之费”的内容。

（二）辨正

笔者以为，王寨所具的“为恳念旧章、免遭奸漏事”诉禀，是黎平府递送的第三份诉禀，不是在贵州省按察司所呈的上诉状词。理由有三：

1. 从三份诉禀之间的衔接上看。王寨向黎平府诉请卦治帮夫，先后递呈两禀：第一份为“为附籍漏役、恳恩改正事”。② 第二份为“为巧漏妄搪、续恳电劈事”，③ 其中，在该份禀稿文首中有一句：

缘蚁等控卦治“附籍漏役”一案，蒙恩批示应候，何敢再渎。

表明此两份诉禀的前后衔接关系，尤其是“再渎”一词确为凭据。再看前文所录的“为恳念旧章、免遭奸漏事”诉禀的文首也有类似的一句：

缘蚁等以附籍漏役控文秉凤一案，应宜静候，曷敢琐渎。

“附籍漏役”为王寨第一份诉禀的主旨句中关键词和诉因，而文秉凤为被告卦治寨一方主要“诉讼代表人”，表明二者之间存在衔接关系。“琐渎”一词，语气程度比“再渎”更重一些。一而再，再而三，重复强调之，方为“琐渎”。笔者据此，初步断定王寨所具的“为恳念旧章、免遭奸漏

---

① 贵州省编辑组:《侗族社会历史调查》，贵州民族出版社 1988 年版，第 191 页。

② 参见《夫役案词选》，载锦屏县地方志编纂委员会编《锦屏县志：1991—2009》，方志出版社 2011 年版，第 1532 页。

③ 贵州省编辑组:《侗族社会历史调查》，贵州民族出版社 1988 年版，第 189 页。

事”诉禀，是黎平府递送的第三份诉禀，不是在贵州省按察司所呈的上诉状词。

2. 从所转引被告卦治辩禀表述上看。被告向黎平府所呈辩禀有二：第一份是“为擅改成规、生枝妄控事”的辩禀，[①] 第二份是“为章程叠据、续恳究坐事”的辩禀。[②] 唯有第一份辩禀有如下辩称：

> 至江河一节，便客买卖，各守各地，定例由来已久，并非有江河则当夫，无江河则不应役。

而在王寨所具的“为恳念旧章、免遭奸漏事”诉禀中，转引卦治的辩称表述为：

> 兹卦治文秉凤等云：“江河一带，便客买卖，并非有江河则当夫，无江河则不应役”。

原告王寨，转引被告王寨的辩称，其前后援引关系清楚。

3. 从诉禀中对官员的指称上看。原告王寨在该“为恳念旧章、免遭奸漏事”诉禀中，反诘被告卦治道：

> 伊系湖耳属，为天星覆冒之区，卦治居天之地，为天之民，何以接应清江？

这里的“天星”“天”，指称黎平知府冯兆峋。[③] 这种用“天”“天星”“恩”等词，在诉讼词稿中指称受理案件的州县府官员的表述，在清水江文书中非常常见。整个清代，被告卦治一直隶属湖耳司，湖耳司也一直归黎平府管辖。而清江厅一直归镇远府管辖。所以，原告王寨反问卦治：卦治居黎平知府管辖之地，为黎平知府管辖之民，为何接应镇远府清江厅的夫役？

假如该“为恳念旧章、免遭奸漏事”诉禀，是王寨向贵州省按察使毓岱呈送的，就会出现逻辑矛盾。因为不管是镇远府，还是黎平府均在贵州

---

① 贵州省编辑组：《侗族社会历史调查》，贵州民族出版社 1988 年版，第 189 页。

② 贵州省编辑组：《侗族社会历史调查》，贵州民族出版社 1988 年版，第 190 页。

③ 光绪十八年刻本《黎平府志》卷六上，第 56~57 页。嘉庆十九年至二十三年，冯兆峋任黎平知府。

省按察司的司法管辖范围内。

假如该“为恳念旧章、免遭奸漏事”诉禀，是王寨向镇远府呈送的（贵州省按察使毓岱受理王寨的上诉后，批转镇远府查处），就更显荒谬了。因为被告卦治根本就不属于镇远府管辖。

因此，该“为恳念旧章、免遭奸漏事”诉禀，是原告王寨向黎平府呈送的第三份诉禀。

杨有赓先生把它当作王寨“王克明等的上诉词之二”，[①]可能是嘉庆二十四年卦治行户龙世昌抄录整理《夫役案》时，就把王寨的多份词稿顺序排错了。杨先生没有仔细推敲和核查，就按原来顺序录文和编排了。

三、启示

清水江文书，不论是“官文书”，还是“私文书”，多为毛笔白纸抄录而成，甚至转抄复制成簿。即使是成册成簿的《夫役案》也难免有错讹疏脱之处。据以研究前，不可不慎察辨正之。

第五节 “夫役案”之法律推理

嘉庆二十年至二十二年，黎平府属的王寨与卦治两寨之间发生一场夫役诉讼案。原告王寨控诉被告卦治“漏役”，应帖帮原告王寨繁重的夫役。而被告卦治则反诉原告王寨“擅改成规、生枝妄控”。此案先在黎平府内审结，原告王寨败诉不服。上诉至贵州按察司，委托镇远府再审，王寨再次败诉。嘉庆二十四年（1819），卦治木行行户龙世昌将此次诉讼的词稿抄录成册，起名《夫役案》。这就是所谓“清江四案”之一的“夫役案”的由来。依据原被告双方援引的雍正、乾隆年间的多份官府结案告示或结案详文，可见清水江所在苗疆地区，村寨之间的夫役争控在雍正、乾隆年间也时有发生。笔者感兴趣的是原被告双方在词稿中所进行的书面辩论，尤其是其中的法律推理过程。本节拟就该夫役案在黎平府审讯中所依据的词稿作一

① 贵州省编辑组:《侗族社会历史调查》，贵州民族出版社 1988 年版，第 191 页。

探讨，试图证明传统中国诉讼中法律推理是多元、混合的，综合运用类比、归纳、演绎推理形式。

一、原告王寨的法律推理：类比推理为主

原告王寨先后向黎平府递送了两份诉禀，展开其法律推理。

（一）附籍漏役

为附籍漏役、恳恩改正事。缘窃天辖卦治、茅坪、王寨三处，前各大宪大人分列三江，咨明大部，均注为夫役之地，准照烟户，纳粮当差，诚属恩周僻壤。缘蚁王寨，路当孔道，为古州、黎平府、永从、锦屏县解送囚犯歇占（站）。每一囚笼除夜巡、供养等项外，即要备夫九名，直越黄峭山之险，送至邦寨，六十里之遥，方能交卸一次。惟茅坪接天柱差事，独送大腮，路仅十余［里］，大腮接秀洞差事，独送王寨且止。不均莫此为甚。蚁寨累不安生，情迫不已，只得告乞大老爷台前，提究施行。

原告　王克明　永凤　发希　学谟　吴文光等

批　准唤讯。①

原告建构起“附籍应役”法律规则大前提，并陈述了王寨、茅坪分别遵守，而唯独卦治不遵守“附籍应役”法律规则的事实小前提，然后推导出“附籍漏役，恳恩改正”的结论。其法律推理过程是演绎推理。

在法律规则大前提中，“附籍应役”可以进一步被明确地表示为“因为（如果）附籍，所以（那么）应役”。“附籍”是假设条件，“应役”是法律后果或行为模式。

要适用“附籍应役”的规则，必须先证明三寨满足“附籍”的假设条件。王寨举出“分列三江”的事实，来证明三寨“附籍”。王寨与卦治同为“三江”这一共同的基点，是王寨指控卦治的理由。这又是一种“类比推理”的逻辑。

王寨建构起“附籍应役”法律规则，不是通过援引清朝律条、例文或

① 《夫役案词选》，载锦屏县地方志编纂委员会编《锦屏县志：1991—2009》，方志出版社2011年版，第1532页。该系列词稿中，“茅坪”，或写作“毛平”，或写作“毛坪”，笔者统一为“茅坪”。

地方官府章程、告示等的明确规则而建构的，王寨并没有成文法的明确依据。而是陈述一个“立法性”连续事实，或称为“官府惯行”——前各大宪将卦治、茅坪、王寨三寨“分列三江，咨明大部，均注为夫役之地，准照烟户，纳粮当差”——来建构的。即自雍正初年开辟苗疆至嘉庆二十一年（1816）前后，各级官府对待三寨的一贯立场。在此意义上说，其建构“附籍应役”法律规则的过程是归纳推理逻辑。

在嘉庆年间，英国法学家耶利米·边沁（Jeremy Bentham，1748~1832）提出了“法律命令说”，认为法律是主权者自己的命令或者为主权者采纳的命令的总和。它是强加于公民身上的义务，如果公民反抗这一命令就要受到制裁。这一命令不是针对单一性的行为，而是针对一系列具有相同性质的行为。还说，法律是国家行使权力处罚犯罪的威吓性命令。边沁的法律定义，把主权者、命令、制裁等因素结合起来，强调法律的命令性、普遍性、规范性、义务性、强制性和目的性，既是法律的构成要素，又是法律区别于其他社会现象的主要之点和基本特征。[①] 结合这份诉禀稿，除了法律的目的性（为最大多数人谋求最大量的幸福）这一要素以外，我们会发现起草这份状词的清代状师对于法律的经验认识水平，已经比较接近于“法律命令说”。

（二）“民有力役，例无偏枯”

针对卦治“擅改成规、生枝妄控”的反诉，王寨又作进一步申述和驳斥，续禀如下：

为巧漏妄塘（搪）、续恳电劈事。缘蚁等控卦治“附籍漏役”一案，蒙恩批示应候，何敢再渎。惟是卦治巧漏妄塘（搪）之情，若不缕续，无由上悉。窃民有力役，例无偏枯。雍正年间，前宪张大人开辟卦治、茅坪、王寨三处，咨定一体轮流值年应役，部案确据。彼时，卦治原与蚁寨同役，同照烟产纳粮，同建营汛无异。害因乾隆年间，大腮控伊等帮夫，案结，蚁寨并不知情，不料卦治借胎罗织，明推大腮，暗避王寨，藐部案巧漏，一至于今。但民役以籍，始逃匿。兹文秉凤、龙文昌等，只当清江之夫，全不思往来皆由西路罗里、高维等交接，历无由卦治往来差事，票可稽。且拘水陆夫役，上下必

① 张宏生、谷春德主编：《西方法律思想史》，北京大学出版社1999年重排本，第322~323页。

有交接，蚁王寨、茅坪上下地方，从未交卸，伊夫又岂飞空去来，妄塘（搪）已破。又称孔道始当夫，否则不波及，更不思自黎至省，每站俱于一二十里或三四十里，勾摄至大道接应，岂民夫尽避处道左之理。况卦治与王寨附近毗连，既同照部案乐利，自应同遵部案当夫。岂伊不知茅坪公馆，王寨与九寨现同当，九寨中平秋等处，俱距茅坪七八十里不等，即大腮帮夫之稳洞等处，亦距大腮二三十里不等，岂不当孔道，遂如伊脱然化外耶？种种妄塘，显负朝廷豢养之恩，而特敢为黎平通属世世露役之闲民也。岂有漏役之积弊，当可妄措成规，今伊烟户殷富数倍蚁寨，竟享久当江漏役之福，致使蚁寨日行应役，连年囚笼不绝，险阻重更，已疲惫难当，仁皇天爱，理合禀恳改正，以苏民困，以省偏枯。续乞。①

1. 强调“三同”，进一步夯实类比推理的基础。王寨认为，雍正初年张广泗开辟苗疆之时起，王寨和卦治“同役，同照烟产纳粮，同建营汛”。直到乾隆三十五年，大腮控诉卦治等寨，要求其帮夫，开泰县裁断，卦治与潘寨、留巳、平略“向值清江一路之夫”，大腮不得妄派滋累及卦治等四寨。王寨对此并不知情。自此，卦治“巧漏”与王寨原来之“同役”。

由于文献记述简略，无法明晰夫役承担的具体细节。可以推断的是雍正年间张广泗咨定王寨、卦治、茅坪“一体轮流值年应役”，即是“部案”。至于卦治等四寨“向值清江一路之夫”，王寨认为不是“部案”所定的。

类比推理中，甲乙事物之间共同属性越多，其推理的基础就越厚实，以甲事物推及乙事物，其结论可靠性和说服力就越强。故王寨强调与卦治“三同”，强化其逻辑推理。

2. 强调“当江”与“应役”的逻辑联系，进一步增强类比推理的说服力。王寨继续陈述雍正年间张广泗咨定“部案”，进一步强调三寨“当江”与“应役”之间存在逻辑联系。“当江”是官府认可的垄断“权利”，“应役”是官府要求其承担的“义务”。王寨粘抄了雍正九年贵东道方显的告示，作为证据，以证明“当江”与“应役”之间的逻辑关系。遗憾的是贵东道方显告示没有留存下来，但是黎平知府腾文炯递贵东道方显的详文却抄录留存下来。兹将该详文相关内容摘录如下：

署贵州黎平府古州理苗同知滕恳天给示，召集贫民、以全苏息、以便公务事。雍正九年三月十二日，奉总统军分巡务贵东道加三级纪录二次方

① 贵州省编辑组：《侗族社会历史调查》，贵州民族出版社1988年版，第189页。

批："据赤溪司茅坪寨吴世英等诉前事一纸，痛蚁茅坪数十余家"云，奉批"可否立市，仰黎平府妥议报夺"等因批到府。奉此，该卑署府查议，将毛平借夫立市之请，即网利当江。该与王寨、卦治三处，皆面江水而居，在清水江下游，接地生苗交界。向者生苗未归王化，其所产木植，放出清水江，三寨每年当江发卖，买木之客，亦照三寨当江年分，主于其家，盖一江厚利归此三寨。即轮流当江之年，为送夫之年，此当江送夫例所由来也。[1]

从这段文字的记述中，可以感知官府设置当江与激励三寨应役，不无相关。

3. 否认卦治向值清江之夫，进一步论证卦治"附籍漏役"的事实。王寨认为，卦治没有承担清江之夫。理由有二：一是西路夫役由罗里、高维等寨交接，历来无由卦治往来差事，催夫牌票可以稽查证明。二是假如卦治承担了水陆夫役，上下必有交接，但是王寨、茅坪上下地方，从未交卸。卦治之夫岂能飞空去来？可能至嘉庆年间水路夫役就几乎不存在了。

4. 驳斥"孔道始当夫"规则，卦治即使不当孔道亦不能"漏役"。王寨驳斥卦治建构的"孔道始当夫"规则，从三方面举例进行反驳：第一，自黎平到贵州省会的地方驿站驿路上，于大道相距一二十里或三四十里的村寨，都至大道接应，并非"孔道始当夫"。第二，平秋等九寨，距离茅坪七八十里之遥，也到茅坪公馆应役帮夫，并非"孔道始当夫"。第三，稳洞等寨与大腮相距二三十里不等，也到大腮帮夫应役，并非"孔道始当夫"。既然不存在"孔道始当夫"规则，那么卦治与王寨既毗邻，又"同照部案乐利"，"自应同遵部案当夫"。

二、被告卦治寨的法律推理：演绎推理为主

被告卦治针对原告王寨的两份诉禀，也提交两份辩禀对抗。

（一）擅改成规、生枝妄控

针对王寨"附籍漏役"的指控，卦治进行驳斥，反诉王寨"擅改成规、生枝妄控"，其反诉禀稿录文如下：

---

① 贵州省编辑组：《侗族社会历史调查》，贵州民族出版社1988年版，第185页。

为擅改成规、生枝妄控事。缘王寨王克明等，以“附籍漏役”控蚁等一案，蒙批录回，理合诉明。窃蚁等系天属湖耳司所辖，与王寨既不同司，地又相距□□，虽共仁天治下，各自纳粮当夫，毫无干涉。至江河一节，便客买卖，各守各地，定例由来已久，并非有江河则当夫，无江河则不应役。况蚁等卦治与潘寨、留已、平略等寨，向当清江一路之夫役，曾经乾隆三十五年有杨银海等，以大腮一路夫役，扯蚁等诸寨，希图肥己。蒙前府主王批开泰县主毛，将杨银海等处治，不许妄派，仍断蚁等照旧当清江一路之夫，给示勒石，案存炳据。兹王克明等与蚁等各司所属，非同大腮与蚁等共司可比。而大腮妄控，前府主尚且不肯更改成规，仍蒙照旧断案，恩周世世。今伊等意图生枝妄派，仍敢藉以三江为名，要蚁等越司应役。不思伊等地方囚犯所过，自应巡守接送，与蚁等地方何涉？而且各宪所过境界之地，即用彼地之夫，断不扰及所未过之外。况解送囚犯自黎至省，必由孔道，皆就近拨应，从不累及不当孔道之民。即由茅坪等处所当，差事如或重大，亦在［所］不辞。设过役等地方，又将波及何处？且自开辟以来，即云三江俱各当各差已久，乃伊等不守旧规，意外生枝妄控，竟捏以漏役妄［控］。殊不知蚁等清江一路之夫，颇亦繁重，案定乾隆三十五年，何为漏役？且官尚不肯扰民，恶等尚敢逞刁滋事，不惟不便民，更不便公。为此，诉乞大老爷台前，赏照已定之案，照恶擅图诈更张之罪，庶累绝，民安愈。

前宪矣上诉被告　　文秉仪　秉凤　龙文昌　文运　文宏　龙枝贵　文在云　龙正方等

批　准候查案并讯[①]

卦治寨反驳王寨主要有两个方面：一是王寨不应牵涉控诉卦治，否定其控诉卦治的正当性。二是卦治并非“附籍漏役”，否定其控诉事实的真实性。

1. 否定王寨控诉卦治的正当性。前已述及，即王寨是基于类比推理逻辑，同列三江，王寨、茅坪均承当夫役，而唯独卦治不应役。类比推理中，被类比事物之间的相同点（属性）选取是非常重要的，而且会忽略很多无关紧要的不同点（属性）。至于为什么此属性比彼属性更重要，彼属性无关紧要，则取决于进行类比推理的主体的选择偏好。不同的主体，会选择类比推理的不同基点，同一类比推理，在不同主体看来，其正当性会有迥异。

针对王寨选取“当江”的相同属性，进行类比推理，证明其具有控诉

① 《夫役案词选》，载锦屏县地方志编纂委员会编《锦屏县志：1991—2009》，方志出版社2011年版，第1532~1533页。

卦治的原告资格，卦治列举三点理由进行反驳：

第一，卦治认为土司管辖属性比当江属性更重要。虽然王寨和卦治均为当江行户，但是王寨和卦治分属不同的土司管辖，而且纳粮当差一般以寨、司为单位。换言之，尽管有当江的共同资格，但是分属不同的土司管辖，且卦治寨认为村寨的行政管辖属性，比当江属性更为重要。王寨控诉卦治的正当性论证中，其类比推理不能忽视土司管辖属性，而选取当江属性作为其类比基础。因此，其控诉卦治的原告资格值得质疑。

第二，卦治否认当江与夫役之间的逻辑关系。虽然卦治与王寨具有当江的共同属性，但是承担夫役与当江没有关系，不存在“假如当江，那么承担夫役”的充分条件关系，也不存在“如果不当江，那么不承担夫役”的充分条件关系。类比推理中，基于此相同属性，推导出彼属性也相同的结论，假如此属性与彼属性之间存在充分条件或因果关系，则能增强类比推理的说服力。反之，则类比推理的说服力不强。在此，卦治就通过否定当江与夫役之间的逻辑关系，来削弱甚至否定王寨控诉的正当性。

第三，即使是与卦治具有共同土司所辖的大腮，牵扯卦治共同应役，也未获得官府的认可。前已述及卦治认为土司管辖属性比当江属性更为重要，那么是否意味着共同土司管辖的村寨，就可以类比推理呢？也不绝对如此。卦治粘抄了乾隆三十五年告示作为证据，录文如下：

贵州黎平府开泰县正堂加五级记录五次毛　　为闪躲夫役差、苦累难堪事。案奉本府正堂王批，据湖耳司申详杨银海等具控夫役一案，业经本县差提审讯，杨银海、杨君文稀图稳洞七寨轮应日行小夫，更将向不协帮之潘寨、卦治、留己、平略四寨拉扯逞刁，议拟申详，奉批“所议允协”，将杨银海等发落，仍会出示各寨遵照旧并新定章程、久年旧例，以断葛藤，余照议结案。缴奉此，除将杨银海等发落，并原详有案不录外，合行出示晓谕。为此示，仰龙现奇、龙元凤、杨美先、龙尔盛、文凤章、龙德安、欧仪凤、龙凤罡寨头人等知悉：嗣后，如遇大腮一路，仍照旧规，照依本县详定，大腮等亦不得妄派滋累。至潘寨、卦治、留己、平略等四寨，向值清江一路之夫，仍照规承应，毋庸远帮大腮等寨，以均劳逸。各宜禀遵毋违，特示。

乾隆三十五年十二月初八日示

发平略、留己、卦治、潘寨永远存据①

① 《夫役案词选》，载锦屏县地方志编纂委员会编《锦屏县志：1991—2009》，方志出版社2011年版，第1533~1534页。

2.否认卦治“漏役”的事实。卦治援引乾隆三十五年开泰县知县王承命的告示，证明其“向值清江一路之夫”，并非“漏役”。但是，官府的告示只是陈述过往发生的事实，或者陈述一个“应该承担清江一路之夫”的规则，并不表明自乾隆三十五年至嘉庆二十一年间，卦治承担了夫役的事实。卦治并没有提交其间的“催夫牌票”作为证据。

3.建构“孔道始当夫”的原则。卦治不惟“破”（驳斥），而且“立”，确立了一个新的规则“孔道始当夫”，以阻却王寨拉扯卦治帮夫的意图。卦治称“况解送囚犯自黎至省，必由孔道，皆就近拨应，从不累及不当孔道之民”，即通过归纳推理建构起一个关于夫役承担的新规则“孔道始当夫”。

（二）章程叠据，续恳坐究

针对王寨“巧漏妄塘（搪）、续恳电劈”的续禀指控，卦治遂以“章程叠据、续恳坐究”的诉禀反驳。

为章程叠据、续恳究坐事。缘王寨王克明等捏以“附籍漏役”诬控蚁等在案，前已诉明，何敢再渎？独是伊等凭一面妄耸之词，隐匿前宪久定章程，拉扯江河为漏役张重，孔道竟谓漏役，虽伊等雪桥可架，红日难逃。殊不知自有三江以来，前此均纳粮当夫。雍正年间，军略张大人过蚁等地方，悯伊等王寨路当孔道，概将伊地方烟户钱粮优免，只当孔道之夫。蚁等地方不当，仍照旧纳烟户钱粮外，只当水道之夫。蚁等不独雍正以来，案册可查。即乾隆三十五年杨银海控案拉扯蚁等，经前宪断结可据。而雍正九年滕府主赏给伊等有示“一切夫役送至邦寨，两处分单双交卸接替”，并无干连蚁等。不独此也，三十五年伊等王寨被茅坪所控，又经小府主准伊等两处，分单双值年当夫。百名以内，应值年王寨，则王寨独当。应值茅坪，茅坪独当；百名以外，小江、茅坪、王寨三处分当；二百名以上，合平秋、石允等寨均当。均断结有案，并无蚁等地方在内。复况三十六年前宪王，又将王寨、茅坪分为南北两路接送，给示勒石，亦未波及蚁等。诚以应役当差，虽共属子民之分，然路取其相通，夫取其相近，方始便于办公。故宁苦当道之民，不肯令不当道之民，越境帮役，以塞奸民猾吏渔利扰民之阶。所以前宪等久定章程，不惟伊地前民乐从，即不乐从，亦岂敢思改旧章，妄希渔利？兹伊顿起嗑诈之谋，妄耸天台，意图肥囊，捏附籍，固属不□，捏漏役，更见混赖。兹于妄后，□复拖延，况当封篆伊迩，只得粘抄前宪一切告示章程，续乞大老爷台前，赏准速集讯究，伊等擅图更张诈嗑之罪，累绝民安，世世沾恩。上续。

批　候讯毋渎[①]

1. 王寨夫役章程久定，并无干连卦治。卦治在此诉禀中，列举了王寨夫役的“立法历史”，从中归纳出一个原则“王寨夫役互不干连卦治”。

卦治陈述，雍正年间，张广泗确立了新的规则：王寨烟户钱粮优免，只当孔道之夫；卦治等寨不当，仍照旧纳烟户钱粮外，只当水道之夫。自此，卦治与王寨夫役互不干连。卦治的此项立法史实陈述，与乾隆三十五年开泰县“为躲闪夫役、差苦累难堪事”的告示记述——“向值清江一路之夫”——相互支持。

卦治列举并粘抄了关于王寨夫役的历次章程规定，录文如下：

（1）案告示：茅坪、王寨合应送至天柱邦寨夫役

贵州黎平府正堂加一级记录二次滕　　为晓谕事。照得毛平（坪）、王寨夫役下送大腮二十里，上送天柱县城六十里。本府念上送天柱远，且隔黄哨大山，今已饬令天柱县，于邦寨设立雇夫接替，合行晓谕。此示，仰茅坪、王寨合寨知悉，嗣后凡有军装送于邦寨交卸接替，不得接送天柱县城。其夫每名十里差役，给以米价一分，以示抚恤。运装以外，一切无票起夫者，不得滥应。倘有假兵役，横行检人，即许扭禀。

雍正九年五月二十日示[②]

（2）案告示：茅坪、王寨等寨按夫数及单双年分担夫役

贵州黎平府正堂军加一级记录十八次小　贵州黎平府开泰县正堂加五级记录十次毛　为苦乐不均等事。案奉本府宪正堂小批，据茅坪生员龙现奇等控告王寨王文政、王文彬等九寨横抗夫役一案，本县随即差提审讯。查乾隆元年断案，夫役百名以内，无论多寡，系茅坪、王寨合照值年应付独当；百名以外，连小江、茅坪、王寨三处均当；二百以上，合平秋、石允、

① 《夫役案词选》，载锦屏县地方志编纂委员会编《锦屏县志：1991—2009》，方志出版社2011年版，第1533页。

② 《夫役案》：雍正九年五月二十四黎平知府滕文炯告示。转引自张应强：《木材之流动：清代清水江下游地区的市场、权力与社会》，生活·读书·新知三联书店2006年版，第108页。参看贵州省编辑组：《侗族社会历史调查》，贵州民族出版社1988年版，第187页。录文略有差异。

稿坝、皮所、黄闷、俾胆、苗白等处十寨均当。原属平允，各具遵依在案。近因值年互相推诿，以至（致）干控。讯据茅坪双年，至王寨单年，即由三十五年王寨值年起，次年轮至茅坪。除讯明取具各寨遵结，附卷详报，府宪催夫牌票各即注明，勿干混清外，公，如有哪寨推闪违误，立拉寨头重究。各宜禀遵毋违，特示。

朱笔　王寨单年　茅坪双年

乾隆三十五年三月初九日示①

由此结案告示，可以看出早在乾隆元年，王寨、茅坪两寨无法承应夫役，官府遂扩大夫役承担村寨范围，但是并没有牵涉卦治。乾隆三十五年确立一个新规则，“王寨单年、茅坪双年”。

（3）案告示：往来人犯夫役分南北路承担

贵州黎平府锦屏县加三级记录五次刘　为严饬遵照事。照得本县因公赴黎，蒙本府正堂王面谕，天柱县属邦寨与府属茅坪争人犯夫役一案，饬令就近查办。本县随即差唤茅坪生员龙现奇、民舒起蛟、唐文秀、龙运世等确讯，据龙现奇供吐，茅坪、王寨原有旧例，止因王寨节年抗夫，控经府宪分为单双值年，有案可据。惟有往来人犯，关系重大，未曾分晰等情。本县随即差唤王寨王良佐、王文彬、王文政到案，当堂一齐审讯，饬谕：如遇往来人犯过境，由南路开泰而来，递至锦屏，锦屏送至王寨，在王寨随到应宜送到邦寨，不得移累于茅坪。由北路天柱而来，递至邦寨，邦寨递送茅坪，在茅坪随到应直送大腮，不得干累于王寨。南北之分，不得拘守值年之论。至于别项差徭，上下大小夫役，仍照尔等前单双值年旧例应付，俱各遵依取结在案。除解报府宪外，合行出示晓谕。为此示，仰茅坪、王寨保甲人等知悉，嗣后遇有一切人犯过境，各宜遵照南北随应章程，毋许混行错递，推诿躲闪，以至（致）疎脱人犯，取罪匪轻。倘敢不遵，立即按法究治。本县言出法随，决不宽姑。永远勒石毋违。特示。

乾隆三十六年三月初一日示②

① 《夫役案词选》，载锦屏县地方志编纂委员会编《锦屏县志：1991—2009》，方志出版社2011年版，第1534页。

② 《夫役案词选》，载锦屏县地方志编纂委员会编《锦屏县志：1991—2009》，方志出版社2011年版，第1534页。

该结案告示确立了往来人犯的夫役承担新规则：①南路：开泰→锦屏→王寨→邦寨；②北路：天柱→邦寨→茅坪→大腮。也没有牵涉卦治。

2. 卦治确立“路取其相通，夫取其相近，方始便于办公”夫役承担原则。卦治认为“诚以应役当差，虽共属子民之分”，实际上承认了王寨所主张的“附籍应役”规则。

但是，卦治此前确立“孔道始当夫”规则，遭到王寨的有力驳斥。在此诉禀中，提出一个新的原则“路取其相通，夫取其相近，方始便于办公”。此条原则，似乎是从雍正、乾隆历次案结告示中归纳提炼出来。

究其实质，此原则背后是卦治的利益。因为卦治不当大孔道，所以卦治主张“宁苦当道之民，不肯令不当道之民，越境帮役，以塞奸民猾吏渔利扰民之阶”。

卦治始终没有列举出承担嘉庆二十年前后于何处承担夫役的事实来。

三、官府的法律推理：法律规则优先的演绎推理

此案溯及雍正初年至案结的嘉庆二十一年，时间跨度近百年，“世远年湮”。既存在法律不清，又存在事实不清。张广泗咨定“部案”的具体准确内容，并无确凭，王寨、卦治分别从自身有利的角度进行“叙事”。雍正初年，卦治寨向值清江水路之夫。但是，雍正四年后，黄峭山之路开通。旱路渐兴，水夫渐少。至嘉庆年间，卦治名义上有规例规定的水夫义务，实际上并没有真正履行过此项义务。故王寨指控其“漏役”，而卦治在两份诉禀中始终没有列举出现时承担夫役的确凿证据来。此时，夫役分担法律规则与社会现实之间出现了脱节，清江水路夫役义务规则成了“死规则”。

但是，官府还是做出了裁断，录文如下：

讯得王寨民人王克明等具控卦治文秉凤等附籍漏役，王克明等质三江之名，以为既指名为三江，则三寨民人应公共当差，殊不知王寨地处冲途，应夫向有规例。卦治僻处，向纳烟户的钱粮，数百年来定有章程，岂能更改。王寨畏冲途夫役，曷不徙居卦治，亦免其差。王寨王克明等俯首无辞，情愿具结，悉照旧章，从宽责免。[①]

① 转引自贵州省编辑组：《侗族社会历史调查》，贵州民族出版社1988年版，第190页。

官府的裁判逻辑是法律规则（规例、章程）优先，尽管规例和章程已经脱离了社会现实，水路夫役已经事实上不存在了，但还是要维护法律的稳定性。对此裁断，王寨心中是不服的，但是，还是被迫具结签字如下：

因夫役重大，以致具控，冀图伊等同帮应役。蒙恩当堂审讯，此系久定成规，断令蚁当王寨之夫，伊卦治仍当水路之役。恪守无词，具结是实。①

王寨始终纠结的是，遵守章程规例，出现了明显苦乐不均的结果，为何官府不改正？王寨在随后向省城按察司的上控，其中对此裁断有如下表述：

缘蚁王克明等具控卦治附籍漏役一案，虽蒙委厅主审讯，无如卦治应当何处差役，究未询判。仅云世远年湮，致正非三司不可，并吩谕卦治无役，尔等迁移卦治。未卜迁移后，王寨何人当夫？刑押结案。

王寨认为，此裁断没有查清“卦治应当何处差役”。既然水路之役已经不存在了，何以还要维持所谓的规例和章程？维持所谓的规例和章程，已经不但违反了“附籍应役”的原则，而且违反了“民有力役，例无偏枯”的原则。

四、结论：多元、混合的法律推理

法律推理是在法律争辩中运用法律理由的过程。② 近代以来，英美法系主要是基于判例法的类比推理，而大陆法系主要是基于成文法的演绎推理，二者均非常典型。对比本案的推理过程，会发现一些传统中国诉讼中，法律推理既非典型的演绎推理，又非典型的类比推理，具有混合特征。传统中国，既没有全面完备的成文法体系，又没有系统存档、公开的裁判先例，可资查询检阅。就夫役而言，地方官府无法事先预测并制定出良好无缺的规则，只能根据受理的一个个夫役纠纷案件，逐个地、渐进地通过案件裁断的方式确立局部的、适用范围有限的夫役承应规则。一般是通过案件审

① 转引自贵州省编辑组：《侗族社会历史调查》，贵州民族出版社 1988 年版，第 190 页。

② ［美］史蒂文·J. 伯顿：《法律和法律推理导论》，张志铭、解兴权译，中国政法大学出版社 1998 年版，第 1 页。

结告示，来公开法律规则。结案告示常常为诉争当事人抄录收存，并形成裁判先例和明确的新规则。

（一）原告王寨基于类比推理提起诉讼，企图抛开先前乾隆年间夫役裁判先例所确立的应役规则，从现实的情况（水路夫役不存在）和公平观念（民有力役，例无偏枯）出发，希望确立卦治和王寨合当旱路夫役的新规则。"民有力役，例无偏枯"实际上是一种"夫役均平"理念。为什么要均平？其根据在于王寨、卦治同籍，同为大清子民。"同类情况，相同对待"，是普遍接受的形式正义共识。基于这种共识产生了"人比人""类比"的要求，产生了要求官府相同对待的诉求。在传统中国没有成文法规定夫役纠纷起诉和受理条件的情况下，类比推理是提起此类诉讼的思维模式和观念基础。但是，王寨的类比推理不同于普通法的遵循先例（stare decisis）。王寨的类比推理，是将被告卦治与自身进行类比，同样情况同等对待。普通法的遵循先例，则是把先决案件与问题案件进行类比，同样案件同样判决。

（二）被告卦治基于演绎推理，不仅原告王寨的应役规则是有明确的历次结案告示规定的，而且被告卦治自身的应役规则也是确定的（清江水路之夫），同时原被告应役是分离的，互不干涉的。因此，原告王寨控诉被告卦治是没有法律（章程、规例）依据的。卦治的演绎推理，也不完全同于大陆法系的演绎推理。卦治先在零散的夫役先决案例中找出若干条应役规则，然后归纳出"王寨、卦治应役分离原则"。先归纳出规则大前提，再演绎推理。卦治的演绎推理，是先从案例出发，这一点是同于英美法系的类比推理的。

需要特别指出的是，卦治寨举出乾隆三十五年十二月初八大腮控告卦治等寨，要求卦治等寨协助帮夫的先例，官府驳回了大腮的诉请，裁断"大腮一路，仍照旧规"。该先例与嘉庆二十年王寨控告卦治情况相同。卦治就是基于类比推理，冀图官府类似案情，类似处理。就非常接近了英美法系的类比推理。稍有不同的是，它不是出现在官府裁断文书中，而是出现在被告的诉禀中。

（三）地方官府从自身统治立场出发，在法律公平与法律秩序的价值冲突之间，天然地偏向于法律秩序，强调其夫役规则的连续性和稳定性，强调法律规则优先。在被告卦治粘抄乾隆元年、三十五年、三十六年的结案告示，完整地呈现和建构了一个关于王寨和卦治夫役分离承担的规则体系时，官府自然选择了支持被告卦治的立场。

在普通法中，法官无权制定权威性的一般规则以支配不属于法院受理范围内的当事人和情况。[①] 但是，传统中国诉讼中，地方官府则不仅可以有权决定受理的当下案件，而且还会针对未来的当事人和情况制定“垂之永久”的一般规则，司法和立法合二为一。

总之，传统中国诉讼中法律辩论是讲理和说理的，其法律推理是有理路的，是多元的、混合的，综合运用类比、归纳、演绎推理形式。

第六节　“夫役案”之法律辩论与规范秩序

嘉庆二十一年，王寨诉请卦治帮夫一案，经黎平知府冯兆峋委托黎平府经历杨万春审讯断结，王寨败诉。王寨不服，遂上诉至贵州省按察使毓岱，案件受理后，批转贵东道查处。其间，双方展开又一轮法律辩论。本节以上诉中双方词稿及具结为基础，清晰地开示其说理的逻辑、修辞、策略和过程，微观地展现出传统中国词讼的法律辩论对法律规范和法律秩序建构的积极作用。

一、上诉原告王寨的法律辩论

（一）王寨在贵州省按察司具禀

1. 为贿厅屈断、叩恳亲提、以杜讼端事。王寨向贵州按察司上呈一份“为贿厅屈断、叩恳亲提、以杜讼端事”的诉禀。

为贿厅屈断、叩恳亲提、以杜讼端事。缘蚁王克明等具控卦治附籍漏役一案，虽蒙委厅主审讯，无如卦治应当何处差役，究未询判，仅云“世远年湮，致正非三司不可”。并吩谕“卦治无役，尔等迁移卦治”。未卜迁移后，王寨何人当夫？刑押结案。谓如贿嘱，难逃神鉴。窃思普天莫非王土，率土莫非赤子。凡附籍，享江河之利，自应同当夫，以昭平允。例禁

① ［美］史蒂文·J. 伯顿：《法律和法律推理导论》，张志铭、解兴权译，中国政法大学出版社 1998 年版，第 44 页。

綦严，从未闻有不当夫役之户口。今卦治与蚁寨毗连，同建营汛，轮抽河利。前因大腮控伊寨帮夫，因何了案，蚁寨未知，遂以漏役疲惫，借为成规，乐利卸役，彼富此贫，贻害日深。及至控诉，捏借清江致塞，不思卦治烟户钱粮上纳黎平，本属之夫尚且漏役，焉能越属以当别邑。况清江往来，不由卦治，若彼经当，蚁寨必当，岂卦治真各当各差，直送到境耶？至称应役当差，额苦当道之民，更属荒谬。如茅坪公馆，现系九寨朋当，内平秋、稳寨等处，俱不当孔道，照依定议自然脱身事外，仍然帮夫。且蚁寨原设无差，祸因同抽江利之茅坪，拉扯蚁寨，始行分应。似卦治狡黠，何难推诿茅坪？总之，卦治抽河用以肥囊，不知急公章法，推邻寨以应役，惟图利己损人。而且时金贿卸，实干律条，独不思恩星仁慈爱民，三江沾泽，断不肯任听卦治由然而享无夫之利。如照厅主公见，诚恐王寨地瘠民贫，独力难支，无夫迎送囚犯，不特痛民，抑且痛国，情属偏枯。只得赴省奔叩阁前，赏念苦乐不均，情舆查调前案，提省亲讯，酌定章程，饬令卦治帮办夫役，以苏民困，以杜讼端。[①]

（1）虚构“卦治贿赂厅主屈断”的情节，以图贵州省按察司受理

该诉禀中，为了获得贵州按察司的受理，王寨虚构一个“卦治贿赂厅主屈断”的情节。可见传统中国社会中，“民告官”并非禁区。所谓“厅主”，即黎平府经历，正八品官职。王寨在“诡随渔利、蒙官抗差”的诉禀中，就记述有“委经历集讯”，可见“经历”即“厅主”。黎平府经历还讲“世远年湮，致正非三司不可”，而按察司即为“三司”中的专理稽核词讼之官司。因此，王寨的上诉，显得有理有据。

（2）以归谬法，驳斥黎平府经历吩谕“卦治无役，尔等迁移卦治”

该诉禀转引黎平府经历杨万春的堂谕“卦治无役，尔等迁移卦治”，并非虚诬。因为黎平府的此前断结就有“王寨畏冲途夫役，曷不徙居卦治，亦免其差”的断语。

王寨运用归谬法，驳斥了黎平府经历的此断语，反问道“未卜迁移后，王寨何人当夫？”既然官府允许躲避夫役而迁居，那么王寨迁居后，何人承接王寨原来所承应的夫役呢？

（3）指出黎平府断结的缺漏：“卦治应当何处差役，究未询判”

的确，黎平府的断结对于“卦治现在当何处差役”，没有清晰的回答。只是一句“卦治僻处，向纳烟户的钱粮。数百年来定有章程，岂能更改？”，

① 转引自贵州省编辑组：《侗族社会历史调查》，贵州民族出版社 1988 年版，第 190~191 页。

忽略过去。既没有肯定卦治所持的“只当清江之夫”主张，又没有确认和维持46年前的乾隆三十五年黎平府开泰县的结案告示中“至潘寨、卦治、留巳、平略等四寨，向值清江一路之夫，仍照旧规承应”的断结。

（4）继续以演绎、类比推理，论证卦治帮办王寨夫役的正当性

首先，建构演绎推理的大前提。王寨认为“凡附籍，享江河之利，自应同当夫，以昭平允。例禁綦严，从未闻有不当夫役之户口”。基于“平允”的正义价值原则（即同种情况，相同对待），卦治应当同当差役。而且该大前提是有法律（例）禁条规定。

其次，驳斥卦治当清江之夫的真实性。理由有二：一是清江厅属于镇远府，卦治不可能“越属当别邑”。二是卦治不可能当水道之夫，清江夫役往来不经过卦治，清江夫役往来，皆由黎平府属古州司的罗里寨、高维寨等交接。

最后，驳斥卦治所主张的“应役当差，额苦当道之民”原则。茅坪公馆的夫役，九寨朋当，平秋、稳寨等不当孔道，亦当该茅坪公馆的夫役？以例破之。

2. 为诡随渔利、蒙官抗差事。果然，贵州按察使毓岱受理王寨的上诉。王寨又呈一份“为诡随渔利、蒙官抗差事”诉禀。

告状人王寨王克明等，为诡随渔利、蒙官抗差事。案准按察使毓移开，本年九年二十八日据黎平府民王克明等词称，缘蚁等茅坪、王寨、卦治三寨，山多田少，向办府属差徭，民不堪命。雍正年间，军略张大人开辟清江等处，兵差过境，逾难应付，酌于木客涯运之附寨，三江轮流值年，量取渔利，永资公费，沿江别寨均不准当，咨部定案，有碑存据。乾隆年间，茅坪附寨大腮杨银海等，控派卦治帮夫，文凤章等私捏“独当清江夫役”掩蔽，蚁等以事不关己，姑置不论。讵即藉端，概推不应，屡向理讲，一则跋扈凶抗，一则含糊延缓，暗呈刁奸。今茅坪系有公馆宿站，仅接北来差事，送至大腮，计程十五里。大腮接送王寨计程七里，地势平康。每架囚笼，用夫四名，兜子两名。道短路平，诸凡较易。惟害王寨独送邦寨，计程五十里，直越黄峭山，崎岖陡险，必倍用两班双夫。从前犯人少，勉强支持。而今百计，除杂差供应外，正夫约用盈千，且于茅坪公馆单双值年。可怜蚁寨百余家，身当两役，筋疲力尽。去年十月，蚁等以“漏”等情控府，委经历集讯，卦治文秉凤等神通广大，堂谕“世远年湮，改正非三司不可。尔等难当，迁移他处”等，谕不由理诉，押结。续控，府主亲讯，断王寨、卦治同收江利，一体同应差役。讵文秉凤等抗违，总恃符拖延难

结。现在同江食力，窃恐差役误公，酿成巨祸。况伊等诐遁情词，前后三纸，或言三江水利是伊旧占生意，谁敢更张，或捏独当清江之夫，飞空搪塞之类。不知三江水利，部案可企。清江系属镇远，非属黎平，况此项差役，府主禀呈宪天有案。文秉凤等种种无情，字字无理、非理。抄有全案词讼，未敢冒昧粘呈，只得撮其一二上达阁前。秦镜高悬，魍魉毕露，沉冤得伸，稍虚坐罪无辞。

计开被告 文秉凤 秉芬 在云

龙文昌 政芳 兴才 枝贵[①]

（1）追述雍正年间“当江部案”的立法性事实，建构演绎推理的大前提

王寨追述，雍正年间张广泗开辟清江等生苗地区，建立“新疆”特定历史条件下，兵差过境，夫役繁增，张广泗确立了卦治、王寨、茅坪轮流值年“当江”，抽取公费的制度。这项制度既有清朝中央政府的“咨部定案”所确认，又有三寨地方的刊碑以存据。王寨所进行的合理化叙事，目的是在三寨向办府属差徭，与当江享利之间，建立一种因果联系，从而确立“三寨同收江利，一体同应差役”的演绎推理大前提。

（2）指控卦治虚构“独当清江夫役”掩蔽官府而“概推不应”，违背“当江部案”

指控卦治“蒙官”，在乾隆三十五年大腮诉卦治、潘寨、留巳、平略四寨协帮夫役一案中，捏造“独当清江夫役”事实，“明推大腮，暗避王寨”，使开泰县知县做出有利自己的裁断。嗣后据该裁断，“概推不应”协帮王寨的夫役，违背了“当江部案”所确立的“三寨同收江利，一体同应差役”规则。

（3）记述三寨中茅坪、王寨当夫应役的事实，强调王寨“身当两役”，强化类比推理的基础。

王寨在诉禀中，记述茅坪、王寨当夫应役的情形，特别是王寨“身当两役”的畸重情节，应该不虚，其目的是强化和渲染进行类比推理的基础，突出了“同种情况而不同对待”的结果。

（4）虚构黎平知府曾裁断“三寨同收江利，一体同应差役”

卦治行户龙世昌所抄录《夫役案》中，只有一份黎平官府“断结”，与王寨在“为贿厅屈断、叩恳亲提、以杜讼端事”所转述的一致。但是，王

① 《夫役案词选》，载锦屏县地方志编纂委员会编《锦屏县志：1991—2009》，方志出版社2011年版，第1534~1535页。

寨在这第二份诉禀中却记述“续控，府主亲讯，断王寨、卦治同收江利，一体同应差役”。即王寨在黎平府控诉，先由黎平府经历杨万春审结，驳回了王寨的诉请。王寨继续控诉，黎平知府冯兆峋亲自审讯，却支持了王寨的诉请，裁断“王寨、卦治同收江利，一体同应差役”。这是事实还是王寨的虚构呢？

被告卦治在后引的“为顿翻宪案、污官藐法事”诉禀中，也有相关记述，即“奉委承讯供，虽由厅主，判断仍出宪裁”。即卦治认为，尽管王寨诉卦治“附籍漏役”一案，的确是黎平府经历杨万春，受黎平知府冯兆峋委托，进行审讯，但是判断仍是出自黎平知府冯兆峋。因此，笔者判断黎平知府冯兆峋，并没有裁断“王寨、卦治同收江利，一体同应差役”。

王寨虚构此情节，目的是支持其“抗官”的指控。

（二）向镇远府具禀

贵州按察使毓岱将案件批转至镇远府查处，王寨呈送“为神奸巧漏、恳恩苏困事”诉禀，录文如下：

嘉庆二十一年正月二十一日　王克明等在镇远府周大老爷护理贵东道具禀①

具禀黎平府属王寨民、小的王克明、王永凤、王发稀、王学谟等，为神奸巧漏、恳恩苏困事。缘蚁等以“诡随渔利”控卦治文秉凤、龙文昌等一案，蒙臬宪批移前宪，蚁已备录全词，缕禀在卷。兹蒙解讯，曷敢递渎？惟是伊蚁三江，自雍正年间，经略张大人咨询定，原为夫役之江，轮江抽利，非如伊等徒凭口赖，兼以方宪明示，班班可稽。如谓夫不因江而设，则凡当夫役寨，分俱宜普利均沾，何以独注王寨、茅坪、卦治？如谓轮江可以漏役，则先年规仪银两，自应交纳上宪，何以无役急公而独据？朝廷江河，岂卦治有功而优免以酬劳？如谓隔司、隔寨不应分肩解担，则大腮系属湖耳司，而永安司属之稳洞等处，何故与大腮一体当差、一体应役？如谓现当清江之夫，然清江系属镇远，一切公事不由黎平，清江从无往来差事，而且无隔属派差之例。如谓当水道通清江之夫，然水道果有夫役，上下必

① 《黎平府志》卷六上，第55~56页，嘉庆十八年至二十一年，贵东道台为周益景。嘉庆二十一年至二十四年，贵东道台为沈乐善。此处“周大老爷护理贵东道”，疑为“周益景”。其时，贵东道或由古州移驻镇远。

由蚁寨经过，蚁等从未与伊承接交替，伊等又不能穿波插翅，其夫从何而来？如谓路取相通，夫取相近，然大道由茅坪，蚁寨亦非大道。而隔蚁寨十余里之茅坪拉控，蚁寨尚与相距七八十里之平秋、黄闷等处，同帮茅坪，伊寨隔之蚁寨只十余里，岂得袖手旁观，视蚁苦累？如谓豁免蚁等烟户钱粮，蚁等现完秋米一石，条银九钱九分，粮册可稽。诬禀已免，赏问免粮上谕何年颁布？如谓藉公磕诈，彼下料、潘寨且卦治之下，隔蚁寨只有数里之程，然与蚁等同抽江利，亦且烟户无几，蚁等不敢诬控，何见图诈？如谓生枝妄派，然伊等已当差事，而蚁等更欲格外加派，蚁等更有何词？使伊等人烟萧索，虽于当差，非同收江，艰于应役，蚁等自难谢责。今伊等一体轮流当江，烟户殷富，非同他处可比。总因乾隆三十五年大腮控伊等帮夫，伊寨文秉凤等“独应清江”推诿，幸中奸谋，伊随藉胎罗织，明推大腮，暗避王寨。然在当日，苗疆新辟，过犯无多，所应无几，至今动以百计，蚁寨除囚犯供应等项，及日行小夫外，且于茅坪公馆单双值年当夫，大夫百名以上，茅坪、王寨、小江三处同当，二百名以上，合平秋等处九寨同当，嗟蚁王寨百十余家，身当两役，财尽民穷，何能长久当夫？势必逃亡。惟世居坟墓故土，不能抛弃，只得勉强支持，以待复苏。兹卦治文秉凤、龙文昌等犹以清江为词，继以水道诳禀。窃思同收江利，共属子民，伊等独安其乐，蚁等独深其害，此等神奸其漏，非宪台天纵之聪，不能照伊肝胆。幸际荡平之世，有此漏役刁民，不惟法所不宥，诚恐有误夫役，关系匪轻。恳协舆情，因革损益，以苏民困。为此禀乞钦命大人阁前，赏悯改正，苦乐均平，顶祝公侯万代。①

1. 进一步凝练和确立了“夫役之江”规则。如果说王寨在此前的多份诉禀中，只是强调三寨轮流当江与同应夫役之间存在因果联系，或某种接近权利和义务之间的关系，那么，王寨在这份诉禀中进一步将它凝练成了“夫役之江”四字规则，简练地概括了王寨曾在“为恳念旧章、免遭奸漏事”诉禀中所主张的“是蚁等三寨有江有夫，无江无夫，江以夫名，夫随江应者也”观点。

的确，“夫役之江”的概括，有极富理论和规则之美，也接近近代以来的法律义务和权利观念。但是也因绝对化而极易招致“原则例外”的攻击。卦治就敏锐地抓住这一点，后文将详及之。

① 《夫役案词选》，载锦屏县地方志编纂委员会编《锦屏县志：1991—2009》，方志出版社2011年版，第1535~1536页。

尽管王寨一再申明，“夫役之江”是所谓的张广泗“咨定部案”，但是，王寨并没有确切的刊碑或案稿文字依据。王寨所能举证的只是雍正九年贵东道台方显的告示。王寨曾在“为恳念旧章、免遭奸漏事”诉禀中，“抄呈方宪明示，续乞”。遗憾的是，《夫役案》中只抄录了一份雍正九年黎平府古州理苗同知滕文炯递方显的“恳天给示，召集贫民，以全苏息，以便公务事”的详文。

而且，围绕雍正九年贵东道台方显的告示，卦治有不同的法律解释，后文将讨论。

2. 全面、系统地驳斥卦治的规则主张、事实主张和指控。该诉禀词锋犀利，不仅在于所确立“夫役之江”，还在于其以排比、反问的句式，全面、系统地批驳了卦治在此前各份辩禀中的各种规则主张、事实主张和指控，可谓气势如虹。

（1）“夫不因江而设”

“夫不因江而设”，是被告卦治主张的核心命题之一，也是王寨进行假设论证和反面论证“夫役之江”命题的前提条件。假如不是“夫役之江”，“夫不因江而设”，为何方宪明示只注明茅坪、王寨、卦治三寨当江，“沿江别寨均不准当”？

（2）“轮江可以漏役”

“轮江可以漏役”，是王寨对卦治的指控和诉因，也是王寨进行假设论证和反面论证“夫役之江”命题的前提条件。假如不是“夫役之江”，卦治“轮江可以漏役”，那么卦治先年所得“规仪银两”，应该上缴官府。《争江记》中就有“卦治、王寨和茅坪，三寨轮流当木行，上有规仪十二两，黎平府堂有刊碑”记述。[①]

（3）“隔司、隔寨不应分肩解担”

“隔司、隔寨不应分肩解担”，是被告卦治所归纳和建构的夫役承担原则，也是反对王寨诉请卦治帮夫的理由。归纳，总是不完全的，因此，通过归纳所建构的原则总会遭遇例外情形。大腮属湖耳司，而永安司属之稳洞等寨，何故与大腮一体当差、一体应役？

需要特别指出的是，明清方志所在的黎平府属土司名册，并无“永安司”。另外，卦治主张王寨、平秋、石允、小江等十寨属于“赤溪司”。赤溪司可以上溯至元代，蛮夷正长官姓杨，副长官姓吴。明永乐六年，蛮夷

① 转引自贵州省编辑组：《侗族社会历史调查》，贵州民族出版社1988年版，第38页。

正长官杨通琼因剿罗台贼功，诏授子福袭。[1]明永乐十一年，思州田氏废，始置黎平、新化二府，各辖土司七。其中，新化府，辖长官司七，曰新化，曰欧阳，曰亮寨，曰湖耳，曰中林验洞，曰赤溪湳洞，曰龙里。明宣德十年，省新化府入黎平府，遂辖土司十四。[2]清康熙二十三年，因议叙土司案内不准承袭，废赤溪湳洞、西山阳洞司。[3]据光绪十八年《黎平府志》记载，湖耳正司属十八寨，副司属十一寨。其中湖耳正司所辖十八寨，就包括"平略、大腮、潘寨、卦治、留巳"等。[4]紧随其后该志记载了"天甫十七寨"和"东北路十四寨"。其中"东北路十四寨"包括"王寨、茅坪寨、平秋寨、石引寨、高坝寨、皮所寨、鄙胆寨、黄闷、小江寨、苗白寨"等。[5]可见，"天甫十七寨"和"东北路十四寨"，均属于"黎平府属各寨"。"东北路十四寨"不隶属于"赤溪司"。即至嘉庆二十一年，赤溪司早已不存在了。但是，卦治还执"隔司"之说，也未见王寨反驳，不知何故。

（4）"现当清江之夫"

卦治依据乾隆三十五年开泰县的结案告示所载"向值清江一路之夫"，反驳王寨指责其"漏役"的指控。但是，王寨认为，清江厅隶属镇远府，一切公事不经过黎平，清江与黎平府之间从无往来差事。且无隔属派差之例。

（5）"当水道通清江之夫"

卦治主张自身"当水道通清江之夫"，没有"漏役"。王寨认为，水道如果有夫役，上下必由王寨经过，但是王寨从未与卦治承接交替过，卦治不可能穿波插翅。

（6）"路取相通，夫取相近"

"路取相通，夫取相近"，是卦治所归纳的一条夫役承担原则，也是卦治据以对抗王寨诉请卦治帮夫的理由。因为卦治僻处，不当孔道。但是，王寨立刻举出原则例外的事例。茅坪拉控，茅坪距离王寨十余里，距离平秋、黄闷等处七八十里，茅坪、平秋、黄闷等处均同帮茅坪。卦治隔王寨只十

① 万历三十六年刻本《黔记》卷五十八，"土司土官世传"，第18页。

② 光绪十八年刻本《黎平府志》卷二上，第21~22页。

③ 乾隆六年、嘉庆补修本《贵州通志》卷二十一，"土司"，第27页。《黎平府志》卷二上，第23页。

④ 光绪十八年刻本《黎平府志》卷二上，"府属正司十一副司四并隶府各寨"，第108页。

⑤ 光绪十八年刻本《黎平府志》卷二上，"府属正司十一副司四并隶府各寨"，第108页。其中，"石引寨"和"鄙胆寨"，乾隆三十五年三月初九日黎平府、开泰县结案告示中，写作"石允"和"俾胆"。

余里，岂得袖手旁观，视王寨苦累呢？显然，王寨举出反例，还据此进行类比推理，“举重以明轻”。

（7）“豁免蚁等烟户钱粮”

卦治向黎平府所呈的“为章程叠据、续恳究坐事”辩禀中，曾记述“雍正年间，军略张大人过蚁等地方，悯伊等王寨路当孔道，概将伊地方烟户钱粮优免”，即早在雍正年间，王寨的烟户钱粮就被豁免，以体恤其夫役之繁重。王寨则否认卦治的此主张，主张王寨现完纳秋米一石，条银九钱九分，粮册可凭稽核。

（8）“藉公磕诈”

卦治指责王寨“藉公磕诈”，王寨反驳道：下料、潘寨在卦治之下，距离王寨更近，只有数里之程，与王寨等同抽江利，而且烟户无几，王寨都不敢诬控，何以见得王寨图诈呢？这也是一种类比推理，“举轻以明重”，即弱小邻近的小寨尚且不予磕诈，怎会选择烟户繁多、隔远的卦治进行图诈呢？

（9）“生枝妄派”

卦治指责王寨“生枝妄派”，王寨进行假设推理，予以反驳道：假如卦治已当差事，而王寨企图格外加派，王寨自甘愿领受“生枝妄派”的指责。假如卦治人烟稀少，已经当差应役，且不享受当江之利，已经处于“艰于应役”的地步，王寨控诉卦治帮夫，那么王寨自难谢责。但是，事实并非如此，卦治与王寨一体轮流当江，烟户殷实富裕，非他寨可比，却利用乾隆三十五年大腮控其帮夫的机会，躲避夫役。因此，王寨控诉卦治帮夫，不构成“生枝妄派”。

二、上诉被告卦治的法律辩论

（一）卦治向贵州省按察司呈送的第一份辩禀

针对王寨所呈“为贿厅屈断、叩恳亲提、以杜讼端事”的诉禀，卦治以“为顿翻宪案、污官藐法事”答辩，录文如下：

为顿翻宪案、污官藐法事。缘王克明以“贿厅曲断”等情翻案，复控蚁等在卷，蒙批录面，理合诉明。窃惟章程久定，案不可移，伊等不守宪、顿翻前案，于去岁十月内，胆捏“附籍漏役”妄控，前已诉明。蒙恩查案昭然，照定前宪章断结，各具遵结在卷。不料伊等憨不畏死，复以贿厅赃款，再渎仁恩，词内并无别据，只据一当江名色，接连逞奸，并以方道宪严禁当江旧例，恃为成规。殊不知严禁抽江，原因买客具控示禁，非夫役起见。若非如此，何以雍正年间，滕主先奉方道宪批示详明，卦治不当大道，水旱各有攸归？并未牵连蚁等卦治在内，案昭然可查，岂能任意造设。且现奉前主王断，蚁等照旧当水道，通清江之夫，给示勒石有案。相安至今百余年，伊送伊夫，蚁送蚁夫。倘非章程早定，前民早已相争，何能待至伊等，始图擅自更张。即伊词云，山多田少，全靠江河帮补，伊处因夫免粮，蚁等现纳烟户，册可据，何伊等并不涉及？况送夫不自王寨始，亦不自王寨止，其接替之处亦未当江，何以输江应役？伊词称当江为夫役而设，则不当江之处，自应即不送夫也。伊等复拉扯九寨，诚以九寨与伊等共司，所以与等共役。蚁等与伊等各司，故不与等共役。况路取相通，夫取相近，便民便公，立法甚善，非可由民爱憎私意增损也。复况章程叠据，呈览已悉，兹蚁等现在接替潘寨、平略、留已等处之夫，何为漏役？而伊等犹拉扯当江抽利为词，不知当江本是生意营生，自洪武年间设立，非同猝然专利可比，何得藉此东扯西拉，哓哓混渎，以图翻案？甚至捏以委讯为贿厅、奉公情为屈断。如果属实，必须拿出凭据，指寔过付，列款呈控，岂容平空捏造，污及命官？且污之命官，奉委承讯供，虽由厅主，判断仍出宪裁。况黎郡一属，仰仁慈者亲为父母，颂清廉者敬若神明，而厅主亦廉洁自矢，地方仰德，虽如妒犬吠尧，无损于不溜不磷。全不思案定即章程，章程即成宪仁恩，尚且不能擅更，而伊等胆于仁恩断定后，旋即于仁爵前翻，及敢造意诬官，顽梗不化。若不恳恩究办，将来造意造端生事，害无底止。不已诉乞大老爷台前，赏准严究施行。①

1. 坚持“案定即章程”和“章程久定，案不可移”原则，阻击王寨企图重新酌定夫役章程的诉求。“案定即章程”，反映了卦治对于地方官府立法的规律性认识，即在传统中国，相当数量的地方法律规范（即章程）是通过审理和断结词讼的方式确立。尽管大清律例等国家法律未必有“民有力役”“附籍应役”等“一般规范”条文，但是在地方官府的堂断、结案告示中，会有许多“个别规范”，比如卦治所抄粘上呈的乾隆元年、三十五年、三十六年等有关王寨和卦治夫役讼案的结案告示中，就有按照夫数、单双

① 《夫役案》：卦治对王寨具控的反诉词稿，转引自张应强：《木材之流动：清代清水江下游地区的市场、权力与社会》，生活·读书·新知三联书店2006年版，第112~113页。个别句读，有调整。

年、南北线路、多寨协帮分担夫役的多个“个别规范”。著名法学家奥地利的凯尔森就认为，司法行为是法律创造过程中的一个层次，制定法和习惯法只是法律的一个制成品，只有通过司法判决和执行，这个过程才趋于结束。司法判决，可以设立“个别规范”，在确定适用法律的条件、规定制裁和确定法律上的事实等方面上，都有一种构成性。[①]法律包含了个别规范，个别规范是整个法律秩序的一个组成部分。[②]

“民有力役”“附籍应役”出现在王寨的诉禀中，而“诚以应役当差，共属子民之分”也出现在卦治的辩禀中，可见这种基本观念的共识“具有规范性的思想客体”，[③]制度法学派代表法学家之一奥地利的魏因贝格认为，一个法律规范不是一个有形的实体，而是一种特殊的思想，一种客观意义上的思想，是一种“作为思想——客体的规范”。[④]这种夫役观念，实际上就是存在于普通民众法律意识之中的“一般规范”。在此意义上，清代苗疆夫役制度具有了“一般规范”和“个别规范”二分规范等级体系。

王寨所持“案定即章程”，还有尊重和服从官府裁断权威的宣示意义。英国法学家拉兹就说，如果服从法律的情况与遵守法律的机会总数之比达到一定比例，那么这种法律制度就存在。[⑤]服从官府裁断，也是建构法律秩序的需要。因此，王寨还主张“章程久定，案不可移”。

卦治还归纳出官府酌定夫役章程所依据的若干原则，比如“共司共役”“路取相通，夫取相近”“便民便公”，认为“立法甚善，非可由民爱憎私意增损也”，以强调“案不可移”。

2. 综合运用立法原意、体系解释方法解释“方宪明示”，截断王寨所持的当江与夫役之关联说。王寨曾粘抄“方宪明示”，在“为恳年旧章、免遭奸漏事”的诉禀中转引“方宪明示”的关键表述道：“注蚁等三处轮流当江，取其系毛利息，以帮补夫役之费，示案确据”，以支持其所持“夫役之江”说。但是，卦治对此有不同的法律解释。其一，从立法原意解释上看，该“方宪明示”是因为买客具控示禁，严禁抽江，并非夫役起见。即该告示，并非出于确立夫役章程的目的。其二，从体系解释上看，结合雍正九年黎平府古州理苗同知滕文炯“恳天给示、召集贫民、以全苏息、

① 吕世伦主编：《现代西方法学流派》，中国大百科全书出版社 2000 年版，第 202 页。
② 吕世伦主编：《现代西方法学流派》，中国大百科全书出版社 2000 年版，第 193 页。
③ 吕世伦主编：《现代西方法学流派》，中国大百科全书出版社 2000 年版，第 242 页。
④ 吕世伦主编：《现代西方法学流派》，中国大百科全书出版社 2000 年版，第 244 页。
⑤ 吕世伦主编：《现代西方法学流派》，中国大百科全书出版社 2000 年版，第 230 页。

以便公务事”的详文，该详文载有“但三寨之中，卦治不当大孔道，故议帖帮大腮之夫，王寨、茅坪相距十余里，俱在大道之旁，故议轮流值年，当江年分轮替当夫”。即此时，官府确立卦治与王寨各当夫役，夫役分离的原则。卦治不当大孔道，故议帖帮大腮之夫，不与王寨、茅坪牵连相涉。卦治在随后所呈的“为逞刁畔案、妄改成规事”辩禀中，也记述王寨夫役，旧与大腮等寨同当，后有水旱辟分，大腮独当旱夫的经过，与详文是吻合一致的。

没有“方宪明示”的文书资料，我们无法确定谁的解释更正确，但是，卦治的解释构成了一个前后吻合且无矛盾的意义体系。

卦治还认为，“当江本是生意营生，自洪武年间设立，非同猝然专利可比”，当江与夫役没有必然联系。

3.“以子之矛，攻子之盾”，破解王寨所持的“夫役之江”说。卦治认为，送夫不自王寨开始，也不自王寨终止，其接替之处也未当江，怎么可以说“输江应役”？王寨词称，当江为夫役而设，那么不当江之处，自应即不送夫。

4. 否认王寨所指控的“漏役”和“贿厅”

（二）卦治呈送的第二份辩禀

针对王寨所呈的“为诡随渔利、蒙官抗差事”诉禀，卦治以“为逞刁畔案、妄改成规事”辩禀对抗，录文如下：

嘉庆二十二年正月二十三日我等卦治在镇远府周大老爷护理古州贵东道具禀

为逞刁畔案、妄改成规事。缘王寨王克明等以“诡随渔利”越控一案，蒙恩檄提，理合缕诉。窃蚁等大腮等寨，系湖耳司民，伊王寨、平秋、石允、小江等十寨，系赤溪司民，均属黎平，各有专司，并非附籍。蚁寨夫役，旧与大腮等寨同当，因雍正年间军略张、总戎赵征剿南孟、清江等处，大军经过蚁等地方，见王寨路当孔道，优免伊地钱粮，独应来往夫役。至蚁寨有四大凶滩，又男女辛勤帮篙拽纤。张宪仁心恻隐，问是何处人夫，蚁先人禀明独蚁寨勤劳苦力。复问旧与何处同差，先人禀明向与大腮共役，张宪即传大腮头人杨显等，为蚁辟分水旱，大腮独当旱夫，蚁寨独应水役，永远遵守，两不相攀。其蚁寨烟户钱粮照旧上纳，外有府属一切差徭，路达清江者，蚁寨接替潘寨，上交平略，从无误公漏役，是以有“清江夫”之名。此蚁寨与大腮同司之民，各有攸分。伊寨与茅坪各有专役，章程久定，永远相安。荷蒙皇恩广大，苗叛戍平，水夫稍省，大腮杨银海等不服，乾隆三十五年控蚁寨躲闪夫差，蒙前府主委县主毛查明张宪旧例，蚁寨开滩一十三载，分夫数十余年，仍断水旱攸归，历今将及百年。虽蚁同司之大腮，尚不敢背案飞累，所以雍正九年，前府主滕令伊夫役直送邦寨，示谕确凭。且乾隆三十五年，茅坪龙显奇控役寨王文政等横抗夫役，蒙前府主小、县主毛合给明示，朱批“王寨单年，茅坪双年”，碑案两据。三十六年，邦寨、茅坪控理人犯夫差，蒙王府、刘县合给明示，犯由南而来，王寨直送邦寨，犯由北路而来，邦寨送至茅坪。伊等之夫，先定单双，后分南北，井然不紊。若蚁寨诡随漏役，非独茅坪不依，即大腮亦不甘让，何恃伊等始行刁翻？兹据王克明等藉称，近年犯囚络绎，捏控蚁寨漏役，不思伊等久定单双，早分南北，自应照案遵示，踊跃急公，与蚁寨之夫，两不相涉。至于轮抽江利，更宜率由旧章。嘉庆十二年，蚁等三江与天柱县民王绍美等争控当江，蒙各大宪咨定铁案，给示愿以通商便，并非更改夫役。即伊所粘雍正十年方宪告示，系因禁革抽江名色，亦非改易张宪成规。若言有江有夫，无江无夫，伊十寨同应差徭，何独王寨轮收江利？执此为说，伊自启讼端矣。又称附近同役，不思潘寨、下料两处，伊寨咫尺之地，尚不肯坏例帮差，何况蚁寨窎隔甚远，妄思飞累之。王克明等逞刁畔案，违例开端。前经府主委讯，则诬贿厅，遵照旧例，则诬屈断。欺官害民，莫此为甚。若不叩恳究结，将来滋害无休。为此，粘抄各宪告示缕晰诉乞。

批　候阅卷讯断（原被同批）①

1. 王寨、卦治夫役“章程久定”，“两不相涉”，王寨诉请帮夫于法无据。该份辩禀的主旨是证明王寨、卦治夫役“章程久定”，“两不相涉”。卦治首先驳斥了王寨的“附籍”之说，认为原被告双方以及第三方“各有专司”。继而分别全面、系统地阐述了卦治、王寨的夫役章程的“立法史略”，以证明章程早定。其中，卦治先与同属湖耳司的大腮，共司共役，后水旱辟分，大腮当旱夫，卦治当水夫。而王寨与茅坪，先分单双，后分南北，小江、平秋、石允等同属赤溪司数寨按所需夫数多少予以协帮。通过“立法史略”的回顾，归纳出“两不相涉”的原则。

2. 执“夫役之江”为说，“自启讼端”，暗示官府须警惕断案的可能消

① 《夫役案词选》，载锦屏县地方志编纂委员会编《锦屏县志：1991—2009》，方志出版社2011年版，第1536~1537页。

极社会后果。王寨持“夫役之江”观点，认为有江有夫，无江无夫。但是，王寨、茅坪、平秋、石引、高坝、皮所、鄙胆、黄闷、小江寨、苗白十寨共司同应差徭，何独王寨轮收江利？卦治认为，“执此为说，伊自启讼端矣”。卦治是“以子之矛，攻子之盾”。其背后的潜台词是，官府如果支持王寨的诉请和“违例开端”，就会开启讼端，产生“多米诺骨牌”效应，动摇整个夫役制度的历史基础，扰乱社会秩序。这种论证逻辑，也是一种演绎推理和归谬法。

后世发生的争江或夫役纠纷中，历任官府的裁断都坚持了夫役与当江分离原则。《夫役案》中添附有一份道光二十五年茅坪和王寨争持八卦小河的讼案判词，就有“当夫原系路当孔道，与当江之例毫不相涉”。[①] 光绪十六年黎平知府俞渭曾就三寨争持八卦河，迭次互控，刊发“为出示晓谕事”告示，并被刊碑，其中就有“蒙前道宪周彻底判断，不得藉夫霸吞江利”的记述。[②] 可见，当江与夫役分离无涉，成为清代官府裁断三寨争江纠纷中所遵循的一项先例原则，应始于嘉庆二十一年的王寨与卦治之间的夫役案。

卦治在这份辩禀中的辩驳防守是非常成功的。黎平府周大老爷支持了卦治法律理由，让王寨出具甘结，兹录如下：

二十二年二月二十八日在镇远府王克明具的甘结

大人阁前实结得蚁等以“诡随渔利，蒙官抗差”各虚情，妄控卦治寨文秉凤等于臬司一案，蒙批移天星案下，讯明蚁等所控“贿厅”等情，讯无指处，实属虚诬，将蚁等责罚，蚁等实知罪咎，望祈超释。窃蚁等王寨、卦治各有司属，从前承当递送夫役，系照成规当应，由来已久。南路大腮送至王寨，王寨送至邦寨。北路由邦寨送至茅坪，茅坪送至大腮。蚁等近以差事繁冗，幸欲牵扯卦治帮当，是以妄捏上控。今蒙恩讯明，以后各照各司烟户承当夫，蚁等实遵公允，日后遵照各司烟户承当，不敢妄违牵扯外司。如再敢稍有违滋事，自干加倍罪咎。所具遵依甘结是实。[③]

---

① 《夫役案词选》，载锦屏县地方志编纂委员会编《锦屏县志：1991—2009》，方志出版社2011年版，第1537页。

② 姚昌炽选辑点校，锦屏县政协文史资料委员会、锦屏县志编纂办公室编：《锦屏碑文选辑》，1997年内部刊行，第47页。

③ 《夫役案词选》，载锦屏县地方志编纂委员会编《锦屏县志：1991—2009》，方志出版社2011年版，第1537页。

三、启示：从词讼禀稿中管窥传统中国地方社会法律秩序和规范构成

传统中国词讼案例中，许多事实问题因为世远年湮，的确无法还原。多少官府堂断和判词，非常简略短陋，说理不够充分。但是，原被告的大多数诉禀、辩禀词稿是说理和讲理的，甚至是说法和讲法的，其中的法律辩论经验和逻辑值得玩味，也可以玩味。如果采取麦考密克和魏因贝格尔的制度法学的观点，将具有规范性的思想客体纳入法学研究领域，就会发现传统中国词讼禀稿中存在很多“作为思想——客体的规范”，[①] 存在许多“个别规范”和“一般规范”，而且不少词讼禀稿中，状师们对零散的“个别规范”和官府判决进行了梳理、归纳、解释、局部系统化的工作，比较清晰地展现了传统中国地方社会的某些方面的法律秩序和规范构成。比如，本节所讨论的清代清水江流域的地方夫役问题，地方官府就是通过规则进行治理的，具有规范秩序。这可能是中国法律史学的地方化、微观化研究值得重视的方面之一。

第七节　清代黔省苗疆官员和民众对法律形式的认识

——以清水江文书、黔省方志、碑刻为中心

关志国编辑依据大量地方文献资料，从立法体制、主要法律形式、法律载体等方面，对清代地方法律形式进行了较为全面的探讨，颇受启发。[②] 刘广安教授在给中国政法大学法律史学博士生上课时，从学术史的角度，简要地梳理了唐朝以来主要立法者对中国法律体系认识的发展史，[③] 试图让

① 参见［英］麦考密克、［奥］魏因贝格尔：《制度法论》，中国政法大学出版社 1994 年版，第 10~46 页。

② 关志国：《清代地方法律形式探析》，载杨一凡主编：《中国古代法律形式研究》，社会科学文献出版社 2011 年版，第 561~578 页。

③ 其讲授提纲收入其专著，参见刘广安：《中国古代法律体系新论》，高等教育出版社 2012 年版，第 23~33 页。

学生们全面地认识中国传统法律体系的本来面目，而不应局限于后世学者以部门法所建构的古代法律体系框架之中。联系二位的研究，笔者的问题是，无论是法律形式还是法律体系，都必须首先给出判断标准，什么才算是古代法律？或者说，古代地方官员和民众是怎么认识古代法律形式的？以前学者多引用中央层级的官员和精英人物的论述，来阐发对中央层级的古代法律体系的认识。既然法律体系应该包括中央和地方两个层次，那么就不能忽略地方官员和民众对于法律形式的认识。限于学识和资料局限，笔者就清代地方官员和民众对于法律形式的认识作一个粗浅的探讨。

一、清代黔省苗疆官员对于法律形式的认识

（一）地方官府在内部的详文中，使用了“立法”一词

清乾隆二十八年十二月，贵州省都匀府独山州知州刘岱抄录布政使钱度就是否换给土司、土舍“职衔委照”问题所出的牌示，[1]收录在刘岱主持修编的乾隆《独山州志》中。[2]其中就使用了“立法之意”的表述，表明在地方官员的观念中，地方官员是有立法权力的。兹摘引如下：

乾隆二十八年十二月，内州牧刘岱，奉府宪图　行奉藩宪钱　宪牌粘单内开，查黔省经制土司之外，又外委土舍千把名色，揆其设立之由，有因土司地方广阔，一人不能兼辖，拨与子弟分管，详给土舍委照者；亦有清理苗疆之时，因随征土目著有微劳，给予千把委照者。此等给委，部尤与定例不致有违。然未有改土归流承平日久，尚可谓某人系土司后裔，某人从前出师有功，因而据其荒远无稽之谱系功绩，一概给予职衔委照也。……此等土目通事，又岂可给予职衔委照，令其世世袭替也。揆诸定例，实有未协。乃沈前司不加详察，议将现在之土舍、土目，以及土司后裔族大丁繁之通事等，分别院委、司委、道委、地方官委四项等次，一概换给职衔委照。在立法之意，虽为鼓励若辈，以资弹压起见，……如此庶苗地得以敉宁，而弊端亦可永杜。奉制宪吴、抚宪刘批准，通行遵照办理在案。

---

① 钱实甫：《清代职官年表》（第二册），中华书局1980年版，第1844页。

② 乾隆三十四年刻本《独山州志》卷六，《土官》，第177~178页。

这里的“沈前司”，应指乾隆二十二、二十三年担任贵州布政使的沈世枫。[①] 现任布政使钱度就认为，其前任沈世枫的换给职衔委照的建议“在立法之意”上有积极意义。

（二）地方官员也认为其所出告示属于法令

“言出法随”，常常在中国法制史、中国法律思想史的论著中被用来形容皇权高于法权，皇帝垄断最高立法权。但是，从地方文献资料来看，地方官员常常在其告示中也使用“言出法随”。兹举一例：

□品顶戴·贵州提刑按察使司按察使·兼管驿传事·随带袈绥林　为出示严禁事。照得差役之设，原为缉捕人犯，传提被告人证。……为此示仰各属差役、民苗人等知悉，嗣后尔差役奉票下乡，传提被告人等，务遵条约，革面革心，痛改前嫌，不准乘马坐轿，勒索供应夫马盘费。一经提获，即时进城送审。不准私押需索，骚扰地方。倘有不遵，本司访闻被告人等后，定即严执重办。尔苗民人等若有冤抑，亦当据实呈诉，不得挟嫌妄控，致下反挫（坐）之条。本司言出法随，决不宽贷，各宜凛遵毋违。特示。严禁搕索各条，并列如后：

一、差役提案，各宜奉公守法，不准凌虐乡愚，戏人妇女。如违者，许乡团捆送治罪。

一、差役下乡，传提被告人证，不准骑马并坐板凳，搕索盘费。违者重罚。

一、乡民不准串差，将无干良懦及富厚之人□□妄提，私行吓诈搕索，及藉公浮派分肥，于预催征词讼事件。违者，分别惩办。[②]

不仅贵州省按察使林肇元使用“言出法随”，而且更早的乾隆三十六年

---

① 钱实甫：《清代职官年表》（第二册），中华书局 1980 年版，第 1840~1841 页。

② 张应强、王宗勋主编：《清水江文书》第 1 辑第 5 册，广西师范大学出版社 2007 年版，第 208 页。该告示另见锦屏县河口乡塘东村的“免夫碑记”碑，其碑文收入姚炽昌选辑点校、锦屏县政协文史资料委员会　锦屏县志编纂委员会办公室编：《锦屏碑文选辑》，内部刊行，1997 年，第 111~112 页。碑存锦屏县河口乡塘东村，碑题刻有“免夫碑记”四个大字，于是姚炽昌先生把它编辑并称作“塘东《免夫碑记》碑”。其实，不甚准确，该碑文包括两份“官文书”，第一份是贵州巡抚曾璧光以善后总局名义下发的，适用于全省的军、民、土司、州县各方；第二份是贵州布政使林肇元下发的，仅针对州县差役和苗民的。

黎平府锦屏县的告示也使用“言出法随”。兹摘引如下：

特授贵州黎平府正堂加一级记录随带王

贵州黎平府锦屏县加三级记录五次刘　为严饬遵照事。照得本县因公赴黎，蒙本府正堂王面谕，天柱县邦寨与府属毛平争人犯夫役一案，饬令就近查办。本县当即差唤毛平生员龙显奇、民舒起蛟、唐文秀、龙运世等确讯。据龙显奇吐供，毛平、王寨原有旧例，止因王寨节年抗夫，控经府宪，分为单双值年，有案可据。惟有往来人犯过［境］，关系重大，未曾分晰等情。本县随即差唤王寨王良佐、王文彬、王文政到案，当堂一齐审讯，饬谕：如遇往来人犯过境，由南路开泰而来，递至锦屏，锦屏送至王寨，在王寨随到应直送邦寨，不得移累于毛平；由北路天柱而来，递至邦寨，邦寨送至毛平，在毛平随到应直送大腮，不得干累于王寨。南北之分，不得拘守值年之论。至于别项徭役、上下大小夫役，仍照尔等前单双值年旧例应付，俱各遵依取结在案。除解报府宪外，合行出示晓谕。为此示，仰毛平、王寨保甲人等知悉，嗣后遇有一切人犯过境，各宜遵照南北随应章程，毋许混行错递、推诿躲闪，以致疏脱人犯，取罪匪轻。倘敢不遵，立即按法究治。本县言出法随，决不姑宽。永远勒石毋违。特示。①

该告示是乾隆三十六年黎平知府王勋和锦屏县刘知县共同发布的，但是《黎平府志》没有记载锦屏刘知县的信息，只有乾隆二十四年起任王达，乾隆三十八年起任的严公钧。② 该告示是针对以前章程的缺漏，即对人犯夫役没有分析承担，而创设一条新规则。在此意义上讲，“案定即章程”。下文详及。

（三）地方官员观念上的法，其外延不仅包含告示、章程、条约等，而且包括民间公议规约

地方官员观念上的法，最为全面、准确的体现，应该是其所颁发的条约、章程。兹举一例如下：

① 《夫役案》：乾隆三十六年三月初一日黎平府　锦屏县告示，转引自贵州省编辑组：《侗族社会历史调查》，贵州民族出版社 1988 年版，第 188 页。另见张应强：《木材之流动：清代清水江下游地区的市场、权力与社会》，生活·读书·新知三联书店，第 112~113 页。

② 光绪十八年刻本《黎平府志》卷六上，秩官志，第 596~598 页。

永定章程

钦加同知衔·署理下江理民府·加三级记录五次杨 为申明旧章，并酌加条款，以除弊端而安民生事。照得本府莅任斯土，凡于地方应办公件，罔不实力举，特恐一时耳目难周，未能洞悉其情。今查该首民等禀呈公议各条，复检阅各前大宪颁发告示，暨钟前任刊刻章程，均属法良意美。惟年月深远，难免不生弊窦。除将禀呈先行批示外，合再行申明旧章，以期永远遵行。谨将条约阐明如左：

匪徒亟宜惩办。……

地方社禾义谷。……

地方供应夫役。……

沿江上下，向设塘船递送……

原被因事呈控应送书役等小费，概照钟前任勒石章程逐款开销。……

差役奉票提案，仍照钟前任勒石章程，按里按名酌给草鞋钱文。……

九十六寨每年应纳粮米，仍照旧章每斗二十五斤完纳。……

民间因事进城控诉，必歇客店，其词状内应盖歇户姓名戳记。……

听断词讼原以两造供词为凭，一经差人代传，难免无变换口供情弊。……

署内柴火向系各寨轮流供应，每月若干担，每担若干斤，原有定章。……

每年冬季供应鱼斤，既系前任新设章程，准予豁免，永不复兴，以示体恤。

夫差过境以及署内应酬等事，有突如其来者，应用鸡鸭，……

以上十二条均为保卫地方，宽纾民力起见，尔民苗等务宜仰体我心，永远遵行，是则本府所厚望焉。其各凛遵毋违，特示。

光绪贰拾柒年仲夏月谷旦　　九十六寨众民等公立[①]

刊碑是告示、章程等清代地方法律形式的重要载体之一。上引“永定章程”碑文中，继任的杨同知就阅读了光绪三年起任下江通判钟昌杰任内

① 张子刚编撰：《从江石刻资料汇编》，政协从江县文史学习委员会、从江县文化体育广播电视局2007年内部印发，第24~28页。该碑是20世纪90年代从江县下江镇修建街道时出土的，现存放在下江关帝庙前。碑眉“永定章程”四字横书，正文36行正楷竖书，满行69字。碑长166厘米，宽89厘米。

的所刊刻的章程。在许多碑文中，都有“饬令刊碑永远奉行”“禀明地方官，刊立石碑永远遵行”“并令勒石，抚诸以远”的表述。[①] 本碑文是一个下江厅综合性“条约”，但是民众习惯使用“章程”。杨同知上任伊始，阅读三种文件：一是“首民等禀呈公议各条”；二是“各前大宪颁发告示”；三是“钟前任刊刻章程”，认为均属“法良意美”。这里的“公议各条”，应该是指下江厅九十六寨的寨首共同商议并拟定的规约。

（四）地方官员观念上的法，核心部分还是律例

乾隆二十八年，贵州省都匀府独山州知州刘岱向知府呈送了《独山州事宜条陈议》，其中一条就是建议土司、土舍等官员讲读律令。兹摘引如下：

> 一、土司土舍等官，宜一体饬令讲读律令也。国家承平日久，边徼敉宁，旧疆苗民蒸蒸向化，一道同风之盛，亘古未有。守斯土者，不惟绥靖为怀，更宜俾之明白道理，凛遵王章，则桀骜之风不禁自戢。但读书明理，苗人千百中无一二人，查律例条件罪名攸关，小民犯法，半由无知误犯。而《圣谕广训》一书煌煌天壤，炳若日月。凡有民社之责者，胥奉为化导之准。但苗疆地方言语不通，虽牧斯土者，每逢朔望，谆谆讲说而彼茫然不解其何谓也。职愚以为宜饬令各土司於朔望日，或场市人众之地，检土吏土目中明白文义或生员中能通苗语者，实力训诂宣讲，振愚蒙而开聋聩。

在知州刘岱看来，“律令”不仅包括“律例”，还包括《圣谕广训》。此处的《圣谕广训》应该包括康熙十九年颁布的“上谕广训十六条”，该十六条亦载于《户部则例》。“上谕十六条颁发土司官员讲解可也”，[②] 应该是据此

---

① 参见贵州省编辑组：《侗族社会历史调查》，贵州民族出版社 1988 年版，第 56 页。所录光绪七年贵东道对王寨与茅坪争江诉讼的审理公告。另见姚炽昌选辑点校、锦屏县政协文史资料委员会、锦屏县志编纂委员会办公室编：《锦屏碑文选辑》，内部刊行，1997 年版，第 116~117 页。所录瑶光《沾恩不朽》碑文，碑存锦屏县河口乡瑶光坡脚。再见《从江石刻资料汇编》，第 31 页，所录“开泰县正堂示谕”碑。

② 参见乾隆二十二年刻本《玉屏县志》卷十上，卧碑。所载的上谕广训十六条，依次是“敦孝弟以重人伦，笃宗族以昭雍睦，和乡党以息争讼，重农桑以足衣食，尚节俭以惜财用，隆学校以端士习，黜异端以崇正学，讲法律以儆愚顽，明礼让以厚风俗，务本业以定民志，训子弟以禁非为，息诬告以全良善，戒窝逃以免株连，完钱粮以免催科，联保甲以弥盗贼，解仇忿以全身命”。

刘岱提出该条陈的。康熙帝使用了“讲读法律”的表述。都匀知府图对此条商议后，禀文上报到贵州省布政使等部门。摘录如下：

又据具禀土司土舍宜饬令讲读律例一条。查《律例》一书，为约束人心之要。苟能熟读，则畏心自生。但律文精深简括，或因此而该彼，或举轻以见重，欲令土目土吏并生员中能通苗语者，训诂宣讲，恐亦徒托空谈。应令该州将律令中易犯各条逐一摘出，明白晓示，使苗民触目惊心，自然人重犯法。

在都匀知府图看来，法令的核心部分是《律例》，是“约束人心之要”。似乎郁郁煌煌的《圣谕广训》没有刑罚惩戒措施，对于治理苗疆难以宣讲，难以奏效。贵州省粮宪永、藩宪钱度、臬宪熊绎祖和巡宪马，共同会商后，详文向云贵总督吴达善和贵州巡抚图尔炳阿禀告。也摘录如下：

又据详具禀土司土舍宜饬令讲读律例一条。查民间犯罪多由不知法律，且苗民暗于文义，何能家喻户晓？是讲读律令，徒托空谈。应如该府所议，止将律令中易犯各条逐一摘出，明白晓示，使苗民触目惊心，自然知畏，不致犯法。

四位省宪都基于法律实用主义立场，强调律例中易犯条款（特别是刑罚）必须让苗民知晓。最后，云贵总督吴达善和贵州巡抚图尔炳阿批“如详饬遵”。

综上四点，可以看出清代地方官员观念上的法，核心部分是律例，其次是皇帝圣谕，再次是地方官员的条约、章程、条规、告示等，最外围的部分包括民间公议规约，呈现一个同心圆的外延结构。

二、清代黔省苗疆民众对于法律形式的认识

清代地方民众对于法律形式的认识，主要体现在条约、章程、条规和告示的碑刊以及诉禀稿等诉讼文书之上。这些资料所体现主要还是乡村社会中头人、乡绅和讼师等对于法律形式的认识。至于芸芸底层草根民众对于法律形式的认识，早已淹没于历史尘埃之中，无处寻痕觅迹了。

（一）“粘抄前宪一切告示、章程”作为诉讼准据

嘉庆年间，王寨和卦治之间发生夫役诉讼，其中卦治所提交的反诉状中，就载有“粘抄前宪一切告示章程”。兹引如下：

为章程迭据、续恳究坐事。缘王寨王客明等捏以附籍漏役诬控蚁在案，前已诉明，何敢再渎。独是伊等凭一面妄耸之词，隐匿前宪久定章程，拉扯江河为漏役［更］张，重孔道竟谓漏役。虽伊等雪桥易架，红日难逃。殊不知自有三江以来，前此均纳粮当夫。雍正年间，军略张大人过蚁等地方，悯伊等王寨路当孔道，概将伊地烟户钱粮免外，只当水道之夫。蚁等不独雍正以来，案册可查，即乾隆三十五年杨银海控案拉扯蚁等，经前宪断案可据。而雍正九年滕府主赏给伊等有示，一切夫役送至邦寨，两处分单双交卸接替，并无干连蚁等。不独此也。三十五年伊等王寨被茅坪所控，又经小府主准伊等两处分单双值年。当夫百名以内，应值年王寨，则王寨独当；应值年茅坪，则茅坪独当；百名以外，小江、茅坪、王寨之处均当；二百名以上，合平秋、石允等寨均当，断结有案，并无蚁等地方在内。复况三十六年，前宪王又将王寨、茅坪分南北两路接送，给示勒石，亦未波及蚁等。诚以应役当差，虽共属子民之份，然路取其相通，夫取其远近，方始便于办公，故宁苦当道之民，不肯令不当道之民越境帮役，以塞奸民滑吏扰民之阶。所以前宪等久定章程，不惟伊地前民乐从，亦岂敢思改旧章，妄希渔利。兹伊顿起嗑诈之谋，妄耸天台，意图肥囊，控附籍固属不善，控漏役更见混赖。兹于妄后，□复拖延，况当封篆伊迩，点得粘抄前宪一切告示、章程，续乞大老爷台前商准，速集讯究伊等擅图更张嗑诈之罪，累绝民安，世世沾恩，上续。①

对该诉禀不做实质性内容检视，就会发现卦治通篇一直都在援引告示、章程等地方法律文件和刊碑，作为辩驳依据。

（二）“案定既章程”：断案兼行立法

卦治对于王寨的翻案，又递交了一份诉禀，主张“案定即章程”，反映了当时民众对于“章程”的认识。兹如下：

① 转引自贵州省编辑组：《侗族社会历史调查》，贵州民族出版社1988年版，第190页。

为顿繁宪案、污官藐法事。缘王克明以贿厅曲断等情翻案，复控蚁等在卷，蒙批录面，理合诉明。窃惟章程久定，案不可移，伊等不守宪、顿翻前案，于去岁十月内，胆捏附籍陋役妄控，前已诉明。蒙恩查案昭然，照定前宪章断结，各具遵结在卷。不料伊等愍不畏死，复以贿厅赃款再渎仁恩，词内并无别据，只据一当江名色，接连逞奸，并以方道宪严禁当江旧例，恃为成规。殊不知严禁抽江，原因买客具控示禁，非夫役起见。若非如此，何以雍正年间，滕主先奉方道宪批示详明，卦治不当大道，水旱各有攸归？并未牵连蚁等卦治在内，案昭然可查，岂能任意造设。且现奉前主王断，蚁等照旧当水道，通清江之夫，给示勒石有案。相安至今百余年，伊送伊夫，蚁送蚁夫。倘非章程早定，前民早已相争，何能待至伊等始图擅自更张。即伊词云，山多田少，全靠江河帮补，伊处因夫免粮，蚁等现纳烟户册可据，何伊等并不涉及？况送夫不自王寨始，亦不自王寨止，其接替之处亦未当江，何以输心应役？伊词称当江为夫役而设，则不当江之处，自应即不送夫也。伊等复拉扯九寨，诚以九寨与伊等共司，所以与等共役。蚁等与伊等各司，故不与等共役。况路取相通，夫取相近，便民便公，立法甚善，非可由民爱憎私意增损也。复况章程叠据，呈览已悉，兹蚁等现在接替潘寨、平略、留已等处之夫，何为漏役？而伊等犹拉扯当江抽利为词，不知当江本是生意营生，自洪武年间设立，非同猝然专利可比，何得藉此东扯西拉，哓哓混渎，以图翻案？甚至捏以委讯为贿厅、奉公情为屈断。如果属实，必须拿出凭据，指寔过付，列款呈控，岂容平空捏造，污及命官？且污之命官，奉委承讯供虽由厅主，判断仍出宪裁。况黎郡一属，仰仁慈者亲为父母，颂清廉者敬若神明，而厅主亦廉洁自矢，地方仰德，虽如妒犬吠尧，无损于不淄不磷。全不思案定即章程，章程即成宪仁恩，尚且不能擅更，而伊等胆于仁恩断定后，旋即于仁爵前翻，及敢造意诬官，顽梗不化。若不恳恩究办，将来造意造端生事，害无底止。不已诉乞大老爷台前，赏准严究施行。①

诉状中还提及，卦治认为此前各官府所定夫役章程做到了“路取相通，夫取相近，便民便公”，因此“立法甚善”。可见，地方民众对地方法律是有自己的评价标准的，也认同地方官府所定章程和告示属于“法”的范畴。

“案定即章程”的一个客观基础，是地方官府往往会在具有地区影响的重大案件审结之后，发布告示，公开审理过程、裁判结果。如前引的乾隆

① 《夫役案》：卦治对王寨具控的反诉词稿，转引自张应强：《木材之流动：清代清水江下游地区的市场、权力与社会》，生活·读书·新知三联书店2006年版，第112~113页。个别句读，有调整。

三十六年黎平知府王勋和锦屏县刘知县联合发布的告示，就是一份案件审结公告。[①] 在这一点与现代司法之裁判结果公开原则是相通的。

“案定即章程”并非仅仅是修辞意义上的，也非仅仅基于诉讼策略上的考量。从“清江四案”的审结公告的内容来看，或创设一条新的章程，或重申以前的章程。故“案定即章程”具有实质意义。

（三）“齐集公议，禀明地方官”：地方民众参与地方立法

地方民众参与清代地方立法，其形式大体有四：一是在地方官员莅任伊始，绅首们就地方公务利弊进行公议，形成禀稿，呈送地方官员，希冀地方新政。比如，前引的光绪二十七年下江厅“永定章程”碑所载的“首民等禀呈公议各条”。二是地方官员命令通过众人公议拟定明确的规约，报官府认可后一体遵守。比如，光绪四年贵州布政使林肇元和按察使吴德溥在“严禁派夫折价并酌定派夫用数、剀切晓谕永远遵行事”的告示中，就明确要求“一面齐集公议，禀明地方官，刊立石碑永远遵行”。[②] 三是地方乡团绅首向地方官府禀告，请求修改章程。比如，光绪七年“西山千三、六百各寨乡团韦廷贵等，以俯恳宽宥、改减定章等事”向黎平知府邓在镛禀告，以前应纳钱粮以禾把、鸡鸭变价完纳，差役等肆意滋扰，请求“核实定案”。邓在镛“传齐该乡团等到案，酌定条规”，确定每年以九八市平粮银缴纳，革除派收鸡鸭米蛋。[③] 四是在案件审结中要求公议制定规约，报官认可后遵行。比如，《吴平赘言》所载的“黄春德等控案判”，其堂判：“讯得黄春德控聂祥光越行买豆一案。黄春德并未能指出确据，所揭粘单，无论真伪，俱不足为凭。良临郡之牙行，向无一定章程，由以无所遵守。仰即饬令和丰等行，会同酌议，分别各色，核计多寡，确定划一之法，秉公具禀，听候示谕饬遵，以垂永远，免致歧出而再致事端。此案即饬注销，毋庸缠讼。此判。”[④]

---

① 类似的案件审结公告还有 5 份，分别见于贵州省编辑组：《侗族社会历史调查》，贵州民族出版社 1988 年版，第 47 页、第 55~56 页、第 187~188 页。

② 姚炽昌点校：《锦屏碑文选辑》，锦屏县政协文史资料委员会、锦屏县志编纂委员会办公室 1997 年编印，第 116 页。碑存河口乡瑶光坡脚。

③ 张子刚编撰：《从江石刻资料汇编》，政协从江县文史学习委员会、从江县文化体育广播电视局 2007 年内部印发，第 32~35 页。录自从江县文物管理所保存的“永垂不朽告示”碑的拓片。

④ 转引自滋贺秀三：《清代诉讼制度之民事法源的考察——作为法源的习惯》，注〔29〕，载［日］滋贺秀三等著，王亚新，梁治平编：《明清时期的民事审判与民间契约》，法律出版社 1998 年版，第 90 页。

（四）地方民众对于律例和皇谕等国家立法的认识是碎片、模糊的

在诉禀稿常常提及有“实究虚坐”“有干律条”“王法”“王章”等，但不具体指代哪一种法律形式。在一些词稿簿中，集中地收录了讼师常用的表达，比如“律有减等之条，罪有让情之例”“违法坐罪，固国律所当行；援刑易科，实仁政之德惠”“命案首重主谋，律例最严凶手”等，都是一鳞半爪的，更谈不上对国家立法及形式的体系化的认识。

（五）地方民众常常用“向例”“定例”“规例”“旧规”“成规”“定章”“旧章”等指称地方法律形式

地方官员颁布的条约、章程、条规、告示，其载体主要有公文、碑刻和省例类法规汇编。由于公文难以长时间保存，省例编纂花费成本大，只有少数地方官府可以办到，刊碑也需要官府批准和一定成本，因此，在清代这些地方法律形式是很难有完善档案保存的。年代久远，民众无法准确记住什么时间什么官员发布的法律形式，地方官员也无法查案检阅以前的法律文件。于是，只能用“向例”等来泛指。

需要特别指出的是，由于民众忘记官府的条约、章程、条规和告示，但是记住了其对某项事务的具体安排，“得意忘形”，代代相传沿袭，也就转化成历来的惯例和习惯，也成为观念中最为牢固和铭刻难灭的部分。这种习惯作为一种不能选择的、先在的法秩序，存在于每一个民众个体面前。

综上五点，可以看出清代地方民众观念上的法，核心部分是习惯，其次是地方官员的条约、章程、条规、告示等，再次是律例，呈现一个同心圆的外延结构。

三、梳理地方官员和民众对法律形式的认识之理论意义

以上对清代地方官员和民众对法律形式的认识的梳理，采用的是现象学的方法，其理论预设有二：一是法的概念的外延，是有核心和边缘圈层之分的；二是法的概念是有主体间性的，不同主体总是在自身经验和场域限度内建构对法的认识。

（一）对滋贺秀三的清代诉讼制度之民事法源观点的商榷

滋贺秀三先生认为，清代中国诉讼制度中，民事法源是情、理、法。法是指国家的制定法，是实定的、人为的。情理是非实定的、自然的。国家的法律是情理的部分实定化。由情理之水的一部分所凝结成形的冰山，恰恰是法律。法官在听讼时一般需要考虑国法中有哪些可作为其判断基准的条款，但是，“所有判断都必须根据对国法的解释才能作出”这种基本思想方法，从根本上是不存在的，而且，并不认为判断必须受每一条法律条文的严格制约。[①]“习惯决不可能结晶为一套具有实定性的规范体系，尽管有若干片段的成文法条可供参考，结果，所谓习惯也只能停留在‘情理’这一非实定性规范状态之中”。[②]

滋贺氏在情理法三分中，对于“什么是法”的前提是没有深究的。“关于什么是‘法’、‘国法’，无需另外的说明：‘法’指国家的制定法。”滋贺氏这种对法的预设，是和中国实际不相吻合的。笔者前文梳理可以看出，清代地方官员对法的认识：不仅《大清律例》等国家制定法是“法”，而且地方官员的条约、章程、条规、告示是“法”，甚至民间公议规约也是“法”。清代地方官员的“立法”权力，不仅是地方官员自身确信的，也是民众所确认和信赖的。因此，滋贺氏把“法”预设为“国家制定法”，不符合历史事实。

清代地方官员和民众常常用“向例”等，即“习惯”，并不是非实定的。很多的习惯，是从对地方官府的条约、章程、条规和告示的长期遵行中形成的。地方官员的立法是有载体的，尽管可能湮灭于历史风雨之中，有时不能被长久保存。笔者在黔东南地区发现：不同地方有刊刻同一告示或章程的多块碑刻的情形，可以互证；民间留存有官府的告示、条规抄件，与碑刻内容一致，可以对照。清代清水江流域发生的著名“清江四案”的词稿、官批、审结公告，当时就有抄件，现今尚有留存。前文所引的夫役案一份诉状稿中，卦治援引了多份地方官员所定的章程，来对抗王寨的控诉。这

① ［日］滋贺秀三：《清代诉讼制度之民事法源的概括性考察——情、理、法》，载《明清时期的民事审判与民间契约》，第19~42页。

② ［日］滋贺秀三：《清代诉讼制度之民事法源的考察——作为法源的习惯》，载《明清时期的民事审判与民间契约》，第74页。

些应该可以满足滋贺秀三所谓的"实定性"要求，[①]但是也是其研究明清审判时所无法占有的资料。

（二）对清代民事审判及民事法秩序的性质的新试解

围绕清代地方官府对"户婚田土细事"提起诉讼而进行的审理，滋贺秀三认为是"调解的一种"，黄宗智认为清代听讼是"依法分清是非曲直，保护正当权利拥有者的审判"。[②]寺田浩明认为，官府单方面发布堂谕，要有效解决纠纷，必须遵依具结。滋贺教授据此来建构其理论体系，其立论基础是中西法文化的类型对比。而清代民事审判与民间的习惯规范是一致的。从功能上看，清代的民事审判与近代西欧的民事审判大体一致，都发挥了依据民间形成的习惯规范来保护当事人权利的作用。黄宗智据此来建构理论，其立论基础是清代中国法秩序与近代中国法秩序的历史继承关系。简言之，滋贺氏重在求异，黄宗智旨在求同。

寺田浩明教授提出，清代的人们是透过什么样的理解框架来看待个体之间利益的竞合与冲突的？为了冲突的公正解决是如何进行纠纷处理的？需要一种理解清代民事法秩序的理解新框架。[③]于是，寺田提出，地方官员与民众之间是首唱和唱和关系。地方官员与当事者之间在个别案件中成立或确认的共有规范，作为一个模范事例，在当时整个地域的民事规范共有过程中发挥"首唱"的功能。而且一旦在该地域得到"唱和"而成为支配性的共有规范，又能对其他地域产生波及作用。于是规范的共有状态就呈现出一种同心圆式的波及扩大态势，而个别判决则作为同心圆的中心而存在。[④]应该说，寺田教授所提出的"首唱→唱和"同心圆结构，具有很强的解释力。但是依然不妨碍其他的解释框架的提出。

笔者以上梳理地方官员和民众观念上的法，也具有同心圆结构，姑且称为"观念法圈"。地方官员的"观念法圈"，与地方民众的"观念法圈"

---

① ［日］滋贺秀三：《清代诉讼制度之民事法源的考察——作为法源的习惯》，载《明清时期的民事审判与民间契约》，第55~64页。

② ［日］寺田浩明：《清代民事审判：性质与意义——日美两国学者之间的争论》，王亚新译，载《北大法律评论》（1998）第1卷第2辑，第603~617页。

③ ［日］寺田浩明：《清代民事审判：性质与意义——日美两国学者之间的争论》，王亚新译，载《北大法律评论》（1998）第1卷第2辑，第617页。

④ ［日］寺田浩明：《权利与冤抑——清代听讼和民众的民事法秩序》，载《明清时期的民事审判与民间契约》，第247页。

是同时作用、相互影响的。在地方官员的“观念法圈”中，其核心部分的律例，以及皇帝圣谕，都是由地方官员的教育背景决定的，但它对民事法秩序的影响几乎可以忽略。地方官员立法和民间公议规约是最具活力的圈层。在地方民众的“观念法圈”中，最核心部分是习惯，其次是地方官员立法。二“观念法圈”共同并对民事法秩序有关键影响的部分是地方官员立法。因此，了解地方官员立法是理解民事法秩序形成的钥匙之一。

试举两例加以说明，以解释为什么清代民事审判与民间的习惯规范是一致的。清代咸同兵燹之后，贵州省“各宪同饬，凡有军兴之时，民间一切夙隙、旧仇之件，概不许再行寻衅”，光绪十年黎平知府俞鸿达出示“若系实在［同治］七年后债项，果有年月、中证、券约为凭，先经理讲，不尝者仍准其呈传查断。”[①] 这一地方性民事法律规定，被刊刻于从江县谷坪乡平友寨的“永远禁止”碑上。若不了解，就很难对黎平府光绪十年以后的民事法秩序有全面的理解。

又如道光十四年六月十一日，下江厅公纳、腊俄“两寨合议，设立禁条”，刊立了“禁条碑记”，其中就载有“田地买卖，上田二两一把，下田一两二把。买已成交多年，其买业之人家，以翻卖为典，如果真是典，必有典有质证，方准退还。若无中证，即系刁唆藉端翻田，罚银三两三钱”。[②]

按照清代地方官员的“观念法圈”，民间公议规约也是“法”。清代的地方立法，或是公文抄贴，或是刊碑永久，已经作为一种当时的官民共识，不证而明，不引自明，常常无须在堂判中援引。这可能是清代民事审判不见“法律”的原因之一。但是，后世法律史学研究者不能充分地占有这些地方立法资料，故纠结于此，缠讼不断。故笔者以为，占有地方立法资料是理解清代中国民事法秩序的钥匙之一。

由于地方官员立法的载体（公文、碑刻和省例汇编）难以长久保存，民间保存的官府文书和碑刻收集和整理就显得十分重要。而这一方面战后日本法史学者也应是存在占有资料不足的地方。

---

① 张子刚编撰：《从江石刻资料汇编》，政协从江县文史学习委员会、从江县文化体育广播电视局 2007 年内部印发第 22~33 页。

② 张子刚编撰：《从江石刻资料汇编》，政协从江县文史学习委员会、从江县文化体育广播电视局 2007 年内部印发第 22~33 页。碑存从江县下江镇公纳村。

第六章　流官理讼与苗疆市场化

早在唐宋，土司与中央王朝就开展了约五年一次的朝贡贸易，并在汉苗边境设立零星的定期的互市，彼此经济交往并不密切。明清以来，苗疆与内地的经济交往日益密切，苗疆市场化进程加快。其中，中央政府采购“皇木”、内地“三襄五帮”商人贩运“苗木”，清水江等沅水上游两岸的苗民种植、出卖和运输木材，这一系列木材商品贸易活动，既包含木材的商品化，又包含苗民劳动力的商品化，还包含木行等中介服务的商品化，是苗疆市场化的一个最佳缩影。流官理讼是苗疆市场化秩序的、不可或缺的建构者和维护者。

第一节　“皇木案”：汉苗“平价”交易原则

“皇木案”是所谓的“清江四案”之一，[①] 曾经也是清水江文书研究中比较集中探讨的问题之一。学者们所依据的材料主要是锦屏县民间流传的《皇木案稿》、明清实录和川黔三省方志。其中的公开《皇木案稿》主要是康熙三十八年（1699）三月湖南布政使王道熙的“严禁藉民私派以安民生

① 参见张应强：《木材之流动：清代清水江下游地区的市场、权力与社会》，生活·读书·新知三联书店2006年版，第104页。吴苏民、杨有赓：《“皇木案”反映“苗杉”经济发展的历史轨迹》，载《贵州文史丛刊》2010年第4期，第64页。吴杨二位在该文摘要中，明确提出清水江地区的“皇木案”“白银案”“争江案”“夫役案”，统称“清江四案”。

事”告示、[①]乾隆十一年（1746）湖南巡抚杨锡绂的“为严禁办木累商之弊、以肃官常事”告示、乾隆十二年（1747）七月工部对湖南巡抚杨锡绂向工部的“为请定稽查办木之迟延以速公务事”奏文的批文，[②]该三文是锦屏县山客李荣魁、乐定邦、张老欧于道光七年（1827）七月十五日在贵州布政使衙门抄录的。[③]三份官文书，主要涉及经办湖南省“皇木”任务的官员们的“四弊”，导致“皇木”到京迟延。因工部批文中提及有“缘桅、断二木，近地难觅，须上辰州以上沅州、靖州及黔省苗境内采取”一句，有学者认为可以湖南省“皇木”采办情弊的资料能“用以论述贵州的历史”（即推测贵州清水江地区也曾发生类似情况），有学者认为此处“黔省苗境”就是“溯沅江而上的贵州清水江苗族、侗族地区”。[④]学者们力图在史实考证上，把清水江文书的保存地和明清“皇木”采办联系起来，反映出“视域锚点本位”情结和局限，但似乎对“皇木案”的意义揭示方面关注不够。法律史学如同一枚硬币，史实考证和意义揭示是其两面，不可须臾分离。本节一方面基于对三份官文书的重新解读，另一方面援引明代湖南讼师密本《新镌法家透胆寒》等资料，试图对此提出新的商榷意见，应该把“皇木案”放在明清时期沅水上游的黔湘之间的历史和地域空间范围内研究，不应纠结于“皇木案”是否发生在清水江流域锦屏、天柱一带的苗境，并进行适度的法意揭示。

一、清代《皇木案稿》的重新准确解读

所谓清代《皇木案稿》只包含若干份官府文书，并无诉讼词稿。托名

① 参见张应强：《木材之流动：清代清水江下游地区的市场、权力与社会》，生活·读书·新知三联书店2006年版，第41页注〔1〕。张应强教授并没有全文援引康熙三十八年（1699）三月湖南布政使王道熙的“严禁藉民私派以安民生事”告示，只是摘引少部分。其主要内容为“湖南从前办买解部桅杉架槁等木，皆分派九府州县购买，以致不肖官员藉名私派，有累民生”，所以“详明督抚两院，竟动支库钱粮，委员于黔苗广产木植地方购买”。杨有赓的著述中也没有援引该告示。

② 贵州省编辑组：《侗族社会历史调查》，贵州民族出版社1988年版，第8~11页。

③ 吴苏民、杨有赓：《“皇木案”反映“苗杉”经济发展的历史轨迹》，载《贵州文史丛刊》2010年第4期。但是张应强教授并没有明确该案稿是从贵州布政使衙门抄出的，只是认为：道光年间成册的民间文书《皇木案稿》，就是自“藩台衙门”抄录的几份关于此案的官府文书。

④ 单洪根：《清水江流域地区的“皇木”征办》，载《原生态民族文化学刊》2009年第1期。

为案而无词讼稿，有些名不符实。笔者依据已经公开发表的三件官文书，做一个深入、细致的体系化解读。

（一）湖南布政使王道熙的“严禁藉民私派以安民生事”告示

湖广湖南等处承宣布政使正堂·加二级王

为严禁藉民私派以安民生事。照得湖南从前办买解部桅、断、架、槁等木，皆分派九府州县购买，以致不肖官员藉名私派，有累民生。自本司莅任，于三十七年奉文复办桅、断二木，因思若循向例分办，虽严加禁饬，难免阳奉阴违。是以详明督抚两院，竟动支库钱粮，委员于黔苗广产木植地方购买，押解其所需运费，饬令则于额定木价内樽节应用，[①]丝毫未涉民间，在案。兹于三十八年又奉部文，以桅、断二木，内外各需用正多，每年解送，二年十月内按奉部行则，照三十七年之例，详委辰州同知高文济，领支司库饷购买押运，并通行该府州县严禁，不得假办木名色，私派民间，察出定详参在案。诚恐不肖官员，以愚民可欺，仍蹈陋习，私行派累，合再出示谕。为此，仰各属军民士庶人等知悉，今年奉文办运桅、断二木，本司已经动发库银，照三十七年例，交给委员承领购买，即令该员揪筏押运前进，并不分九州府县购买。如地方官役藉名办买，私派累民者，许即据实，赴司控告，则时详。

康熙三十八年三月□日[②]

该告示主要内容为“湖南从前办买解部桅杉架槁等木，皆分派九府州县购买，以致不肖官员藉名私派，有累民生”，所以“详明督抚两院，竟动支库钱粮，委员于黔苗广产木植地方购买”。清康熙三十四年起一直动用正项开支采办皇木。[③]

康熙五年设立锦屏县，隶属贵州黎平府。雍正四年（1726）天柱县由湖广靖州改隶贵州黎平府。因此，该告示在雍正五年以前的锦屏县、天柱县一带是有法律效力的。

问题是这里的“黔苗广产木植地方”指的是什么地方？从水运条件来

① “樽”，通“撙”，“抑止”之意。

② 锦屏县地方志编纂委员会编《锦屏县志：1991—2009》，方志出版社2011年版，2009年打印稿，第1540页。

③ 蓝勇：《明清时期皇木采办》，载《历史研究》1994年第6期。

看，应该不仅包括清水江流域，更应包括潕阳河流域。潕阳河流域的镇远、施秉等地进入中央管辖较早，且早在明朝就有采办皇木的记载。明正德十四年五月，朝廷“免贵州思南、铜仁、镇远九府官员来朝，以方采木故”。[①]嘉靖二十二年二月，朝廷“以采木免……贵州思州、铜仁、镇远、黎平、都匀五府正官来朝”。[②]嘉靖三十七年间也有在镇远、偏桥、施秉采大木的地方史料记载。[③]

（二）湖南巡抚杨锡绂的“为严禁办木累商之弊、以肃官常事”告示

湖南巡抚部院杨　为严禁办木累商之弊以肃官常事。照得湖南每年额办桅杉、架槁木植，委令府佐等官领帑办解，各据委员文报，亲赴辰沅上游一带产木地方，照依民间时价，运至常德府德山河下扎牌起运，并报称在德山河下，又复采办之事。本部院屡见办木各员，承办二三年之久，始报开行。心疑数千之木，购买非难，何以羁迟如此？细加访查，始知此辈借名办木，实图渔利，复信用戚友家人，各怀利心，在于德山河下扎牌之处，竖立黄旗，上写“采办”字样，凡遇客商之木，每百根用斧印号三根，择其最长大者，混以短价硬买，客商畏其官势，隐忍听从。采办之官，先后继至，则前官斧号，而后官又号。其客商免号伊大木，□□重行贿赂。而所号之木，原非采办项为，仍在此处，即复重价转售，并有即售与客者，因此，辗转买卖，盘费无穷，遂多延挨日月，不旨即据开行。如此行为，直同市井无赖，全无官体。本部院访闻之下，不胜发指。本应尽置弹章，姑宽已往，除核饬该府县外，合亟严禁。为此示，仰办木各员及商客等知悉，须各知身为职官，宜当自爱颜面，且位居府佐，更当益守官箴，务必自先洁靖，约束戚友家人，不得任意胡为。果产木地方，所办之木，中途损失，不得不在德山河下买补者，应照时价公平购买，速为开行。若再仍混号强买，并勒索贿赂，随买随卖，辗转图利，许客商赴辕呈首，或密付就近府县衙门出首，据实禀明详申，定行严参究追，决不姑宽。本部院现在不时查访，该地方府县各官，亦应加意查察。若明知徇隐，均于参究，决不宽姑，未便慎之勿违，特示，等因。除出晓谕外，合亟该行。为此，官吏照文事理，

① 《明武宗实录》卷一七四。

② 《明世宗实录》卷二七六。

③ （清）犹法贤:《黔史》卷三，明，光绪十四年刊行，第8页。

即便飞饬现在办木之员，亲赴辰沅上游一带地方，照民间时价，公平采办。约束家人，无复在于德山河下，混号强买，并勒索贿赂，随买随卖，辗转图利。该司不得放意，当不时查访，如有前项情弊，立即揭报清参，毋违，等因。除行布政司外，所有告示一道合行饬发。为此，仰府县官吏，即行张挂晓谕，仍不时加意查察。如敢如前胡为，迅急加详毋得徇隐，自干究参，未便切速等因。除行常德府外，合亟行。为此，仰官吏照文事理，即便不时察查，如有前情弊，立即据实申详，以凭严行究参，毋得徇隐，自干并参，未便，慎切须牌。

乾隆十一年九月十九时发，到二十八日到府（原差吴大成）。

皇木尺寸式：桅木二十根，长六杖，头径四尺五寸，尾径一尺八寸；断木三百八十根，长三丈二尺，头径三尺五寸，尾径一尺七寸；架木一千四百根，长四丈八尺，围圆一尺六七寸；槁木二百根，围圆八九存、一尺不等。①

该告示是湖南巡抚杨锡绂于乾隆十一年（1746）发出的。从属地管辖原则出发，湖南巡抚也不能把该告示“饬发”到贵州省境内，自然它对于贵州省的天柱、锦屏一带没有法律约束力。

该告示表明：一是湖南省委派府佐等官员“领帑”，亲赴辰沅上游一带产木地方，照依民间时价，运至常德府的德山河下。二是湖南省所采办的“皇木”汇集在常德，由此扎簰启运至京。三是经理采办官员，假借采办“皇木”名义，在常德扎簰之处，“短价硬买”过往的客商木簰中的大木，倒卖谋私利。为求免累，木商被迫向官员行贿。四是湖南巡抚允许客商到湖南巡抚衙门“呈首”，或到附近府县衙门“出首”，控告经理采办官员。这类诉讼，应该发生在湖南省境内，后文详及。

假设在常德被扰累的客商之木，包括从锦屏县卦治、王寨、茅坪等地购买来的苗木，也是下游“水客”受累，并不直接损害到上游山客的利益，何以锦屏苗民李荣魁等加以抄录呢？

这里“辰沅上游”，应该是辰水、沅水的上游。辰水是在湖南省辰溪县汇入沅水左岸的沅水支流。沅水源出贵州省的龙头河和重安江，流经黔东、

① 转引自吴苏民、杨有赓：《“皇木案”反映“苗杉”经济发展的历史轨迹》，载《贵州文史丛刊》2010年第4期。转引时，句读有所调整。个别字可能判读有误，本文作者加了（？）号。另据锦屏县地方志编纂委员会编《锦屏县志：1991—2009》，方志出版社2011年版，第1541页，补充了“皇木尺寸式”部分。笔者怀疑杨有赓所收集的版本和锦屏县档案馆收藏的版本是不同的，或为转抄形成。

湘西，至黔城以下始称沅江，入洞庭湖。从河源到黔阳的清水江为沅水上游。从自然地理意义上，“辰沅上游”包括锦屏、天柱一带的清水江流域。但是从行政区划上讲，乾隆十一年锦屏、天柱已经隶属贵州省。在贵州也有额办皇木任务的情况下，湖南省承办官员能否进入锦屏一带，采办苗木，尚待资料佐证。不过，有四川官员到贵州境内采办皇木的史料记载可作辅证。乾隆十五年，万年吉地工程需要大楠木 12 根，四川夔州知府许国栋在黔省桐梓县之平头山、石笋溪等处采办 12 根，余木 2 根，保宁府通判杨道国管运赴通交收。乾隆二十四年复需大料楠木 6 根，重庆府知府林兴泗、江津知县彭维铭于黔省桐梓县之石观河、夜郎坡等处采获 6 根，候补同知孙晖管运进京。[①] 因此，不排除清代湖南官员进入锦屏、天柱一带的可能性。

（三）工部对杨锡绂“为请定稽查办木之迟延以速公务事”奏文的批文

该批文抄件较长，其行文结构，依次包括四部分：第一部分是复述湖南巡抚杨锡绂向工部的“为请定稽查办木之延迟，以速公务事”奏议；[②] 第二部分是内阁及工部对杨锡绂的奏议的逐条评议及采纳情况；第三部分是内阁上奏乾隆皇帝后得到的圣谕“依议，钦此”；第四部分交代抄录者及抄录时间。第一部分是完整复述；第二部分把杨锡绂的奏议进行条分理析，一一评析，提出批复意见，以便乾隆皇帝御览核准。因而，内容有转引和摘引所致的重复之处，影响解读。兹全文转引如下：

乾隆十二年湖南巡抚杨　奏工部，为请定稽查办木之延迟，以速公务事。营缮司案呈内阁，抄出本部奏前事，内开，该臣等议得，湖南巡抚杨奏称：湖南每年额办解京桅木二十根，断木三百八十根，架木一千四百根，桐皮槁木二百根，以京师各式之需用，而派办止有此数，价值、水脚又准销宽豁，诚不欲稍贻民累也。缘桅、断二木，近地难觅，须上辰州以上沅州、靖州及黔省苗境内采取；其架、槁二木，则须在常德聚木处购买，而扎以牌

① 《明神宗实录》卷三〇八，台北中央研究院历史语言研究所 1962 年版，第 548 页。转自引李良品、彭福荣：《明清时期官办皇木研究》，载《中国社会经济史研究》2009 年第 1 期。

② 吴苏民、杨有赓认为，乾隆十一年（1746）湖南巡抚杨锡绂的“为严禁办木累商之弊、以肃官常事”告示，是“呈报工部奏文”，应是定性错误的。参见《“皇木案”反映“苗杉”经济发展的历史轨迹》，第 65 页。

架运，经历江湖，费运各河，又须购买帮护，以免沿途磕触伤损，此原难少之项。乃领帑承办之同知、通判等官，每藉采办名色，在于苗地，不问民之愿卖与否，将树木混号记，给价砍伐。苗以奉公采办，不敢较论。及至常德府德山河下，商木会聚之所，又将商木选择号记，轻价勒买，除额办，夹带私木，运至江南一带逗留私卖，每有途经年尚有不到京之事。内部行催，彼以风水阻滞，无从究结，诚不可立法稽查，以杜其弊。臣到任以来，查知常德勒买之弊，已行令承办委员，会同武陵县知县，将架槁之木在常德河下，公凭木牙平价采买，不许委员自行号记在案。辰州以上各苗地方，采桅、断二木，现行示布政使司查议转饬，如果聚木行市之处，办不足数，须在苗境购觅，务必委员知会地方官，询问苗民情愿，然后照依时值砍买，仍会地方官通报查考，其木运至辰州，承办之员将改办木数，辰永沅靖道亲临查照，以杜多带渔利之弊，亦在案。至其沿途逗留，本省无从稽查，应请嗣后武（？）行之时，臣先期咨会沿途督抚，饬行地方官照粮舡铜铅之例，催攒出境，或有风水阻滞，地方官给报本省督抚，移咨湖南备案。若在途无故逗留私卖，地方官据实揭报请参，徇隐者，查出一并议处。为此，庶累民商迟延公务之弊可以禁杜，而公务亦可速竣矣。但非定例通饬，恐各省奉行未能实办。臣谨恭折呈奏等因前来。湖南省每年额办桅木二十根，断木三百八十根，架木一千四百根，桐皮槁木二百根，共需木价银三千九百五十二两零，俱第动支正项钱粮，按年办解。该抚等理宜遴委贤员，敬谨办运，岂容有押勒商民、逗留等弊。今该抚杨奏帮领帑承办之同知、通判等官，每藉采办名色，在行苗民之地，不按民之愿卖与否，将树木混行号记，给价砍伐，及至常德府德山河下，商木聚会之所，又将杉木选择号记，轻价勒买等语，是假办差名色，扰累商民，甚属不合。今既据该抚奏称，到任以来，察知常德勒买商木之弊，已行令承办员，会同武陵县知县，将架、槁二木在于常德河下，公凭木牙平价采买，不许委员自行号记。其在辰州以上各苗地方，采办桅、断二木，示行布政使司查订议转饬，如果聚木行市之数，办不足数，须在苗地购觅，务必委员知会地方官，询问苗民情愿，然后照依时价砍伐，仍令地方官通报查考等语，应令该抚严饬地方官并该管道府等，不时稽查，如承办之员有仍前买押勒等弊，该抚即行指名题参。倘该各官徇隐不行揭报，一经查出亦即一应究参，交部分别议处。再该抚奏称：承办官夹带私木，至江南一带逗留私卖，每有在途经年、尚不到京之事，已行令如木运至辰关，承办之员将所办木数申报辰、永、沅、靖、道，亲临察点，以杜多带渔利之弊。至其沿途逗留，本省无从查察，应请嗣后开行之时，臣先咨会沿途督抚，饬行地方官照粮舡铜铅之例催攒出境，或有风水阻滞，地方结报本省督抚私咨湖南备案。若沿途无故逗留私卖，地方官据实揭报请参，徇隐者一体议处等语。查各省解运木植，每年额解之外，略备帮木，以备补正额之缺，亦即于咨内解数目开如报部，何得多带私木，沿途渔利。今该省办员既有夹带之弊，应令该抚嗣后委员办解木植，如额办之外，必须备带帮木之处，务将额外并帮木色名数目，于所给批牌内逐一填注，运至辰关之日，饬令辰永沅靖道照牌内数目亲临查点。如有夹带私木，查出即行入官，并将该解员照例查参。至木植逗留一项，向来各省咨报起程日期，臣部即行文沿途督抚，饬令地方官速即催攒前进，并将出境日期先行报部在案。其间有经年不到者，据沿途官，或将中途阻风、阻线，或解扎牌筏，各录报部。臣等以长江大湖，风涛险阻，所报未必尽虚，但恐不肖解员逗留私卖，安知不假阻风等项名色，巧为揑[①]饰，应该抚所奏，嗣后木植开行之时，令该督抚饬令地方官，照粮舡铜船之例，催攒出境。或有风水阻滞等事，该地方官出具切实印结报部。本省督抚移咨湖南，并咨报臣部备案。如有解员在途无故逗留私卖等弊，令地方官即行据实揭报请参。倘地方不严催攒，以及徇隐所报不实者，查出即行一体参处。并查办解木植，非止一省今湖南既有此弊端，他省办木之区，亦未必如此情形，应请敕令江苏、江西、浙江等省巡抚遵照，一体办理，并令沿途之江南漕运、直隶总督、山东巡抚，转饬木植经过之地方官，并各关口凛遵，可也。

乾隆十二年七月　日奏，奉旨：依议，钦此。相应移咨，遵照移咨，遵照施行。

道光七年七月十五日李荣魁、乐定邦、张老欧等抄藩台衙门抄录。各要谨慎收存。[②]

分析该抄件可以得出：

1. 湖南省额办解京的皇木的规格、数量、费用和开支渠道：桅木二十根，断木三百八十根，架木一千四百根，桐皮槁木二百根。共需木价银三千九百五十二两零，从正项钱粮（即“帑”）中支付。

2. “帮木”。额办解京的皇木数量规格是确定的。但是，沿途运输中难免出现“磕触伤损”，为了保质保量地运送到京，需要“购买帮护”，以作预备。即在额定数量之外，要多采买运输一些皇木。此即所谓的“帮木”。

3. 承办的同知、通判等官员的“四弊”

---

① “揑”，同“捏”。

② 转引自吴苏民、杨有赓：《“皇木案”反映“苗杉”经济发展的历史轨迹》，载《贵州文史丛刊》2010 年第 4 期。转引时，句读有所调整。个别字可能判读有误，本文作者加了（？）号。

（1）苗地强买勒押之弊：不问民之愿卖与否，将树木混行号记，给价砍伐。

（2）常德勒买商木之弊：在客商贩运的杉木中，选择架、槁大木号记，轻价勒买。

（3）多带渔利之弊：夹带私木，到江苏、江西、浙江等江南一带逗留私卖，从中渔利，耽误到京行程。“帮木”成为官员夹带私木的借口。

（4）沿途逗留之弊：风水阻隔是不可抗力，但是往往承办官员借此逗留私卖。

4. 内阁和工部提出并得到乾隆批准的治弊对策：

（1）防治苗地强买勒押之弊：先在聚木行市之数采办，办不足数，须在苗地购觅，务必委员知会地方官，询问苗民情愿，然后照依时价砍伐。湖南巡抚应严饬地方官并该管道府等，不时稽查，如承办之员仍有前买押勒等弊，该抚即行指名题参。倘该各官徇隐不行揭报，一经查出亦即一应究参，交部分别议处。

（2）防治常德勒买商木之弊：命令承办官员，会同武陵县知县，将架、槁二木在于常德河下，公凭木牙平价采买，不许委员自行号记。

（3）防治多带渔利之弊：如额办皇木数目之外，必须备带帮木之处，务将额外并帮木色名数目，于所给批牌内逐一填注，运至辰关之日，饬令辰永沅靖兵备道照牌内数目，亲临查点。如有夹带私木，查出即行入官，并将该解员照例查参。

（4）防治沿途逗留之弊：沿途江苏、江西、浙江、山东、直隶等省督抚饬令地方官，照粮舡铜船之例，催攒出境。或有风水阻滞等事，该地方官出具切实印结报部。本省督抚移咨湖南，并咨报臣部备案。如有解员在途无故逗留私卖等弊，令地方官即行据实揭报请参。倘地方不严催攒，以及徇隐所报不实者，查出即行一体参处。

由于常德之后的沿途跨越多省，非湖南巡抚可以稽查，因此必须上报工部和内阁，请求通饬各省督抚，沿途催督湘办皇木速运进京。

这里的“缘桅、断二木，近地难觅，须上辰州以上沅州、靖州及黔省苗境内采取”，较之巡抚告示中“辰沅上游一带产木地方”，更加具体。乾隆初年，辰州即辰州府（今沅陵县），隶辰沅永靖兵备道。沅州即沅州府（治芷江），领黔阳、麻阳二县，隶属辰州府。靖州即靖州直隶州（今靖县），领会同、通道、绥宁三县。结合起来，所谓“黔省苗境”，可能包括四个部分：一是沅水支流之一的锦水的上游的铜仁府境内，包括今松桃、江口县一带；二是沅水支流之一的㵲水的上游的镇远府，包括今黄平、施秉、镇远、玉屏县一带；三是沅水支流之一的清水江流域，今天柱、锦屏、剑河、台江县一带；四是沅水支流之一的渠水上游黎平府，今黎平县中潮、洪州一带。由此看出，清水江流域只是其中之一。

综上可以看出，苗地强买勒押皇木之弊，可能与天柱、锦屏等黔省苗地相关。但是至今未发现直接的诉讼案稿资料。只是道光七年锦屏苗民李荣魁等在一份呈送黎平知府请求禁革低潮银的禀稿中，提及“国朝雍正张巡宪，校立归总木市，在于黎属茅坪、王寨、卦治，三江值年，停客买卖，上下商贩及湖南委员采办皇木，均止该所，成规已久”。[①] 即湖南委派采办皇木官员可以到茅坪、王寨、卦治三江木行采买，但不表明事实上存在强买勒押皇木之弊，更不能推断出湖南委员进入产木山场觅采。李荣魁等抄录以上官文书，目的何在？或许是预防，一旦湘省承办官员进入锦屏苗地采买，锦屏苗民李荣魁等以抄录为据，以图对抗可能发生的扰累。

二、明代《新镌法家透胆寒》中的皇木诉讼词稿

《历代珍稀司法文献》第十一册收录了明清讼师秘本八种，其中就有明代署名“湘间补相子撰”的《新镌法家透胆寒》。其第十三卷《苗木竹菓》中收录了 11 件案词稿，其中提及“皇商”“皇木”“御商”“御客”的词稿有 4 件案。该书十六卷以及《透胆寒自序》，都没有透露出作者的任何信息，也没有透露每件词稿的原被告姓名、案件发生地，从“湘间补相子撰”的署名，推断编者为湖南人士，尚难为确凭。

据考证，明代采办皇木的斧手，均是从湖广辰州府招募而来的。清初康熙年间张德地便援引旧例要求从湖广辰州府招募 200 名斧手来川。[②] 斧手砍伐巨木是需要长期技术经验积累的，也证明湖广辰州是长期和重要的皇木采伐地之一。明朝湖南盛产木材，木材是重要商品。明隆庆《岳州府志》卷十一《食货志》载“油杉、香樟二木甚巨，出桑植、茅冈”。乾隆《辰州府志》载“曰杉，私松而直，叶如针刺，梁栋之至美者，皮亦可代瓦”。同治《沅州府志》载“杉，性直，有赤白二种，作宫室棺椁俱良”。沅州所产的杉木，可以作为皇宫、皇陵建筑之用，即“皇木”。光绪《靖州乡土志》载：“耕锄石骨论生计，仰食惟天乐有涯；斫木青山争利市，摘茶白露闹邻家”，表明木材是靖州重要商品之一。

---

① 贵州省编辑组：《侗族社会历史调查》，贵州民族出版社 1988 年版，第 77 页。

② 蓝勇：《明清时期皇木采办》，载《历史研究》1994 年第 6 期。

明清以来就有“三省苗”的说法，指贵州、湖南、广西一带的苗疆。乾隆《辰州府志》卷十六《平苗考》九载“湖南红苗自明朝以来，负固不服”。因此，《新镌法家透胆寒》第十三卷《苗木竹菓》所谓的“苗木”，可能也指沅水上游一带出产的巨木，抑或就指明朝、清初仍属湖广的天柱、锦屏等一带。

基于以上辅证材料，姑且把涉及皇木诉讼的四件案词稿，设定在湘省的名上，也算“持之有据”。

明永乐十一年（1413）设置贵州布政使司，贵州正式成为省一级的行政单位。万历三十六年（1608）向贵州征派“楠杉大木、柏枋一万二千二百九十八根，该木价银一百零七万七千二百七十一两四钱七分六厘”。贵州的皇木主要采伐地有思南、铜仁、镇远、石阡、思州、黎平、都匀等。但是，镇远在明永乐十一年（1413）前隶属湖广省。天柱于万历二十五年（1597）撤所建县，隶属湖广靖州直隶州。直到雍正四年才由湖广靖州改属贵州黎平府。黎平于明永乐十一年（1413）设府，隶属贵州等处承宣布政司，此前隶属湖广靖州。锦屏县明永乐十一年（1413）设立新化府以前，均隶属湖广行省。玉屏，至雍正五年由平溪卫改立玉屏县，隶属思州，此前一直隶属湖广。因此，明代的湖广行省的湘西部分，曾管辖今天属于贵州省的黔东南、黔南的部分地方。

湘黔交界州县多属于苗地，而且明代前期多属湖广行省，清代前期部分州县还隶属湖广省。清康熙年间《大清律例》有“黔楚红苗”“湖南有苗民州县”的提法。[①]

今天，在黎平县高稼村的半坡上还留有3株树高近50米，胸径1米开外的“仙女杉”。在锦屏县文斗下寨的田坎上，耸立一株树高35米，胸径1.6米的“皇杉”。此寨还有一处“皇木坳”的山地。[②]因此，《新镌法家透胆寒》第十三卷《苗木竹菓》中的“苗木”应主要指沅水上游的湘黔交界的苗地出产的苗木。

明代采办皇木有三种形式：官采、商采和进献大木。《新镌法家透胆寒》所收录的涉及皇木诉讼词稿，属于商采中的纠纷。现逐一解读：

（一）《冒砍巨木告》

冒砍巨木告　　谋巨木不遂，混寓前插苗木年月，砍伐一半

① （清）薛允升：《读例存疑》卷六，《名例律》下之三。

② 单洪根：《清水江流域地区的“皇木”征办》，载《原生态民族文化学刊》，2009年第1期。

为假冒皇商、白伐巨木事。朝廷无剥民利己之为，真皇商亦不强佔。土豪有谋彼霸此之势，典苗约遂敢吞乔。豪恶某某，涎身巨木万株，钻典小苗一契，包罗界段，倒写年时，陡统群凶，横砍一半。口称皇木，赛貔貅，簰头断头天头，势出土豪，似虎贲，人胆财胆恶胆。切典在十年之内，不过拱把之材，而伐佔百岁之兴，现具披云之幹。剿豪究佔，诛伪安良。告。

诉其大木皆子传父业，栽新苗小木，若力分一半，今照伊父旧插小木契砍伐

为生则顺，死则欺，小则让，大则佔事。万物以契为凭，岂故笔故人，而业不可执。豪棍以讼为佔，纵分新分旧，而约不可抄。土豪某某，承父木山，身亦承父典约，巨木一万，各获五千。讵豪机乘身典某某，旧插杉苗力分，生隙争衡，强抹巨木典文，捏词罩佔。据典分数召斫，非强抹契。诬天拘词，有坐。诉。[①]

该词稿包括两部分，一告词，一诉词。告词应该是起诉，诉词是辩诉，正反攻防对应（下同）。所云“披云之幹”的“巨木万株”，当是夸张之辞，该词稿疑似经过整理加工，不应是第一手的诉讼词稿，与清水江文书中的词稿有区别。

先看告词。原告有巨木万株，被告垂涎欲得不能。但是，原告曾经向被告出具典契，把栽种的十年以内的活立木（不包括巨木）典卖与被告。被告把原告所出具的“典小苗一契”篡改，把界址扩移至包含巨木，把出典日期“倒写”向前。并带人砍伐一半，声言供应“皇木”。

再看诉词。被告辩称不存在篡改的“抹契”行为，依据“典分数召斫”，砍伐一半是正当的。因为典价一般为断卖价的一半。存在新旧两份典契，原告只承认新苗小木的典卖契，不承认有“巨木典文”（即“强抹”）。事实上，原告的巨木是“子传父业”，被告也是承继父亲的典约权利，不能因为被告父亲身故，而“死则欺”。被告已经把旧插杉苗的“力分”出典出去了，于是被告诬告。所谓“力分”，是与“土分”相对的。山土的主人把山土佃与“栽手”栽种，成林之后土主和栽手均分林木，故有“力分一半”。佃户（人）因栽种抚育管理而享有的收益，称作“力分”。

从词稿来看，即便被告是“皇商”，也是依据典约、佃约采买，并无强

① 《明清讼师秘本八种汇刊（上）·新镌法家透胆寒》，载杨一凡主编：《历代珍稀司法文献》（11），社会科学文献出版社 2012 年版，第 199 页。个别句读笔者有调整。

买情节。被告只是按照约定份额，将巨木“砍伐一半”。

（二）《改券伐木告》

改券伐木告　商拚木山、界小坞改做大沟

为借甲佔乙、得陇望蜀事。拚一阄砍二阄，虽皇商不是虐，改小字为大字，即懦汉敢上坞。豪商某某，口称御客，势压乡民。涎身承祖巨木一号，连界两阄，豪值百金，仅拚一段。拚契西至小坞，讵豪改作大沟，界印套铸身模，任恶移阄变号。改一字可当百金，废五刑不容十恶。告。

诉百金尽棄山木、契无弃西留东字样，又非改迹剜补，何为强佔。此诉。

为诬杀商命事。砍木凭拚契，界号印信行。捏改字，电察难瞒。诬移阄，斧号可对。豪恶某某，承祖木植，与某某水界相连，计数三千，议价一百，出拚与身，并无遗款。比即豪自行界，斧印昭然。当凭中证兑银，拚契确据。初无小坞大沟之辨，更无棄东留西之语，陡诬改字佔阄，谎从天落。且捏套文铸号，冤自迷雾。刀笔一词，欲骗百金生毒意，锾书千款，首严十恶在阴谋。诉。[1]

原告诉称，其与被告御商签订“拚契”，约定砍伐范围，西至小坞。坞，为四面高中央低的山地，是显著的地理特征。并沿界线之上的树木上打上原告的斧印，作为“界印”。但是，被告把原告出具的“拚契”上的“小坞”，改成“大沟”。且按照原告留在树上的斧印痕迹，套铸出原告的斧印模样，在“大沟”一线打上斧记，“移阄变号”，把原告的“承祖巨木一号”，圈进去砍伐了。

被告辩称，“砍木凭拚契，界号印信行”是公认的习惯规则。捏改契据字句，很容易察觉；陶铸移阄，可以通过斧号比对出来。被告主张，原告出卖砍伐的木植与“某某水界相连”，数量价格约定明确，出拚与被告，并无“棄东留西”“西至小沟”等“遗款”。勘界时，是原告自己打上斧印的。向原告付款，经凭“中证”。明显是原告在诬陷被告。

可见，皇商御客必须同木植主人签订“拚契”，遵守交易规则砍伐。但在清水江文书中，尚未发现有“拚契”。

---

① 《明清讼师秘本八种汇刊（上）·新镌法家透胆寒》，载《历代珍稀司法文献》（11），第200页。“拚”右半边原稿中写作“棄”。

（三）《冒骗万木告》

冒骗万木告　拚价未足，木出水际，嗔取受辱

为客假御名、骗陷国税事。御商原不为害，而窃其名为害。山税何以为资，而货其木为资。木骗则税伤，名窃则毒商。极恶某某，涎身乔木，几万几千，仅银十两，压书拚契。豪云俟领工部之银，足价几百。孰意木至水际，竟乏分文。可伶价一两不与一分，更惨木一株便伐一百，果为皇朝採[①]用，身亦何言。若遭豪恶骗吞，宪有正法。告。

诉契足伐木，已次增价，中券存据

为木价楼上楼、讼词影中影事。木价足而开山，加增无已，骗银侈猶[②]封木，诬控何辜。极恶某某，以木为饵［钓］银物，仗词为杀客刀。身蹇落套，拚木数千，豪具契文，兑价几百。开山时，挖水时，出水时，曾经三骗。凶扭势，堆簰势，告骗势，难逭五刑。诉。[③]

《两宫鼎建记》记载："凡木商运到木植，部例会估给价。"[④]该词稿所称"俟领工部之银"，可能并非虚言。

原告诉称，被告御客相中了原告的价值"几万几千"的乔木，御客仅交付"十两银子"（应该是约数、概数，形容数量之少），就"压"（勒押、强迫）原告向原告书写和出具"拚契"，并承诺一旦领足"工部之银"，补足价款（可能写在契约之上）。可是木材拖至水边，竟然不付分文。

被告辩称，已经足额支付了价款才被允许"开山"砍伐的，但是原告三次要求"加增"价款，分别是"开山时，挖水时，出水时"。木材运输依靠山间溪流运输，需要足够水深和流速，需要临时围堰调节水量。即在拚契所约定的价款之外，被搕索三次。

由此，皇商似也有"强龙压不住地头蛇"的时候，双方利用词讼进行博弈，以增进各自的利益份额。

① "採"，同"采"，下文同。

② "猶"，同"犹"。

③ 《明清讼师秘本八种汇刊（上）·新镌法家透胆寒》，载《历代珍稀司法文献》（11），第200~201页。

④ 《两湖鼎建记》下，转引自李志坚：《明代皇木采办研究》，华中师范大学2004年硕士学位论文，第21页。

（四）《木商违禁告》

木商违禁告　有客私带禁木，牙人出首

为实首禁木事。禁木非御商不採，首词非赃证不呈。豪商某某，巨木数万，财堪敌国，殷傲王侯。禁木数千，势敢违条，欺法律。身系牙行，赃确何辞举首。豪犯违旨，宪纲勿贷剿诛。告。

诉牙人害客，诬首私藏禁木。

为妒不投行、诬首违禁事。禁木不产于仇口，违条须据于实赃。奸牙某某，向陷身本千金，险塞江关百税。今嗔商去，恶行故捏词藏禁木。吁宪天亲临蹈验，赃空反坐服诛。诉。[①]

这里的“禁木”应该是明朝工部需要的高规格的大木。宣德九年（1434）六月，“行在工部尚书吴中奏：湖广采木山场，永乐中禁民采伐，比年犯禁者众，木材殆尽。及朝廷需材，乃深入险阻，疲劳人力，乞敕湖广三司仍加禁止……”。[②]可见，“禁木”于明代永乐中期就开始了。明代湖广省的岳州、辰州、道州（今属湖南省），是重要采木山场，应被禁伐大木。

原告牙行主张，禁木只能御商采买，被告不是皇商，属于“私带禁木”，违反圣旨和国法。

被告木商辩称，原告牙行因木商离开牙行而生怨怒，诬陷被告木商。木商投宿牙行，可以给牙行带来佣金等收益。被告木商曾经携带千金巨资，投寄原告牙行，遭到陷害，影响到江关各种税收的征收。

由此，尽管“禁木”皇家垄断，禁止市场自由流通，但是，木商投宿牙行，是有选择自由的。

综上四案共计八件词稿的解读，采办皇木的御客并没有特别权力，他们与山主、木主、牙行的交易和博弈都是依据契约文书，遵循交易习惯规则，依然要恪守“民凭字约”的规则。万历二十四年（1596）采办建造乾清宫、坤宁宫的木材，负责此事的营缮司主事贺盛瑞，对采办皇木的木商讲：“一，不许指称皇木，希免各关之税。盖买木，官给平价即是。交易自应行抽分，各主事木到照常抽分；一，不许指称皇木，搕撞官民船只，如违，照常赔补；一，不许

① 《明清讼师秘本八种汇刊（上）·新镌法家透胆寒》，载《历代珍稀司法文献》（11），第204~205页。个别句读笔者有调整。

② 《明实录》卷一一一。

指称皇木，骚扰州县，派夫拽筏；一，不许指称皇木，搀越过闸；一，木到张家湾，部官同科道，逐根丈明，具题给价，今不给预支。”[①] 这里，“官给平价”应该是指“逐根丈明，具题给价”，而不是针对皇商向苗民采购环节而言的。

三、“皇木案”法意揭示：平等自愿的市场交易原则的历史基础

以上主要涉及“皇木案”的史实考证方面。下文主要就“皇木案”的法意揭示方面作一点探讨。平等自愿是近代西方民法基本原则，是在清末法律近代化过程中移植而来的民法理念。中国的民法教科书中，必称罗马法，绝不溯及中国固有民法材料。本节对“皇木案”的探讨，旨在阐发其中蕴含的现代性的法律因子和元素。虽然西儒对平等自愿理念有过深刻的伦理和哲学立论，但是依然可以从我国明清数百年的市场交易历史材料中找寻到我们接受平等自愿原则的历史自身根据。

（一）“物皆无主，法亦空彰”[②]

在《新镌法家透胆寒》第十三卷《苗木竹菓》中收录一份《越界强吞告》的告词，其主旨句就是“为物皆无主，法亦空彰事”。“物皆无主，法亦空彰”，采用“否定后件，推出否定前件”的形式逻辑规则，就会得出“法彰，则物皆有主”的结论。

在清水江文书的诉禀稿中，也多次出现过“为物皆无主，法亦空彰事”。[③]可见至少在讼师们的观念中，国法是应该保障物主的权利的。在清末民初的清水江文书中就出现过“业权”和“主权”的观念和表达。[④]

先秦法家之一慎到有个著名譬喻和论断，即“一兔走，百人追之。积兔于市，过而不顾。非不欲兔，分定不可争也。”由此似乎可以约略看到，

---

① 《两湖鼎建记》下，转引自李志坚：《明代皇木采办研究》，华中师范大学2004年硕士学位论文，第21页。

② 《明清讼师秘本八种汇刊（上）·新镌法家透胆寒》，载《历代珍稀司法文献》(11)，第202页。

③ 参见张应强、王宗勋主编：《清水江文书》第3辑第4册，广西师范大学出版社2011年版，第83页。另见张应强、王宗勋主编：《清水江文书》第3辑第4册，广西师范大学出版社2011年版，第155页。

④ 程泽时：《清水江文书之法意初探》，中国政法大学出版社2011年版，第192页以下。

发轫于先秦法家的“法权”观念一直通过讼师进行传承，并向民间输送。但是，法家的“法权”观念是维护皇权，不限制皇权的。这与儒家经典《诗经》中的“普天之下，莫非王土；率土之滨，莫非王臣”是一致的。中国传统法律思想中的儒家和法家在约束皇权问题上，都是有理论缺陷的。

（二）“禁木”理据：“普天之下，莫非王土；率土之滨，莫非王臣”

前文提及明永乐中在湖广采木山场“禁民采伐”。清顺治十四年下诏“禁止官民采用楠木”。[①] 前禁区域，后禁树种。其理据还是《诗经·小雅·谷风之什·北山》所云的“普天之下，莫非王土；率土之滨，莫非王臣”。后世竞相传颂。春秋时期鲁国左丘明《左传·昭公七年》：“故《诗》曰：‘普天之下，莫非王土；率土之滨，莫非王臣’。”汉代司马相如的《难蜀父老》也转引“普天之下，莫非王土；率土之滨，莫非王臣”。在清水江文书的诉禀稿中也有引用的。[②]

这样就存在财产法权的“二层结构”：其顶层是皇权，皇帝拥有“绝对”的所有权，拥有随时“吞噬”官民业产的无限权能。“物主”之上有“人主”；其底层才是构成市场交易基础的“物皆有主”意义上财产“私权”。这是从权力垂直上下角度去观察，存在上下二层结构。但是，从决定与被决定意义上看，皇权由于不受法权制约（“一家之法，非天下人之法”），收缩变化，左右着民间市场上的“私权”，因此，底层基础是不具恒常性的“皇权”。

需要注意的是，“禁木”是有禁不止的，皇帝心知肚明。明宣德九年（1434），皇帝对于工部“乞敕湖广三司仍加禁止”的建议，答曰：“但山林川泽之利，古者与民共之，今不必屑屑，故已之”。[③] “与民共之”是一种历史实然，本是平民的习惯权利。

（三）从“官给平价”到“询问苗民情愿，然后照依时值砍买”的转变

---

① 《清世祖实录》卷一〇七，转引自《明清时期皇木采办》，载《历史研究》1994年第6期。

② 张应强、王宗勋主编：《清水江文书》第3辑第4册，广西师范大学出版社2011年版，第155页。

③ 《明实录》卷一一一。

前文提及明代商办皇木的原则是“官给平价”。这里的“平价”，应该是根据木材市场上的价格来确定的。《新镌法家透胆寒》第十三卷《苗木竹菓》所收录的8份词稿证明了明代商办皇木也是遵循平等、自愿原则。当然，官办是明代采办皇木的主要形式，商办只是次要形式。且官办皇木中，只是“官不给价，只给脚钱”。[①] 永乐初年“督军民采木，人给米五斗，钞三锭”。[②] 万历年间“每夫日支米一升，雇工银六份”。[③] 明代皇木采办“计划征派为主、市场采买为辅”。

清代《皇木案稿》中，清代湖南官办皇木也是要求优先在常德河下的“商木聚会之所”，“公凭木牙平价采买，不许委员自行号记”。如果再“聚木行市”采办不足，需要在苗地购觅得，“务必委员知会地方官，询问苗民情愿，然后照依时价砍伐”。官府采买必须经过牙行，且是“平价”。进入苗地购买，必须询问苗民情愿，依照“时价”砍伐。这里的“时价”应该是木商竞价购买所形成的参考市场价。“询问苗民情愿”，本身体现了对“物主”的尊重和平等对待，体现了自愿交易原则。工部对湖南巡抚杨锡绂向工部提请的“为请定稽查办木之迟延，以速公务事”奏文的批文，是经过皇帝核准的，属于清代的正式法律文件。

从明代到清代采办皇木的形式变化来看，明代商办皇木的比重在增加。[④] 而且清代湖南官办中，通过市场交易采买皇木占到了主导地位。可见，在木材交易上，平等自愿原则逐渐得到官民的认可和接受，市场的力量在不断地张扬，历史自发地偏向和选择了市场这只“看不见的手”。这就是平等自愿的市场交易原则的固有历史基础。

第二节　“白银案”：价值尺度的校正

“白银案”是所谓“清江四案”之一，至今并没有成为清水江文书研

---

① 正德《四川志》卷八，转引自《明清时期皇木采办》，载《历史研究》1994年第6期。

② 《明太宗实录》卷五七。

③ 《明神宗实录》卷三〇八，台北“中央研究院”历史语言研究所1962年版，第548页。转自引李良品：彭福荣：《明清时期官办皇木研究》，载《中国社会经济史研究》2009年第1期。

④ 李志坚：《明代皇木采办研究》，华中师范大学2004年硕士学位论文，第21页。

究热点之一。早在1988年《侗族社会历史调查》中，杨有赓先生最早公开了“白银案”中的3份道光七年的文书，1份禀稿、1份贵州巡抚批示、1份黎平知府告示，并认为木商“以冲铅堕铕掺假的卑劣手段，降低银色和平比兑率。因含铅增加，银色由九·五成降至五·二三成，因铅比银重，兑比率由九·六比兑降至九·〇一比兑，完全暴露了商业资本对少数民族商人和林农的欺诈和掠夺”。[①]这种阶级分析和民族分析方法的时代局限性是显而易见的。一是用“商业资本”的大词“遮蔽”了复杂的各方木材交易参与主体、地方政府与三江木行的利益关系以及木材交易中介服务交易。比如，茅坪、王寨、卦治三江木行是中介服务提供者，是否属于商业资本范畴呢？商业资本不应仅仅指下河木商（水客）。二是使用“少数民族”概念不准确。三江木行也是苗商。山贩（山客）是木材商品的提供者，多为苗民，亦有汉民。三是阶级分析和民族分析方法不以准确的经济分析为基础，大而无当。比如，“三江买卖不下数百万金生理，银色亏其大半，平轻少得十余万金”，是真实可信亦或砌词虚控呢？必须先行厘清。基于对“白银案”的文书文本的准确地、系统地经济分析和法律分析，笔者对杨有赓先生所持“因铅比银重，兑比率由九·六比兑降至九·〇一比兑”的观点，提出有待商榷的意见。中国古代货币银两史的研究，多不结合某大宗具体商品贸易来研究银两问题。木材贸易等专题经济史的研究也鲜见探讨木材交易中的银两问题。笔者自知学力不逮，拟以抛砖引玉，就教于方家。

---

① 贵州省编辑组：《侗族社会历史调查》，贵州民族出版社1988年版，第80页。2011年杨有赓和吴苏民共同撰文《“清江四案”“白银案”之前后》，又公开了“白银案”中的1份光绪十三年的禀稿，但没有更进一步的分析。杨有赓先生所最新公开的这份禀稿，与张应强、王宗勋主编：《清水江文书》第1辑第8册，广西师范大学出版社2007年版，第255页，所影印收录的禀稿内容基本一致。杨先生所录的禀稿注明了“光绪十三年五月”，笔者所录的那份禀稿注明的是“光绪十三年　日　禀”。参见程泽时：《清水江文书之法意初探》，中国政法大学出版社2011年版，第126~127页。两次公开文书资料，前后经历了23年，不谓不短。其间，锦屏县地方志编纂委员会编《锦屏县志：1991—2009》，方志出版社2011年版，第1537~1538页，其中附有《白银案资料选》也与杨有赓先生1988年公开的3份相同。笔者曾于2011年撰文《清代锦屏三寨当江“利权”考——兼与杨有赓先生商榷》，所依据的第一手文书资料已经涉及白银问题。也曾试图就“白银案”进行较为深入探讨，但是期待能有更多的相关资料公开出来，一直未能行文。

一、“低潮银”来自湖南

（一）“低潮银”被控从湖南而来

道光七年（1827）七月十五日，山客李荣魁等向黎平知府呈送一份主旨为“恳赏示禁以除银弊以安商民事”的恳禀。为讨论方便，转引如下：

具恳禀生员李荣魁、乐定邦、石声尧、张荣魁、王安太、徐秀方等，为恳赏示禁以除银弊以安商民事。情因生等清水河上通都匀，下达楚省，生等黎平、镇远、都匀三府地方，山多田少，赖蓄杉木以度民生。国朝雍正时，巡抚校立归总木市，在于黎属茅坪、王寨、卦治，三江值年，停客买卖，上下商贩及湖南委员采办皇木，均止该所，成规已久。下河客商分作三帮、五勷买木，三帮者，即安徽、江西、陕西三省；五勷者，系湖南常德府、德山、河佛、洪江、托口。历来买木，纹银九五折扣，平用九六比兑。近因人心不古，下河客商在东家借出资本，足色实纹银，来至湖南德山、浦市、洪江、托口等处，将银倾铸冲铅，堕销低潮银色，至平九三四兑账，欺哄上河山贩。山贩获此低潮，入山难买。至嘉庆年间，所使七八锃银色加价购买，上河愚苗只图获利，殊被暗枪。生等山贩相隔窎远，难于齐议。伊等得步更进，不惟常使七八银色，而平九三四兑，胆敢起利心相串。道光三、四年来，更使不堪银色，仅五二三成，平比止议九零一兑。银低平轻，有名无实，富者难纳官粮，贫者难买日食，目睹心伤。三江买卖不下数百万金生理，银色亏其大半，平轻少得十余万金，遭害匪轻。欲指客民告究，则三帮、五勷不下千人，均用低潮一色，难以枚举。无奈山贩集议，惟有礼请示禁，例赴黎平呈请，何敢越叩。奈三江所停客商，概属他省客民，上年在前府禀禁，恶习难除。是以蚁生等，于昨赴杜府主行辕禀明，蒙谕叩恳，随将低潮银色呈验，恳恩电阅，是否合情，赏准定立银色平比章程，赏示弹压，勒石永禁。三江主家不许低色毛银，入江兑账，以除恶习，以安商民，则下游一带军民商苗子孙沾恩万代矣！为此恳乞大人阁前赏准作主，给示施行。[①]

该禀稿提到，下河客商在东家借出足色实纹银作为资本，到德山、浦市、

① 贵州省编辑组：《侗族社会历史调查》，贵州民族出版社 1988 年版，第 78~79 页。

洪江、托口等地，“将银倾铸冲铅，堕销低潮银色，至平九三四兑账”。德山为今湖南省常德市德山河一带。浦市为今泸溪县内，洪江为今洪江古商城，托口为今洪江市托口镇，浦市、洪江、托口，并称湘西三大古镇。可见，嘉庆、道光年间在沅江沿岸商贸发达的地方，私造灌铅银两技术进入门槛非常低，且成本也不高。

（二）清代湖南境内制造和使用“低潮银”的情弊

清代湖南地方私造“低潮银”盛行。兹举两例，一例是发生在湖南洞庭湖边上的益阳，说明造低潮银工艺简单，成本低廉。另一例也发生在湖南，广东连阳瑶人到湖南境内贩猪，被支付“潮银”，说明湖南市场交易中，“低潮银”常常坑害陌生人。

在清嘉庆朝刑科题本中，记载了一起嘉庆十七年五月发生的“湖南宁乡县民孟诗沅等私造假银并酿成人命案”。[①] 据孟诗沅供述，五月十八日，孟诗沅从宁乡去益阳打工，到熟识的蔡一家探望，叶成良也来闲谈。三人感慨家境穷苦，于是叶成良起意私造灌铅银两，诓骗行使，获利均分，孟诗沅和蔡一允从。各出本银二两，买备黑铅，并器具、铁槌、铁钻、铁凿、小铜管等，在蔡一家内做造。用元丝银五锭，钻眼挖空，镕铅灌入。到五月二十三日造成灌铅银五锭，将三锭向过路不知姓名人船上买谷二斗、米一石，并将挖出银屑，买备酒肉，均分食用，剩银二锭交蔡一收存。可见，造灌铅银两技术简单，成本较低。孟诗沅“合依斗殴杀人者，不问手足、他物、金刃，并绞监候律”，被判处“绞监候，秋后处决”。叶成良“起意伪造灌铅银两，合依将银挖孔倾入铜铅等物伪造使用，照律拟徒例，杖一百，徒三年。业已病故，应与讯、无凌虐之禁卒人等，均毋庸议”。[②]

康熙四十七年连山知县李来章在《连阳八排风土记》中记载，康熙四十三年八月初二日，李来章“奉宪檄禁用潮银”，“已出示城市乡村”，并亲自申谕进城买米路过的军寮、马箭瑶人，“潮银低伪，最易误认。且不便输纳，有妨国课”，“自今以后，使用纹银”，“限二十日内尽行改倾”。该军寮、马箭瑶人，遂雇匠“回炉改倾”。“方销一锭，余五锭在案上，差役捉去”，报告知县“渠方出炉，某攫得之，火气尚热”。瑶人辩解：“向日售猪于湖南客人者，共八九锭，今怀中尚有二锭。”“验之，与所获五锭同底，已磨光，非新铸者。”

① 杜家骥编:《清嘉庆朝刑科题本史料辑刊》，天津古籍出版社 2008 年版，第 1828~1829 页。

② 杜家骥编:《清嘉庆朝刑科题本史料辑刊》，天津古籍出版社 2008 年版，第 1829 页。

银匠云："一锭约九钱，尚存半锭。销过半锭，仅得银一钱。"[①]可见，康熙年间湖南境内就使用了重量短少、掺铅的潮银。一锭库平银，应该一两，足十钱。湖南低潮银"约重九钱"，重量短少。另外，成色约略接近二成，掺铅甚多。半锭湖南低潮银，倾销之后得到一钱。一锭低潮银，含银二钱。

另据《采运皇木案牍》所收藏乾隆四十二年（1777）湖南常德府同知英安与丁役就例木采办而往返的书信记载，当年常德、托口可以使用低纯度的"撇银"购买木材，但在三寨流通的是高纯度的"纹银"。采木委员及下游客商在三寨欲使用低纯度白银购买木材，卖方将以此为借口，提高卖价，甚至不轻易出售木材。[②]

二、"低潮银"在三江地区持续泛滥成灾及其原因

从清水江文书资料来看，嘉庆十三年、道光七年、道光二十四年分别有黎平知府、贵州巡抚就低潮银泛滥成灾作出告示或批示，光绪十一年有贵州布政使对包括兑付木价的银两平码、成色等问题就三江木行"八弊"作出示谕。道光七年、光绪十一年、光绪十三年，现有生员李荣魁等、黎平、古州、清江、天柱四地绅商姜兴国等联名具禀。可见，低潮银及其兑付，在茅坪、王寨和卦治三江及其周边地区已成为严重的长期社会问题。

（一）"低潮银"指冲铅银两的成色低

"低潮银"，或称"低银""潮银"，是指银块的"成色"，低于一般市面上正常流通的银两。仅指成色低，不包含重量短少的情形。因为重量是可以通过"戥子"称重。"戥子"，也称"等子"，是一种清代称银或药材的手提小秤。

"成色"，也称"银色""锃色"等。俗语讲"金无足赤"，银亦同理，不存在含纯银百分之百的银两，总会在银块中混入铅、铜等其他金属。人们习惯于从眼睛观察、手的触摸、敲击和戳刮等经验方式去判断"成色"。制造工艺和炼银原材料的不同，会导致银两的成色不一。另外，银块熔铸中，

① （清）李来章：《连阳八排风土记》卷七，约束，台北成文出版社1967年版，第296~303页。

② ［日］相原佳之：《清代贵州东南部的林业经营与白银流通》，载张新民主编：《探索清水江文明的踪迹——清水江文书与中国地方社会国际学术研讨会论文集》，巴蜀书社2014年版，第554~555页。

加入少量的铅会增加银子的硬度。

以苗木的重要集散地之一的湖南常德府为例，其流通的主要银两有库平银、省平银和常德平银三种。库平银主要是官府用来计量税款和财政收支款项的银两，库平银一两，约合37.24克，成色987‰。省平银是省内商品交易用银，省平银一两约合35.7392克，成色959.6‰。常德平银是常德本地所铸银两，用于常德城区商品交易。一两约合35.7392克，成色997‰。[①]同样是一两，库平银、省平银和常德平银三者的含纯银量有差异，其实际价值（购买力）也会不同。三者之间进行兑换会存在找补，或称“扣色”。但是，如果木商携带以上三种银两到锦屏购木，不会被认为是“低潮银”。

（二）何谓“短扣平头”

银锭、银块的“色”和“平”是两个绝然不同的性状。“色”指含银比重，“平”则涉及银锭的重量权衡。山贩们控诉水客者有二：一是“银低”；二是“平轻”。三江行户经手的木材交易量价值“不下数百万金”，“银色亏其大半，平轻少得十余万金”。其中，尤以“银低”害重。

那么，这里的“平轻”是不是指计量银锭的“戥子”出现“大小秤”的情形呢？[②]

光绪十一年，黎平府、古州厅、清江厅、天柱县四地绅商姜兴国等不满黎平知府周开铭于光绪十年的申诉，[③]向贵州布政使李用清呈禀，[④]反映三江行户和下河客商刻剥上河山贩的“八弊”。在该禀稿中，四地绅商认为“兑价平码，向以漕平为则。道光以前，遵行无异”。[⑤]可见，在道光以前，三江木行使用“戥子”向上河山贩兑银的时候，计量称重没有招来非议。计重标准执行无误。

那么，这里的“平轻”和“短扣平头”是指什么呢？

还是看四地绅商姜兴国等的陈述：“……咸丰八年以后除牙口、江银外，

---

① 常德市志编纂会员会编：《常德市志》，中国科学技术出版社1993年版，第343页。

② 奸商有的就用“小秤”计量，把货物卖出，用“大秤”把货物买进。“大小秤”是由计量基准比较得出的。

③ 光绪十八年刻本《黎平府志》卷六上《秩官志》。

④ 钱实甫编：《清代职官年表》（第二册），中华书局1980年版，第1944~1945页。李用清，光绪十年三月到任，光绪十一年六月离任贵州布政使。应该是在离任之前对姜兴国等的禀稿作出批示的。

⑤ 参见程泽时：《清水江文书之法意初探》，中国政法大学出版社2011年版，第128页。

每两毛价议兑实银三钱。又云买卖无足平，着九七五折，每两毛价该实银贰钱九分二厘五，内扣经费四厘，故每两毛价山贩仅得贰钱八分八厘五，是平已经折扣。至同治十一年，节外生枝，于二八八五之中，每百纹银扣平贰钱，继则四分，后又八分。去年春，竟扣至壹两六分。六月山贩奔愬，府主郭案下，蒙批皆减六钱。目前尚扣搭壹两。谚云：争价不争平，何堪已扣再扣？"①

"每两毛价"是"议批毛价"，是记录账簿之上的"虚价银"，而实际兑给山贩的则是"实银三钱"。后来，三江木行以"买卖无足平"为由，以三钱为基数，乘以九七五折，给山贩二钱九分二厘五（$3 \times 0.975 = 3.925$）。再从二钱九分二厘五"内扣经费四厘"，山贩仅得"二钱八分八厘五"，即"是平已经折扣"。这就是"短扣平头"其中一种方式。假设某山贩出卖杉木，得毛价1000两，扣折九七五并扣经费后，该山贩可得纹银288.5两。同治十一年，又产生新的"短扣平头"方式。"于二八八五之中，每百纹银扣平二钱"，即折扣率0.2%。该山贩又得"扣平"一次，则该山贩最后得到287两9钱2分3厘即：$288.5 \times (1–0.2\%)$。到光绪十年春，"扣平"的折扣率最高达到1.06%。山贩请求，黎平知府郭怀礼批示"减六钱"，"扣平"的折扣率降至0.46%。面对三江木行的重复"扣平"，山贩们诘问，"谚云：争价不争平，何堪已扣再扣？"

为了验证笔者没有误读"短扣平头"，再看看姜兴国等人光绪十三年所呈禀稿中的陈述："……嗣后乾隆年间张军略平抚苗疆后，统至卦治、王寨、毛坪三寨售卖，则三江之名自此而起。其卖木兑价壹两即是壹两，并无毛价扣平申水等弊，延及嘉庆道光初年，而毛价兴焉，每两折兑九钱八分六厘。道光中年改为五兑，每两毛价尚兑银五钱。至道光二十三、二十四年兑价不一，争竞无休。禀控制宪，蒙批饬黎平府主仍照五兑，每两毛价合九八扣实银三钱八分七厘，断定以九九五之漕平。咸丰以来，每两兑三钱一分三厘，内除行用九厘、牙口七厘、江银三厘五、经费银五厘，四共扣实银二分四厘五，②仅得二钱八分八厘五，除扣招扣卦子在外。至平码银水，先辈原议库平库色。今则平用九八，复于九八内，每百实银扣银壹两六钱。银用低色洋纹水，仅九九五色。若以大宝兑价，每百申水三两六钱，合平水行用等项，扣去银十五两零，每百实银仅得八十四两零……"③

---

① 转引程泽时：《清水江文书之法意初探》，中国政法大学出版社2011年版，第128~129页。

② 张应强、王宗勋主编：《清水江文书》第1辑第8册，广西师范大学出版社2007年版，第255页。由于有字迹墨块脱落，笔者再次仔细反复辨认该影印的禀稿，在笔者《清水江文书之法意初探》第126页的录文基础上，有个别订正。

③ 转引程泽时：《清水江文书之法意初探》，中国政法大学出版社2011年版，第126页。

大约嘉庆末年、道光初年，出现了作为记账和计算应支付山贩木价银之基础的“毛价”之说，[①] 木行先计算出“毛价”若干两，按“每两折兑九钱八分六厘”，即以毛价若干两数的九八六折（98.6%），兑给山贩实银。道光朝中期，降至以毛价若干两数的五折（50%），兑给山贩实银。道光二十三、二十四年，因“毛价”的“兑价不一，争竞无休”，官司打到云贵总督（制宪）桂良，[②] 批饬黎平知府刘宇昌，[③]“仍照五兑，每两毛价合九八，扣实银三钱八分七厘，断定以九九五之漕平”。

对于道光二十四年的控案，姜兴国等人在光绪十一年所呈禀稿中的陈述是“银两锃色，以九八为通用，高申低补，公私顺遂。道光二十四年因银太低，奔控制宪，蒙批饬黎平府兑价以漕平为则，银色以九八为准，宝银兑价始申二色。今竟申至三色六。至于荆沙新火票锭，不比宝银，皆一例坐申，甚至有假打宝银，亦必照申三色六。恳赏示谕，银以九八为准，票锭、荆沙等银，看其高低申补，惟大宝色二色，事归尽一，庶免争竞”。[④] 前后二禀，时间相隔两年，皆为姜兴国等人所禀，其意思应该唯一，尽管二者表述稍异。“断定以九九五之漕平”，即“以漕平为则”。三江木行的秤量的“平”，要小于“漕平”，三江木行的称量银锭的“戥子”1000两，只相当于漕平的995两；“银色以九八为准”，即“合九八”，即兑银以九八成色为标准色，高申低补。“宝银兑价始申二色”，[⑤] 即以宝银作为支付手段，兑木价给山贩，则每百两宝银要“申二钱”，[⑥] 即50两宝银折算成51两。光绪十三年姜兴国等人禀稿称“若以

① “毛价”的兴起缘由尚待考证。

② 钱实甫：《清代职官年表》（第一册），中华书局1980年版，第1462~1466页。桂良，满人，道光十九年十二月到任云贵总督，道光二十四年入觐暂离，道光二十五年四月留京解职云贵总督。

③ 光绪十八年刻本《黎平府志》卷六上《秩官志》。刘宇昌，道光二十三、二十四年任黎平知府。

④ 参见程泽时：《清水江文书之法意初探》，中国政法大学出版社2011年版，第129页。

⑤ 所谓宝银，分为官银和私银。官银为官银匠倾熔加戳，私银铸造多为炉房、银炉主持。银锭初出银炉，则首先由官厅准许或本地钱业公所认可的公估局鉴定，把重量和成色用笔墨批明。若成色在标准之上，使用时另加升水（或称申水）。参见杨瑞六编：《清代货币金融史稿》，武汉大学出版社2007年版，第71~73页。

⑥ （清）宁寿堂钱庄：《银谱》载：“广东大锭　广东锭，其式方曹，镜面无边，蜂窠白亮。此银顶足，要申四色七分。然另有以总方鐕，前边小，后边大。此银嫩气，青丝釉，申三色。细丝者，申三色五分之数”。转引自中国社会科学院历史研究所清史研究室编：《清史资料》第3辑，中华书局1982年版，第223页。“三色”与“五分”顺承，可推知“申三色”，即“申三钱”之意。但是，各地交易习惯有差异，“色”在本文此处清水江地区的大宝兑价中指“两”。

大宝兑价，每百申水三两六钱"，与这里的"照申三色六"应是同一意思。"申三色六""申二色"之"色"，应指"两"。

"仍照五兑"，即仍旧按"毛价"若干两的五折（50%），扣银五钱，但是为什么"每两毛价合九八，扣实银三钱八分七厘"呢？

这里颇费思量。前文已经兑扣了五钱，后文又扣"三钱八分七厘"，则每两毛价只剩下"一钱一分三厘"了。如此推断，与姜兴国等人的"蒙制宪批饬之恩"的褒扬立场不吻合。且后文继续陈述"咸丰以来每两兑三钱一分三厘，内除……仅得二钱八分八厘五"，与"兑扣"渐重的趋势不符合。因此，"每两毛价合九八，扣实银三钱八分七厘"，应该句读成"每两毛价合九八扣实银三钱八分七厘"，意为每两毛价折合兑成九八成色的实银三钱八分七厘。这样就形成了一个山贩们毛价折兑领受的实银渐少的大致过程：嘉庆道光初年（九钱八分六厘）→道光中年（五钱）→道光末年（二十四年，三钱八分七厘）→咸丰八年（三钱）→咸丰末年（二钱八分八厘五丝）。

至此，基本说明了"短扣平头"的问题。

（三）"冲钱低潮银"泛滥的缘由

1. 客观原因：低潮银难以通过耳目之力察觉。道光七年李荣魁等人禀稿中提到"三江主家"，即茅坪、王寨和卦治三寨木行。李荣魁等人十分委婉地指出，低潮银泛滥，下游水客"得步更进"，银色越发降低，三江木行有一定的责任。要求黎平知府饬令"三江主家不许低色毛银，入江兑账"。那么，三江木行到底是不能"估看银色"，没有专业技术能力，还是不愿"估看银色"，放任不管呢？还是其他原因？

先讨论第一个设问。李荣魁等人禀稿中述及"山贩获此低潮，入山难买"，即山贩用木材交换得来的低潮银，再到三江上游的苗寨收购木材困难。这说明普通的苗民能够识别和发觉出冲铅低潮银来，怎么财大气粗的山贩们反倒被坑骗了呢？

可能的解释是山贩一次交易领受的银两数量大，或有冲铅低潮银混入而未被察觉。乾隆五十年，内务府就发生过侍卫领到"低潮银"俸禄的案例。低潮银的银面"纹细、色洁"，用专用剪刀把银锭剪开一个小口，内带黄色，系银和黄铜合铸的。对内务府的库存银两进行仔细清点，总共库银六十五万五千余两，其中银色六、七、八不等的低潮银有七百九十五两。为皇帝管理“银库”，都有收银入库时失于检查的时候。[①] 看来，当时低潮银是高仿真的，行家也有看走眼的时候。因此，如果水客、山贩直接交接银两时，水客以“冲铅低潮等银”“掺和行使”，山贩被坑骗也就不足为怪了。

李荣魁等人“欲指客民告究，则三帮、五勷不下千人，均用低潮一色，难以枚举”。低潮银泛滥成风行之势，就不只客观原因足以解释的了。

2. 主观原因：低潮银的“高申低补”是三江木行的利益之源。银色有高低，高申低补，需要一个成色标准。提高成色的标准，对卖方山贩有利，对买方水客有损。降低成色标准，对买方水客有利，对卖方山贩有损。对此，贵州巡抚嵩溥洞察烛然。李荣魁等人于七月十五日向贵州巡抚嵩溥呈禀后，次日即批转黎平府。兹转引如下：

十六日奉藩宪初批：查黎平府一带买卖木植，历年已久，银木（水）平色必有一定章程，如客商人等故意使用潮银短扣平头，尔等山贩岂肯收受，不与争较？若以久行之旧章，一旦欲增色加平，客商亦未肯依。所禀是否属实，仰黎平府确切查明向年成规，秉公定断，总期贸易平允，两得其平，庶可行之久远，永绝讼端。文到限一月内具详，勿得偏处。原禀抄录并发该生等即日赴黎平府听候查讯可也。[②]

贵州巡抚嵩溥的批示，要求黎平知府，一查事实，有无低潮银；二查法律，有无一定“银水平色”之章程；三定原则，“秉公定断，总期贸易平允，两得其平”。这位满人出身的巡抚批示十分精到，汉文修养娴熟到家。

（1）三江木行兑付木银的成色标准有官定章程，也有木商和行户议定标准

前文按照一般货币金融史学的“色平两分”共识，考察了三江木行的秤量银锭重量的标准的“平”，没有可指责的。那么三江木行交易中有没有银色的计量标准呢？

光绪十一年姜兴国等人所禀“银两锃色，以九八为通用，高申低补，公私顺遂”，其中“九八为通用”，九八成色就是银锭成色的标准。

光绪十三年姜兴国等人所禀“至平码银水，先辈原议库平库色。今则平用九八……”。在九八成色标准之前，存在过以“库平库色”作为成色标

① 刘诺、高允：《乾隆朝内务府的“低潮银两”案》，载《北京档案》2006年第6期。

② 贵州省编辑组：《侗族社会历史调查》，贵州民族出版社1988年版，第79页。

准的。库平为清代全国纳税的银锭重量标准。缴纳官府的粮银赋税，要求库平库色。清代刑案计赃论罪，也把赃银换算成库平库色。清嘉庆九年八月湖南芷江县民姚秀兰因索要债务致死无服嫂案的刑科题本载述："姚秀松除受贿私和得市平元银十两，折实库平纹银九两二钱，半赃轻罪不议外，合依妻被杀而夫私和者杖八十律，杖八十折责发落。"①

库平纹银，即足色纹银。库色，即足色，按照传统经验的成色鉴定法给定的最高度的银成色。刑部尚书励廷仪奏言，"完纳钱粮例，易银上纳。民间买卖色银，未必即系足纹，必投银铺倾熔，而后入柜交官"。②"凡一切行使，大抵数少则用钱，数多则用银。其用银之处，官司所发，例以纹银。至商民行使，自十成之九或八成、七成不等。遇有交易，皆察十成足纹，互相核算。盖银色之不同，其由来已久"。③道光七年李荣魁等人所禀"下河客商在东家借出资本，足色实纹银"。可见，纹银，既指进入户部银库的实银，又指实银交易换算的基准的"虚银"。

道光七年李荣魁等人禀称"历来买木，纹银九五折扣，平用九六比兑"，其中的"纹银"指什么呢？"平用九六比兑"和"九五折扣"分别指什么？

先看黎平府告示。兹引如下：

护理贵州黎平府候补州正堂加五级纪录七次严

为严禁行使低潮银色轻平短兑以照旧章而除积弊事。案奉?? 布政使司祈批，据生员李荣魁等具禀：三江地方贩买木植，客商行用冲铅低潮银两，短扣平头一案。查商贾买卖，以银色之高下，定物价之多寡，原可听从其便，然以冲铅低潮等银搀和行使，有干例禁。况轻平短兑，尤属不成交易。兹经本署府当堂讯断，查照嘉庆十三年前署府成示定章，详明藩宪立案，合行出示谕禁。为此，示仰茅坪、王寨、卦治三江及沿河府县商贩人等知悉：嗣后买卖木植银两，其色总须九五以上，其平九六比兑。倘有仍使冲铅低潮银色，平用轻兑，一经查出，或被控告，定即照例究治。庶商民山贩两得其平。自有一定章程，而讼端自息矣。各宜凛遵毋违，特示。

---

① 杜家骥主编：《清嘉庆朝刑科题本社会史资料辑刊》，天津古籍出版社2008年版，第77页。

② 《皇朝文献通考》卷十五，钱币考三，雍正二年条。转引自戴建兵：《中国近代银两史》，中国社会科学出版社2007年版，第73页。

③ 《皇朝文献通考》卷十六，钱币考，乾隆十年条。转引自戴建兵：《中国近代银两史》，中国社会科学出版社2007年版，第74页。

道光七年十一月□日示[①]

该告示重申了嘉庆十三年黎平知府成璧的章程：买卖木植的银两，其色总须九五以上，其平九六比兑。“九五以上”成色，是对实银的成色要求。“平九六比兑”，是作为实银交易换算成色的基准的“虚银”设定。维持了李荣魁所称的历来的“平用九六比兑”标准。因此，清嘉庆以前，三江木行木材交易的银色标准是九六成色，也即将“纹银”设定为九六成色。

“纹银九五折扣”，应指三江行户按九五折兑付给山贩纹银，行户抽取5%。“纹银”这里主要指“虚银”，在下河木商诚信地携带实纹银的情况下，也指实银。

（2）三江木行逐渐实际拥有了决定兑换木银的成色标准的权力

道光七年李荣魁等接着控诉，“将银倾铸冲铅，堕销低潮银色，至平九三四兑账”；“常使七八银色，而平九三四兑”；“更使不堪银色，仅五二三成，平比止议九零一兑”。这里的“平”是与银的成色联系在一起，与“色平两分”的已有共识有距离。“平”“平比”也指银色高申低补的标准。

尽管嘉庆以前有库色、纹银等九六成色贵州官方标准，但是并没有得到一贯、彻底的执行。“更使不堪银色，仅五二三成，平比止议九零一兑”，表明了在具体的每一单木材交易中高申低补的成色标准是可“议”的，而不是坚决执行嘉庆十三年黎平知府成璧的章程标准。因为按照“买卖木植银两，其色总须九五以上”的规定，水客是不能携带九五成色以下的实银进行交易的。

山贩、水客和木行是如何议定银色高申低补的标准呢？

光绪十一年姜兴国等山贩向贵州布政使李用清的禀告中如是描述：

“开盘、议价，向例三日。三日议妥，次日即交数兑银。三日不妥，即行放盘。今则故为留难，竟有购至五六天、七八天晚不等，明系磋磨软困，希图灭价贱卖。倘不待辞盘而卖别户者，不拘木数多寡，尽行起岸烧毁，较之国法尤为森严。”[②]

“议价随主家一喊为凭，即错喊亦无更改。喊有亏下游河客者，则呼吓

---

① 转引自贵州省编辑组：《侗族社会历史调查》，贵州民族出版社1988年版，第79页。笔者查《黎平府志》卷六上《秩官志》，发现道光五年至七年的黎平知府分别是张元俊、张光郢，并未见严姓知府的名讳。此份官文书，杨有赓先生录文为“严”姓知府，可能有误，待考。

② 张应强、王宗勋主编：《清水江文书》第1辑第8册，广西师范大学出版社2007年版，第317页。

山客减价，不照所喊比兑。主家或喊有亏山贩者，则下河客商坚执要所喊，方肯比兑。主家亦只逼劝山贩依从所喊。曾有苗民至江卖木，被伊等妄喊，折本太多，退木不能，加价不肯，不得已而投河自尽。伊等各户自撰书一联云：一声喊断千金价，数语能降四海宾。其威权赫赫，不知奉何帖谕而森严若此。”①

虽难免夸张之嫌，但可以看出“比兑”是议价的重要内容之一。无论山客的“开盘”，水客的“回盘”，还是木行主家的“喊盘”，都对比兑有要求。且三日不能就木价和比兑等项议妥，山客就要向木行“辞盘”，木行主家允许“放盘”，让双方各自另觅、另等其他交易机会。但是，如果山客不履行“辞盘”手续，另行卖给其他水客，绕开行户，则木行把山客的木材起岸，强行烧毁。在议价中，木行一般偏向于水客，即使“喊价”议定了，水客发现“喊有亏下游河客者，则呼吓山客减价，不照所喊比兑”。可见，银色高申低补的标准，作为比兑的依据，虽木行主家“喊断”，然木行主家亦可以在“交数兑银”中权宜更改之。

光绪十一年姜兴国等山贩向贵州布政使李用清的禀告中还陈述：“道光二十四年因银太低，奔控制宪，蒙批饬黎平府兑价以漕平为则，银色以九八为准，宝银兑价始申二色。今竟申至三色六。至于荆沙新火票锭，不比宝银，皆一例坐申，甚至有假打宝银，亦必照申三色六。恳赏示谕，银以九八为准，票锭、荆沙等银，看其高低申补，惟大宝色二色，事归尽一，庶免争竞。”②更证明了木行主家有决定兑换木银的成色标准的权力：一是以宝银兑付山贩，在官定的“申二色”基础上提高到“申三色六”；二是以荆沙、票锭等兑付，也“申三色六”；三是以“假打宝银”等低潮银兑付，也“申三色六”。

光绪十一年贵州巡抚李用清示谕：“查各行贸易皆听买卖二家当面议定为准，他人不过从旁赞成而已。若如粘单所呈，黎属卦治王寨、茅坪等处木价，系随主家一喊，逼令山贩依从，其余开盘议价、争购山料、减锃色、短平码、抽经费加江银，山贩脂膏几何，岂堪层层剥削。阅之实深愤懑，准即如禀逐条示禁，以杜争竞。此谕。”③贵州巡抚李用清已经确信了三江木

---

① 张应强、王宗勋主编:《清水江文书》第1辑第8册，广西师范大学出版社2007年版，第317页。

② 张应强、王宗勋主编:《清水江文书》第1辑第8册，广西师范大学出版社2007年版，第316页。

③ 张应强、王宗勋主编:《清水江文书》第1辑第8册，广西师范大学出版社2007年版，第317页。

行实际僭越了确定银两成色和平码标准等应属于官府的权力，不当干预和“越组代庖”应属于买卖二家协商范围内的事项，而擅自“减锃色、短平码”严重地侵害到了山贩的利益。

杨有赓先生认为，“因铅比银重，兑比率由九·六比兑降至九·〇一比兑”，把九六、九三四、九〇一成色等银色高申低补的标准，理解成“比兑率”是值得商榷的。铅比银重，在清代也是一个基本常识。杨先生的推论的预设和逻辑是：只要银锭的重量相同，就满足了山贩的兑银要求。银锭比重（密度）低，则比兑率高，“九·六比兑”；银锭比重（密度）高，则比兑率低，“九·〇一比兑”。

这未免低估了山贩们的认知能力。在清水江文书中，无论是山林田土买卖契约，还是典当契约，约定的价款一般以银两为支付手段，但是契约上一般不会注明“银色”。但是，这并不意味着交易双方在“银色”不会锱铢必较。

山贩们对银色是有经验认识的。道光七年李荣魁等人向贵州巡抚嵩溥禀告：“山贩获此低潮，入山难买……银低平轻，有名无实，富者难纳官粮，贫者难买日食。”山贩们在收购木材、购买粮食、缴纳官粮的行为活动中，发现了低潮银不能流通使用。

另外，钱铺也会帮助山贩们认识和鉴定银色。在清嘉庆年间刑科题本中，记载了一起嘉庆二年十一月发生的“四川铜梁县邓起俸因看银色打死王名宇案”。[①] 嘉庆二年十月王惠宇、王名宇兄弟把田地卖给胡仕伟，“原议九五色的银子，内有七两，兄弟说是低银”。十一月二十二日，王家两兄弟要胡仕伟换掉。“胡仕伟到邓品级钱铺要他估看，邓品级说是好银，兄弟不服与邓品级争打起来”，王名宇拿起板凳向邓品级打去，邓品级的儿子邓起俸赶来夺过板凳，把王名宇打伤倒地，伤重挨到天黑死了。这里的“内有七两”应是指“卖契”内所载。“原议九五色的银子”，应指口头商议，并没有书写进卖契中的。九五银色，应该是四川铜梁县交易的银两基准，故钱铺老板邓品级称“好银”。在清水江上游的沿岸集镇，多有钱铺，山贩完全可以从借贷和偿还本息中，获得比较专业的银色鉴定知识。

张应强教授也认为，“纹银九五折扣，平用九六比兑”，就是“以九五成色的纹银为标准，在支付木价时以九六重量‘平’来折算银两的实际价

① 杜家骥主编：《清嘉庆朝刑科题本社会史资料辑刊》，天津古籍出版社2008年版，第495页。

值”。[①] 他还是坚持“色平二分”的“论者一般看法”，也是把“平用九六比兑”理解成银锭重量的“比兑率”，与杨有赓先生的观点是相同的。张应强没有解释为什么“平”从“九六”降至“九三四”“九〇一”。如果说银色比较难以察觉，那么重量是容易掂量的。山贩们怎么会“同意”银色渐低，而秤头亦渐扣渐重呢？这种推论与常情常理不合，与山贩们自己的陈述“兑价平码，向以漕平为则。道光以前，遵行无异”，自相矛盾。

笔者以为，“平用九六比兑”“平九三四兑账”“平比止议九零一兑”中，九六、九三四、九〇一是指银锭成色高申低补的标准或标准色，不是银锭重量的所谓“比兑率”。高低申补，是加减计算，或加或减的概念；而比兑率，则是乘积计算的概念。银锭成色低于九六、九三四、九〇一成色，则要“补水”（或称“补色”）；银锭成色高于九六、九三四、九〇一成色，则要“申水”（或称“升水”“升色”）。

举“申水”计算的例子说明。姜兴国等人光绪十三年所呈禀述：“至平码银水……今则平用九八，复于九八内，每百实银扣银壹两六钱。银用低色洋纹水，仅九九五色。若以大宝兑价，每百申水三两六钱，合平水行用等项，扣去银十五两零，每百实银仅得八十四两零。”[②]“平用九八”，即以九八成色为银色申补标准。假如木行以九九五色的“低色洋纹水”实银兑付山贩，则需要申〇一五色，每 1 两升一分五厘的九八成色的实银。假如总木价款为 1000 两九八成色的虚银，不计其他扣项，以九九五色的“低色洋纹水”实银兑付，则只需要（1000×98%）÷995%=984.92462，即九百八四两九钱二分四厘六毫二丝的“低色洋纹水”实银。在实际兑付中，不会如此繁琐计算，会简化成：1 两升一分五厘，1000 两，就申 15 两。1000 两减去 15 两，就是 985 两，即实际兑付“低色洋纹水”的实银数。如果以大宝兑付山贩，100 两大宝换算成一百零三两六钱的木价款。

（3）三江木行“减成色”“短平码”隐秘地谋获了暴利

三江木行攫取了决定兑换木银的成色标准的权力，“减成色”“短平码”、以低潮银兑付山贩，隐秘地获取了暴利。

低潮银成色不是秘密，兑付山贩是需要“补水”的。假定某水客的 10 两银锭，七成银色，而议定兑付的“平（比）”是九六成色，相差二六色。

① 张应强：《木材之流动：清代清水江下游地区的市场、权力与社会》，生活·读书·新知三联书店 2006 年版，第 178 页。

② 参见张应强、王宗勋主编：《清水江文书》第 1 辑第 8 册，广西师范大学出版社 2007 年版，第 255 页。

即 1 两差二钱六分，10 两差二两六钱，则需要补足二两六钱重的九六成色的实银。如水客的资本全都是七成银色，并继续以七成银色补足，则需要补（96% ÷ 70% = 1.3714）倍的二两六钱的七成银色的银锭，三两五钱六分五厘七毫一丝重（1.3714 × 2.6）的七成银色的实银。这是完全严格的数理逻辑推演。

但在实际兑付中会简化处理，变成加法：一两差二钱六分，十两差二两六钱，补足二两六钱，即支付十二两六钱的七成色的实银。比较二者，十两木价的价差约是一两（13.56571–12.6）。这就是暗地的“银色亏差”。

假设道光三年三江木材交易总木价 500 百万两，以七成色潮银、平九六兑付，则山贩至少减少 50 万两收入。

若以平九〇一兑付，与平九六，相差〇五九色，即一两相差五厘九分，500 万两，就差 29.5 万两。

若以五二三成色的低潮银、平九〇一“补水”兑付，1 两补三钱七分八厘，500 万两补 189 万两，山贩得到 689 万两的五二三成色的低潮银。

表面上实银重量增加了，但暗中损失严重，一是“平轻”“短平码”之暗亏，以“平九〇一”与“平九六”，相差“〇五九色”，即一两相差五厘九分，500 万两，就差了 29.5 万两。二是“色减”“减成色”之亏欠，因补的 189 万两是五二三成色的低潮银，而实际应补的是九六成色的实银，一两差四钱三分七厘，189 万两，就差 82.593 万两。二项相加就少了 112.093 万两。因此，“三江买卖不下数百万金生理，银色亏其大半，平轻少得十余万金”，[①] 此言非虚也。

这只是三江行户从卖方山贩那里“刻剥”而来的暴利。三江行户既然知道水客低潮银的秘密，自然会要求水客买方补足银色。

还是假设道光三年三江木材交易总木价 500 百万两，水客携带的是五二三成色的低潮银，补足银色至“平九六”，1 两补四钱三分七厘，500 万两需补 218.5 万两的五二三成色的低潮银。木行当然知道，应该补的是九六成色的，而补的是五二三成色的，1 两还是差了四钱三分七厘，会要求水客，继续补足。218.5 万两，至少需要再补 95.4845 万两的九六成色的实银。因此，水客要向木行支付 728.5 万两的五二三成色的低潮银，外加 95.4845 万两的九六成色的实银。扣除木行向山贩兑付的 689 万两五二三成色的低潮银，剩余的就是木行的百万余两暴利了。

宣统年间天柱人撰《黔南利弊问答》，介绍了三江行户的抽扣等各项利

① 转引自贵州省编辑组：《侗族社会历史调查》，贵州民族出版社 1988 年版，第 79 页。

权。其中，“扣称者，三江每百银兑账必九八五过称，扣到搭称码银壹两五钱；扣色者，三江九层（锃）银色作九六四申水，扣色银叁两六钱……若称色二项，昔则扣诸水商以补山贩，今则转扣山贩以补行户。揆其弊端，由三江兑账专由行户，在水商既行补足称头、水色，而行户仍以九八五之称、九层水之银过付山贩。”[①] 即光绪末年、宣统年间，水客向木行交兑九成色实银，木行在水客一方以“平九六四”进行“扣色”，补足银色了，但是以九成银色实银兑付山贩，不补足银色，反而扣色，一百两九成色银要扣三两六钱。当然，九成银色并未见称作“低潮银”“低色”“低银”等。可见，木行“通吃”山贩和水商，绝非笔者妄断也。

光绪十五年，天柱县坌处开设木行方半月。镇远、黎平“两府主在毛坪会合商定坌处撤行，三江每年照纳天柱练饷六百两”。[②] 光绪十年，姜兴国等人向黎平知府周开铭控告三江木行“射利灭规、私相刻剥，府主恐耽误经费，反斥绅等□多事”。[③] 地方官府的“经费”“练饷”等地方税收仰赖木行征收，其对山贩历次控诉三江木行的多持消极态度，多在贵州巡抚、布政使等上司督压之下予以处理，就不难理解了。

需要说明的是，以上估算是没有考虑毛价、经费、行用、牙口、江银、扣称、扣招等若干扣项的，[④] 且假定在“九九五之漕平”基准之上的。

三、“白银案”详解之结论

通过以上对“白银案”的详细解读分析，可以得出以下结论：

（一）“白银案”中，山客所控者，不唯是水客使用“七、八成色”乃至“五二三成色”的“冲铅低潮银”，而主要是茅坪、王寨、卦治三江木行允许水客“低色毛银入江兑账”，且“短口平头”至“平九三四”“九〇一兑”，不遵循黎平知府所定的“其色总须九五以上，其平九六比兑”的“银色平

---

① 转引自程泽时：《清水江文书之法意初探》，中国政法大学出版社 2011 年版，第 134 页。

② （清）天柱邑人佚名撰：《黔南利弊问答》，转引自程译时：《清水江文书之法意初探》，中国政法大学出版社 2011 年版，第 134 页。

③ 张应强、王宗勋主编：《清水江文书》第 1 辑第 8 册，广西师范大学出版社 2007 年版，第 313 页。

④ 以上扣项，参见程泽时：《清水江文书之法意初探》，中国政法大学出版社 2011 年版，第 124~135 页。

比章程”。

（二）“低潮银”一般指九成银色以下的实银。比如，嘉庆、道光初年的七、八成色和五二三成色毛银。但是，光绪十一年、十三年前后，并不见冲铅低潮银的控禀，但出现“假打宝银”。光绪末年，三江行户兑付山贩的多为九成银色的实银。

（三）银两兑价的“银色平比”标准，或官定，或三方木商议定，清代三江或有流变。嘉庆以前“库平库色”（库平纹银），嘉庆末年至道光末年为“平用九六比兑”（九六成色），道光二十年官定为“银色以九八为准，宝银兑价申二色”。

（四）银两兑价的“平码”，清代三江或有流变。“先辈原议库平”，后于道光二十四年官府“断定以九九五之漕平”，“以漕平为则”。

（五）“低潮银”在嘉庆、道光年间泛滥成灾，主要原因是木行主家兑付之可以隐秘地获取暴利甚或“通吃”买卖二家。

（六）黎平知府“恐耽误经费”，对于山贩控告木行和下河木商“短口平头”，兑付“低潮银”，则持消极放任态度。山贩往往努力寻求贵州布政司、巡抚甚至云贵总督的上层支持和施压，以“批饬”黎平知府“示禁”，改变利益格局。

“白银案”既反映了清朝大宗商品交易因使用白银的高昂交易成本，又反映了大宗商品交易主体对银两作为交易媒介和价值尺度的稳定性的强烈需求，但是清朝中央政府并没有积极回应这种公共性需求，铸造便捷计数的银币，而是持“商贾买卖，以银色之高下，定物价之多寡，原可听从其便”的立场，只是地方官府对银两的色平标准进行个案示谕，表现了其时代局限性。

第三节　“争江案”：调适利益冲突

“争江案”是所谓“清江四案”之一，是清水江文书研究热点问题之一，也是“清江四案”中民间文献资料留存最多、纠纷争议持续时间最长的案子。迄今公开发表集中研究此问题的主要论文依次有：杨有赓《清代黔东南清水江流域木行初探》（1988 年《贵州社会科学》）、单洪银《清代清水江木业“争江案”述评》（2002 年《贵州文史丛刊》）、沈文嘉《清水江流域林业经济与社会变迁研究（1644—1911）》（北京林业大学2006年博士论文）、王会湘《从"清浪碑"刻看清代清水江木业"争江案"》（2008年《贵州文史丛刊》）、秦秀强《江规：清代清水江木材采运贸易规范考察》（2010年《原生态民族文化学刊》）等；主要著作有徐晓光《清水江流域林业经济法制的历史回溯》（贵州人民出版社2006年10月版）、张应强《木材之流动：清代清水江下游地区的市场、权力与社会》（生活·读书·新知三联书店2006年11月版）、单洪银《木材时代：清水江林业史话》（中国林业出版社2008年版）、程泽时《清水江文书之法意初探》（中国政法大学出版社2011年版）等。综观各成果，虽持之有据，言之成理，但是就同一问题的相互交流、批评、论争非常罕见，使得后来进入该领域的研究者，不能对"争江案"研究进展有清晰把握。因此，笔者拟以问答的形式做一个简要综述，并依据新的材料，以新的视角做一些探讨。

一、"争江"争什么

要回答"争江案"争什么？必先回答"当江"当什么？或者"当江"是什么？

（一）"当江"是什么

简单地讲，清代官府规定，清水江流域内卦治、王寨、茅坪三寨以上各地出产的木材必须运至三寨，且通过三寨木行的中介，出卖给清水江下游来的木商。三寨按年轮流当值中介，因此取得了垄断中介木材交易的地位。狭义上的"当江"，官府认可的"当江"，已经形成了共识。

但是，是否存在惯例意义上的"当江"呢？即三寨自行协商约定的交易习惯，是否在官府认可之前就存在呢？一些学者认为是存在的。从发生学上讲，也是先存在惯例意义上的"当江"的，此问题下文会详及。

当江制度的许多方面还没有厘清。首先便是三寨"当江"始于何时？即官府确立和认可三寨垄断木材交易中介资格始于何时？大体有四说：一是"雍正年间"说；二是"康熙年间"说；三是"乾隆年间"说；四是"嘉庆年间"说。

雍正年间说最早是由杨有赓提出的。[①] 其根据是《夫役案》中雍正九年

① 贵州省编辑组：《侗族社会历史调查》，贵州民族出版社1988年版，第35页。

五月初三日黎平府古州厅理苗同知滕文炯处理茅坪寨吴世英借夫立世的告示。杨有赓认为，木行在雍正（九年）以前就设立了，且三寨照例定当江年分，轮流当江值年。[①]

张应强教授审慎地认为，《夫役案》中黎平府古州理苗同知滕文炯于雍正九年（1731）五月初三日颁发的告示似乎表明已经存在一个卦治、王寨、茅坪三寨按“年分”分别当江的事实。很可能在当江制度尚未确立之时，木材贸易活动已经开始在三寨出现。三寨成为官府认可或指定的当江之处，其客观必然性有三：一是水道网络的地利优势；二是三寨位于“生苗”交界的“熟苗”聚居过渡地带；三是控制清水江下游门户的塘汛要地。雍正年间开辟之时，黎平府所设立的“一营五汛百有七塘”中，王寨设有一汛，“把总一员，兵七十六名”，卦治和茅坪分设为塘。但是，《争江记》等文献产生于嘉庆年间，离雍正年间差不多是百年之久，未必是确切的记载。“一种可能的情形是，雍正年间开辟‘新疆’之初，将承应夫役与当江享利结合起来，开始有了三寨当江制度的雏形。”三寨塘汛之设，为的是保障官道畅通，但客观上对三寨的木材贸易活动起到保障和支撑作用。张教授区分了惯例意义上的“当江”和官府认可意义上的“当江”，虽不剀切地定论，但是倾向于官府认可意义上的“当江”制度始于雍正年间。

单洪银也认为，“当江”始于雍正年间，其主要根据是《夫役案》中的“王寨王克明等控卦治诡随渔利、蒙官抗差禀”中的“雍正年间，军略张大人开辟清江等处，兵差过境，谕难应付，酌于木客涯运之附寨，三江轮流值年，量取渔利，永资公费，沿江别寨均不准当，咨部定案，有碑存据”。[②]

王会湘也持“当江”始于雍正年间，其根据是天柱县清浪留存的道光八年刊立的碑文，“……是以我等地方，自开辟清水江以来，蒙前各大宪设立坌处为采办皇木之所。至康熙二十四年，客苗乱行，被黎平府属之毛坪、王寨、卦治三处乘机霸市，植设三关。上下经控，抚藩泉道名裁，因豪恶龙永巇等财多讼能，故失江坞，将我柱属王朝富、伍仕仁、刘秀刚等流放口外，苦不堪言……”。王会湘认为，现有研究“争江案”的文献都认为，[③]“争

① 杨有赓：《清代黔东南清水江流域木行初探》，载《贵州社会科学》1988年第8期。

② 单洪银：《木材时代：清水江林业史话》，中国林业出版社2008年版，第80页。

③ 王会湘：《从“清浪碑”刻看清代清水江木业“争江案”》，载《贵州文史丛刊》2008年第4期。该没有注明那些“现有研究‘争江案’的文献”。可能是指光绪十八年《黎平府志》卷三上《食货志》，第32页的明确记载。

江案”发端于康熙四十六年坌处王国瑞等，串立十八关，抽收木税。依据“清浪碑”，“争江案”很可能发端于康熙二十四年的“客苗乱行”三寨“乘机霸市，擅设三关”；雍正开辟“新疆”之前，王寨、茅坪、卦治三寨轮值当江的制度尚未被官府确认。

显然，王会湘言下之意是在官府认可之前，已经存在当江惯例。既然官府在雍正以前，没有确认三寨当江资格，坌处串立十八关，抽收木税，就不是在和三寨“争江”了。没有“当江”，何来“争江”？

流传民间的《争江记》在“康熙四十二年事，移税辰州去当粮”句以前，讲的都是“坌处王国瑞等，串立十八关，抽收木税”，但是并不表明“争江”始于此，那是木商与王国瑞等沿河十八关之间的矛盾，不是坌处与三寨木行之间的“争江”。可见，讨论“争江”作个限定是必须的。

但是，“康熙二十四年，客苗乱行，被黎平府属之毛坪、王寨、卦治三处乘机霸市，植设三关”，的确暗示：官府赋予三寨当江资格，有可能是始于康熙二十四年，亦或惯例意义上的三寨“当江”开始于康熙二十四年。

持乾隆年间说者，程泽时认为三寨当江确立始于乾隆年间张广泗再度平叛苗乱。[①] 主要根据有三：一是张广泗雍正年间并未任“经略”，因此《夫役案》中所载的两处“雍正年间，军略张大人……”是有误的。张广泗雍正六年六月至十年二月间任贵州巡抚，剿抚都匀、黎平、镇远、清平等苗疆，不大可能在三寨开行立市。后被派去征讨大小金川，雍正十三年始回师。乾隆皇帝授其“经略”。乾隆三年才请求疏浚清江河道，此前放排条件并不具备。二是雍正年间留存的林业契约等清水江文书极少。三是光绪十三年的禀稿中明确记载“先辈各自砍伐沿河售卖。嗣后乾隆年间张军略平抚苗疆后，统至卦治、王寨、毛坪三寨售卖，则三江之名自此而起”。[②]

持嘉庆年间说者，徐晓光教授认为“‘当江’这种惯制，早在清嘉庆年间就开始了”。[③] 越把时间往后推，结论越可靠。因为现存《争江案》稿中分别有嘉庆六年十一月二十七日兵部侍郎·兼都察院右都御史·巡抚贵州等处地方·提督案务·加节制通省兵马·兼理粮饷常明告示、嘉庆十一年三月初四日贵州布政使、贵州等处提刑按察使司告示。该二告示就是嘉庆年间贵州官府确认三寨当江资格的确证。但是，该嘉庆六年贵州巡抚常明

---

① 程泽时：《清水江文书之法意初探》，中国政法大学出版社 2011 年版，第 125~126 页。

② 程泽时：《清水江文书之法意初探》，中国政法大学出版社 2011 年版，第 125~126 页。

③ 徐晓光：《清水江流域林业经济法制的历史回溯》，贵州人民出版社 2006 年版，第 3 页。

的告示，就载有“自康熙、雍正年间，即将勘断示禁，已成铁案”。[①] 表明嘉庆六年贵州巡抚对官府赋予三寨当江资格的准确时间的模糊记忆。

总之，官府认可意义上的“当江”制度始于何时依然没有一致的结论。学者们的探讨大多没有遵循文献资料“来源原则”和“全宗原则”，没有很好地回答同一案稿中和不同案稿之间的文献表述之间紧张和冲突之处，多有断章取义之嫌。此外，多引用的是反映三寨的利益立场的文献资料，缺少天柱等诉争另一方的文献资料，以资验证。

（二）“当江”当什么

“当江”的三寨木行主要提供哪些服务？杨有赓先生认为，行户在木材交易中充当中介人的时候，其主要任务，一是为水客提供的服务项目，“寻觅货源，选配木材等级品种，安排坞子，兑付价款，雇夫挽排运输，结算各种帐目”；二是为山客提供服务项目，“编单木材，上缆子，保存木植，垫付运费，贷欲或予支木价，联系买主，围码，代交税款”；三是“买卖时，行户从中喊盘定价，行户精通业务，洞悉行情，具有‘一口喊断千金价’的权威”。[②]

杨先生的结论主要是从1964年社会调查中得出的，所反映的主要是清末民国时期的情况。比如，清水江地区木材交易，直到清末仍以根数和堆数论价，只有少数外来商人，对杉木原条、原木采用“龙泉码”（黔东南称“江码”）计价。民国四年以后，清水江沿岸的三江木行等才逐步使用“龙泉码”检验计量，[③] 并以两码为单位议价。平均龙泉码的1两，约合1.57立方米材积。因此，在清朝中期以前就不会存在“围码”的服务项目。因此，“当江”当什么，在不同历史时期，其内涵是有变化的，需要结合不同时期的文书资料进行梳理。

“当江”当什么，还可以从三方面分别来讨论：一是为木商提供的服务项目。杨先生所归纳的基本属于这方面。主要是为山客和水客提供买卖居间服务（比如，代山客“议价、收木、评估银色”等）、代为雇工搬运、扎排、看守、提供住宿、酒饭和缆索等项目。二是为地方公益事业抽筹资金的职

① 参见贵州省编辑组：《侗族社会历史调查》，贵州民族出版社1988年版，第47页录文。

② 杨有赓：《清代黔东南清水江流域木行初探》，载《贵州社会科学》1988年第8期。

③ 黔东南苗族侗族自治州林业局编：《黔东南苗族侗族自治州林业志（1988–2010）》，中国林业出版社2012年版，第208页。

能。光绪十六年，三江绅民龙庆荣等具禀“自愿于三江行用内，提取二厘五毫为修志费。经知府余渭通禀，三年为限，期满停止”。①宣统年间“现任万府深悉诸弊，委绅设局，于纲银内提抽四分作膏火，并选三江子弟送入书院，翼望培植人才，以化蛮苗气习”。②修志和教育，均为地方公益事业。三是为地方官府征缴经费的职能。“抽经费，始于咸丰八年因军需支绌，本府委员劝抽厘金，颁发告示，谕以军务平静即行停止，断不为例等因。”③“向章每毛价一两抽银两分有零，以作店家伙食、灯油、房租及照料木植、雇船、扎牌等项，并府署办公之费，一并在内，俱系自行办理，并非由官设行抽收，历经二百余年，相安无异。”④黎平知府办公经费、厘金，均属官府经费。

（三）“当江”是如何确立的

这是一个不被独立地提出并加以讨论的问题。

1. 三寨“当江”并不是通过取得“牙帖”确立的。论者常常描述木行制度，似乎认为取得木行的资格就是取得“当江”的资格。杨有赓先生认为，木行为政府批准开设的牙行。清代须经布政司批准并颁发“牒”，民国须经省财政厅批准并颁发“执照”方能营业。锦屏三寨之行户，向为数姓把持专利，后来演变成子孙世代相承。⑤似乎表明，三寨在清代就取得官府的“牒”，从而取得“当江”资格。徐晓光教授也持此观点。⑥

那么，清代三寨“当江”是通过取得牙行之“牒”而获得的吗？或者说，清代三寨什么时候取得过“牒”？

“自逊清以来，三埠即经王文龙唐诸姓，请帖设立木行，以与卖客（俗称山客）、买客（俗称水客）定交易。其中，锦屏行帖系王姓所请，行号同仁德；卦治系文龙二姓所请，行号同仁治；茅坪系龙唐姓所请，行号同仁美。自后子孙繁衍，虽各帖只一部，而经营行户逐渐增多。”⑦这里“逊清以来”，

① 光绪十八年刻本《黎平府志》卷首《禀稿》，第1页。

② 程泽时：《清水江文书之法意初探》，中国政法大学出版社2011年版，第134页。

③ 程泽时：《清水江文书之法意初探》，中国政法大学出版社2011年版，第128页。

④ 光绪十八年刻本《黎平府志》卷三上《食货志》，第35页。

⑤ 贵州省编辑组：《侗族社会历史调查》，贵州民族出版社1988年版，第35页。

⑥ 徐晓光：《清水江流域林业经济法制的历史回溯》，贵州人民出版社2006年版，第4页。

⑦ 《贵州近代经济史资料选辑》（上）第一卷，第338~339页。转引自贵州省编辑组：《侗族社会历史调查》，贵州民族出版社1988年版，第36页。

指的是1911年以后。三寨取得“帖”的时间，是在民国以后，并不表明清代三寨取得了“帖”。

光绪十八年《黎平府志·食货志》载：“府属及清江、台拱等处俱产苗木，周围约计千里，均系苗地，苗汉语言不通，惟茅坪等寨俱系同类苗人。是以各处木植，俱运至三寨售卖。该三寨首人分年开设歇店，凡与木商交易，俱系伊等代为议价、收木、评估银色，彼此相信有素。向议每木价一两，取银四分给店家，以为客商饭食，及守木扎牌工费。三寨藉此资生，并非官设牙行。惟苗人开店歇客，三寨轮流输值之年，谓之当江……乾隆四十六年坌处王美凤等禀请给帖开行，经巡抚图思德批，该处并非新开场市，历无牙行，不准开设。”[①]明确记载，三寨不是“官设牙行”，只是“歇店”。

光绪十八年《黎平府志·食货志》又载：“三寨绅首王勋臣等禀称，三江地方买卖木植，向来按年轮流开设歇店，相安已久，并无开店名色……并非开行抽收可比。”[②]“各大宪因其相安无事，亦听从民便，并未饬令请帖开行。从前因坌处地方心生觊觎，叠次滋事，迭蒙各大宪查办禁止，亦详咨有案。兹坌处复请帖开行，总以三寨私抽为词……坌处既以三寨为私行……”[③]可见，三寨并没有“牙帖”，屡次被坌处等指控为“私行”和“私抽”。

雍正九年（1741），茅坪寨吴世英向黎平府古州理苗同知滕文炯呈禀，要求因夫役立市，滕文炯提出处理方案，于雍正九年五月初三日详文上报。其中载有“据赤溪坪茅坪寨吴世英等诉前一纸，痛蚁数十余家，奉批可否立市，仰黎平府奉此，该卑府署查议，将茅坪借夫立市之情，即网利当江……乃吴世英等，即粘此示呈请立市吁恩，宪台批示到职，查一立则垄断独登，沿河各寨见其利尽归，共起争端。无论茅坪立市，于理不可。即悯其因夫之累，而立市补之，窃恐享利不久，结怨沿河”。[④]可见，至雍正九年三寨并未设立“总木市”。

因此可以肯定的是，在光绪十五年（1889）“三江”职员龙庆云、拔贡王勋臣、从九龙道云等联合上呈《三江请帖禀》之前，三寨并没有取得过任何牙帖。

---

① 光绪十八年刻本《黎平府志》卷三上《食货志》，第32页。

② 光绪十八年刻本《黎平府志》卷三上《食货志》，载《知府余渭禀善后总局》，第35页。

③ 光绪十八年刻本《黎平府志》卷三上《食货志》，载《三江总理禀》，第36页。

④ 贵州省编辑组：《侗族社会历史调查》，贵州民族出版社1988年版，第185~186页。

但是，很快经贵州布政使史念祖详文[①]，奉巡抚潘尉批准发帖给三江[②]，"每年纳课银二十四两，仍于奏销册内声明，造报咨部定案。行用仍照向章，每两抽银二分四厘五毫。将坌处前领之帖，饬天柱县知县追缴呈司注销。缘坌处先已请帖开江设行，自经禀奉此批追缴，以后仍归三寨开设，始成定案"。[③]

《黔南利弊问答》记述："溯两江之私充木行也，已历两百余年矣。相沿既久，流弊滋多，痼习已深，剔除非易。然在昔日之客商尚未深受其困也。迄黎平俞（俞渭）任内，适天柱余（骏年）改私为公，请帖在江外之坌处开行（即同仁和木行），遂亦使王寨之王庆云依照坌处办理（请帖者只王庆云一人，而当行户者三江不下五六百家。名虽公行，其实与私无异）。又虑两江口岸利不能专，乃每年认纳天柱公费银六百两，愚坌处撤行歇业，让三江独当行户（坌处行户方开半月，时镇黎两府主在毛坪会合商定坌处撤行，三江每年照纳天柱练饷六百两。迄歇行后，竟被黎府粉词上禀，全数骗销），于是三江特揽利权，多方剥削。"[④]表明，天柱县坌处的同仁和木行牙帖被注销了。

但是锦屏三江所请的"王庆云牙帖"的确是颁发下来了，只不过在光绪二十三年之前又被撤销了。其原因是以徐之培等人为首的山客们控告三江行户"估勒恶索"，被贵州巡抚衙门注销了。下引的禀稿为证，后文还会详及。

光绪二十三年三月廿三日黎平城徐之培告三江行户在省城抚台衙门所递之禀

为恳恩赏示、永息后患事。缘商等屡控行户估勒恶索等情，叠沐恩批，严行禁革，并折销王庆云牙帖，恩同罔极，德实二天，何事哓哓不止，不亦蠢愈（愚）犬雉无如。此事商等受虐多年，冤如覆盆，吞声饮泣，原惧拖累，忽经清江、台拱厅主暨厘金委员，将三江行户恶勒情形，缕析会禀请明，各行户巧立名目、各种苛费一律禁革，令山贩从轻上纳坐地厘金。若不化私为公，难苏小民困害。蒙恩俯准委员会同黎平府主于王寨设立正

---

① 钱实甫：《清代职官年表》（第二册），中华书局1980年版，第1726~1730页。史念祖，光绪十三年十月至光绪十五年十月任贵州布政使。

② 钱实甫：《清代职官年表》（第二册），中华书局1980年版，第1726~1730页。潘尉，光绪十一年六月至光绪十六年十一月任贵州巡抚。

③ 光绪十八年刻本《黎平府志》卷三上《食货志》，载《知府余渭禀善后总局》，第35页。

④ 程泽时：《清水江文书之法意初探》，中国政法大学出版社2011年版，第132页。

局，卦治、茅坪分设查局。△等复观青天，输将恐后，不意行户工于酬应，术精隔阂，恩喻不彰，民仍疑畏，所抽行用、牙口、江规照常如故，刁难转多，喊价更毒，冤上加冤，无可何如？始匍匐各辕吁求申理。府主反以一二奸商包揽具控，冀同敛财，朦胧上达。可怜山贩既纳行用，又出牙口，再扣江规，遵输军费，格外水子、搭平、垫平、增抽、毛木，各种奇累，早难支撑，岂能更欲乐从于添坐地厘金？然△等虽愚民无知，稍闻食毛践土，当报军恩，凡属官宪施行，自当竭力仰体。如前事之军费，其地棍藉势虐勒，攘夺蚕食，情何以堪？况值沿河木植追（殆）尽，现已入山伐树，异常艰苦，奚能层层剥削？△等反复聚议，惟有冒昧赴辕，吁恳恩始恩终，于每两毛价照兑三钱一分三厘，甘遵新章上纳坐地厘金九厘，统计实银壹百两共上一两五钱九分七厘五毫。至行户开行，不过借伊之地买卖，于民于国无益丝毫。△等愿遵官章，每百实银上伊二两，而牙口、行用、江银之名目巧立抽取，概求示禁。即商等店费，亦不辩驳，祇求示谕此后设店，照市付给。店账除菜饭、床铺外，凡烟酒肉炭，自行购置；守江吊排，亦自料理；然平又轻重，请以厘金平为准。买卖仍以三江为界，实银之锃色，只求九八，高申低补，亦是持平。统恳逐条晓谕，庶清眉目而杜藉口。但无示谕到江张贴晓喻，则恩虽雨露下，民终难被泽矣。惶恐上叩官保大人台前作主。[①]

由此推断，大约于光绪十五年至光绪二十二年期间，三江行户只在清代这一短暂时间段内，有过“牙帖”。清代其余时段都为“私行”。

2. 三寨“当江”主要是通过地方官府屡次“勘断禁示”来确立和维持，主要有四种情况：

一是不批准天柱县坌处等地的“请帖”。比如，“乾隆四十六年坌处王美凤等禀请给帖开行，经巡抚图思德批，该处并非新开场市，历无牙行，不准开设”。[②]

二是惩处和撤销坌处等地的“设关抽江”。比如，“康熙四十六年，湖南天柱县属之坌处，有木客伍定祥控告坌处一带地方拦江抽税，经湖广抚臣禁革抽税名目”。[③] 即《当江记》所载的“三江水口系坌处，得见当江肚思

① 张应强、王宗勋主编：《清水江文书》第3辑第1册，广西师范大学出版社2011年版，第180~181页。

② 光绪十八年刻本《黎平府志》卷三上《食货志》，第32页。

③ 光绪十八年刻本《黎平府志》卷三上《食货志》，第32页。

量，坐地商量来生计，百里串立十八关，步步拦河来阻木，克扣排钱啃木商。头关坌处王国瑞……每关抽江银九两，方才得到托口堂，害了钱多的木商，个个吃亏苦难当。大龙出了个田金展，去邀爰（绥）宁伍定祥，告到长沙赵抚院，方才减去十八关”。[①] 其实顺治、康熙两朝不叫“湖南”，而是沿袭明朝的地名“偏沅”。直到雍正元年，改“偏沅”为“湖南”。[②] 这里的“长沙赵抚院”实际指的是偏沅巡抚赵申乔，康熙四十一年至康熙四十九年任偏桥巡抚。黎平府志和《争江记》可以互证。

三是不批准三寨的独立“请帖”。比如，前述不批准雍正九年（1741）茅坪寨吴世英的“借夫立市”请求。

四是禁止三寨“勾商截买，混乱江规”。比如，嘉庆六年（1801）茅坪控告其他二寨在茅坪当值之年勾商截买木植，扰乱江规。[③]

每一次“勘断禁示”能维持“当江”秩序数年至数十年。

（四）为何“争江”

杨有赓先生认为，“争江是沿江各寨为获取当江之权益而进行的斗争”。[④]

单洪银先生认为，“巨大商业利益的驱动，复杂的社会关系，尖锐的地域矛盾，致使‘山客’之间，‘水客’之间，‘山客’‘水客’之间，‘内三江’（茅坪、王寨、卦治三寨）之间，‘内三江’与‘外三江’（茅坪以下天柱的清浪、坌处、三门塘三寨）之间，以及地方封建政权之间围绕着木业经营权，爆发了旷日持久的利益之争”。[⑤]

张应强教授认为，“早期当江制度可能存在的漏洞、当江所带来厚利的诱惑、地方社会结构的调整和人们社会地位的升降等等，都屡屡成为发生‘争江’事件的重要起因”。[⑥]

以上诸位共识，利益之争是“争江”的实质。单洪银和张应强二位还总结了“争江”发生的外部条件和“契机”，这涉及如何“争江”“争江”

---

① 贵州省编辑组:《侗族社会历史调查》，贵州民族出版社 1988 年版，第 38~39 页。

② 钱实甫:《清代职官年表》（第二册），中华书局 1980 年版，第 1517~1578 页。

③ 贵州省编辑组:《侗族社会历史调查》，贵州民族出版社 1988 年版，第 55~56 页。

④ 贵州省编辑组:《侗族社会历史调查》，贵州民族出版社 1988 年版，第 38 页。

⑤ 单洪银:《清代清水江木业“争江案”述评》，载《贵州文史丛刊》2002 年第 4 期。

⑥ 张应强:《木材之流动：清代清水江下游地区的市场、权力与社会》，生活·读书·新知三联书店 2006 年版，第 65 页。

的手段问题，后文将会展开讨论。

笔者想指出的是，三寨并未取得牙帖，是“私行”。但是，三寨取得了木商和官府均认可的“当江”资格和习惯权利，仅仅不具备完备的法律形式要素。当然，“勘断禁示”也是一种认可的法律形式。因此，从法律角度来看，清水江坌处以上所产木材的买卖中介服务的“牙帖”，是“争江”的直接目标。坌处屡屡“请帖”，就是明证。

在清代大多数时候，各寨都没有“牙帖”的情况，“争江”争的是提供木材买卖中介服务的习惯权利，从而抽收佣金和其他工费。

（五）谁和谁在“争江”

归纳前文的分析，可以知道谁和谁在“争江”，主要有四种情况：

1. 茅坪、王寨、卦治三个位于上游苗寨与坌处、三门塘、清浪等下游多个村寨之间。他们之间的“争江”表现为：一是坌处等地的屡次请帖。二是坌处等地的屡次拦江抽收。三是三寨以及水客、山客，对坌处等地拦江抽收的控诉。

2. 茅坪、王寨、卦治三寨之间。内部不遵守“每逢子卯午酉之年，轮茅坪当江，接客开行，经手交易，而王寨、卦治之行户，不得私引客商越买；每逢丑、辰、未、戌之年，轮王寨当江，而茅坪、卦治之行户，不得私引客商越买；每逢寅、巳申、亥之年，轮卦治当江，王寨、茅坪之行户，不得私引客商越买”，[①] 发生诉争。

3. 湖南靖州与贵州黎平木商之间。道光《直隶靖州志·食货志·木政》载：“靖州地崇山多，多产林木，只属薪柴之用，少栋梁之选。惟黔省所出杉木，必经渠河，旧设有牙行，以俟远省商人怀资到此，与黔民交易，并无採贩巨贾。”[②] 清乾隆年间，位于渠水上游的黎平洪州所的曾、毛、穆三姓相约奔赴长沙，向湖南布政使衙门请帖，以木产黎平为由，要求在靖州开设木行。靖州木行许姓提出控告和抵制。结果许姓胜诉，维持原状，保有开设木行的专利权。败诉的黔商转而联合洪江两岸的贵州山客，将木植径直运至洪江销售，断靖州木行之利源，迫使许姓让步，同意黔商在靖州开设“木栈”，只住

① 光绪七年三月初十日刊立贵东兵备道吴自发审理“王寨生员王承立与茅坪舒占元等抗断翻案一案”的告示，转引自《侗族社会历史调查》，第56页。

② 转引自光绪十八年刻本《黎平府志》卷三上《食货志》，第32页。

山客，不许住水客。[①]

4. 黎平府与镇远府天柱县之间。“争江”，在一定意义上是黎平府与天柱县之间的税源之争。雍正五年（1727），天柱县由湖广拨属黎平府；雍正十一年（1733），天柱县拨归镇远府。张应强教授敏锐地感觉到，不同府属的差别会对后来“争江”事件产生某种影响，[②]但是没有结合资料给予说明。

前引《黔南利弊问答》记述，光绪十六年，黎平知府余渭和镇远知府严隽熙在茅坪会合，达成“两江口岸利不能专”的共识，商定撤销坌处木行牙帖，三江每年照纳天柱练饷六百两，就印证了地方官府存在税源之争的事实。

二、如何“争江”

如何“争江”，杨有赓先生归纳了五种“争江”手段：一是钻政府断案结论之空子作为争江的法令依据；二是利用关系，谋取官吏庇护；三是利用矛盾，拉拢三帮；四是冒充皇商，放木冲江；五是诉诸暴力。[③]归纳比较全面，后来的研究者多没有找到深挖的余地。

张应强教授通过阅读《黎平府志·地理志》，敏锐地发现：光绪十二年天柱县利用贵州省饬令各地，落实“议定插花事宜，以正经界，而资治理”政令的机会，提出以天柱县所辖的文斗，拨换黎平府所辖的王寨、茅坪、小江，理由是文斗属于“插花地”，王寨、茅坪、小江离天柱更近。其背后的考虑是要夺取或分享清水江一江木贸之厚利。[④]这应该是“争江”的第六种手段。

需要指出的是，杨有赓先生的归纳，明显有立场倾向，他是站在维护官府“勘断禁示”和支持三江“当江”立场之上的。在这一点上，张应强教授的分析就比较公允和客观。笔者还想基于一个法学视角对“争江”的

① 贵州省编辑组：《侗族社会历史调查》，贵州民族出版社1988年版，第57页。

② 张应强：《木材之流动：清代清水江下游地区的市场、权力与社会》，生活·读书·新知三联书店2006年版，第65页。

③ 贵州省编辑组：《侗族社会历史调查》，贵州民族出版社1988年版，第52页。

④ 张应强：《木材之流动：清代清水江下游地区的市场、权力与社会》，生活·读书·新知三联书店2006年版，第90~91页。

手段，作一些新的阐释。①

（一）钻法律空子吗?

嘉庆十一年三月初四日，贵州布政使司和贵州等处提刑按察使的布告云："前有天柱县属之坌处奸民伍仕仁等，因地处茅坪三寨下游，相距仅十余里，希图苗人生计，借早年审断有任客投歇一语，嘉庆三年蒙混请帖开行，批驳不准。"②

这里的"早年审断"，大概是指雍正九年已经升任黎平知府的滕文炯的审断和告示，因为雍正九年五月初三日滕文炯以古州理苗同知的身份在详文中建议："王国良诉争江一案，严行出示禁革，将当江立市名色永远革除，不得限年轮流，任从苗民客商之便，爰于某寨贸易，即泊某寨，使沿江之民，均沾乐利，则宪台恩尤无涯矣！"③《黎平府志·食货志》记述："雍正九年天柱已归黔属，坌处人王国良与挂治苗人互争当江，控经巡道，委黎平知府滕文炯审断，革去当江名色，听从民便。"④滕文炯雍正八年任古州同知，雍正九年任黎平知府。⑤

贵州藩司和臬司把伍仕仁请帖定性为"借早年审断有任客投歇一语"，即所谓的"钻法律空子"，是需要从法学的维度进行推敲一二。

其一，牙行是允许依法申请的。《大清律例·户律》之九《市廛》中"私充牙行埠头"律文规定："凡城市乡村诸色牙行，及船（之）埠头，并选有抵业人户充应。官给印信文簿，附写（逐月所至）客商、船户籍贯姓名、路引字号、物货数目，每月赴官查照。其来历引货若不由官选。私充者，杖六十，所得牙钱入官。官牙，埠头容隐者，笞五十，各革去。"即清代国家法律规定："诸色牙行，选有抵业人户充应，官给印行文簿。"《户部则例》规定，牙帖由布政司钤印颁发。⑥

"各该省地方官员查，系殷实良民，本身并非生监者，取具邻右及同行

---

① 参见程泽时：《清水江文书之法意初探》，中国政法大学出版社 2011 年版，第 164~175 页。笔者曾在"第四节　三寨木行'当江'与牙帖"中有过探讨。

② 转引自贵州省编辑组：《侗族社会历史调查》，贵州民族出版社 1988 年版，第 51~52 页。

③ 转引自贵州省编辑组：《侗族社会历史调查》，贵州民族出版社 1988 年版，第 186 页。

④ 光绪十八年刻本《黎平府志》卷三上《食货志》，第 32 页。

⑤ 光绪十八年刻本《黎平府志》卷六上《秩官志》，第 37 页。

⑥《读例存疑》卷十七。

互保各结，准其充补。"[①] 据此，省藩司（布政使）颁发牙帖的积极条件有三：一是请帖之人，必须是"殷实良民"。不仅有开办牙行的资本，而且有经营牙行的诚信品行；二是邻居和同行商户提供担保，出具"保结"；三是地方官员必须查实。

省藩司（布政使）颁发牙帖的消极条件有四：一是请帖之人，不能是生员和监生等；二是请帖之人，不能是"各衙门吏胥"；三是请帖之人，不能是"缘事不安本分之人"；四是请帖之人，不能是"年老有疾"的。[②]

因此，即使不依据黎平知府滕文炯的"早年审断"，请帖也是有充分的法律依据的。

其二，"任客投歇"符合《大清律例·户律》之九《市厘》的"悉听民便"立法精神。《大清律例·户律》之九《市厘》，规定了"私充牙行埠头""市司评物价""把持行市""私造斛斗秤尺"和"器用布绢不如法"，都体现了平等、自愿的精神，反对强买强卖、暴力垄断等贸易行为，追求一种市场公平价值。

其三，"早年审断"亦是地方法律渊源之一。黎平知府的审断，在所辖地域内有法律效力，也要求当事人及相关利害关系人遵守。既然"任客投歇"，那么坌处也可以是被选择。嘉庆二十一年王寨因夫役纠纷将卦治告上三司公堂，就主张"断案即是章程"，[③] 表明审断具有与章程一样的效力。

其四，伍仕仁的"衙门胥吏"身份，不符合省藩司（布政使）颁发牙帖的消极条件。《大清律例·户律》之九《市厘》"私充牙行埠头"律文，附有条例规定："各衙门胥役，有更名捏姓兼充牙行者，照更名重役例，杖一百，革退。如有诓骗客货，累商久候，照棍徒顶冒朋充霸开总行例，枷号一个月，发附近充军。"[④]《争江记》记述："嘉庆三年又起事，又出光棍来争江……大帮小补来争江……得了银钱来到手，四方八岸访能郎。访到天柱伍家寨，有一仕仁参过房。主意盖过天柱县，包你争江就得江。"[⑤] 伍仕仁曾在天柱县知县吴玉墀手下当过职。[⑥] 嘉庆元年吴玉墀升任黎平知府，此前乾隆五十年至乾

① 同治十三年版《钦定户部则例》，卷四十二，关税五，牙行额税。

② 参见程泽时：《清水江文书之法意初探》，中国政法大学出版社 2011 年版，第 165 页。

③ 《夫役案》：王寨在省城告词，转引自张应强：《木材之流动：清代清水江下游地区的市场、权力与社会》，生活·读书·新知三联书店 2006 年版，第 123 页。

④ （清）薛允升：《读例存疑》卷十七。此条例系乾隆五年，户部奏准定例，咸丰二年改定。

⑤ 转引自贵州省编辑组：《侗族社会历史调查》，贵州民族出版社 1988 年版，第 41 页。

⑥ 单洪银：《清代清水江木业"争江案"述评》，载《贵州文史丛刊》2002 年第 4 期。

隆五十三年曾任天柱知县，不能肯定伍仕仁是否还留在天柱县“六房”之内。因此，不能肯定伍仕仁的“衙门胥吏”身份是被驳回请帖的理由之一。

不能片面地认为是“钻法律空子”，坌处“请帖”也是有法律依据的。

（二）利用关系，谋取官吏庇护

《争江记》记述：“署印黎平吴知府，先年做过天柱堂，告他三江私抽税，要把坌处当总江。吴府准了天柱纸，来了新官名富刚，富爷上了黎平任，吴府卸事下了场。拘提三江同到案，审输国泰在当堂。每人重责四十板，一起押解转回乡。”[①] 这里的“富刚”是指“富坤”，蒙古人，嘉庆三年接替吴玉墀任黎平知府，至嘉庆六年止。的确，不排除利用吴玉墀是曾经的父母官这层关系，但是，必须注意的是，坌处人等是到黎平府衙去告隶属黎平府的三江行户，即“原告就被告”；此外，三江行户至少是黎平知府办公经费的“提款机”。“屁股决定立场”，论关系，孰远孰近，一目了然。

坌处请帖不经过黎平府，只需经过镇远府，“要把坌处当总江”是一方推论，不可能写进坌处的状纸中去，故存而不论。

需要讨论的是“告他三江私抽税”，是否有法律依据。

前引“私充牙行埠头”律文规定了牙行必须有“官给印信文簿”和“牙帖”。否则为“私充牙行阜头”罪。“私充者，杖六十，所得牙钱入官。官牙，埠头容隐者，笞五十，各革去。”[②] 前引《三江总理禀》也表明，三江行户意识到自己一直被坌处控为“私行”和“三寨私抽”。坌处伍仕仁假如在天柱县刑房当过胥吏，就不会找不到“私充牙行埠头”律文依据。

因此，坌处告三寨“私抽税”，是有法律依据的。

（三）利用矛盾，拉拢三帮木商

嘉庆六年十一月二十七日贵州巡抚常明告示：“今因关临江等木客陈贻盛，与苗人买地龃龉，复为伍仕仁拨弄，捏词妄控，准到龙江等关咨令查办”，比较简略。嘉庆十一年三月初四日贵州藩司和臬司布告：“六年，又借徽、临、陕三帮木商孙贻盛等，因茅坪苗领龙承仁等，不肯卖地建造会馆之嫌，哄骗该木商等，至坌处投歇，押令苗人运木，至坌处售卖，不遂，

---

① 转引自贵州省编辑组：《侗族社会历史调查》，贵州民族出版社 1988 年版，第 42 页。

② （清）薛允升：《读例存疑》卷十七。

逞凶殴打，并阻拦高永兴木排，被水冲失。复主唆孙贻盛等赴各关捏控，前院常批行前司，提集人证到省，委员审明，将伍仕仁问讯充军。”[①]

的确，坌处利用了木商与三江之间的矛盾。三江不愿卖地，三帮建不成会馆，只能投歇三江行户，三江意在长期垄断房租、饭食之利，“把持行市”。

但是，既然是“私行”，就允许三帮木商自由投歇。三帮木商自然就会选择十里之外的坌处，双方自愿投歇，并无不可。

孙贻盛到南京龙江关等关，控诉三江行户，尚没有发现词稿留存。但是，三江行户也并非无懈可击。比如，“把持行市”律条及条例，可资援引。“把持行市”律条规定：“凡买卖诸物两不和同，而把持行市，专取其利，及贩育之徒，通同牙行，共为奸计，卖（己之）物以贱为贵，买（人之）物以贵为贱者，杖八十。”所附条例“各处客商辐辏去处，若牙行及无藉之徒用强邀截客货者，不论有无诓赊货物，问罪俱枷号一个月。”[②]

三帮的确在坌处投歇，《争江记》记述：“将钱去买总客商，买得客总来引路，南京汉口接三帮。不怕三江存有案，住不投主客在行，这是嘉庆六年事，茅坪的江坌处当。接得客商到坌处”可证。但是，三江会阻止茅坪以上的木排放至坌处交易，也会阻止坌处人上三江购买杉木。否则，不会出现“押令苗人运木，至坌处售卖，不遂，逞凶殴打”情形。三江的行为，就符合“把持行市”律条所附条例的“用强邀截客货”的规定，就属于“把持行市”。孙贻盛到南京龙江关控诉，会把三江“把持行市”，致使购买木材数量锐减、影响关税“国课”的后果，凸显出来。《黎平府志》载述，“伍仕仁复主使孙贻盛等，赴各抄关捏控茅坪店龙承仁等把持病商”，[③]似乎表明其控诉以“把持行市”的律文附例为依据。

（四）冒充皇商，放木冲江

三帮木商到坌处投宿后，坌处接戏班庆贺。但是，三江阻止木排放至坌处，三帮木商没有木材可买。《争江记》记述：“朝的唱戏无木买，接得客商乱忙忙。左想无计思无路，攀人买木来冲江。黄平有个林春茂，会同有个孙中行，两个打扮皇商样，平金买木来冲江。四月初七放排过，惊动茅

---

① 转引自贵州省编辑组：《侗族社会历史调查》，贵州民族出版社1988年版，第52页。

② （清）薛允升：《读例存疑》卷十七。

③ 光绪十八年刻本《黎平府志》卷三上《食货志》，第33页。

坪一乡郎，王法在远蛮在近，拿到两人尽遭殃。”①

为了打破三江的封锁，坌处想利用“皇商”的特殊身份，希图三江不敢阻拦皇商木排。毕竟三江属于“把持行市”，但是“王法在远蛮在近”，没有冲江成功，冒充皇商事情败露。

即使是冒充皇商，也不无法律依据上的考量。

（五）诉诸暴力

三江以历次审断为据，以黎平府为后盾，牢牢把持垄断资格。坌处以《大清律例》为根据，以三江“私充牙行”“把持行市”为词，没有打破三江的垄断地位，自身请帖被拒，其合法性诉求没有被地方官府认可。坌处的利益诉求，在法律框架内得不到尊重和肯定，只有诉诸暴力。

（六）利用插花地经界调整机会

张应强教授对此已有精彩的分析。笔者只想部分录引一份清水江文书资料，作此补充说明。

府、县正堂郭、俞　为晓谕苗光绅姜兴国等知悉，案查前奉藩宪、局宪扎开，案奉抚部院牌开，照得本署院会同云贵督部堂岑　由驿具奏“议定插花事宜，以正经界，而资治理”一案，由司刊刻章程，饬即通行各属遵办等因。转行到府县，奉此，查奉发事宜奏稿章程第三条内开，一、择要先办插花错杂。各属中多有刑格势禁、力难并举之处，宜分清缓急办理。各地段距城虽远，当有一线相通气、可贯注者缓办；其切然不连属之地，务先切实勘拨，不准推延；其彼此互拨，或有盈缩不同者，亦有；有拨无还者，各就形势之便，俱不准存畛域肥瘠之私等……

切速此谕　右谕仰苗光身世姜兴国等遵照②

光绪十一年，黎平知府郭怀礼和开泰知县俞鸿达，就拟把苗光由开泰县属拨归黎平府属事宜，谕示苗光绅士姜兴国其章程依据。光绪十年，贵州巡

① 转引自贵州省编辑组：《侗族社会历史调查》，贵州民族出版社1988年版，第42~43页。

② 张应强、王宗勋主编：《清水江文书》第3辑第1册，广西师范大学出版社2011年版，第182页。

抚李用清和云贵总督岑毓英联名上奏朝廷"议定插花事宜，以正经界，而资治理"折，被批准各地执行。其奏稿所列章程，就有一条"择要先办插花错杂"。

督抚的奏折被朝廷批准实施，被镇远府天柱县知县廖镜伊和天柱举人吴鹤视为"争江"的天赐良机。从该条章程来看，的确很有操作空间：一是首先强调互拨；二是特殊情况下允许有拨无还。

除了光绪十二年镇远府天柱县知县廖镜伊和天柱举人吴鹤所提出的以柱属的文斗下寨与黎属的王寨、茅坪、小江拨换建议方案外，光绪十一年九月初二日姜兴国的具禀中，还记述另一个建议方案："黎属之王寨、茅坪曾开与柱属平金、银洞对拨，该处系重大之区，尚未定案拨否。"[①] 出现多个方案，可能与出产木植、木材贸易等因素的权衡有关。

三、"争江案"过程与阶段是怎样的

从康熙年间到民国五年天柱、锦屏两县共同当江布告，历经 200 年。杨有赓先生最早提出了四阶段说：雍正以前，开行当江的自发形成时期；雍正至光绪十五年，法定三寨开行；光绪十五年至民国初年，内外江共存；民国初年至民国三十年，木行消亡阶段。[②] 这种分段起到宏观勾勒之作用，但是缺陷是明显的。

（一）"当江"的原点尚待考

如前所述，惯例意义上的"当江"和官府认可意义上的"当江"，始于何时，没有定于一尊之说。因此，划分阶段的原点不确定。

（二）"法定当江"的合法性或可质疑

如前考证，清代三寨"当江"，主要不是通过官府授予"牙帖"来确立的，而是通过屡次"勘断禁示"来确立和维护的。以《大清律例》来衡量，三寨多数时候只是"私行"，唯独光绪十五年至光绪二十二年这 7 年时间

① 张应强、王宗勋主编：《清水江文书》第 3 辑第 1 册，广西师范大学出版社 2007 年版，第 184 页。

② 贵州省编辑组：《侗族社会历史调查》，贵州民族出版社 1988 年版，第 35~38 页。

里，持有行户为“王庆云”的牙帖。“王庆云”其实就是“拔贡王勋臣”“职员龙庆荣”“从九龙道云”。[1]清代“绅衿生监，不许认充牙行。乾隆五年既二十七年，吏部礼部均有奏。案举贡生监概不许充牙行，见《礼部则例》。《户部则例》有，查系殷实良民本身，并非生监者，取结准其充補[2]”。[3]因此，三寨取得的“王庆云”的牙帖，也不具有合法性。前引“光绪二十三年三月廿三日黎平城徐之培告三江行户在省城抚台衙门所递之禀”，告诉我们三寨所取得的“王庆云”的牙帖，是被山客们控告而被撤销的。

即使贵州地方官府的历次“勘断禁示”也不是次次“遵循先例”，完全一致。尽管多数时候“勘断禁示”，维护三寨“当江”，但是三寨“当江”而不请帖，违反了《大清律例》和《户部则例》。

因此，“法定开行阶段”的说法是不准确的。

（三）“民国初年以后，木行消亡阶段”与事实不吻合

如前所引，三寨请帖设立木行“同仁德”“同仁美”“同仁治”，都是在“逊清以来”，即清朝推翻、民国成立以后。

四、“争江”的结果怎样

（一）胜负结果

1. 至光绪十五年天柱县坌处取得牙帖开行之前，三寨“当江”的垄断地位并没有因为“争江”而撼动过，坌处屡次“争江”均以失败告终。

2. 光绪十五年天柱县坌处取得牙帖开行，短暂胜出，打破了三寨“当江”的垄断地位。

3. 光绪十五年，“坌处行户方开办月”。黎平知府余渭和镇远知府严隽熙协商，三寨每年向天柱县认纳公费六百两，继续“当江”，三寨请帖开行“王庆云”，撤销了坌处牙帖，出现了调解结果。但是，六百两“竟被黎府

---

① 张应强：《木材之流动：清代清水江下游地区的市场、权力与社会》，生活·读书·新知三联书店2006年版，第95页。

② “補”，同“补”。

③（清）薛允升：《读例存疑》卷十七。

饰词上兵，全数骗销”。①

4. 光绪二十二年三寨木行“王庆云”所请牙帖也被撤销。

（二）“外三江”的设立

杨有赓先生认为，光绪十五年天柱坌处请帖开行时，黎平府和镇远府通过协商，确立坌处、清浪、三门塘“外三江”的“当江”权限以及与茅坪、王寨、卦治“内三江”的权利界分。②但是，没有给出资料依据，难以让人信服。

张应强教授通过分析光绪二十四年一通石碑所使用的“内帮”“外江”等特别字眼认为，此时内外“三江”之制及相应的内帮、外帮的区分已经确立。③

笔者认许张应强教授的推论，进一步认为，内外“三江”之制，应该确立于光绪二十二年三寨王庆云牙帖被撤销之后。理由如下：

其一，由于山贩们的抗争和控诉，“王庆云”牙帖被撤销，意味着地方官府不再支持三寨“当江”的垄断地位，给了坌处等地一个“争江”的绝好机会。此前，光绪十六年，坌处的“同仁和”木行的牙帖被撤销。“争江”的双方处于“平等”的法律地位，可能协商解决。

其二，宣统年间天柱县坌处等寨人所作的《黔南利弊问答》记述“盖客商之困不在无帖前，而在有帖后也”“此山贩所以困于江内有帖后之加抽也”，④与光绪二十三年三月廿三日黎平城徐之培告三江行户在省城抚台衙门所递之禀所述“缘商等屡控行户估勒恶索等情，叠沐恩批，严行禁革，并折销王庆云牙帖”，是吻合的。“江内有帖”在光绪十五年。徐之培呈递该禀是在光绪二十三年三月廿三日，笔者推断撤销王庆云牙帖应该在光绪二十二年而不在光绪二十三年。

其三，《黔南利弊问答》还进行“江内行用”与“江外行用”的比较、区分了“内帮客”和“外帮客”等，使用了“两江木行”“若江外行户无有牙帖，专抽水商”等的表述，表明内外“三江”之制在光绪十五年之后、宣统之前，已经确立。

---

① 程泽时：《清水江文书之法意初探》，中国政法大学出版社 2011 年版，第 132 页。

② 贵州省编辑组：《侗族社会历史调查》，贵州民族出版社 1988 年版，第 53 页。

③ 张应强：《木材之流动：清代清水江下游地区的市场、权力与社会》，生活·读书·新知三联书店 2006 年版，第 96~97 页。

④ 程泽时：《清水江文书之法意初探》，中国政法大学出版社 2011 年版，第 132~134 页。

其四，《黔南利弊问答》载述“愚坌处撤行歇业，让三江独当行户，于是三江特揽利权，多方剥削，其所抽扣者，较昔加倍”，所使用的是“特揽利权”，不是“独揽利权”。表明三寨取帖之后，尽管没有兑现六百两的承诺，坌处等也通过“亦当木行”的方式，共享了“当江”利权。

五、如何评价“争江案”

如何评价“争江案”，学者从不同角度多有涉及。

杨有赓最早从清政府将开设木行的专利权赋予三寨的考虑因素角度，提出了四个方面的看法：用兵弹压征税；适应木材贸易兴起；地理优势；语言交流优势。[①]还从历史纵向总结，“在一个相当长的历史时间内，行户成了推动木材生产的一个重要层次”；渐渐“三江开行的一切权益，几乎为少数地主官僚所独占”；“行户日益走向历史的反面，越来越成为发展商品生产和商品流通的桎梏，最终不免被历史的洪流所淘汰”。单洪银归纳了三寨在“争江”中取胜的因素，有自然因素、社会因素、政治军事因素三方面。[②]徐晓光认为，“内三江”获胜的因素有地缘因素、社会因素和政治军事因素。[③]

张应强分别从“当江”的形成过程与影响因素、“争江”的性质与社会影响、内外“三江”制度的形成等三个方面总结了“争江案”，并认为：“当江”机制是在雍正年间开辟“苗疆”过程中，在地方官府介入下逐步确立的。其影响因素有地理位置、族群语言、承应夫役、市场规范需要等。王朝政府介入“当江”所考虑因素有：促进应夫、界分苗疆和保障“钦工例木”。“争江”是清代清水江下游地区为地方权力的控制和社会资源的分配而展开的一场历史正剧。其社会影响有二：“三江”对自身身份的界定以及社会认同的强化；坌处等下游村寨，发展和整合不同社会力量。清水江下游内外“三江”之制的形成，是各方势力相互妥协和平衡的结果，是咸同兵燹后区域社会结构调整的结果。[④]

---

① 贵州省编辑组：《侗族社会历史调查》，贵州民族出版社1988年版，第53页。

② 单洪银：《清代清水江木业“争江案”述评》，载《贵州文史丛刊》2002年第4期。

③ 徐晓光：《清水江流域林业经济法制的历史回溯》，贵州人民出版社2006年版，第22~23页。

④ 张应强：《木材之流动：清代清水江下游地区的市场、权力与社会》，生活·读书·新知三联书店2006年版，第98~103页。

笔者认为，评价“争江案”至少从法律、经济、政治、社会四个维度，来综合衡量评价。

（一）“争江”是合法性之争

充当牙行，《大清律例》《户部则例》都有明确的规定，但是，官府始终没有主动要求卦治、王寨、茅坪三寨“请帖”。坌处等地屡屡以此指控三寨“私行私抽”。但是，坌处等地的合法性诉求，贵州地方官府却并没有理睬。原因在于“争江”不仅仅是合法性之争，还关乎苗疆政治大局的稳定。

但是，朝廷官府对坌处一方却是严格适用《大清律例》，主动进行合法性究问，显然没有贯彻统一适用法律原则。

嘉庆六年“争江案”中，坌处的伍仕仁“照棍徒扰害例拟遣”；清律“教唆词讼”条附例有规定：“审理词讼，究出主唆之人，除情重赃多，实犯死罪，及偶为代作词状，情节不实者，俱各照本律查办外，若系积惯讼棍，串通胥吏，播弄乡愚，恐吓诈财，一经审实，即依棍徒生事扰害例，问发云、贵、两广极边烟瘴充军。”[①]“伍仕仁主使孙贻盛等，赴各抄关捏控茅坪店家龙承仁等把持病商。经巡抚常明檄司道审明，茅坪店家龙承仁并无把持病商情事，实系伍仕仁滋事”，[②]故伍仕仁应该适用此例。

嘉庆十一年“争江案”中，坌处的“王朝富、刘林山拟军”，刘秀刚“照凶恶棍徒扰害地方例加一等，发黑龙江给披甲人为奴”。[③]清律“恐吓财产”律文附例有规定：“凡凶恶棍徒屡次生事行凶，无故扰害良人，人所共知，确有实据者，发极边，足四千里安置。（凡系一时一事实在情凶势恶者，亦照例拨发）。如并无凶恶实迹，偶然挟诈逞凶及屡次借端索借，赃数无多，尚非实在凶恶者，仍照所犯之罪，各依本律本例定拟，不得滥引此例。”[④]王朝富、刘林山、刘秀刚应该据此例文定罪处罚。

（二）“争江”是竞争与垄断、秩序与自由之争

“当江”，既是一种市场垄断现象，更是一种地方行政垄断现象。《大清

---

① （清）薛允升：《读例存疑》卷四十。

② 光绪十八年刻本《黎平府志》卷三上《食货志》，第33~34页。

③ 光绪十八年刻本《黎平府志》卷三上《食货志》，第33~34页。

④ （清）薛允升：《读例存疑》卷三十。

律例》规定了许多反对市场垄断的律条和条例，提倡“悉听民便”。但是，到了地方，市场垄断常常和地方行政垄断紧密联系起来，比如黎平府与三江之间的联系。当然，地方行政垄断也有保障市场秩序的作用。

坌处等地“争江”和“请帖”，提出了市场自由、平等的价值诉求和参与行市竞争的利益诉求，是在法律体制内进行的反垄断斗争。当不能在法律体制内满足诉求时，才使用暴力拦江，彻底妨碍和破坏了市场秩序。

（三）“争江”是苗疆稳定大局之争

清代西南“三省苗”问题始终是朝廷大政之一。雍正新辟苗疆之后，雍正、乾隆、嘉庆大小叛乱时有发生，咸丰、同治更是兵燹，朝廷疲于用兵，耗费巨大。三江地区，又处于古州八万“生苗”区的边缘前哨，堪称军事要害。因此，维持三寨“当江”秩序，慢慢把上游的“生苗”木植生产砍伐活动，融入王朝的经济体系之中，不能增强“国家认同”，始终是一个政治大局。苗疆稳定大局，具有至上性，不可争。从这个意义上讲，“当江”是不可争的，政治稳定是不能争的，哪怕牺牲掉坌处等地局部经济利益。

（四）“争江”是社会转型快慢之争

三江上游的古州八万地区的苗疆社会在雍正以前是一个相对封闭社会，是一个以血缘、地缘而型构的社会。由于出产杉木，基于木材贸易的业缘，与内地社会进行着双向交流。苗疆社会，向“王化社会”的转型，是需要时间和过程的。不能“拔苗助长”，期望三江上游的古州八万的生苗们，很快就具有与下游木商进行平等、自由、公平的直接木材交易的智识和技能，因此，苗疆社会转型，需要“三江”这块过渡缓冲地带，生苗们的木材贸易需要行户的中介，代为收木议价、估看银色等。苗疆社会与内地汉民社会的“通约性”，苗汉之间的信任感是需要逐渐累积的。

由此，我们就能理解，大部分“争江案”审断是维持三寨“当江”现状的，而对坌处的“私行”违法性指控不予理会。因为《大清律例·户律》之九《市廛》等规定，是适应于内地汉民社会秩序而制定的。到光绪后期，苗疆社会向内地汉民社会的转型逐步完成，三寨“当江”也转变为内外“三江”了。

第七章　流官理讼与苗疆地主制的确立

地主制较之领主制的先进性，主要在于租佃制的激励机制更有效，土地能够被更多的小家庭单位精细化耕种，提高土地产出率，也从而提高地价。改土归流前，大大小小的苗疆土司，均是领主。改土归流后，地主制逐渐取代领主制，苗人、汉民、客民均追求拥有地主的身份，都希望能自由地买卖、租佃、典当田土。这种大规模的田土自由流转的地主制秩序，主要是由流官理讼来维护的。

第一节　交换分享与分配裁判：清代苗疆永佃制

哈特提出："探究文辞的深意并非只在于了解文字本身。各类型的社会情境或社会关系之间，有许多重要的差别并非昭然若揭。"[①] 法律概念（语词）是具有开放性结构（open texture）的，[②] 运用"标准事例"所建构起的具有统一性的法律概念，去涵摄社会事实时，要注意不同类型社会情境中的"边缘事例"，边界地带是存在不确定性的。在此意义上，笔者提出"清代苗疆

① ［英］哈特：《法律的概念》（第二版），许家馨、李冠宜译，法律出版社 2006 年版，前言第 2 页。

② ［英］哈特：《法律的概念》（第二版），许家馨、李冠宜译，法律出版社 2006 年版，第 123 页。

永佃制”的边缘研究命题，[①] 试图去对永佃制（权）的既有研究，提出一些补充性意见，并由此引申至传统中国的地产、市场观念等根源问题。

一、中国永佃制的研究前见之简单检讨

永佃制的研究，最初以日本汉学家为主，[②] 中国学者开始于20世纪30年代左右，[③] 主要以经济史学者、社会经济史学者为主。

其所依据的材料主要有四：一是20世纪20年代至30年代农村调查，比如，卜凯的《中国农家经济》和《中国土地利用》，其结论是中国农村问题的关键在于技术进步，改善经营方式，提高农业生产技术水平，而非土地兼并，被称为“技术派”；而陈翰笙的《中国的地主和农民》，则认为中国农村的问题的根本解决之道在于土地分配问题，被称为“分配派”，[④] 该派主张称为日后的土地革命的重要理论基础。二是契约文书，比如，杨国桢的《明清土地契约文书》。[⑤] 三是刑科题本，比如，周远廉、谢肇华的《清代租佃制研究》。[⑥] 四是鱼鳞册，比如，章有义的《康熙初年江苏长洲三册鱼鳞簿所见》，从鱼鳞册上挑出或认定享有永佃权的农户，与普通佃户相区别，[⑦] 似乎表明地方官府注意到永佃权的现象。

从研究方法上看，大体分为两类：一是制度性描述，大多数学者均进

---

① 本书对苗疆的界定，采用广义，指清代南方少数民族聚居区。清代的“苗”“夷”“瑶”等，不应与20世纪50年代的民族识别意义的少数民族混淆与等同。马廷玉：《中国租佃关系通史》，吉林文史出版社1992年版，在“第三编　现代租佃关系”中描述了“湘黔桂三省的租佃关系”，在“第三编第五章　边疆少数民族地区的租佃关系”中，描述了西藏、新疆、广西壮族地区、云南西双版纳傣族地区的农奴。但是，没有聚焦讨论清代苗疆的租佃关系及其永佃制。清代苗疆是一个独特的政治经济文化单元，官府对其有一套系统的治理政策。另外，刘克祥：《清代热河的蒙地开垦和永佃制》，载《中国经济史研究》1986年第3期，集中讨论了清代旗地永佃制这样的“边缘事例”。

② 赵冈：《永佃制研究》，中国农业出版社2005年版，第2页。

③ 费孝通：《江村经济》，商务印书馆2001年，第156~167页。1939年英国英文初版。

④ 参见赵晓阳：《解决农村经济问题的路径差异与思想根源——陈翰笙与卜凯经济思想比较研究》，载《经济学动态》2014年第1期。

⑤ 杨国桢：《明清土地契约文书研究》，人民出版社1988年版。

⑥ 周远廉、谢肇华：《清代租佃制研究》，辽宁人民出版社1986年版，第299~337页。

⑦ 章有义：《康熙初年江苏长洲三册鱼鳞簿所见》，载《中国经济史研究》1998年第4期。

行此类定性分析，支持以陈翰笙为代表的“分配派”主张。杨国桢研究永佃制、一田二主的结论是：“在地权分化的形式下，中国的农民不可能摆脱封建剥削的枷锁，只有共产党领导的土地改革运动，才使他们真正成为土地的主人。”① 但是，在地权分化日益普遍的情况下，所谓的“封建剥削”是加重了还是减弱了呢？杨国桢并没有给出明确的结论。二是计量分析，则以赵冈的《永佃制研究》为代表，其研究在一定程度上继承和支持了卜凯的结论。

下面主要讨论其中的几个争议问题：②

（一）永佃制的起源途径是否完全归纳

永佃制的起源，经济史学者的描述往往非常具体，而法学者的描述较为抽象。杨国桢归纳清代佃农获得永佃权的途径，有开垦永佃、改良永佃、认定永佃、分与永佃、保留永佃和买受永佃六种。③ 有经济史学者归纳为：一是垦荒成永佃；二是农民贱卖土地议成永佃；三是因押租而成永佃；四是不欠租谷也可成永佃；五是世代耕种变成永佃；六是因佃农出银买得永佃权。这些是主要途径。④ 还有学者进一步归纳为三个途径：一是押租制；二是开荒加工取得的永佃权；三是典卖田地或价购永佃权。⑤ 学者们的归纳大多受到所见资料的局限，笔者以为还存在“边缘事例”。比如，清代苗疆，就大量发生违反律例所规定的禁止汉苗（彝、瑶）交产、私卖土司官田的现象，官府往往勒令取赎、清退而不能，官府允许其设定永佃权。

罗马法上永佃权取得的方法则抽象和类型化为三种：一是契约之订定；二是遗赠或遗嘱之记载；三是“分配裁判”，即以司法机关之裁判，为取得永佃权之方法者。⑥ 罗马法上，分配裁判是指裁判官在共有人间对共有物予以分割的裁判，它构成一个传来取得的法律原因，是所有权取得方式之一。它包括共有物分配之诉（actio communi dividundo）、划定地界之诉 (actio

---

① 杨国桢：《明清土地契约文书研究》，人民出版社 1988 年版，第 133 页。

② 永佃制研究中的争议问题较多，不是本文的篇幅所能综述完成的。

③ 杨国桢：《试论清代闽北民间的土地买卖——清代闽北土地买卖文书剖析》，载《中国史研究》1981 年第 1 期。

④ 周远廉、谢肇华：《清代租佃制研究》，辽宁人民出版社 1986 年版，第 295~300 页。

⑤ 赵冈：《永佃制研究》，中国农业出版社 2005 年版，第 16~24 页。

⑥ 周枬把“永佃权”翻译为“永借权”，把“分配裁判”称为“裁判设定”，即由司法机关以分割裁判方式设定永借权。参见周枬：《罗马法原论》，商务印书馆 2001 年版，第 417 页。

finium requndorum)、继承权分配之诉 (action familiae erciscundae)。[①] 划定地界之诉，也称地界调整之诉，是指相邻不动产的所有主，据以要求确定地界的诉讼。因为在对相邻土地的地界进行划分时，通常需要对原本归属关系不清的中间地带（在划界前，往往由相邻的不动产所有主共同使用）加以分割，从而结束原有的、事实上的共有关系。[②] 古代罗马法院系统所作的判决书，已经全部佚失。迄今唯一可见的划定地界之诉的仲裁裁决书就是公元前 117 年罗马共和国作成的并记录在青铜碑上的“热那亚判决”。[③] 清代官府处理汉苗、汉彝、汉瑶交产、土司私卖官田的违禁案件时，勒令取赎清退，因无力取赎，被迫承认永佃权，类似于罗马法上的“分配裁判”。详见后文。

（二）永佃权是债权还是物权[④]

对于当今法学者而言，根据罗马法、《大清民律草案》、《中华民国民法》，永佃权无疑是物权，这似乎是常识。但在清代律例中，债权和物权的区分是没有的。而在罗马法上，存在一个从债权到物权的转变。[⑤] 陈朝璧就指出：“永佃权……系由债权性质而变为物权之权利者也。”“直至优帝时，始将希腊永佃权之制度及罗马公地之租田制度，冶于一炉，而成罗马法上永佃权之完备制度也。”[⑥] 当代的经济史、社会经济史学者在界定永佃权时，常常没有做这种前提性反思的。

---

① 江平、米健：《罗马法基础》(第三版)，中国政法大学出版社 2004 年版，第 196~197 页。

② 黄风编：《罗马法词典》，法律出版社 2001 年版，第 10~11 页。

③ 参见［美］威格摩尔：《世界法系概览》(上册)，何勤华、李秀清、郭光东等译，上海人民出版社 2004 年版，第 308 页。

④ 梁治平不使用“永佃权”“分割所有权”“部分所有权”等词语，主要是因为它们已经带来的混淆和混乱，至少和它在描述“永佃”关系时所具有的说明力一样大。同时，也未使用“永佃制”等词语，只使用了经其明确界定的“永佃”一词。参见梁治平：《清代习惯法：社会与国家》，中国政法大学出版社 1996 年版，第 88~91 页。笔者以为，权利话语已经成为无法避免的时代趋势，使用权利话语时，作出必要的说明和界定，也未尝不可。本文使用永佃权，但已区分了债权意义上和物权意义上的永佃权、中国固有法意义上的永佃权和继受法意义上的永佃权。

⑤ 关于罗马法上永佃权的沿革，可参见［意］奥里维埃罗·蒂里柏尔托：《罗马法中的公共土地所有权与私人使用》，陈汉译，载江平主编：《罗马法、中国法与民法法典化（文选）：罗马法与物权法、侵权行为法及商法之研究》，中国政法大学出版社 2008 年版，第 131~139 页。

⑥ 陈朝璧：《罗马法原理》，法律出版社 2006 年版，第 296~297 页。

部分学者对永佃权的界定就属于债权性质。比如，有学者认为："所谓永佃权，就是佃农向地主支付某种代价以后，所换取对地主土地的'永久'佃耕的权利。"① 即永佃权是一种佃农对地主的对人权或相对权。

有学者坚定地坚持债权性质的永佃权概念，并否定"田面权"是永佃权。杨国桢就认为："所谓地权分化，指的是在原有的地主土地所有权中，不断分离出使用权——永佃权和分割出部分所有权——田面权，在租佃制度上形成永佃关系，在土地制度上形成"一田两主"的形态。② 显然，他认为永佃权和田面权是地权分化两种表现形式，永佃权不同于田面权。他认为，19 世纪 30 年代的学者把"田面权"等同于"永佃权"，是对"永佃权"概念的误用。比如，1934 年何梦雷的《苏州无锡常熟县之佃租制度调查》提出，"田底面制为永佃制之一种"；1936 年段荫寿在《平湖农村经济之研究》提出，"所谓田面权即永佃权，亦即永久耕作之权……永佃权为所有权之一部分，与田底权同样可以自由移转让与，不受业方之限制"。1937 年李若虚在《江苏省地政局实习日记》提出，"田面权则系指土地之永久耕作权而言"。③20 世纪 30 年代的民国经济学者认为，田面权就是永佃权，应该是受到《中华民国民法典》所规定的继受法意义上的永佃权的影响。

陈翰笙没有采用西方罗马法传统的永佃权话语，在《无锡田权分析表》中采用传统中国话语将田权的内质划分为永业田、田底属领权和田面耕作权，还考察了田权的外形与其俗称、田权的所有者及其相互关系等，④ 力图既避免"偏倾于社会现象之一种无意义的分类"，又避免"自封于种种哲学观念的一个抽象体系"，去"了解具体的社会实质"，⑤ 保持了对继受西方近代法律理论体系的审慎和警醒。

梁治平也避免采用继受法意义的"永佃权"词语，采用"永佃"的词语，将其基本特征界定为：（1）佃户负有按约定交租之义务；（2）在履行其义务的前提下，佃户能够"不限年月""永远耕作"地主土地，地主则不得"增租夺佃"；（3）地主的变动并不影响佃户地位，即法谚所谓"换东不换佃""倒

① 周远廉、谢肇华：《清代租佃制研究》，辽宁人民出版社 1986 年版，第 288 页。

② 杨国桢：《明清土地契约文书研究》，人民出版社 1988 年版，第 91 页。

③ 杨国桢：《明清土地契约文书研究》，人民出版社 1988 年版，第 125~126 页。

④ 陈翰笙：《中国农村经济研究之发轫（1930）》，载汪熙、杨小佛主编：《陈翰笙文集》，复旦大学出版社 1985 年版，第 36 页。

⑤ 陈翰笙：《中国的农村研究（1931）》，载汪熙、杨小佛主编：《陈翰笙文集》，复旦大学出版社 1985 年版，第 43 页。

东不倒佃”；[①]（4）佃户可以随时退佃，但不得自行转佃。[②]但是，魏金玉认为，不欠租地主无权撤佃，是明清时代租佃关系的一个传统；佃农有自由退佃权，也是摆脱了土地附属物地位的佃农所普遍享有的；不许自行转佃他人，也是一向如此；都不是永佃制下租佃关系中的新鲜事物，不构成与其他租佃关系不同的特征。永佃制下的租佃关系的基本特征是地权与佃权的分离，转佃日益成为佃农的一项地主不能干涉的权利。[③]梁治平也认为，“永佃”关系中的佃户能否将其“佃业”（包含上述“永佃”关系中佃户的全部利益，或简单地说“田面利益”）自由、独立地转让于他人乃是“永佃”与“一田二主”之间最根本的不同。[④]显然，梁治平是在债权意义上界定永佃权的，魏金玉是在物权意义上界定永佃权的。

社会经济史学者、经济史学者也注意到永佃权从债权关系到物权关系的转变过程。杨国桢专门讨论了“从永佃权到‘一田二主’的转化”。[⑤]赵冈则把永佃制分为三种形态：（1）初始形态，即只有耕作权，不是完整产权，限于特定农户，不得转让；（2）过渡性安排（形态），即逐渐可以自由转让，私相授受；（3）最终形态，是独立产权，称为田皮业主与田骨业主，合称一田二主。[⑥]即描述了永佃权从债权到物权的转变。赵冈采用的定义是永佃制的最终形态，即物权性质的永佃权定义。当然，这种物权是乡例惯行所支持的习惯权利，而非清代律例成文法所保障的法定权利。

清代官府一般只保护债权意义上永佃权，并不支持其向物权意义上的永佃权发展。清雍正十二年七月初三日《严禁卖索赎暨顽佃踞耕逋租告示》曰：“佃户如有拖欠租课及盗卖主业者，即照律分别治罪；所欠之租及所得之花利，俱照追给主；其田勒令退还业主，另行召佃批耕，不许借称顶手、

---

① 有学者认为，按照现代民法的观点，由于永佃具有对抗新业主的效力，因而属于一种物权。参见李玉生：《中国古代法与现代民法物权制度比较研究——兼及〈中华人民共和国物权法（草案）的相关规定〉》，载《南京师大学报（社会科学版）》2005年第6期。笔者以为，现代合同法有“买卖不破租赁”规则，并不能据此就认定承租权属于物权，物权所具有的对世效力不仅仅是对抗新业主而已。

② 梁治平：《清代习惯法：社会与国家》，中国政法大学出版社1996年版，第81~82页。

③ 方行、经君健、魏金玉主编：《中国经济通史·清代经济卷》（下卷），经济日报出版社2000年版，第1774~1775页。魏金玉为永佃制专章的执笔人。

④ 梁治平：《清代习惯法：社会与国家》，中国政法大学出版社1996年版，第91页。

⑤ 杨国桢：《明清土地契约文书研究》，人民出版社1988年版，第91~99页。

⑥ 赵冈：《永佃制研究》，中国农业出版社2005年版，第2页。

粪质名色，恃强占据。”[①]

如果在债权意义上使用“永佃权”，则清代苗疆既有“官田”上的永佃权，又有“民田”上的永佃权。传统的永佃权研究集中地讨论了后者，而极少讨论前者。[②]苗疆屯田就是建立在官府与屯军军户之间永佃契约之上的，可以有条件地继承，不同的是屯军无退佃的自由。清初的屯田，多为叛苗逆产没官而来，云贵总督鄂尔泰就讲：“逆苗绝产例应归官，今以之安设屯军，令其且耕且守，既可以巩固地方，又可以养赡家属，子孙相承，奉为世守。若该屯军或因年老辞退，或因病故缺出，即于该屯军子孙内选择人材壮健者承顶。若该屯军子孙内无人承顶，许其于嫡亲弟侄或宗党姻亲，情愿养赡该军家口者，自行举报。该卫弁验明，准其顶补。倘该屯军并无子弟亲属，该卫弁另行招募充补，总不许将屯田私行典卖。如有屯军人等将屯田私自典卖与人，应照盗卖他人田，一亩以下笞五十，每田五亩加一等，系官田加二等，罪止杖八十，徒二年，系官田加二等律分别定拟，仍革退屯军，另行招募，其出银私行当买者与同罪，追价入官。百户、总旗、小旗失于觉察，应比照守把仓库以致盗物出仓库而不觉察者，减本犯罪二等律治罪，或互相徇隐者，与犯人同罪。若通同作弊分赃者，计赃照枉法律从重论，仍割去百户、总旗、小旗。如该卫弁不行清查，应比照此县之引卖与别县者，未经查报之府厅官例，罚俸一年。”[③]云南巡抚石琳《进呈编辑全书疏》对明清时期的云南屯田就评价道：“盖当年以军养军，原非上仓粮米，犹之佃民之纳租於田主也。”[④]即把屯田当作屯军的永佃田。

（三）永佃制是否促进地权平均分配

关于中国历史上地权分配的演变，在二十世纪六七十年代有一个很流行的说法，认为地权的转移都是不同方式的土地兼并，地权是越来越集中

---

① 原自光绪《清远县志》卷首，转引自张传玺：《论中国封建社会土地所有权的法律观念》，载《北京大学学报（哲学社会科学版）》1980 年第 6 期。

② 有学者讨论了清至民国时期的青阳县和绩溪县官田地权的双层分化现象。参见张明：《清至民国时期皖南官田、学田和义田地权的双层分化考察》，载《安徽史学》2013 年第 2 期。

③ 《鄂尔泰等奏革除苗疆派累并厘定屯堡章程折》（乾隆三年十月初五日朱批），中国第一历史档案馆、中国人民大学清史研究所、贵州省档案馆编：《清代前期苗民起义档案史料》（上册），光明日报出版社 1987 年版，第 263~264 页。

④ 康熙三十五年刊本《云南府志》卷之十八，艺文二，第 46~48 页。

于少数人手中，地权分配是越来越恶化。章有义称之为“不断集中论”或“无限集中论”。[①] 赵冈对比北宋与清末民初的土地分配资料后发现，宋明以后中国由于人口快速增长，地权转移呈现出逐渐分散的倾向。[②] 曹幸穗也认为：“租佃制的扩展并不意味着地权越来越集中。土地使用权与占有权的分离，和土地的高度集中是两个互相联系而又有所不同的概念。”[③]

魏金玉研究清代永佃制认为，假如把剩余产品视同地租，则享有佃权的直接生产者也就享有或大或小的部分土地所有权。这时的永佃关系就是享有大部分地权的地主与享有小部分地权的佃户，甚至，享有大部分地权的佃户与享有小部分地权的地主，所结合成的一种新的租佃关系形式。[④] 即从地权分享意义上看，应该是促进了相对意义上的地权平均分配。但是，魏金玉认为，直接生产者一旦失去佃权，出现了只是收租而不事生产的“一田两主”制度，则是一种倒退。[⑤]

赵冈依据清代的鱼鳞册、契约文书等，计算田皮价和田骨价，考虑田皮产权因素，土地集中的基尼系数约减少一半，[⑥] 并明确地指出：“永佃制的另一个重大的社会功能是使得社会上地权分配更趋平均。”[⑦] 并认为“我们以往计算地权分配只着眼于田骨所有权之分配，而完全忽略了田皮所有权之分配。我们既然知道田皮是独立的产权，占有田皮的农户就不算是无产农户，所以我们应该将田骨产权之分配与田皮产权之分配合而观察，计算皮、骨两张产权相加的综合产权”。[⑧] 赵冈认为，决定地权分散力度的主要因素是中国多子均分继承遗产的传统制度。在土地市场条件下，地权平均的目标是无法实现的。[⑨]

---

① 章有义：《本世纪二三十年代我国地权分配的再估计》，载《中国社会经济史》1988 年第 2 期。

② 赵冈：《地权分配的长期趋势》，载《中国社会经济史研究》2002 年第 1 期。

③ 曹幸穗：《商品经济与小农生产——旧中国苏南农家经济研究导论》，载《农业考古》1991 年版。

④ 方行、经君健、魏金玉主编：《中国经济通史·清代经济卷》（下卷），经济日报出版社 2000 年版，第 1813 页。

⑤ 方行、经君健、魏金玉主编：《中国经济通史·清代经济卷》（下卷），经济日报出版社 2000 年版，第 1813 页。

⑥ 赵冈：《永佃制研究》，中国农业出版社 2005 年版，第 59~60 页。

⑦ 赵冈：《永佃制研究》，中国农业出版社 2005 年版，第 12 页。

⑧ 赵冈：《永佃制研究》，中国农业出版社 2005 年版，第 11~12 页。

⑨ 赵冈：《永佃制研究》，中国农业出版社 2005 年版，第 51~52 页。

二、违禁典卖田土案的“分配裁判”是清代苗疆永佃制的起源之一

笔者之所以称其为“分配裁判”，是因为：其一，汉苗交产，如果不是清律例、则例的禁止，完全是属于交换分享的范畴，几乎不需要官府的干预。正是例禁汉苗交产，且要求苗人备价取赎，汉人退地，当苗人无力取赎或汉人不愿退地时，才需要官府的“分配裁判”；其二，苗人典卖田土给汉人，多为苗人所占有的瘠薄、荒芜等有待开垦、改良的土地，经过汉人劳作培肥，土地价值提高了。官府要求取赎时的田土，已经不是当初典卖时的田土了。此时，苗人与汉人已经形成了一种事实上的共有关系。当苗人无力取赎时，官府也只能按照按份共有土地来处理，予以分割。因此，非常类似于罗马法上的共有物分配之诉。其三，即便是汉苗自愿交产，按照平价进行，交换双方均没有告知官府，但是年湮日久，其承继后人可能会牵涉地界划定的问题。在此意义上，划定地界之诉，无论古今中外，都是会发生的。按照古罗马法的诉讼分类，划定地界之诉属于“分配裁判”，我们不妨把之统称为“分配裁判”。其四，汉人承佃土司、苗人荒地，多无契纸为凭，后将其开垦成熟，常常与土司、苗人田土界限混淆，也会发生争端，也需要“分配裁判”。

（一）变通例禁的“分配裁判”之一：取赎、断卖须平价

汉彝违例交产，依例允许彝人取赎，但未设期限。但是，苗疆官府变通例禁的“分配裁判”，则是彝人取赎，必须限期；逾期不取赎，必须平价断卖给汉民。

1. 云南苗疆的“分配裁判”。道光元年，云南省迤西道永北厅的北胜土司所管彝地，[①]就发生彝人因汉民承典彝田，而发生仇杀汉民的恶性事件，清廷派尼玛善为钦差大臣，负责善后。尼玛善发现，自乾隆二十年后，北胜土司及彝人，因图得价银，将田陆续典卖折准与汉民，有的典出十之七八者，有的典出十之三四，彝人无田可耕，因与汉民为仇。

尼玛善认为，汉民典买夷地，实属违禁。若令汉民退地他徙，土司和彝人将更恃为得计，自应持平区断，以服其心。尼玛善建议，除汉民现居

---

① 迤西，明清时称云南西部地区，大致包括现在大理、丽江和永昌等地。

彝地者，自愿退地归籍外，余俱暂令照原典买之地土，耕种糊口，饬令土司等，将历年典卖折准的地土，分别清查，造册报官。遴派公正明干的官员，会同该厅，逐寨确勘，分别等差，按照初限、二限、三限，设法取赎，以便汉民陆续归籍。如过期不能取赎，则将原地，断归汉民执业。①

但是，御史张圣愉，严格坚持汉彝之辨，认为彝民穷苦，若不能依限取赎，彝地竟成汉业，必又将积怨成仇，应将不能依限取赎之地亩，或割半均分，或给还十分之三。道光帝将张圣愉的建议，交都察院左御史史致光、云南巡抚韩克均，详查核办。②

史致光支持尼玛善的意见，认为彝民逞凶图占之心，不可不加遏抑。分限取赎，限满不赎，断归汉民，即便突破了汉彝交产例禁，也是因时制宜，且已出示晓谕，自不便朝令夕更。

史致光同时建议，要区别对待。确系盘剥折准的，无论杜卖、典押，核计汉民所出本息，将应得田土分予执业，余田给还土司，与彝民耕种。确系平价交易的，除杜卖无庸议外，典押之田，令该管流土各官，公同勘估，核计汉民原典价银，将应得的田土分给汉民执业，余田给还土司，与彝民耕种。既不可使汉民剥削彝民，又不可使彝民以为焚掠得计，长其构乱之心，总使两得其平，方能日久相安。其建议得到道光帝的批准。③

需要注意的是：土司或彝人向汉民取赎，退还典价是要计算本息的；无论断卖或是典押，必须按平价；流官和土司共同评估地价，也应按平价；如果土司、彝人无力退还典价，则将典价加利息，当作绝卖部分田土的价钱，汉民取得部分田土的所有权，剩余田土退还土司或彝人。这里的利率、地价的“平价”是以借贷市场、土地买卖市场的存在为前提的。官府要做到两得其平，必须以市场平价为基准。

土司、土目及彝人是否有能力取赎呢？道光九年，云南巡抚伊里布上奏，云南省永北土司、土目及彝人，先年典卖田地，分三限取赎。因土司贫乏，彝民拮据，限满后，尚有未赎的契价银达十万四千九百余两，确系力有未逮。建议将前项未赎田土，不再勒限，准其随时措价，陆续取赎。如日久仍有未能回赎，情愿将田土找卖与汉民的，即令汉民找价管业。如有愿将田土计价，划归汉民执业，余田退还土司、彝民耕种的，均听其便。

---

① 《清实录》，道光实录卷十八，道光元年辛巳五月癸酉。

② 《清实录》，道光实录卷十九，道光元年辛巳六月丁亥。

③ 《清实录》，道光实录卷二十二，道光元年辛巳八月辛卯。

道光帝批准其建议。① 即既允许汉民找价，将典卖变成断（杜）卖，又允许汉民以典价，折买彝人的部分田土。此例的“分配裁判”，似乎没有涉及永佃制，但是，须知汉民在土司、土目、彝人没有取赎前，一直耕种着田土，久耕成事实上的永佃。

2. 贵州苗疆的“分配裁判”。根据清代的立法例，苗疆督抚的裁判先例，一般事先得到皇帝批准，后经编纂进入条例或则例。因此，贵州省苗疆的“分配裁判”，可以从户部则例中“管中窥豹”：

其一，反复申明汉苗不许交易田产及其惩罚措施。比如，“贵州汉苗杂处地方，饬令地方官及苗弁稽查，不许汉民置买苗田，并放债盘剥，藉端驱使苗人，亦不得承买民地。倘有违犯隐漏，将田地给还原业，追价入官，仍治以应得之罪。”②“贵州省汉苗呈控典卖田土事件，该地方官查其卖业年分远近，是否盘剥折责，秉公定断，仍查禁汉苗不许交易田产。倘汉民再行引诱侵欺，一经告发，田地给还苗人，追价入官，并治以应得之罪，查禁不力之地方官严参究办。”③

其二，清查时若苗人无力取赎才准售与汉民。比如，“清查以后，凡系黔省汉民，无论居黔年分久暂，相距苗寨远近及从前曾否置有苗产之事，倘敢违禁私置苗产，许乡约禀究。地方官查明，立时驱逐，田产给还苗民，追价入官，仍照违制律治罪。其所置苗产系土目管辖，私相授受者，应将土目一并严惩。如有客民迁移回籍，其所遗产苗民无力收买，方准售与有业汉民。其所当苗产，许苗民呈明取赎。地方官秉公查勘。如系客民垦荒成熟，酌断工本。倘有苗民诬告及当主勒揹情弊，照例究治。其营卫兵丁违禁射利及邻省汉民越境私置苗产，责成地方官会同邻省该管官及营卫各弁稽查惩办。”④

（二）变通例禁的“分配裁判”之二：取赎须永佃

汉彝违例交产，依例必须无条件地取赎。但是，苗疆官府变通例禁的“分配裁判”则是，彝人取赎时，必须订立契约，给予汉人永佃权。前文所述北胜土司汉彝争地仇杀事件处理后的十年，迤西道永昌府腾越厅又发生

① 《清实录》，道光实录卷一百五十五，道光九年己丑夏四月甲子。

② 同治十三年校刊《钦定户部则例》卷十，田赋四，违禁置买附押借长租，第 18~19 页。

③ 同治十三年校刊《钦定户部则例》卷四，户口四，番界苗疆禁例，第 18~19 页。

④ 同治十三年校刊《钦定户部则例》卷四，户口四，番界苗疆禁例，第 19~20 页。

了汉彝争地事件。

清代云南省永昌府腾越厅的盏西，在厅西南部，距离厅城约六十里，田赋不多，汉彝杂处。盏西与南甸土司的领地，犬牙交错。有土司将其田土私自典卖给汉人；有汉人开垦荒地，为逃避粮税，向土司交租，而自认土司的佃户。典卖一般有契纸为凭据，而佃种多无凭据，地界不清。乾隆三十五年（1770）曾经奉旨查办，土司典卖田地一概给还，此后内地民人不敢再向土司典买。但是，盏西地方不能禁绝。监生戈从周于嘉庆年间，典受南甸前土司刀维周一处地名叫蛮仑的寨脚田，立有印券，但不载亩数。生员萧振的祖人旧种南甸、蛮仑等田二处，因无凭据，田数、租数也无可稽查。早年汉彝俱尚朴实，纳租者从不短欠，收租者亦无他意。且时值野匪肆掠，田多荒芜，土司无暇过问。但是，到了道光年间，地方渐靖，人皆复业，田土需求增长，时有争竞。

道光十年（1830）间，南甸土目掌猛秤弄，招来干崖、盏达两土司境内无业彝人数十户，于距离蛮仑很近的布绿树地方立寨，意图夺取戈从周、萧振的田土。腾越厅同知周澍饬令速撤。土司以招彝立寨系为堵御野匪辩解，并未撤去。且招来之野彝，源源不断。周澍又会同腾越镇严厉申饬，南甸土司仍以立寨堵野匪为由。

道光十年十二月，周澍派最熟边情的署右营都司李正荣酌，带弁兵、土练，以年例巡防边界为名，亲赴盏西，相机筹办。经查，绿树地方，新立彝寨，仅有草棚数十间，彝民八十余人，当即谕令不准稍滋事端。随后传唤土司掌猛秤弄与监生戈从周、生员萧振讯明：戈从周故父先年典受土司蛮仑脚田亩，萧振等祖人旧种蛮仑、蛮布等田，土司欲令退还，恐其不允，是以招彝立寨，意图霸种。

李正荣责问土司：蛮仑寨脚田亩，是早年南甸土司刀维周得受戈姓典价，并非无故霸种，何得混欲夺回其蛮仑、蛮布等田？如果萧姓欠租，责令照数上纳，便即了事，亦不得恃众恶夺，滋生事端，饬令将招来干崖、盏达彝人遣回。

1. 土司援例坚决要求汉民退还田土。土司以例禁汉民典买彝田，定要官府断还，方肯干休。而戈、萧等姓，则以田种日久，若被夺田而无处安身，两造各执一词，势难遵结。而干、盏彝人陆续而来，大有聚众相恃之意。

李正荣向同知周澍报告，请求带回厅城审讯。道光十一年二月二十二日，两造带至厅城，但是声立土目人等坚不赴城，同知周澍在对野彝犒赏了盐、布、牛、羊等物后，才肯赴案。同知周澍，传集两造，详加查讯。土司掌猛秤弄等力称，汉民典买土司土亩，本属违例，且乾隆三十五年曾蒙官府裁断，将汉民典买的彝田退回土司，今戈、萧二姓典买承种之田，自应照例退还，因恐汉民措勒，因此招彝立寨，欲图霸种。

2. 腾越厅同知提出援例须审情酌理。周澍认为：汉民典买土司田亩，本属违例，原应照例断还。但边地情形不同，盏西汉彝交涉田亩甚多，尤不可开此端，致滋纷扰而生边衅。汉彝典买土司田亩，虽属违例，其中亦有分别。永北汉民，典买土司田亩，即经奏明，令土司备价取赎。乾隆三十五年之案，系因征缅土司运粮有功，因此定限八年归还，土司不得援以为例。况此田典于嘉庆年间，明系南甸土司故违定例，更属不合。要秉公酌断，惟有将戈姓得典蛮仑寨脚田亩，准土司照价赎回；萧姓承种的蛮仑、蛮布等田，系汉民垦种数代，上纳土司租谷。若断还土司，则汉民未免向隅。从前收租、纳租，并无凭据，令萧姓等写立租帖交与土司收执，土司仍给执照，以昭信守，永不准起佃、短租，如此定案，实属两得。

土司始犹未允，戈、萧二姓也不愿放赎纳租。同知周澍告知：汉彝典买承种土司田亩，本应照例治罪，将田退给土司，而断令取赎并准永远佃种纳租，系属破格之恩。于是，生监与土司，各具遵依息结。同知周澍，当堂明立文案，令土司照数备价赎田，汉民照数立佃纳租，均各欣允。所招来干、崖穷彝，情愿归土司安置管束。

3. 在交换分享与寓汉防苗之间酌中定断。周澍的"分配裁判"显然是没有严格遵守禁例的，却得到巡抚批示赞赏，其正当性在于：盏西为厅城西南门户，彝多汉少，且逼近野山，彝民与野匪较为联络。若该练有彝无汉，则勾野为患，边地永无安枕之日。今得汉民世居其地，为之监察，则勾野之事，自可较少。汉民等所种田亩，一再与土司胶葛，不能不酌中定断，使彝汉两得相安。土司不占便宜，免致复萌故智；汉民得以安业，方能固我藩篱。一言蔽之，寓汉防苗。周澍的禀词，可谓一语道破天机。

周澍认为，土司世受国恩，袭替土职，绥靖边疆，是其职责，如田土事宜，稍有屈抑理，应禀请地方官，秉公查办。土司不先行禀诉，辄即私招外境穷彝立寨，欲行恃众夺田，实属谬妄无理，姑念究系无知土彝，且其田亦实系该土司彝产，并无捏冒情弊。且断给放赎、纳租之后，便出具遵依印结，与始终胶执抗违者不同。汉民违例典买承种土司田亩，本有不合，但均系该监生等祖父所为之事，历时久远，无从查办。且就该地情形而论，亦不能不变通办理，使汉彝并处，形势得以相维。

道光十一年三月二十一日，周澍的禀文报到云南巡抚伊里布，[①] 伊里布批

① 钱实甫编：《清代职官年表》，中华书局1980年版，第1678页。

示，“据禀南甸土目与盏西土民争田会商剖断完结缘由，以办理妥速，实属可嘉”[①]，并让布政司会同按察司、迤西道核实报告，等候总督阮元的批示。[②]

需要指出的是，此次南甸土司与盏西土民争田案的处理不同于道光元年北胜土司、彝人与汉民争田案的处理方案的，即允许土司取赎，但必须订立契约，给汉民永佃权，而不是取赎，让汉民退籍。

本案既属于典型的“划定地界之诉”，又是共有权分配之诉。因为此案关键在于田亩之清与不清，不在彝寨之立与不立。田亩清，虽立寨亦不致滋事。田亩不清，即不立寨，亦终必肇生衅端。戈、萧二姓垦种数代，培肥田土，已经成为事实上的共有人之一。

（三）变通例禁的“分配裁判”之三：不取赎则永佃与山场永佃

汉瑶违禁交产，依例勒令取赎。但是，如果瑶人无力取赎，如何处理，清律例和则例均无明文规定，这就给苗疆督抚创设新的规则留下空间。或减价取赎，或延期取赎。如果仍不能取赎，则令汉民分一半田土给瑶人永远佃种。

道光十三年，湖广总督讷尔经额、[③]湖南巡抚吴荣光[④]会同奏准《湖南瑶地善后事宜章程》六条，抄转至湖南江华理瑶直隶军民府，姚知府出示晓谕。

1. 瑶人无力取赎时酌分一半给瑶人佃种分租。《湖南瑶地善后事宜章程》的第一条：“准赎顶山场，以复瑶业也。查瑶人地亩山场，除从前售与民人者，其仍旧执业外，嗣业（后）瑶人户业，只准瑶户互相买卖，不准与民人交产。……至于从前瑶人与民人交产，有顶契、当契及永批之契，并非售卖可比，均准瑶人取赎。若瑶人无力取赎，准其按年月之远近，分定取赎之章程。凡契在十五年以外者，酌令减原价三分之一；二十年以外者，准其半价取赎。若原主实在赤贫无力，又无田可种者，令典主佃种，酌分一半与原主佃种分租。俟其有力时，再照现定章程取赎。至此之后，如有不遵令仍交产者，应请广东善后章程，将田继续归原主，不准追价，仍将两

① 《准署永昌府腾越厅同知周澍谨禀　附批（道光十一年三月二十一日）》，载楚雄彝族文化研究所编：《清代武定彝族那氏土司档案史料校编》，中央民族学院出版社 1993 年版，第 26~30 页。

② 钱实甫编：《清代职官年表》，中华书局 1980 年版，第 1458 页。

③ 钱实甫编：《清代职官年表》，中华书局 1980 年版，第 1458~1459 页。

④ 钱实甫编：《清代职官年表》，中华书局 1980 年版，第 1678~1680 页。

造场照违令律责惩。”[①] 这里的“典主”是典卖瑶产的民人，“原主”是指出典田亩山场的瑶人。这条实际上赋予瑶人在不能取赎时可从汉民手中获得一半田亩山场的永佃权。不过，瑶人减价取赎是原则。

《钦定户部则例》也规定，“客民所招佃户本系苗民者，仍令照旧承佃，不准另招流民耕种。其租谷均照原契数目，不得额外加收。随田陆地如系未耕平土，先尽苗佃开垦，所出租谷照苗寨旧规酌分。至荒山箐林，仍听苗民樵牧其栖止，栽种杂粮，业主不得征收颗粒。如有加租逐佃等事，一经查出，立予重惩。所招新佃概行递籍，其苗民承佃客田措不纳租，准客民控官究追”，[②] 确认了苗人永佃汉产的权利。

2. 瑶人典买民产，亦准照民置瑶产章程办理，承佃山场的民人、瑶人均享有永佃权。《湖南省瑶地善后事宜章程》的第四条：“严禁匪瑶，使知畏敬也。查瑶人之蠢陋，空苦固多，而狡黠匪瑶，强占民地，以及欠债不偿，持凶计殴，逞刁兴讼者，往往有之。若不严加管束，恐滋骄纵。且民人既不准典买瑶户，则瑶人亦不容擅置民人田户。其从前典批民地，悉照前条所议民置瑶产章程办理，比照平允。惟承佃山场，业经用［工］开垦成熟者，准其照旧耕种交租。无论民人、瑶人，均不能依持山主，勒退加租。倘瑶人敢在民地讹赖，滋生事端，除应治重罪，为地方官办理外，如罪止枷杖发落，押令迁回瑶地，交瑶总严加管束，不准再令出山滋扰。”[③] 承佃山场，无论民人、瑶人，一律享有永佃权，不准加租勒退。

民瑶交产是难以禁绝的，清代则例不得不迁就既成事实。《钦定户部则例》就规定：“湖南衡州、永州、广东连州等处瑶人地亩山场，除道光十二年以前售卖与民人者，准其照旧执业外，嗣后民瑶不准交产，违者将田产断归瑶人，将买主照违令例责罚。”[④]

综上，清代苗疆违禁典卖田土案的“分配裁判”，大体有以下情形：一是彝人逾期不能取赎则平价断卖给汉民；二是彝人取赎须汉民永佃；三是允许瑶人减价延期取赎；四是瑶人不取赎，汉民分一半田土给瑶人永佃；五是汉瑶互佃山场，均享有永佃权。可见，“分配裁判”是苗疆永佃制的起源之一。

---

① 张冠梓点校：《中国珍稀法律典籍续编》第十册：少数民族法律法规与习惯法（下），黑龙江人民出版社 2002 年版，第 100~101 页。

② 同治十三年校刊《钦定户部则例》卷四，户口四，番界苗疆禁例，第 21 页。

③《中国珍稀法律典籍续编》第十册：少数民族法律法规与习惯法（下），第 101~102 页。

④ 同治十三年校刊《钦定户部则例》卷十，田赋四，违禁置买附押借长租，第 19 页。

三、永佃制是实现汉苗共享田土、两得其平的次优制度安排

清代，汉民流寓苗疆由此带来的田土资源共享与争夺问题是清廷及苗疆官府必须面对的一个棘手问题。按照清政府的意志和《大清律例》，汉苗（彝、瑶）不交产，各管各业，各守各业，是最优的制度安排。即使发生典卖，也应取赎，回复苗人旧业。

最优的制度安排终归只是理想，无法变成现实。道光二年，贵州布政使糜奇瑜曾奏报，苗疆汉苗交涉田土事件，或因借欠准折，或因价值典买，历年既久，积弊已深。建议查明实系盘剥准折，利过于本者，令苗人照原借之数赎回。其出价承买，如田浮于值，以汉民应得田土若干，划分执业，余田断还苗民耕种。俟备价取赎时，全归原户。地方官将审断过起数，按月册报，以杜衅端。[①] 苗疆地方官府无力监督和阻止海量的苗汉交产行为。道光、同治年间，先后历任安顺、镇远、思南、黎平知府及贵东道道台的清代名臣胡林翼，也不无困惑道："苗民之刁诈者须加严处。而江西、四川、湖广客民之百端盘剥，实为大害，何以两得其平，共知感惧？"[②]

清代官府明知律例禁止汉苗交产，[③] 是禁而不止，为何还要坚持该原则呢？苗疆地方官府的变通"分配裁判"为何最终选择了永佃制作为实现汉苗共享田土，两得其平的方案？要回答以上问题则还需从儒家、理学的价值观、经济思想究其根源。

---

① 《清实录》，道光实录卷三十九，道光二年壬午八月庚午。

② 《致但明伦十二则》（道光二十七年），载胡林翼：《胡林翼集》（二），岳麓书社 1999 年版，第 7 页。

③ 有学者依据清代前期苗民起义档案史料提出，汉族地主、富豪用欺骗的手法，侵夺苗民的土地，是雍乾苗民起义即包利、红银起义等苗民起义的具体原因之一。乾嘉苗民起义中，也以"焚杀客民，夺回田地"为口号。这似乎表明，禁止汉苗交产的政策，是向苗人妥协以维护对苗疆统治的需要。但是，从供词看，为清军剿灭死难的众多苗人同胞报血海深仇的思想，是起义更为重要的原因之一。仇富劫富思想，也是众多参与者的直接动机。因此，苗民起义的原因是多方面的，既有表面的，又有深层次的，尚有深究和商榷的余地。参见中国第一历史档案馆、中国人民大学清史研究所、贵州省档案馆合编：《清前期苗民起义档案史料》，光明日报出版社 1987 年版，前言，第 3~4 页，第 9~10 页。

（一）禁止汉苗交产的思想根源

1. 孟子的恒产恒心论是清朝官府维护苗人田土，要求土司督率苗人慎守耕管的重要理据。孟子曰："民之为道也，有恒产者有恒心，无恒产者无恒心。苟无恒心，放辟邪侈，无不为已。及限乎罪，然后从而刑之，是罔民也。"[①]"明君制民之产，必使仰足以事父母，俯足以畜妻子，乐岁终身饱，凶岁免于死亡；然后驱而之善。"[②]孟子这番言论，是给滕文公、梁惠王等统治者讲的治国之道，对后世影响深远。

清初理学家李塨就提出："非均田则贫富不均，不能人人有恒产。均田，第一仁政也。但今世夺富与贫，殊为艰难。"[③]李塨认识到，凭借官府力量实现"夺富与贫"，十分艰难，除非暴力革命，但是革命会打乱既定的统治秩序。李塨没有分析艰难的原因，其实就在于市场上买卖、典押、借贷等交易行为，是自愿进行的，且一般遵循了平价原则，有其正当性，因此，贫富差距的最终形成有其合理性。

清初理学家王源则提出均田的具体方案，即"有田者必自耕""不为农则无田"，主张田土逐渐收归国有，再分配给农民。其《平书》讲："孟子以制民恒产为王政之本，然则民产不制，纵有善治，皆无本之政也。……自秦开阡陌，尽天下皆私田，人君何由制民之产，以立王政之本哉！汉限田矣，限之一时，不能限之百年也；魏均田矣，均之一时，不能均之后世也。尤不可者，夺民田以入官，本欲养之，乃先夺其所以自养，凡有田者能不怨咨骇扰，致离叛之忧乎？坐视之既不忍，欲养民又无策，仁者将何道以处此？曰：吾有收田之策六……一曰清官地。如卫田、学田之原在官者，清之使无隐。一曰辟旷土。凡地在官而污莱者开之，不弃之无用。一曰收闲田。兵燹之余，民户流亡而田无主者收之，有归者分田与之，不必没其全业。一曰没贼产。凡贼臣豪右，田连阡陌者，没之入官。四策行，田可得什二三矣。其二策，一曰献田；一曰买田。明告天下以制民恒产之意。"[④]

---

① 《孟子·滕文公上》。

② 《孟子·梁惠王上》。

③ 李塨：《拟太平策》卷二，地官，第1页。载徐世昌等：《颜李丛书》，四存学会校刊1923年版。

④ 王源：《平书·制田》，载李塨：《平书订》卷七，制田第五上，第1页。见徐世昌等：《颜李丛书》，四存学会校刊1923年版。

清初礼部尚书张英就讲："典质、贸易权子母，断无久而不弊之理。始虽乍获厚利，终必化为子虚；惟田产、房屋二者可以持久远。二者较之，房舍又不如田产。"①

苗疆督抚多秉持此恒产观念，故主张禁止汉苗交产，以维护苗人恒产。毕沅、姜晟、鄂辉等镇压了乾嘉苗民起义后，就善后事宜奏准认为："从前滋事逆苗，多系素无产业之人，装癫惑众，即有一二薄有产业之徒，或其父从贼而其子投诚……即令承管旧业。……现在清查汉民侵占苗地，一一归还苗民。"②

2. 清朝统治者所固有的部落族群的团体土地所有权观念，是禁止汉苗交产、允许苗苗交产的重要原因之一。清朝统治者出身游牧民族，其传统地权观念是土地必为公有，共同使用之；迨至其建立国家，土地所有权遂属于部落，使用权则属于家庭。乾隆初年，张广泗新辟苗疆六厅，建议将已经剿灭了反叛苗人所遗留田产，分授给屯军耕种。依据《大清律例》，叛产没官，收归国有。可是乾隆帝的上谕却说："苗疆议以绝田安屯，绝田亦是苗人之物。"③可见，乾隆帝是坚守部落族群的团体所有权观念的。

乾隆十九年，乾隆帝准两广总督班第所奏，广东合浦县永年司巡检所辖地方，与广西横州、贵县、兴业、郁林、博白等州县，为獞、瑶出没之所。明成化年间，令狼、瑶兵丁，分守要隘，拨田耕种，蠲徭薄赋，名曰狼田、瑶田。各兵后人，承田充兵，不费粮饷，足资捍御。本朝初年。尚存狼瑶田一百四十四顷一十八亩零，存兵二百四十二名，阅年久远稽查有疎，致田亩多被土人诱骗典当，兵数渐缺。并建议自本年起，如有民人向狼瑶私典授受，照盗买盗卖官田例治罪。倘狼、瑶内，有贫不能守业者，田归本族本地之狼瑶承买，务令按田当兵，不得外售与民。④即维护族群团体的土地所有权。

其实，在苗人族群内部也无法确保地权平均，尽管清朝统治者曾多次授田分配给苗人。嘉庆元年平苗善后，将所查出的逆苗叛产和客民插花地

① 张英纂：《恒产锁言》，载王云五主编：《孝友堂家规及其他五种》，商务印书馆1939年版，《恒产锁言》，第2页。

② 《毕沅奏清查汉民侵占苗地等情片》（嘉庆二年三月二十一日批　军录），载《清代前期苗民起义档案史料》（下册），第426页。

③ 《张广泗奏严禁兵役骚扰苗民折》（乾隆三年九月二十日军录），载《清代前期苗民起义档案史料》（上册），第253页。

④ 《清实录》，乾隆实录卷四百五十六，乾隆十九年甲戌二月庚戌。

亩分给无业穷苗耕种，以杜奸民煽惑之渐，而坚苗民感畏之忱。当时并未逐一查明，分别授给。前项田土悉为强苗侵霸，穷苗未得稍沾余润。永绥八里逆苗石宗四名下，侵占各寨田地一千余亩。桀骜凶苗，辄恃其田多粮广，力能勾结穷苗，每生反侧之心，其无业苗人衣食无资，往往私出抢劫，并易听其纠集滋事。[①]换言之，即使清朝统治者，分别授给贫穷苗户，户户暂时拥有“恒产”，也难以保证苗、苗交产后，不会再次导致苗户之间的地权不均。

（二）允许永佃制的思想根据

除了苗人无力取赎、汉民不愿清退的客观条件外，清朝官府允许汉民永佃苗产的思想根据有三：一是前文提及寓汉防苗；二、三根据分述如下：

1. 颜元的“天地间田，宜天地间人共享之”观点，是苗疆推行汉苗永佃制，共享田土资源的理据之一。颜李学派是清初北方一个重要理学流派，对社会产生过重要影响。其创始人颜元就提出：“天地间田，宜天地间人共享之……况一人而数十百顷，或数百人而不一顷，为父母者，使一子富而诸子贫，可乎？”[②]这就突破了前朝统治者所固有的部落族群的团体土地所有权观念，也因应了当时中国人口急速增长的现实。清代曾在旗地、蒙地实行过“借地养民”的措施，以赈济关内遭遇饥荒的汉民。[③]

颜元还提出共享分配方案，即所谓“佃户分种之说”。“如一富家有田十顷，为之留一顷，而令九家佃种九顷，耕牛子种，佃户自备，无者领于官，秋收还。秋熟以四十亩粮交地主，而以十亩代地主纳官，纳官者即古什一之征也。地主用五十亩，则今日停分佃户也，而佃户自收五十亩。过三十年为一世，地主之享地利终其身，亦可已矣，则地全归佃户。若三十年以前，地主、佃户情愿买卖者听之。若地主子弟众，情愿力农者，三顷两顷可以听其自种，但不得多雇佣以占地利。每一佃户，必一家有三四人可以自力耕锄，方算一家。无者，或两家、三家共作一家。地不足者，一家五十亩

① 《阿林保奏苗民缴出强占田亩分别筹办折》（嘉庆十年三月十九日朱批），载《清代前期苗民起义档案史料》（下册），第 541~542 页。

② 颜元：《存治篇·井田》，载《颜元集》（上册），中华书局 1987 年版，第 103 页。

③ 刘克祥：《清代热河的蒙地开垦和永佃制》，载《中国经济史研究》1986 年第 3 期，第 50 页。

亦可。无地可分者，移之荒处”。[①] 清代一顷即 100 亩。富家有田 1000 亩，将 100 亩分给 9 家佃种，佃户以 40 亩的收成交租，即四成交租；将 10 亩的收成交税，即一成的税收，余下的 50 亩收成，留作自用。佃户佃耕 30 年后，100 亩归佃户所有，从永佃权变成所有权。但是，颜元的主张没有考虑到富家的意愿，试图用国家法令的强制去实现均田目标。其主张违背了市场交换的自愿精神，注定是行不通的。不过，苗疆通过“裁判分配”确立永佃制，约略可见颜元思想的踪影。颜元、王源的均田思想，还可以看作陈翰笙等“分配派”观点的历史先声。

2. 苗疆督抚意识到交换分享的市场化进程是律例无法禁阻的历史潮流，也是“制民（苗）恒产”的政策目标无法实现的根本原因。古人早就意识到，“以有通无，交换分享”的市场法则，故把货币称之为通货。赵冈认为，北宋以来的租佃制是生产要素的市场交易。在定额租制度下，地主是从土地所有权市场上买进所有权，然后在使用权市场上出让使用权；佃农买入土地使用权，独负盈亏。分益租佃制则是一种合伙经营，双方共分收益，分担风险。日本学者寺田浩明和草野靖，不称之为租佃制，而称之为“合种制”或“共同经营体”。[②] 南宋著名词人辛弃疾约在绍熙五年（1194）福建安抚使任上所赋《最高楼》中有名句“千年田换八百主，一人口插几张匙？”，[③] 可见，中国内地的土地市场至南宋已经相当成熟，并由此形成了自愿、平价交易的牢固市场观念。张传玺就认为，与西欧中世纪的农奴制比较，中国自战国以来，使用契约的租佃关系的双方应当是比较自由、平等的。[④]

苗疆的市场化进程则开始于元朝。嘉庆二年乾嘉苗民起义平息之后，历任四川总督、湖南提督、云贵总督等苗疆要职的鄂辉就讲：“汉民承买苗产，本系定例所禁。惟黔省苗地自元明内附，陆续改土归流，数百年来，外省流寓日众，其间置卖田土，招佃收租，原非近年之事。但苗民既经杂处，则彼此交易，恐所不免。且汉人于种植居积之道，自较苗民灵便，日久相沿，未

---

① 李塨：《拟太平策》卷二，地官，第 1 页。载徐世昌等：《颜李丛书》，四存学会校刊 1923 年版。

② 赵冈：《历史上的土地制度与地权分配》，中国农业出版社 2003 年版，第 235 页。

③ 朱德才等编：《辛弃疾词新释辑评》（下），中国书店 2006 年版，第 839 页。

④ 张传玺：《论中国封建社会土地所有权的法律观念》，载《北京大学学报（哲学社会科学版）》1980 年第 6 期，第 19~20 页。

免汉富苗贫，随成嫌隙。”[①] 苗疆封臣已经意识到，苗汉交易是不可避免的历史潮流。外省流寓汉民，也将内地的自愿、平价交易的市场观念传播至苗疆。

鄂辉指出，汉富苗贫的根本原因在于生产经营能力的差异，这是靠固守恒产所无法消除的。汉民的农耕生产传统悠久，能力优于苗人。而苗人即使占有田土，也不能地尽其利。胡林翼在黎平知府任上就发现："黎郡四乡田土，每岁于播种粳糯以外，于春花一事，绝无见闻。推原其故，非地利之不宜，实农人之好懒；且为其田主者，多因春花不得予分，亦各置之不问。本府志在教养……为尔农民立定章程，所有种子，均令田主购买发给，或种大麦、小麦，或种胡豆、豌豆，各随地之所宜，不拘一定。俟成熟后，田主准分十分之三，不得多取。尔等田主，务于本年闰八月初一日购买种子，佃户于九月初一日以后，各赴田主家，承领种子，一律播种。本府于秋冬间查阅卡棚，考验练丁，点查户口之便，即亲赴乡间，履堪田亩。如田主不董率佃户，给发种子，将田主责罚；佃户领种而耕作不力，并将佃户责比。”[②] 鄂辉、胡林翼的观点，类似于卜凯的"技术派"观点。所不同的是卜凯将民国时期的农村与欧美的农场比较，而鄂辉、胡林翼将清代苗疆与内地进行比较。

的确，在苗疆市场化进程中，存在汉民盘剥苗人的现象。比如，"瑶山之不能开垦荒场，系种植杉木、松、桐、茶等树，卖与民人抵债贷债，议明年限砍伐，及至砍伐之时，内有滋生小树，名为脚树，向归买主管业，瑶不过问。及至脚树长成，砍伐之时，又有脚树，仍系买主管禁。脚脚相生，藉以巧占山场"。为此，官府出示晓谕："嗣后民人承买瑶山树木，至远近之期，以二十五年为限，只准砍伐一次，即将契据涂销，山场付还原主。"[③] 这些均是苗疆市场化进程中，苗人等必须付出的代价，且有救济途径。

于是，苗人占有的田土与流寓汉民的劳动力及农耕技术，通过市场交换的结合，就成了苗疆永佃制。综观有清一朝，是允许外来客民在苗疆租山种地的。户部则例就规定："外来客民租山种地，责令该业户确查，实系良民，方许佃种"[④]，基本无限制。

---

① 《鄂辉等奏苗疆善后事宜程折》（嘉庆二年三月二十三日批），载《清代前期苗民起义档案史料》（下册），第428页。

② 《谕黎郡布种春花》（咸丰元年），载胡林翼：《胡林翼集》（二），岳麓书社1999年版，第36页。

③ 《中国珍稀法律典籍续编》第十册：少数民族法律法规与习惯法（下），第101页。

④ 同治十三年校刊《钦定户部则例》卷四，户口四，番界苗疆禁例，第22页。

四、结论与悖论

（一）关于清代苗疆永佃制的初步结论

清代苗疆永佃制，有着不同于内地的发展逻辑和历史脉络。它既是苗疆官府“分配裁判”，逐步制度化、规范化的产物，又是清朝统治者的制民恒产的治国方略、寓汉防苗的政治策略，以及满人、苗人共享的族群团体本位的地权观念，汉民的交换分享的市场意识相互碰撞、博弈和调和的产物。交换分享是市场之手，分配裁判是政府之手，二者相互角力，市场之手更为有力，永佃制也是交换的产物。

（二）清代苗疆永佃制中的市场悖论

1. 需要市场发现“平价”却反对市场化的悖论。清代官府清理汉民典卖苗产时，以市场平价作为基准来衡量是否存在汉民盘剥苗人的现象。另一方面，禁止汉民交产，妨碍土地市场局部均衡价格的形成，妨碍市场平价的形成。或许有人会说，允许苗苗交产、瑶瑶交产、彝彝交产，会形成一个内部市场，也会产生一个较低水平的市场平价，可供准据。按此衡量，汉民的典买价格可能是较高的，合理的。但是，不要忘了流寓汉民的需求量的加入，会抬高苗疆土地价格，让苗人田土增值，对苗人也是有利的。官府判断苗汉交产是否两得其平，必须以市场存在为前提，但是又禁止苗汉交产，反对市场化，这是悖论之一。

2. 永佃制租额的绝对恒定与市场波动的悖论。市场平价，只是过去某一较短时段的价格，但是市场化是一个持续时间过程，市场地域范围也会扩展，土地交易会持续下去。汉民与苗人订立永佃契约，约定不得增租夺佃，是基于经济上通常状况为决定意思之基础，但是市场波动是常态，如果发生经济状况变更，使得苗人足以认为原约的租额太轻，并以邻近地方的租额平价为标准，要求增租，会致苗汉复起衅端。这就是恒产不恒价的悖论，内在地要求永佃制租额恒定的相对化。[①]

---

① 中华民国民法债编第四百四十二条规定：“租赁物为不动产者，因其价值之升降，当事人得声请法院增减其租金。”

这两个悖论的存在，既表明清代统治者对于市场规律认识的局限性，又预示了清代苗疆永佃制需要进一步的完善和发展，需要从习惯权利向法定权利升华，从债权关系向物权关系转变，需要借鉴和吸收新的来自罗马法传统的法权理念。而这一改造过程要到民国北京政府时期的大理院司法裁判，以及北京政府时期的立法来逐步实现。① 这就是经济史学者章有义所谓的中国传统“永佃制走向奔溃”。②

第二节　“姚百万”诬告谋反案：田土公平交易

“姚百万”是清代贵州清水江中下游一带一个传奇人物。他真名叫姚玉坤，既是大地主，又是木商中的“山客”，还是武举（嘉庆六年辛酉科武举）。关于他的故事，至今还在清水江中下游的锦屏地区为人所口传乐道。比如，“三魁斗倒姚百万”等。杨有赓先生在《侗族社会历史调查》中对本案被告姚玉坤有过简短的故事性描述。③ 王宗勋曾经撰文《姚百万的兴衰》，对姚玉坤进行较为详细的、细节性故事叙述，④ 后整理点校了《锦屏县范正魁等控告姚百万状词辑选》⑤。徐晓光教授根据该状词辑选，对案情进行解读，并联系到“山客”的商业行为规范和清代地方司法审判等法学问题。⑥ 那么，真实的“姚百万”又是怎样的呢？本节将依据第一手的禀稿和契约文书材料，对改变“姚百万”命运的诬告谋反案作较为准确的考证，还原其历史真实，揭示其所代表的清水江木商的类型，以及此案对于苗疆确立田土公

---

① 马寅初对中华民国民法物权编关于永佃权的规定，有十分精到的阐释。他认为永佃权，非法律特为创造，不过承认其存在而已。在江苏、浙江、安徽、江西、湖南五省，最为通行。浙江产米谷的田，全为永佃制。永佃权制是使耕者有其地之最和平的方法。参见马寅初：《中国租佃制度之研究》，载《经济学季刊》第 1 卷第 1 期，第 13~18 页。

② 章有义编：《中国近代农业史资料》（第 2 册），生活·读书·新知三联书店 1957 年版，第 84~87 页。

③ 贵州省编辑组：《侗族社会历史调查》，贵州民族出版社 1988 年版，第 50~51 页。

④ 王宗勋：《姚百万的兴衰》，载《贵州档案史料》2002 年第 3 期。

⑤ 王宗勋：《锦屏县范正魁等控告姚百万状词辑选》，载《贵州档案史料》2003 年第 1 期。

⑥ 徐晓光：《清水江流域林业经济法制的历史回溯》，贵州人民出版社 2006 年版，第 189~202 页。

平交易规则的历史意义。

一、姚玉坤为霸争山场和杉木，藉捏控打压对手

（一）勾结黑恶势力强抢范金的木材

范金是与姚玉坤所在河口寨紧邻的格翁寨的地主和“山客”，还是贡生，家道殷实。其堂兄范正魁、范之齐还都是武生。姚玉坤弟兄九人，也都是秀才，或禀生，或监生。两家无论是财势或才势，可谓旗鼓相当。

道光八年（1828），格翁寨彭守道等人，与范金发生山场杉木权属纠纷，控诉到开泰县。知县陈熙晋断令杉木日后砍伐，三七均分，范金家占七股。但是，姚玉坤勾结湖南武举袁大鹏、武劣姜遇恩、滥痞姜学智等，纠匪数百人，并将范金家等七股之断私山之木，尽行强砍强卖，范家直接经济损失达十万两银子。范家控告到开泰县和黎平府，都没有捉拿到袁大鹏等人。上告到贵州省古州兵备道和按察司，都是批饬府县尽快捉拿人犯。清水江两岸山多林密，匪徒啸聚，府县捕获人犯的确有诸多困难，当然也可能藉此纵匪。

范金在道光十二年（1832）向古州兵备道道台于克襄递交的禀稿中，对此有描述，照录如下：

为祸禳灭门、吁提雪冤事。缘生黎属土籍山坡，原属买卖，各寨各业，各业各栽，各栽各得。道光八年，寨人彭守道等见肉眼红，混争生等弟兄山木，县主断令生等木植日后砍卖，公土三七均分，生照契管业，并不与私山干系。湖南武举袁大鹏、土衿姜文焕素霸清江河水一带，手下挥聚羽党百余。秉隙交通守道，公私不辨，三七不分，一味强砍强抢强卖，迄今五载，计赃数万。控县叩府，未蒙拿究。激奔藩臬，批府饬县严办，只期案结害除。讵料祸从空降，害上加害，三月初十日，突被不知姓名，造写叛逆赵金龙借字，酉时迅交工人苗老九，十一日辰时分塘兵张灿谟知情查追，又有隔属柳霁汛之平把总不知据何人具报，亦带多兵至生家追究。县主抄家捡看，审系坐害情真，供明在卷可吊。袁大鹏、李先魁旋即提县，否卜何故，造字不惩，盗砍不究，余党不拿，掷词不理，鹏恶等返行释归。泣思生自八年起衅，山被强砍，家被抢劫，父被殴伤，家被产元。今又坐以叛逆字迹，祸关灭族，不吁亲提良善之家有死无活，开明粘单

奔叩上恳钦命大人阁前赏吊卷宗，亲提党恶到案，研讯究办，如虚坐诬，迫切上告。①

从该禀稿可知，范金还不能肯定是姚玉坤在幕后主使诬告其谋反，只是隐晦地表明自己和彭守道、袁大鹏等人有过官司恩怨，可能是他们设局陷害。但是，范金又没有真凭实据，不能指名道姓地指控谁在诬告。这就是姚玉坤的奸猾之处。当然，塘兵张灿谟和柳霁汛的平把总是如何知情的，是侦破诬告谋反案子的突破口。

需要指出的是，范金为了追查诬告的幕后真凶，不惜出让和变卖田产，到道台、按察司、巡抚和总督控告，并保留了禀稿以及所附官员批示，将它们整理成了一本《词稿簿》，② 由其后世子孙收藏至今。且该词稿在锦屏一带传抄流传，③ 为地方习讼者所学习。

（二）诬告范金向叛匪赵金龙借银

姚玉坤诬告范金谋反，向赵金龙所领导的农民起义军借银，并伪造赵金龙的借字如下：

金龙元年，今命微臣粮作迷食之人，以至贵州各财富者，每借兵食粮钱叁百两，或一千两而止，多有多之咎，少有少之咎。今吾出征，至长沙界止，暂候杨令婆卒兵，方可再出。今在城继以两月，钱两将要用尽。火速命臣备银养兵，凡借有银者，各将姓名批明于后。候吾月下将回，定拘带领人马，征上清水河，安顿苗人苗土，不准有堡，各将出银姓名赐侯，切莫畏兵，吾自有善要之用也。吾命速下，切不可明传于世。此时为官者，

---

① 张应强、王宗勋主编:《清水江文书》第 3 辑第 1 册，广西师范大学出版社 2011 年版，第 154~155 页。

② 张应强、王宗勋主编:《清水江文书》第 3 辑第 1 册，广西师范大学出版社 2011 年版，第 151 页以下，对范金的《词稿簿》影印收。其扉页上先后有两人用毛笔题款，前者是范金题有"《词稿簿》，大清道光拾叁年柒月立"，墨迹褪黯。后者是范金的玄孙范培权所题，墨迹明晰，题有"高祖贡生范金手稿，玄孙范培权敬题珍藏"的款识，以及两副对联。其联分别是"造孽案嫁祸灭族，告上状雪耻报仇"和"祖德不朽垂古史，功绩流芳昭后人"。

③ 张应强、王宗勋主编:《清水江文书》第 3 辑第 6 册，广西师范大学出版社 2011 年版，第 308 页以下，收录了另一份盖有"瑾顺字号"方印、留有"姜元熺订"题款的"词稿簿"。其中，第 330~365 页，也收录了范金所保留整理的相同禀稿抄件。可以证明范金的词稿曾被地方传抄学习。

尽是翻君人马，恐失机关。倘或不信者，一面专人随银来而更妙也。吾此时在长沙永盛府筹蓉寺，等备兵丁，不食民间之禄。继专命八人名臣上贵州，与各贤臣相借粮银，切莫违误。

正主赵金龙元年正二月行贵州，限三月回朝。

保驾将军赵金凤、赵金虎

石阡府黄朝用借银一千两

镇远府龙映飞借银一千两

天柱县龙世振叁百两

立借人主

赵金龙因兵丁缺少粮，借到老臣三百两，其银月下付还。

承借银老臣范文通

后裔贤臣范金

赵金龙元年三月　立

道光十二年三月初十日酉时所造逆书坐诬　　抄白

借字内盖有红印一个，真字现存开泰县衙内。[①]

该借字属于“抄白”，即誊抄复制件。其中，范金及其父亲范文通都向赵金龙称臣，赵金龙向其出具借银字据。按照《大清律例》这属于十恶重罪之首的谋反罪，危害社稷。

此字据是道光十二年三月初十日酉时，交到范金家雇工苗老九手中的，由苗老九转交范金，而范金拒收。十一日，塘兵张灿谟就知情，到范金家追查此事。苗老九后来不知所踪。所幸张灿谟在贵阳府贵筑县候押期间，留有供词禀稿，揭发了是姚玉坤向他举报，并威逼利诱，让他追查范金谋反案子的。兹录张灿谟的供词如下：

具禀黎平营苗光塘兵丁张灿谟，年五十七岁

为据实禀明事。缘灿谟谨守苗光塘卡十数年来，兢兢守法，并无妄为。冤因道光十二年三月初十日酉时初，有通街居住之武举姚玉坤、玉泰弟兄，向蚁报称，格翁寨有一要紧之事，你是塘兵不得不告知，面言逆匪赵金龙着人来向范金家中借取银两，应办军需，蚁以为玉坤、玉泰戏言，而玉坤说，此事你不去查，倘如有别人报官，你系塘兵定有割头之罪。蚁见玉坤之言认

① 张应强、王宗勋主编：《清水江文书》第3辑第1册，广西师范大学出版社2011年版，第152~153页。

真，即向玉坤问及是耳闻是眼见，玉坤回说是我二兄玉泰告知我事实，彼时我疑信相参。又见天色将晚，不敢山离塘卡，是以未及往格翁查问。延至二更时分，有格翁之乡约彭守道与范正魁由小河看山来，到苗光塘投宿。次早问及知道此事否，彭范二人说出门三四日，据称未知，并言及断无此事。是以蚁只得同他到玉泰书房，请玉坤面说，他言赵金龙有信前来赵金龙家是实，不但有书信二纸，且盖有印信在上。蚁同彭守道即齐往范金家跟问，范金面说，昨日有酉时末，有一送字之人将信交与工人苗老九，转交我家是实。看递来之信尽是欺君反叛之语，因此将书信仍交苗老九。蚁同乡约彭守道到苗老九家中，取得此书二张，果有印信具盖在上面，与玉坤弟兄所言相合。即同范金满门看明，俱称此事非小。蚁即将此书带上苗光玉坤、玉泰弟兄叔侄看过，俱各暗笑，必要蚁前来报官。如你不报官，我姚老爷决不饶你等语。蚁正执字要往王寨汛去，报营主李老爷，旁有柳霁营塘兵杨昌林，突来姚家出来，讨取字据。因蚁不肯此字，彼此争论，有姚玉泰向蚁说，此字俱可写去报官，有事惟我姚姓是问。是以又转到玉泰书房内，将字抄去。蚁即于十二日去王寨汛去报李营主，是日即并同头目往黎平报经黄总府。是实。此系蚁本情实据。如有虚言，甘当坐罪伏乞。钦命大人阁前恩鉴施行。[①]

张灿谟不幸在贵筑县卡关押期间病故。道光十四年（1834），其长子张开元控告姚玉坤，先后向按察司递交“为欺君害父、不共戴天事”状，[②]后拦巡抚而递交“为君父冤深、泣伸天剿事”状，[③]再递“为冤奇证确、不究不体事”状。兹把最后一份诉状照录如下：

为冤奇证确、不究不体事。告状难，告逆党更难；告贫贱之逆犹不难，告富豪之逆则难上加难。故无凭不敢告逆；不遇清廉之主尤不敢告富豪之逆。民因姚玉坤等造逆害父，万不甘心，始奔臬辕，继叩府宪，诚恃下有确证，上有清官，故不得不向忠君爱民者，申明其害。道光十二年三月初十日，玉坤将逆书告知民父，时向夕阳在山，范金家接得逆书，正当天色

---

① 张应强、王宗勋主编:《清水江文书》第 3 辑第 1 册，广西师范大学出版社 2011 年版，第 168~169 页。

② 张应强、王宗勋主编:《清水江文书》第 3 辑第 1 册，广西师范大学出版社 2011 年版，第 167~168 页。

③ 张应强、王宗勋主编:《清水江文书》第 3 辑第 1 册，广西师范大学出版社 2011 年版，第 174~175 页。

将晚，此逆字一出，伪惟造逆者知之，递逆者知之，即范姓未曾接得，尤不及知，何局外人玉坤路隔十余里，信内盖有红印，即能未卜先知？此其可证者一。范家接得逆书在后，非民妄言，有范金并苗老九为据，玉坤报知民父在先，非民轻赖，有吴老四并李正星为凭。此其可证者二。况李先甲明指玉坤造逆，民问何以得知，先甲云出自袁武举之口，先甲系玉坤内戚，袁武［举］系玉坤故交，朝夕在姚家，藉非知之最真，何以言之不讳？此其可证者三。民父虽死，当日先向何汛主禀知，汛主令头目朱佩廷，与父同报，不惟道听□供，现主有汛主并头目活质。此可证者四。有此四证，一轻（经）推敲，执笔者自然水落石出。若不质人而质笔，人能语笔无言，即真为某某之亲笔，执笔以真为假，抵死效赖，适以缓此逆之死，终难雪君父之冤。舍证求笔，奚若舍形求影？即民父不报，为玉坤吓死；民父一报，为玉坤屈死。民不敢告，又被大意（义）责死。自古皆有死，不如被多金埋死。金龙作叛，金龙无君。玉坤造逆书，玉坤更无君。民临父难而偷生，知欺君而不控，亦即金龙之党、玉坤之流，将何颜顶大清之天，将何颜见亡父于地？古今来，最憾无君无父之禽兽，民比日勉效愚忠愚孝之匹夫，以言其情，情莫真于此；以言其证，证莫确于此。为此再叩

钦命大人阁前亲提有名人证研究施行①

从该状稿可知，姚玉坤伪造“逆书”，证据确实充分。姚玉坤不是“造逆”之人，怎么知道范金家有“逆书”？怎么事先报知张灿谟？怎么其内戚李先甲听到帮凶袁大鹏明言姚玉坤伪造“逆书”？张灿谟虽死无对证，但是有汛主和头目活质犹在。总之，该案件由省按察司批饬贵阳府进行“委审”后，曾经在黎平府不敢作证指控姚玉坤的关键证人张开谟，如实招供，成为案子的突破口。

二、姚玉坤因诬告范金谋反而被充军广东东关县

（一）范金的《词稿簿》是最接近诬告谋反案的历史场景的

首先，从《词稿簿》题款时间来看，是案件的当事人一方（即受诬陷

① 张应强、王宗勋主编:《清水江文书》第3辑第1册，广西师范大学出版社2011年版，第176~177页。

人）范金于道光十三年（1833）七月立，比较接近案件发生的时间。《词稿簿》的记述应该从时间上接近案件的历史场景。

其次，该《词稿簿》中所收录的第一份字约就是范金于道光十二年（1832）所立的“立自愿分田地山场与族人相帮告上状字”，符合当地的控官费用承担习惯。[①]它是一份省去姓名（用△代替）的抄件，并非原始字约。[②]因为原始字约由立字人范金交给范正魁和范之齐两人留凭了。现将它照录如下：

立自愿分田地山场与族人相帮告上状字人△△△△，父子为因家运不幸，有人造赵△△借有逆书坐害，继而苗光塘兵△△△追究，又受隔属柳霁把总、开泰县主李俱来抄家，此事受害甚大，非告上状不可。告上状不得近族几人相帮亦不能。因此父子较谪，请凭亲族人等，自愿将己名下所有田地山场，日后除告上状用去之外，余存田地山场多少，作为两股，自愿分一股与△△△△两人管业。立字之后，勿论去黎平、去古州、去省城、去云南、去京城，具禀之上要安△△△△两人名字，一同范金一路。不惟安名字，还要挺身相帮。所分者不得食言，所去者亦不要推诿。恐口无凭，立此字为据。

凭亲族　张　荣　姜世俊　李荣魁　范正朝　范正心　陶光明

道光十二年四月初一日　范金　亲笔　立[③]

既然隐去名字，何以考证隐去的人名呢？

该《词稿簿》收录了一份咸丰元年（1851）由范正宇所立的“立消账字”。该字约是原件，是范正宇留存“以告后代子孙”的。为了将它与前引的“立自愿分田地山场与族人相帮告上状字”对照，照录如下：

立消账字人范正宇为因家运不盛，前则被河口武举姚玉坤勾结湖南武举袁大鹏滥我家之山，计赃将近拾余万斤，后又被姚玉坤造出叛党赵金龙逆书借字，坐害我家，几乎倾家灭族。遇此非常之事，在我金哥一

---

① 程泽时：《清水江文书之法意初探》，中国政法大学出版社 2011 年版，第 360~364 页。

② 清水江文书中，有不少禀稿或词稿，甚至契约抄件是隐去姓名的，而用“△△”代替。因为它们不是可以作为凭质，也不是正式出具的，只是单方保存的，以备查考之用。

③ 张应强、王宗勋主编：《清水江文书》第 3 辑第 1 册，广西师范大学出版社 2011 年版，第 151 页。

人难以维持，全得范正魁哥、范之齐哥两人为我金哥左右翼，方能告到道臬藩抚制各大宪，冲发姚玉坤于山海关为流军。如今我金哥去世，又遇此明火炽照盗伤失主钜案，非之齐哥不能出头去告。在之齐哥再三推诿年老，所谋家计不足，我自愿当凭。因这难告，不得已凭族长范正魁、内戚姜朝魁、姜灿魁、彭宏魁、李如葵、李国梁、张名榜、龙家灵，将之齐哥前后借有我家之账一概打消，以酧苦劳，以告后代子孙化为乌有，是实。

咸丰元年三月十五日立[①]

据此可知，到1851年范金已逝，但是范家又遭遇抢劫。范金之弟范正宇想到19年前曾经和范金一同状告姚玉坤的范正魁和范之齐。当年，范正魁和范之齐是范金的“左右翼”，不仅在状词上“安名字”（即在状首作原告），而且“挺身相帮”。这里的“挺身相帮”，是指范正魁和范之齐都是武生出身，而范金是贡生出身，不会动刀舞枪，需要贴身保护。

范金保留的一份“为谋逆已彰、大冤覆盆事”的词稿的状首，就清晰写明“具禀贡生范金　武生范正魁　范之齐　年三十三、四十七、三十六岁，住恩治县属格翁寨，距城一百四十里”。[②] 该词稿的上部，范金还加“按语”说明：“道光十四年三月在省臬宪委员公局审实，发下黎平府追究详报，复禀”。即这份词稿是在道光十四年（1834）三月在贵州省按察司委派官员组成“公局”审查核实主要犯罪事实后，责令案件发回黎平府追究犯人责任，并要求黎平府将追究情况详细上报贵州省按察司。范金等再次向黎平府递呈此“为谋逆已彰、大冤覆盆事”的禀稿。由此，可以推算，1834年，范金、范正魁、范之齐分别是33、47和36岁。到1851年，范正魁、范之齐分别是66和55岁。范正魁年龄太大，而且是族长。因此，范正宇希望范之齐“出头去告”，并承诺消账“以酧苦劳”。

因此，前后对照字约可知，1832年，31岁的范金以“立自愿分田地山场与族人相帮告上状字”，承诺以扣除“上告”费用后的田地山场一半赠与45岁的范正魁和34岁的范之齐，而范正魁、范之齐要同范金一道“上告”，不仅在状首出名作原告，而且贴身保护范金。范正魁和范之齐只是范金的

① 张应强、王宗勋主编：《清水江文书》第3辑第1册，广西师范大学出版社2011年版，第178页。

② 张应强、王宗勋主编：《清水江文书》第3辑第1册，广西师范大学出版社2011年版，第172页。

族弟兄，并非亲弟兄。

最后，该《词稿簿》都注明了每一份词稿的呈递时间、官员的职位和姓，以及官员批示及批示时间，非亲力亲为者，不能办到。因此，应该可以认定是范金的手抄稿或收集整理稿。即使是以范正魁、张开元和张灿谟具名的禀稿，也应该是范金抄录或收集的。

（二）范金才是以诬陷谋叛反坐告倒姚玉坤的首要人物，而不是范正魁和姜朝魁等人

结合本案的词稿和官批，可以认为，范金才是以诬陷谋叛反坐告倒姚玉坤的首要人物，而不是范正魁和姜朝魁。

在范金《词稿簿》中，并未收录“姜（朝魁）剿逆尊君词稿”“姜（朝魁）续禀姚玉坤词稿”两份词稿，但是收录了张灿谟一份禀稿、张开元二份禀稿，以及范正魁二份禀稿（即所谓的“范正魁具禀制台词稿”和“范正魁具禀抚台词稿”）。笔者不清楚姜朝魁两份词稿的准确时间，但是可以推测“姜（朝魁）剿逆尊君词稿”应该在范金上告之后。范金和姜朝魁之间有无形成“告姚联盟”，还没有资料支持。但是，张灿谟和张开元父子的禀稿收录在范金的《词稿簿》中，应该推测范金是知情且支持和帮助了张父子二人对姚玉坤的控告的。或许范金还为张开元提供银两费用。

因此，从现有词稿和字约上看，范金才是告倒姚玉坤的首要人物。其次，才有范正魁、姜朝魁、范之齐、张开元等。

（三）姚玉坤被充军到广东，且后被赦回，而不是充军到山海关

前文所引咸丰元年（1851）立消账字，称“冲发姚玉坤于山海关为流军”。即指姚玉坤因为诬告范金等人谋反而被判军流（役流）至山海关。此为姚玉坤的下落之一说。下引两则诉状来自另一本诉讼词稿本，[①] 则是另外一说。

为豪恶强诈、禀恳严究事。缘道光廿一年内，生价买姚开仕等住屋三间，

① 该诉讼词稿本来自锦屏县加池寨，其有两页扉页，残留题款分别为“甲寅年　姜元熺订（并附有瑾顺字号的方形印戳）”和“辛丑年　育亭氏订”，《清水江文书》该辑该册的整理者将它的时间判定为“民国十三年”，是否准确，尚待考证。（它也抄录了范金等人控告姚玉坤诬告谋反案的全部状稿。）但是，从其收录的状稿看，应该是咸丰之后抄订的稿本。

并地基在内，价清契明，抄粘呈阅。管业多载，毫无异议。讵今遭罪赦回之武举姚玉坤，突于前月廿九日率子姚△△等，各执刀棍，拥进生得买之屋，肆行霸居，生闻骇然，当请乡约龙兴贵、客长刘忠尧向恶跟问。据恶云：此屋不清，系伊公业，伊股未卖等语，拒中不耳，蛮踞不出，凭中可讯。切恶既称公业，而开仕、开化等卖时，恶虽罪外，恶子姚廷□，名列武举，恶之弟兄共系九人，皆系禀监生，历无异语，何效寒蝉？道光十八即恶赦回，又经三载，亦无一论。今刁突作百舌之属□□□霸居，系倚强诈弱。况古今不易，买卖以契约为凭，价清为业，似此价清契朗，管业多年，奚容恶横肆毒，情何以堪？欲敌犹恐祸生，欲罢则情难甘忍？不得已，只得上叩台前赏准作主，严究施行，沾恩不朽[①]

由此可知，姚玉坤于道光十八年经过赦免，回到家乡，并就其子侄开化、开仕所出卖房屋和地基，提起控诉。认为该产业是家族公业，姚玉坤有股份，未经其同意，处分无效。

为势（恃）豪屡抗、禀恳法究事。缘犯举姚玉坤霸阻木植，△于去岁十一月，控经前主魏案下，赏差往提，抗不赴案，仅使子姚翔芬妄以强砍背字、强割捏诉搪抵。△当晰续在卷，调案可查，先年玉坤血侄开化弟兄，预将头木砍伐，所剩脚木并土出卖与生，此山生已买管多年，伊家一切弟兄耳闻目见，历无事阻，况△执有契约炳据，粘抄前卷可考，切△自得买此山之后，修理成材，砍伐多次，出售数番，毫无异议。至去岁生木出河，突遭犯罪革举、□经发配广东之姚玉坤，见△木植眼热生奸，恃强霸阻，至今两载，木置河岸，将已朽尽，无奈生血本亏极。生控屡抗不赴，伊不但横行乡曲，况且藐视官府，兹幸天星荣任，正△拨云见日之时、姚玉坤恶贯复盈之际，△木△本两□，久搁不已，禀乞大宗师台前严提法究施行[②]

由此可知，姚玉坤可能是流放发配至广东，而不是山海关。

到底是广东，还是山海关？

现在不能确定姚玉坤被判处的具体刑罚。根据《大清律例·诉讼》中

---

① 张应强、王宗勋主编：《清水江文书》第3辑第6册，广西师范大学出版社2011年版，第326~327页。

② 张应强、王宗勋主编：《清水江文书》第3辑第6册，广西师范大学出版社2011年版，第376~377页。

"诬告充军及迁徙"规定，[①] 诬告罪的刑罚包括充军和（或）迁徙。假如是流（迁徙）刑，根据《大清律例·名例律》中"徒流迁徙地方"的律条规定，"贵州布政司府分流四川"。[②] 假如姚玉坤被执行流（迁徙）刑，不可能是发配到广东或山海关。因此，他极可能是被判充军。

如果是充军，根据《大清律例·名例律》中"充军地方"的律条规定，"凡问该充军者，附近，发二千里；近边，发二千五百里；边远，发三千里；极边、烟瘴，俱发四千里。定地发遣充军人犯，在京兵部定卫；在外巡抚定卫，仍抄招知会兵部。……贵州布政司府，分发四川［附近］、江西［附近、近边］、湖广［附近、近边］、陕西［附近、近边、边远、极边］、江南［近边、边远、极边］、浙江［近边、边远、极边］、山西［极边］、广东［附近、近边、边远、极边、烟瘴］地方"。[③] 这里面，贵州犯人的充军的地方，就包含有广东，不包含直隶（山海关）。

因此，姚玉坤极有可能是充军至广东。何以确定充军刑罚，还可再引一份诉讼禀稿佐证：

为冤诬陷害、乞恳讯详事。缘△安居治属，耕读传家，兄弟子侄，叨到育猪，一价货□，□谓善恶，虚实难瞒地方，讵料人心叵测，奸谋设局，毁渎△△不清，去岁二月王府主，督兵累差，抄拿△△等，到案立训，无因无供，下狱复讯，谓与富□姜△△有怨，又谓与龙神顾相臣同情，提顾对质分明，开释顾姓，遍示指告，□为恶者，地方毫无禀首，独枭武举姚廷杰，挟翻木案，又不到质，黄主不悉奸□，四月又将子侄下监，切武举家上犯欺君，下叠害民之罪，有案可稽。道光十七年举父玉坤获罪充发，△△与伊家互控木事，是年案结可查。黄、王二主，怀疑惑办，撰供通详，并不经前任各县主一讯，难掩六房两班，负屈不甘，着婿叠奔上控抚臬学宪，如详批饬竟冤沉海底。续叩制宪，荷蒙赏准，案行仁天提讯，正△△家拨云见日。欣逢天星荣任，无屈不伸。俯恳严提到案激讯，如△实有强砍伊木，并讹诈乡愚，会其直供有证，△甘领罪。△虽一介武夫，稍知法理，子侄

① 据《清实录·高宗实录》卷一二九二载，乾隆四十五年以前，贵州黎平府亮寨土司龙世勋之父龙绍俭，主使龙世勋挟嫌诬告黎平知府王勋勒索土司林秉乾等银两一案，实属虚诬。将龙绍俭按律拟军，同妻史氏、子龙世俊等迁徙安庆安插。该案中龙世勋是诬告者，被"充军"。其妻与子则被"迁徙"。

② 田涛、郑秦点校：《大清律例》，法律出版社 1999 年版，第 128~129 页。

③ 田涛、郑秦点校：《大清律例》，法律出版社 1999 年版，第 134~137 页。

依训，伦常不苟，生来惟避举家之祸，尚恐不速。奚敢强砍伊木，取累今朝。今△若釜鱼，波及子侄，罪蒙泽施场网，莫救莫伸，民之怜冤遭无辜，罪被挟害，将△不尽冤情，申详救援，草环之报，当祝公侯万代不朽，戴罪伏乞大老爷台前作主，严提到案激讯，昭雪施行①

此禀稿应该在道光十四年以后拟写呈递，因为姚廷杰道光甲午科武科举人，即道光十四年（1834）中了武举。其中，再次提到武举姚廷杰之父姚玉坤于道光十七年“获罪充发”。“充发”，即充军发配的简称。

既然道光十七年才充军广东，那么，道光十八年就被赦回，是否可能呢？需要从事实和法律两方面来分析。

从事实来看，确有姚玉坤充发不久回家之事。下引一则诉讼词稿可以佐证。

为虎毒横噬、妄控栽殃事。缘豪恶姚翔芬捏造挟嫌、抢谷控△一案，理合诉明，情因△韶霭地方，本年青黄不接之时，凡各富户存储仓谷，尽行□□，闭□居奇，合寨穷民，无从买食，以致饿死多人，故于秋收之时，预为防备。是以寨内十二姓人等，约向富户，有田谷收储韶霭寨内者，公同商议，莫将仓谷搬完，酌留一半，以备来年饥荒，便民买食，免遭饿殍。各富户皆怜而应允，独伊狼毒居心，强将谷石前后尽数搬回。众姓人等，想各富户效尤，齐向留阻。殊恶同枭猇，不但忍心横拒，且将谷石倾入沟渠，声彰名色，兄居提塘（堂），父到功职，岂容留阻等情，反造挟嫌抢谷，虚词捏控案下。切△父子何年砍□木植，何事究办军徒，有谁告奸可质？惟伊父姚玉坤冒犯土豪重罪，于道光十八年流徒广东东关县，有案可查。现今私自逃回，父子倚恶，□家罪不可□，而反诬人藐法已极。况伊自称职员，试问曾居何职，曾列□员，并伊有何功衔？饬伊当堂一一呈验执照，庶免假冒名器，滥厕官阶。今□拒众不仁，自觉理曲，故仍抛却众人，独诬蚁为挟嫌抢谷，正犹生翼之虎，择人而噬，似此妄控栽殃，例宜反坐。不已，诉乞□□□台前查核严究，实究虚坐施行②

① 张应强、王宗勋主编：《清水江文书》第3辑第6册，广西师范大学出版社2011年版，第369~372页。

② 张应强、王宗勋主编：《清水江文书》第3辑第6册，广西师范大学出版社2011年版，第389~391页。

由此可知，姚玉坤大约在道光十七年前后充军到广东省东关县。因为前引“为冤诬陷害、乞恳讯详事”状稿称“道光十七年举父玉坤获罪冲发”，而这里称“道光十八年流徙广东东关县”，误差为一年。

前引“为豪恶强诈、禀恳严究事”状稿称“遭罪赦回之武举姚玉坤”，这里称“私自逃回”是否矛盾呢？两份状稿都是指向姚家的，都是针对姚家的控诉而作的抗辩禀稿，因此不无虚夸之处。因此，取它们重叠的部分应该最接近事实真相的，那就是“赦回”的。

从法律看，姚玉坤被赦回是有可能的。可能的法律依据和理由有三：

一是根据《大清律例·名例律》中“十恶”和“常赦所不原”的律例规定，[①]姚玉坤并不构成十恶等重罪，不在“十恶不赦”之列。虽然他诬告范金等谋反，但是反坐只是刑罚部分，罪名应该还是诬告。

二是根据《大清律例·名例律》中“五刑”所附“赎刑”的条例规定。姚玉坤可以根据“纳赎”（“无力依律配决，有力照律纳赎”）的规定，[②]以钱换赎抵刑。

三是根据《大清律例·名例律》中“流罪在道会赦”的律条规定，[③]假如道光十八年大赦天下，那么也可能很快回家。道光十八年（1838）五月，道光帝两次降旨到黑龙潭神祠拈香祈雨。农历五月初六日（丙午），第一次因“京畿雨泽衍期”，就“降旨将军流以下人犯减等发落”。农历五月初九日（己酉），第二次又降旨重申“兹宜载颁宽典，用广法外之仁。除积贼及各省军流以下人犯，此次毋庸一律查办外，著刑部即将直隶一省及部中审拟军流等罪，已未到配官常各犯，详查原案。无论远年近年，择其情有可原者，开单具奏，候朕量加宽宥。至刑部收禁人犯，若未经定案，久系囹圄，疾病颠连[④]，情堪怜悯，著该部审度案情，其有问徒以下轻罪人犯，及干连待质，例应取保候审者，立予清理省释，毋稍稽滞。此外寻常案件，并著速行审结，不得迁延羁禁，以示矜恤而迓祥和”。[⑤]因此，笔者可以推断，正是这次降旨恩赦，给了姚玉坤赦回的机遇。“凡遇恩诏内，开有军流俱免之条，其和同诱拐案内，系民人改发烟瘴少轻地方者，即准宽免，系旗下

---

① 田涛、郑秦点校：《大清律例》，法律出版社 1999 年版，第 84~85 和 97~98 页。

② 田涛、郑秦点校：《大清律例》，法律出版社 1999 年版，第 81~82 页。

③ 田涛、郑秦点校：《大清律例》，法律出版社 1999 年版，第 99 页。

④ 田涛、郑秦点校：《大清律例》，法律出版社 1999 年版，第 98~99 页。

⑤《清宣宗实录》卷三一〇，第 825 页、第 827 页。

家人于诱拐案内发遣为奴人犯，亦许一体援免”。[①]

三、苗民反对巧取豪夺，呼唤土地交易公平

“姚百万”被范金告倒，充发广东东关县，但是很快就被赦免回家。范金等人刚刚颇感欣慰，旋即不快。从上文所引的“为豪恶强诈、禀恳严究事”“为势（恃）豪屡抗、禀恳法究事”“为冤诬陷害、乞恳讯详事”“为虎毒横噬、妄控栽殃事”四份禀稿看，姚玉坤赦回后，恶性不改，继续为富不仁，继续同乡民争夺地基房产、山场杉木，不愿留存粮食赈济饥民，反而诬告饥民抢谷。姚玉坤代表了清水江中下游一带地主兼木商中的巧取豪夺类型。他们奉行丛林法则，以强凌弱（姚玉坤及其子姚廷杰都是武举，且勾结湖南黑恶势力），以众暴寡（弟兄九人），以智欺愚（“弟兄共系九人，皆系禀监生”），不遵循平等自愿、等价有偿的市场交易原则。“姚百万”被告充军，客观上有助于在清水江中下游确立土地木材交易的公平规则。

“姚百万”被告充军后，范金的状稿，一时“洛阳纸贵”，乡民争相传阅学习。范金所保留整理的十三份禀稿，被许多习讼者传抄，流传至今。锦屏县加池寨现在收藏的一本词稿簿就完整地收录了这十三份禀稿，字迹统一，应为一个人所抄。有趣的是，其他禀稿抄件，都会隐去原告和被告的姓名，用“△△”或“○○”代替。唯独状告姚玉坤家的禀稿，多保留姚玉坤等的真实姓名，或保留“姚”姓，以“姚△△”表示。让范金充军，让大多数贫穷软弱的乡民切实地感受到告状是维护自身利益，维护交易公平，反对巧取豪夺的武器。范金死后，范家又遭遇入室抢劫案，范金之弟范正宇效仿范金，出具“立消账字”与范之齐，要求范之齐协助其告状。清水江文书中保留了大量的状稿，也证明苗疆乃“健讼”之乡。

从禀稿中不难发现，姚玉坤有“官商勾结”和“商匪勾结”的痕迹，当时清水江下游木材交易、土地交易秩序中存在种种不和谐和正义的因素，但是从“姚百万”被判充军的法律后果看，以《大清律例》为代表的清代国家法已经是苗疆社会经济秩序的最后保障。国家法是维护苗疆交易公平的最重砝码。雍正初年新辟苗疆以来，至道光十八年，不过百年。其间，杉木交易，大大地促进苗疆与中央王朝其他地区的经济融合的同时，国家

① 田涛、郑秦点校：《大清律例》，法律出版社 1999 年版，第 98~99 页。

法律的统一实施，成为促进国家认同，增进民族团结、确立中央权威的积极动力。

第三节　清代清水江流域的山林讼争与断理

清嘉庆、道光年间，清水江流域基本没有战乱，其木材贸易，也进入一个持续繁荣时期。清水江流域民间至今留存下来大量的嘉庆、道光时期的文书资料，其中就有一份十分罕见的黎平府开泰县的结案详文（详稟）抄件，长达数千字，"全宗"地记载了该案件的原告、被告、事实、案发经过、证言、理由、官府的札批饬令、适用的律条和刑罚等信息。笔者称之为清水江文书中的"第一详文"。围绕该详文，笔者还查找到相关的诉稟稿、遵结、挟嫌妄阻字、硃批等诉讼司法文书。基于以上比较完整的案件材料，试图复原案件历史原貌，解剖麻雀一般地研究清代清水江流域的山林纠纷诉讼的过程和特点。

一、案情复原：一次实控、二次调解、一次诬告

在复原案件事实前，先集中交代一下案发时所涉官员的履职情况。清代嘉庆朝开泰县知县中，李姓知县只有李克辙，嘉庆九年至十年、嘉庆十四年至十八年两任开泰县知县。嘉庆十八年至二十二年，吴谨仪接任开泰县知县。嘉庆十二年至二十一年，张晖吉任贵东兵备道道台。嘉庆十七年，沈乐善接替汪廷钺，任黎平知府；嘉庆十八年，周景益接替沈乐善，任黎平知府；嘉庆十九年，冯兆峋接替周景益，再任黎平知府。[①]

（一）嘉庆十五年姜佐兴与王治浩诉争乌什溪山场

嘉庆十五年，姜佐兴与王治浩诉争乌什溪，留存下来的有开泰县知县李克辙的堂断硃批、双方的遵结的抄件。兹分别录文如下：

① 光绪十八年刻本《黎平府志》卷六上《秩官志》，第53~57页。

硃批

田在鸠纽，木在乌石溪，相隔十里，如何一契出卖？其非老约□□。田着王治浩管业，木归姜佐兴等管理，王治浩等不得阻拦。如滋事定行详革不贷。

具遵结加池寨民姜佐兴、姜廷芳、姜之琏，今□大老爷台前，缘蚁具控王治浩、陆廷贵等串□强夺一案，蒙恩当堂审讯，断将土名乌石溪、□干出崇两处杉木，断归蚁等照约管业，伊等强砍之木，概令蚁等拖放发卖，王治浩不得强阻。□遵讯断，所结是事。

批　准结。①

该硃批和姜佐兴的遵结，抄录在同一张纸上，显然是姜佐兴等一方所抄录的。结合后文所录详文记述“嘉庆廿（十）五年内，王治浩出名捏造伪约，与唐老三、蒋老桿、陆廷贵多人，强砍蚁乌石溪杉木一块、乌崇干杉木一块，控经县主李审实假约，断虫等管业，铁案昭然”，可以推知：王治浩捏造伪契，知县李克辙提出“田木相隔十里，如何一契出卖”的质疑。并断判田归王治浩，木归姜佐兴，分别管业。

由于以汉字记录苗语发音的地名，经常出现地名汉字表达的不一致，这里的“乌石溪”在后文的诉禀稿、详文有时记着“乌什溪”“污什溪”“乌十溪”“污室溪”等。“鸠纽”，下文记着“就又”。

具遵领结生员王治浩今遵领到大宗师台前，缘姜佐兴等具控生等串谋强夺一案，蒙恩当堂审讯，验明契约，乌十溪、眼牛二处山场毫□，卖主笔中指实，断令生只许管田，其山场树木，令姜佐兴等照约管业，生不得再行阻拦强砍。这生所呈之契约，恳恩发给生，遵天□□，后不敢滋事，理合出具遵领结是实。

批　准结，所呈契约即领回管业，毋再恃衿滋事干咎。

嘉庆十五年十二月十六日结。②

---

① 张应强、王宗勋主编:《清水江文书》第1辑第5册，广西师范大学出版社2007年版，第284页。

② 张应强、王宗勋主编:《清水江文书》第3辑第6册，广西师范大学出版社2011年版，第40页。

王治浩身为开泰县县学的武生，在结禀中称知县李克辙为“大宗师”，略叙师生之谊，请求知县李克辙将其所呈的田土原契发还。不过，知县李克辙还是用硃批涂销了王治浩所伪造的假契，并将王治浩“发学戒饬”，“毋再恃衿滋事干咎”。尽管王治浩亲具结禀，并经李克辙批准，但是姜佐兴在结案之后，嘉庆十六年放运曾遭王治浩所强砍之杉木的时候，又遭到王治浩的阻拦。

（二）嘉庆十六年姜佐兴再控王治浩阻木

嘉庆十六年，姜佐兴等再控王治浩阻木，诉禀如下：

为串棍行强、违断霸夺事。缘虫于去岁十一月，具控隆里所武劣王治浩、中仰寨之陆廷贵，串谋强夺一案，蒙恩审讯，仍将蚁兄两契得买之名乌石溪、乌干崇两处杉山，断归蚁等管业时，伊伪契硃批涂销，治浩出具遵结在卷。蚁等照约管业，将木拖放，又遭治浩横阻，至今木植半至河边。奈治浩、廷贵勾串一党流棍，系拳打脚踢，各人备办凶器，日夜捕截，不容蚁木下河，且四路□牌，诈言天星将木断作两股。内有行凶之语，蚁□□□拿获，抄白可验。窃王治浩家本贫穷，毫无□木，通地皆知。蚁兄佐章两约得买，逐年管理。治浩身到武庠，乃听廷贵勾串，假造文约，藉田谋佔，欺蚁兄亡，孤儿寡妇，强横霸夺。窃思□□执法如山，恶乃阳遵阴违，串集恶棍，行凶行抢，若不提究，赏差镇守下河，定生巨祸。粘抄恳乞台前作主施行。

年五十、四十五、廿八

佐兴、廷芳、之琏

府属加池寨□□□里①

由此可知，嘉庆十五年，姜佐兴控诉王治浩，是因为其兄姜佐章早亡，剩下孤儿寡母，其兄所遗乌什溪山场林木被王治浩霸砍。嘉庆十六年，王治浩不遵知县堂断，阻拦姜佐兴等放运杉木下河，所以姜佐兴遂具此诉禀。

对于此次阻木纠纷，下文所录的嘉庆十七年八月十三日王治泽亲笔所

① 张应强、王宗勋主编：《清水江文书》第1辑第5册，广西师范大学出版社2007年版，第245页。

立“挟嫌妄阻字”，记述有：“后归家我弟兄复行阻号，佐兴欲上城禀报，我弟兄见事不谐，请中于内苦留，自愿立有错阻字样，与姜姓炳照。”可能姜佐兴的此诉禀没有赴城投送，王治浩、王治泽两兄弟就请中解劝，并书立“错阻字”给姜佐兴，承认有错。但是，该嘉庆十六年的“错阻字”没有留存下来。

（三）嘉庆十七年八月王治浩阻拦姜佐兴卖伐污漫溪杉木

嘉庆十七年五月，姜佐兴、姜之琏将污漫溪杉木发卖客人，王治浩、王治泽兄弟又阻止号树砍伐。姜佐兴打算手执嘉庆十六年的王治浩弟兄所立的“错阻字”，进城具控。王治浩兄弟只得请求中人吴秀忠、彭守道、范正邦、陈吉星等，从中解劝，请求姜佐兴等不要赴县控告，并书立“挟嫌妄阻字”，承认错误，承诺“日后再不敢妄行滋事，藉故生端”。兹录如下：

立挟嫌妄阻字人隆里所王治浩、王治泽弟兄二人，情因于嘉庆廿（十）五年，错阻加室寨姜佐兴之血侄姜松乔污室溪之木，松乔年幼，佐兴出身上城，在开泰县主李具控我弟兄一案，蒙差提讯，审得我弟兄情亏理屈，山场杉木当堂尽断与姜佐兴、姜之琏、姜松乔叔侄管业。其所砍之木，任从姜姓拖放发卖，我弟兄并无系分，判案昭然。后归家我弟兄复行阻号，佐兴欲上城禀报，我弟兄见事不谐，请中于内苦留，自愿立有错阻字样，与姜姓炳照。又于嘉庆十七年五月内，姜佐兴、之琏将本名污漫溪之木发卖客人生理，砍伐下河，我弟兄又胆将佐兴、之琏之木阻号，二比请中理讲，我弟兄无理可答佐兴之光天化日，何得妄行火油，再三阻号？佐兴欲执前所书之错阻字赴官，中等于内排解，我弟兄原系挟嫌妄阻，自知罪累。今再立此挟嫌字样，日后再不敢妄行滋事，藉故生端。如有此情，任从姜佐兴叔侄执字赴官，自甘领罪。恐后无凭，立此挟嫌妄阻字，姜姓存照。

凭中　吴秀忠、彭守道、范正邦、陈吉星

嘉庆十七年八月十三日　亲笔治泽立[①]

---

① 张应强、王宗勋主编：《清水江文书》第1辑第5册，广西师范大学出版社2007年版，第164页。另见张应强、王宗勋主编：《清水江文书》第1辑第5册，广西师范大学出版社2007年版，第8页。

（四）嘉庆十八年姜佐兴等诬告王治浩等强砍崇故陇山场杉木

嘉庆十七年十一月，姜佐兴等砍伐崇故陇山场杉木，堆放在张化寨河边售卖。嘉庆十八年三月，春季雨多，河水上涨，将杉木冲下。被下游的王治浩等人捞获183株，王治浩打上自己的斧印，堆放岸边。后姜佐兴等来查找索要，王治浩索要二三十两酧谢银，姜佐兴等只肯给二三两酒钱，双方争执不下。姜佐兴为讨要回被王治浩等捞获的漂流木，诬告王治浩强砍杉木，并且烧香拜会。该诬告案，留存下来三份姜佐兴的诉禀以及开泰县两次批示、贵东兵备道的批示、一份开泰县的详禀，分别录文和解读如下：

1. 嘉庆十八年十二月姜佐兴的呈开泰县的诉禀及开泰县批示。根据下引诉禀记述，此诉禀应该在嘉庆十八年十二月呈送开泰县知县李克辙的。姜佐兴指控王治浩兄弟：一是生员勾结匪徒，烧香拜会；二是纠集凶徒，强占崇故陇山场，搭棚强砍杉木；三是聚集凶徒，围困加池寨，胁迫姜佐兴等。虽言“尽数强砍”，但终无确数。

为纠凶强砍、报恩疾阻事。缘虫等得买杉山，土名崇故陇，大小木植数百余株，修理管业多年无异，此乃民山民业，相隔二治隆里所数十余里，[①] 冤遭武劣王治浩，并伊狼兄治泽，素烧香拜会，凶徒党羽甚多。本月初三日劣弟兄纠集凶徒，各执刀棍器械，拥入山中，盖起茅棚，将蚁等崇故陇杉木，不分大小，尽数强砍。虫欲往阻，奈满山俱是凶人，不敢与敌，只得申鸣文堵寨塘兵，[②] 群凶各散。虫等于本月初九日，拼命入山，将伊茅棚烧毁，治浩、治泽复聚凶数十，围绕寨外，欲行烧劫，继乃口出恶言，要将虫等捕杀，虫畏恶□避，至今方□出头。此等狼恶实如化外。窃恶弟兄串谋强夺，仁天硃判昭然，案件炳据。后又违断强阻，挟嫌强□，亲书悔字叠凭。今□恃衿恃恶，纠凶强砍，□□仁天公省，又值封篆，任意猖狂，大干律法，报□赏公差，将强砍之木封阻，免被强拖，先合□□□开篆，跟拘余党，按名治罪，以救善良，沾恩□□□剥膏。只得报乞台前作主，赏差疾阻，拿究施行。

① 这里的“二治”，指王治浩、王治泽二弟兄。

② 这里的“文堵寨”，指“文斗寨”。

即差查明确，俟开篆讯究。[1]

开泰县知县李克辙批示“即差查明确，俟开篆讯究”。该诉禀提到“仁天公省，又值封篆”，应指李克辙“公省”，“封篆”应指开泰县衙，没有挂出“放告牌”，不允许告状和受理案件。此“封篆”可能与“公省”有关，此“公省”或实指李克辙离任。但是，既然是“封篆”，那么，该诉禀怎么会有“批示”呢？“开篆”应该是指知县升堂审讯案件。“封篆”之时，还是允许接收诉禀和诉状的，还会安排差役去查清案件事实，只是不安排知县堂讯时间。这里有待继续深究。

2. 嘉庆十九年姜佐兴的呈开泰县的诉禀及开泰县批示。嘉庆十八年底吴谨仪，接任开泰县知县。但根据后引的详报所述，在李克辙“公省”期间，有一位“署县许”代理开泰县知县职权。[2]嘉庆十九年，姜佐兴向开泰县呈送诉禀，催促查案。姜佐兴认为，嘉庆十八年十二月，腊月年终无日，既是“封篆”之时，又是新旧知县交接之时，没有查议调查。王治浩正是利用“可乘之机”，“日夜强拖”。

为得势强拖、恳恩即究事。缘虫等于去岁十二月内，以纠凶强砍禀报王治浩弟兄一案，蒙批录回，理合续明。窃崇固陇杉山，系虫等得卖本寨民业。恶弟兄串谋强夺，屈指可数，前次争夺虫等乌石溪杉山，控经案下，硃判昭然。后又违断强阻，藐法强号，亲书悔错叠凭。去蜡仁天公省，恶等故态复萌，串凶强砍虫等崇故陇杉木，当恶入山造棚、砍伐之时，群恶势大，不敢与敌，所以就近伸鸣塘兵，幸群恶随散。虫等烧毁茅棚，以为无事。若恶等不复乌合，何敢激烦仁天。殊群凶散而复合，聚众围寨，口出恶言。虫乃奔辕投报，及蒙批示，虫等遵即回家。□望差查明确，因年终无日，又已封篆，尚未差查，以致恶等势焰愈炽。目今纵令恶党日夜强拖，恶等之摆布行为，大非良善。虫直即禀，终属虚词。恳恩即赏公差，查看是□先□□□□即明，□□□□□拖，使虫等民山被夺，虫等已业难抛，恐生不测，禀乞台前作主，疾究施行。

① 张应强、王宗勋主编:《清水江文书》第1辑第5册，广西师范大学出版社2007年版，第243页。

② 该“前署县许”的名待考，只知其姓许。禀稿一般不载官员名字，避讳使然。

批 准即差查提究。 管珍、田发 王治泽、唐老三、蒋老敢[①]

开泰署理知县许批示“准即差查提究”，可见此时已届“放告”和“开篆”之时。需要指出的是，此诉禀并没有如前诉禀那样继续指控王治浩“烧香拜会”。

3. 嘉庆十九年姜佐兴的呈贵东道的诉禀及贵东道批示。姜佐兴一面向开泰县知县具控王治浩，施加压力，一面同王治浩交涉，索要被捞获的漂流木，但是不见效果。于是，向贵东兵备道道台张晖吉具禀：

为棍衿结匪、肆行强砍聚劫、奔天除莠安良事。缘蚁等僻居县远，山高箐广，最易藏奸。昔年叨各宪留心稽查，赖以宁谧。迄今防范稍疏，遂有开泰县学棍衿王治浩、王朝瑞，带回恶兄王治泽，潜入纠聚匪徒唐老三、蒋老桿、李老八、雷士清、唐小六等，邀同中仰寨陆廷贵、虫本寨姜华周、朝英、朝弼，并不知姓名多人，烧香拜把，效天地会英雄所为，专一生事，扰害地方。其被害无关，已不计。惟虫受棍匪等之害，不可胜言。伊等于嘉庆十五年内，棍衿王治浩出名捏造伪契，与匪徒唐老三、蒋老桿、陆廷贵多人强砍虫乌什溪杉木一块、乌干丛杉木一块，控经李县主审实假约，断令虫等管业，各具遵结，决案昭然。伊等于断案后，又复聚党行凶，强将虫木斧号，虫当奔报，伊不敢赴县，央中挽留，亲书悔字，活中确据。复于十七年八月内，棍衿王治浩邀同匪徒唐老三等，又在河下强号虫卖与客人之木，自知情亏，仍央中亲书悔字为凭。伊等屡谋不遂，胆于十一月内，与唐老三、蒋老桿等邀同众匪多人，各执刀斧，强将虫地名崇固陇之木一块，砍伐数百余株，报经李县主，只拘获棍衿王治浩一人，而唐老三、蒋老桿等日夜强拉强卖，接连数禀，未获匪徒到堂，以致棍衿复行主使唐老三、蒋老桿，并恶衿王朝瑞、王国宾，带领李老八、雷士清、唐小八、王治泽等，纠集多人，各执刀棍，于本年三月廿日在张化寨，抢劫虫木一百八十株，当即声明塘兵，继报王寨何汛官，将木阻在王寨，随即详县。虫等当奔县，具报在案。县主知二衿素恶，有莫可如处。但棍恶二衿，全仗唐、蒋、李、雷诸匪等保护，而诸匪等专倚二衿特符行凶。伊等潜入苗疆，根深蒂固，县差畏惧，不敢拘拿，致使匪徒愈得逞恶，强砍、强号、强卖、强劫。现在具控未讯，而强砍者已被恶等卖完，在河者又被恶等劫去，私此清平世

① 张应强、王宗勋主编：《清水江文书》第1辑第5册，广西师范大学出版社2007年版，第246页。

界，岂容棍衿聚匪结众横行？如不律究，不惟虫等财尽命丧，将来愈纵愈凶，愈聚愈众，杀人放火立见，眼前地方受害何已？惟是县不作主，差不敢拿，万不得已奔报钦命大人阁前，赏速调案差拘，着仰地方保甲一同缉解，按律治罪，救民水火，万代沾恩。　　（共六百七十七个字）

批　据控王治浩等纠聚匪徒，并不知姓名多人，烧香拜把会等情，较之强砍木植案情，尤为重大。惟查词内以烧香拜把会装头，余则尽系强买强卖之事，其中恐有别情，候饬本任黎平府率同开泰县，确切访查，如烧香拜会属实，立即拿犯，解赴本道衙门，以凭亲通详。尔等静候查办，可也。[①]

姜佐兴首先指控王治浩等“烧香拜会”，继而历陈嘉庆十五年以来的立此争诉纠纷，最后详细指控嘉庆十八年三月在张化寨抢劫183根杉木。贵东道道台张晖吉的批示可谓敏锐而老到，立刻发现“烧香拜会”“装头”，即以“危言耸听”，来博取官府的关注，置官府于不得不理的境地。道台张晖吉把案件批转到黎平知府沈乐善，黎平知府沈乐善曾经提讯王治浩，因“供词狡展”，札饬开泰县知县“取保”王治浩，并“逐一研讯确供，据实详报本府，以凭查核转详”。开泰县知县吴谨仪审结之后，向黎平知府详报。

4. 嘉庆十九年开泰县知县吴谨仪的详报。下引的就是开泰县知县吴谨仪的审结详报。由于它是1937年的转抄件，可能把嘉庆朝年代时间抄错了。嘉庆帝在位二十五年，下文的“嘉庆廿八年”等，均应该是“嘉庆十八年”等，笔者逐一校正之。

该详报较长，必须厘清其结构。其文由以下五部分组成：一是复述黎平知府沈乐善要求开泰县知县审理的“札”；二是开泰县知县吴谨仪查阅案卷，对案件所附贵东道道台张晖吉的批示、姜佐兴诉禀内容的摘要复述；三是前任开泰县知县李克辙以及前署县许的查办进展；四是开泰县知县吴谨仪接受案件后的办理详情。包括姜佐兴的“具结求悔”、复查前知县李克辙的所断旧案、逐一质讯原差、证人、被告、原告等“到齐一干人证”的“各等供具”，查验有无贿和情弊；五是开泰知县吴谨仪的裁判结论：（1）王治浩等没有贿和情弊；没有“烧香拜会”重罪；没有强砍强卖情节；只有捞获漂流木而“挟索重酹”。（2）姜佐兴等指控“王治浩等烧香拜会及率众抢夺等情，俱系添砌耸听”。（3）对王治浩、姜佐兴等人的定罪处罚。

① 张应强、王宗勋主编：《清水江文书》第1辑第5册，广西师范大学出版社2007年版，第275页。

开泰县为棍衿结匪等事案禀

前宪沈札开，[①] 案奉贵东兵备道张批，据府属家池寨民姜佐兴等，具控县属龙里所武生王治浩等，并李老六等一案到府，奉此。查此案，前经札提王治浩等，到案集讯，因供词狡展，将王治浩发交前署县取保，听候续提应讯。人证王国宾质审间，该武生王治浩乘间走匿，以致案悬莫结。事关上控，未便久延，合行札饬审讯。为此，仰该县官吏，查照来札事理，即便遵照饬提一干人证到县，查明原案，逐一研讯确供，据实详报本府，以凭查核转详，毋违。计发原卷一宗，仍缴，等因。‖[②] 奉此，查奉卷内，嘉庆廿（十）八年四月十七日奉贵东兵备道批，据府属加池寨民姜佐兴、廷芳具控王治浩等词称，缘有开泰县学王治浩、王朝瑞，同王治泽纠匪唐老三、蒋老赶、雷士清、李老八、唐小八，邀同中仰寨陆廷贵、虫寨姜华周、姜朝英、朝弼，并不知姓名多人，烧香拜会。嘉庆廿（十）五年内，王治浩出名捏造伪约，与唐老三、蒋老桿、陆廷贵多人，强砍蚁乌石溪杉木一块、乌崇干杉木一块，控经县主李审实假约，断虫等管业，铁案昭然。恶等将斧记号木，虫当报县，伊不敢赴审，自央中挽留，亲书悔字确据。廿（十）七年八月内，王治浩、唐老三等又在河下强号虫等卖与客之木，自知情亏，仍央中书悔字为凭。伊等屡谋不遂，于本年三月廿日，伊使与唐老三等多人，各执刀斧，强砍虫崇固陇之木一块，砍伐数百余株。经李县主只拘获王治浩一人，而唐、蒋等未获到案，以致棍衿复行主使唐蒋老，并恶衿王朝瑞、王国宾，带领多人，在张化寨抢劫虫木一百八十株，虫亦奔县具报在案。控县未讯，砍伐者已被卖，在河者又被阻截。结众横行地方，受害无底。告乞亲提调案，并饬地方保甲一同拿解，沾恩遍地等情。奉批。查此案，所控王治浩等纠聚匪徒，并不知姓名多人，烧香拜把会等情，较之强砍木植案情，尤为重大。惟查词内以烧香拜把会装头，余则尽系强买强卖之事，其中恐有别情，除原呈批示外，合亟抄词札饬。为此，札仰该府官吏查照来文事理，速即率同开泰县，严密访查，如烧香拜会属实，立即按名拘拿，赴本道衙门以凭讯办。等因在卷。‖ 前宪沈札饬前署县许，令提到武生王治浩、王朝瑞，及蒋老桿、姜华周、姜朝英申解。因供词狡展，

① 查钱实甫：《清代职官年表》，中华书局 1980 年版，嘉庆十七年、十八年，云贵总督为柏麟；贵州巡抚为颜检、景敏、许兆椿；贵州布政使分别为齐布森、福昂；贵州按察使为翁元圻、伊汤安。因此，这里的“前宪沈”，指的是嘉庆十七年再任黎平知府的沈乐善。清代的官府的“详”和“禀”中有“府宪”的尊称和提法。

② 笔者添加“‖”号，把该详报的结构进行分解，标注“意群”，便于读者阅读理解。

仍将王治浩等发县取保。王治浩患病回家，日久未痊。许署令卸事，平职到任，接准移交，於奉前宪沈札饬，提齐讯详。‖奉此，节经勒提去后，兹据原告姜佐兴等，赴案具结求悔。悔称前与王治浩控理山场，经前案下审明，崇固陇、丛狡山山场，系姜姓价买，为虫家管业。其土名就又寨田坵，系王治浩之业，为伊耕管。因王治浩不应越界混争，将伊发学戒饬后，因蚁等拖木在张化寨河边售卖，溪水忽涨，将木冲散，王治浩等捞获百数十株，挟嫌不退，伊等公本重大，一时情急，就近赴道宪辕呈控。因恐不准，混捏烧香拜会情事，并牵砌已经断结崇固陇山场之案耸听，只图将木退回，今蒙差提，只得预先据实悔明，听候讯详，求免虚坐，沾恩无暨等情。‖复查前县李令任内，据姜佐兴、姜廷芳、姜之琏呈控陆廷贵、廷玉、王治浩，将伊等地名崇固陇、丛绞山杉木号记，意图砍卖，不服理论。又王治浩以姜佐兴等砍伐伊乌干溪、眼牛二处山场蓄木等情，经李令讯明，系因界止不清所致。崇固陇、丛绞山两处山场，系姜佐兴、姜廷芳价买山场，断令姜佐兴等管业，王治浩不得混争，发学戒饬在案。平职以姜佐兴等既因被水冲散木植，经王治浩在彼捞获，或挟前讼之嫌，不肯退给，何难赴县呈控？何以辄砌烧香拜会重情，又牵已经审结之案，混行上渎。恐有控后贿和情弊，必须质讯确实，方成信谳。‖随即勒提到场之原被姜佐兴、姜廷芳、王治浩、陆廷贵、王朝瑞、唐老三、蒋老桿、姜华周、姜朝英、姜朝弼等，并据原差禀称案内有名之王治泽、王国宾等俱外出未归，唐小八、李老八查无其人，雷士清患病不能到案等情，就即研讯。‖据陆廷贵供，是县属中仰寨人讨种王治浩土，就又寨田坵。嘉庆廿（十）五年十一月内，王治浩与姜佐兴们互争山场，小的曾同去理论。他两下争辩不清，小的就各自回家了。后来姜佐兴们控经李县主提讯，牵涉小的在案，审因误越界址，将崇固陇、丛绞山山场为姜佐兴们管业，就又寨田坵仍令王治浩照旧管业，案已断结。到上年三月内，王治浩怎样捞获姜佐兴们的杉木不肯退还的事，小的并不在场，求查审。‖据王治浩、朝瑞供，是开泰县武生，隆里所居住。据姜华周、姜朝英、蒋老桿同供，是府属加池寨人。据唐老三［供］，是县属隆里所住民。又据同供，嘉庆廿（十）八年三月间，同王治泽们赶场回来，先后走至张化寨河边，见有漂流来杉木，不知何处冲来。随后王治浩探亲回家，同到那里，生民们大齐商量说，这些木植冲流下去，别人也要打捞。如果我们抢捞起来，如有受主叫他酧谢捞工；倘没有人来查，就可受卖分用。生民们众人速忙跑到溪口窄处，用小舡拦住，捞得杉木一百八十多株，堆放岸上。王治浩将他斧记在于木上逐株号明过后，有姜佐兴、姜廷芳查来说，是他们的杉木，在张化寨河下被水冲来，要生民们退还。生民们因木上是王治浩斧记，同去告诉王治浩。王治浩要姜佐兴纳酹谢捞银二三十两，方肯退给。姜佐兴们与王治浩吵闹，两下不肯酹让，才各走散是实。生民们并没有强砍、强卖，及烧香拜会的事，求查审。‖据王治浩供，是开泰县学武生，住隆里所。嘉庆廿（十）八年三月廿日，武生探亲回家，撞遇王朝瑞、姜华周、朝弼、朝英、蒋老桿、唐老三们先后走至，见河边下流冲下无数杉木，料系河里涨水冲散下来的。大齐商量，捞获一百八十多株，堆放在岸上，用斧记号明。过了两日，姜佐兴、姜廷芳查来说是他们所失的木，要叫退还去，而王朝瑞们索讨。王朝瑞们同他们来对武生说，知因打捞时众人出有工力，要姜佐兴们酹谢二三十两银子，才肯退还。姜佐兴混输武生们抢他杉木，出言訾骂，不肯酹谢，两下吵闹是有的。不想他砌词上控，蒙前案下把武生解府候讯，因人证不齐，仍把武生发县取保在店，后因患病，武生回家调治。今蒙提审，先来听候的武生们实无烧香拜会的事，求质审。至于杉木堆放在河边，无人看守，求令姜佐兴们点明株数具领，倘有遗失，武生情愿赔他。再上年武生与姜佐兴们互控崇故陇等处山场，已经前案下审结，实与现案无涉。余与王朝瑞等供同。‖据姜佐兴、廷芳供同，嘉庆廿八年三月内，小的们将自己山上的杉木，尽行砍伐，拖至张化寨河边受卖。廿日突被水溪涨发，将木冲散。小的们连忙雇人抢捞，有那不□的漂流下去，当时追查不及，过后听闻王治浩们在下河里将木捞得堆放岸上，前去点查，共一百八十三株，打有王治浩斧记，向他们索退，王治浩们说打捞时费了工力，要谢他二三十两银子，小的们只肯送他二三两酒钱，王治浩互控崇固陇、从绞山山场的案，王治浩审输，发学戒饬，想是挟嫌多索谢银。小的们一时情急，就近到巡宪大人辕门控告，恐怕不准，牵写上年已结的案，并混砌烧香拜会情事，希图准理。不过要王治浩将杉木退的意思，又可免得酹谢。其实是随口谎捏，并没有证据。小的们告后，因未失杉木没人看守，赶往售卖，不能赴案。今闻案下提审，恐怕审虚坐罪，才自投案，预先据实具悔，并无悔和情事。只求把他们捞获的杉木给领，详销就沾恩了。各等供具。‖据此，该开泰县知县吴△△审看得，姜佐兴等上控王治浩等棍衿结匪一案，缘嘉庆廿八年三月内，姜佐兴等将自蓄杉木砍伐在张化河边出售，是月廿日，忽因溪水涨发，将木冲散，姜佐兴雇人抢捞，其有未及抢捞之木漂往下流，时有王朝瑞等，或因赶场，或因探亲归回，先后走至河边瞥见，以此漂散之木流至下河，他人亦必抢捞，遂相商允趋赴窄处用舡档住，共获木一百八十三株。用斧记号明，堆放岸边。嗣姜佐兴等闻知，查见索追。王治浩言其抢捞时费有工力，索谢多金，姜佐兴等许给银三两，王治浩等不允，致相吵闹而散。姜佐兴等忆及上年曾因崇固陇等处山场，与王治浩构讼，王治浩审输。此次虑被挟嫌勒谢，一时情急，遂将从固陇山场已结之案，并添砌烧香拜会重罪、强抢等情，就近控。奉道宪，行奉前宪沈，札饬提齐讯详。节经勒提，因姜佐兴等售卖木植，未经集讯。兹据该原告等投案具结求悔前来，即提同一干人等，逐加研审，供悉前情，再四结其所控。王治浩等烧香拜会及率众抢夺等情，俱系添砌耸听，希图准理，冀将杉木断还，并免酹谢。控后委无贿和情弊，矢口不移，似无遁饰。姜佐兴等以漂流被人捞获之木，率称强抢，又随意混砌烧香拜会重情上凑，殊属刁健。惟查词内本无实指，与有心诬陷有间，且于未审之前，赴案投悔，情同自首，免坐诬。姜佐兴均请照申诉不实律，杖一百，枷号一月，满日折责发落。王治浩等捞获漂散杉木，讯无恃强，但挟索重酹，致兴讼端，亦属不合。王治浩、朝瑞、姜华周、朝英、朝弼、蒋老桿、唐老三等均照不应轻律，笞四十。王治浩、朝瑞俱系武生，发学戒饬。姜华周等，折责示儆。陆廷贵，讯未在场，应毋庸议。未到人证，概免提质。以砍拖由□，无干省释。王治浩等获木一百八十三株，饬令姜佐兴具领完案。理合具文详请。①

二、清代清水江流域的山林讼争断理的特点

（一）契约已经成为山林管业的凭据，伪契成为山林诉讼的常见手段

本案两造中，文斗上寨的姜佐兴等是苗民，隆里所的王治浩等是汉民。文斗上寨在康熙三十三年纳粮附藉，归属黎平府管辖。隆里所自明代以来就是汉民屯军之地，尽属汉民，隶属开泰县管辖。苗民没有文字，进入帝国王朝管辖之后，逐渐学习汉字，不再仅仅刻木为凭，栽岩为界，也学会书写和使用汉文契约，来界分山林业产。在诉讼中，苗民们也学会了抄粘契约，鉴别契约真伪，以契据来证明自己的管业。本案中汉民王治浩就伪造契约，希图侵占苗民姜佐章的遗业，但是被开泰县知县硃笔涂销。在其

① 张应强、王宗勋主编:《清水江文书》第1辑第5册，广西师范大学出版社2007年版，第179页。该详文后面附有民国廿六年的补批：“来至判因姜春魁，勾串文斗姜周亮，霸砍从固陇，存在锦屏县证明，县长赵一新，司法官高，民国廿六年二月廿八日抄存后有用。”据此，该嘉庆廿八年的开泰县的断案详文，是一份1937年的抄件，并保存至今。

他一些山林诉讼中，也有过苗民伪契的情弊发生。伪契（包括伪碑）成为山林诉讼的常见手段。

（二）或希图准理，或打压对手，砌词诬告也成为山林诉讼的寻常之事

本案中，苗民姜佐兴已经向开泰县两递诉禀，且已受理，开泰县知县李克辙、署理知县许前后分别提讯了被告武生王治浩、武生王朝瑞等，且王治浩一度“取保在店”（介于今天刑事诉讼法上取保候审与监视居住之间），是因为姜佐兴忙于出卖杉木，无空赴案集讯，开泰县没有审结。可是，姜佐兴还要砌词诬告王治浩等“烧香拜会”、强砍强卖等重罪重情，越诉至道台张晖吉处。

《大清律例·礼律》“禁止师巫邪术”规定：“凡师巫假降邪神，书符咒水，扶鸾祷圣，自号端公、太保、师婆（名色），及妄称弥勒佛、白莲社、明尊教、白云宗等会，一应左道异端之术，或隐藏图像，烧香集众，夜聚晓散，佯修善事，煽惑人民，为首者，绞（监候）。为从者，各杖一百，流三千里。”[①] 姜佐兴指控王治浩“烧香拜会”，干涉流、死重罪，关系朝廷安危，是任何一级地方官府不能等闲视之，而不予受理的。

但是，姜佐兴在开泰县知县吴谨仪“开篆”堂讯前，“赴案具悔”。《大清律例·名例律》“犯罪自首”律规定：“凡犯罪未发而自首者，免其罪”。[②] 开泰县知县吴谨仪认为，姜佐兴“词内本无实指，与有心诬陷有间”，即诉禀内并没有明确指明所拜何会，所为何恶，“原心定罪”，不构成“诬告”罪，而以“自首”论，“免坐诬”。

不过，《大清律例·诉讼》“越诉”律规定：“若迎车驾及击登闻鼓申诉，而不实者，杖一百。（所诬不实之）事重（于杖一百）者，从（诬告）重（罪）论。得实者，免罪。”[③] 开泰县知县吴谨仪比附援引之，定姜佐兴“越诉”之罪，“照申诉不实律，杖一百，枷号一月，满日折责发落”。

本案本来就是清赎漂流木酹谢银之争，但是姜佐兴等却要诬控王治浩等强砍强抢杉木。此类情况在清代的清水江流域诉讼中比较常见。

《大清律例·诉讼》“告状不受理”律所附条例有规定：“每年自四月初

---

① （清）薛允升:《读例存疑》卷十八。

② （清）薛允升:《读例存疑》卷四。

③ （清）薛允升:《读例存疑》卷三十九。

一日至七月三十日，时正农忙，一切民词，除谋反，叛逆、盗贼、人命、及贪赃坏法等重情，并奸牙、铺户骗劫客货，查有确据者，俱照常受理外，其一应户婚、田土等细事，一概不准受理。自八月初一日以后，方许听断。若农忙期内受理细事者，该督抚指名题参。”除农忙季节不受理山林纠纷外，本案所涉及的地方官员“公省”和“闭篆”等情形下，也会限制山林纠纷的受理。因此，砌词虚控不受“务限”“公省”“闭篆”等限制的重大案情，成为希望官府解决山林纠纷的“不二法门”。

（三）民调和官断是处理山林纠纷的基本方式，但是民调以官断为效力前提

在巨大的经济利益前，民间调处的权威性，是无法自足的。从义向善、安贫乐道的德性追求，远不与逐利向恶、恃力求富的功利现实追求来得强烈。特别是本案中汉苗之间的纠纷，熟人社会里的“情面”“讲理”作用，不能被过高地估价。需要特别指出的是，清代清水江流域存在一个府辖土司土苗、府辖附籍生苗、县辖汉民屯堡的分治模式，不同分治区域的赋税、学额、夫役等是不同的，这些都会对他们的角色自我定位和社会认同产生影响，或许都是苗民，未必有相互的“族类认同”。本案中，黎平府属苗民姜佐兴，在开泰县控告开泰县属汉民王治浩等，久未结案，而姜佐兴越诉至贵东兵备道，或许不无这样的考虑。

本案中，王治浩兄弟先后向姜佐兴等出具了“错阻字”“挟嫌妄阻字”，在中人的调解下，平息了纠纷。王治浩身为武生，恃矜持力，终究不得不服“官断”，屈服于国家强制力。嘉庆十五年开泰县知县李克辙，曾将王治浩“发学戒饬”。嘉庆十九年，开泰县知县吴谨仪再次审断“王治浩、朝瑞俱系武生，发学戒饬”。两次调解之所以能平息纠纷，是因为“官断”前提的存在。

（四）生员们常常参与山林纠纷的诉讼

本案中，武生王治浩、王朝瑞参加词讼，受到“发学戒饬”。在清水江文书之诉禀稿中，经常发现生员们具名控诉。清顺治、康熙、雍正、乾隆历朝都有上谕，禁止生员参与词讼。顺治九年颁布御制卧碑文八条：“朝廷建立学校，选取生员，免其丁粮，厚以廪膳。设学院、学道、学官以教之，各衙门官以礼相待，全要养成贤才，以供朝廷之用。诸生皆当上报国恩，

下立人品。所有教条开列于后：……一、生员当爱身忍性。凡有官司衙门不可轻入。即有切己之事，只许家人代告。不许干预他人词讼，他人亦不许牵连生员作证。……二、军民一切利病，不许生员上书陈言。如有一言建白，以违制论，黜革治罪；三、生员不许纠党多人，立盟结社，把持官府，武断乡曲。所作文字不许妄行刊刻，违者提调治罪。"[①]康熙四十一年颁御制训饬士子文："……从来学者，先立品行，次及文学。学术、事功，原委有序。……苟行止有亏，读书何益？若夫宅心勿淑行，已多衍，或蜚语流言，挟制官长，或隐粮包讼，出入公门，或唆拨奸猾，欺凌孤弱，或招呼朋类，结社要盟。乃如之人，名教不容，乡党不齿。纵侥逃褫，扑滥窃章缝返之于衷，宁无愧乎？况乎乡会科名，乃抡才大典，关系尤钜。士子果有真才实学，何患困不逢年？……"。[②]雍正四年上谕："士者，乃四民之首，一方之望。凡属编氓，皆尊之奉之，以读圣贤之书，列胶庠之选，其所言所行，皆可以为乡人法则也。……朕观今日之士，虽不乏闭户勤修、读书立品之人，而荡检逾闲、不顾名节者，亦复不少。或出入官署，包揽词讼，或武断乡曲，欺压平民，或抗违钱粮，藐视国法，或代民纳课，私润身家。种种卑污下贱之事，难以悉数。……"[③]雍正十二年上谕："各省生童等，如果该地方官有不公不法，凌辱士子等情，自应赴该地方上司衙门控告，秉公剖断。嗣后倘不行控告，而约邀罢考者，即将罢考之人，停其考试。若合邑合学罢考，亦即全停考试。天下人才众多，何须此浮薄乖张之辈。"[④]乾隆三年上谕："士人以品行为先，学问以经义为重。故士之自立也，先道德后文章。国家之取士也，黜浮华而重实学。……是在各省学臣谆记提撕，往复训勉，其有不率教者，即严加训诫，不可宽待。"[⑤]四朝上谕中，既有限制生员的"诉权"的，又有赋予生员的"诉权"的。限制的是生员对农、工、商等的"诉权"，赋予的是生员们对地方官员的"诉权"。但是，对于生员参与词讼的惩罚，只是"训诫"而已。乡会科考，竞争异常激烈，苗民子弟能够胜出者，凤毛麟角。或许山林纠纷，攸关养命业产，参加词讼，成为他们舞文弄墨、展露才学的用武之地。

---

① 光绪十八年刻本《黎平府志》卷四上《典礼志》，第 1~2 页。
② 光绪十八年刻本《黎平府志》卷四上《典礼志》，第 2~3 页。
③ 光绪十八年刻本《黎平府志》卷四上《典礼志》，第 7~8 页。
④ 光绪十八年刻本《黎平府志》卷四上《典礼志》，第 11~12 页。
⑤ 光绪十八年刻本《黎平府志》卷四上《典礼志》，第 14 页。

（五）地方官员并非视山林纠纷如“田土细事”，一旦受理则认真办案

尽管《大清律例》多处宣称“户婚、田土、钱债、斗殴、赌博等细事”，但是，地方官员是否真能等闲视之呢？尽管本案中贵东兵备道道台张晖吉认为“烧香拜把会等情，较之强砍木植案情，尤为重”，但是它只在受理环节发生影响。一旦山林纠纷案件受理之后，依据清水江文书中的山林诉讼类文书来看，地方官员并非等闲视之，而是认真办案。一是求真契、真碑。本案中王治浩的伪契被知县李克辙硃笔涂销。从其上文援引的硃批看，其依据经验法则，就合理地怀疑契约的真实性。在其他案件中，笔者还发现地方官员要求诉争一方将伪造的碑记销毁的例子。二是追求“信谳”。本案中，开泰县知县吴谨仪在接到原告姜佐兴“具悔求结”后，并不随即准结销案，而是“恐有控后贿和情弊，必须质讯确实，方成信谳”。虽然不无在上司面前邀功取宠之意，但是也部分地表明地方官员对待案件的基本态度。为防止越诉上控，地方官府也会追求“信谳”。一旦上司札饬下来，陈案会被复查。本案中，开泰县知县吴谨仪就复查了其前任李克辙、前署县许的案卷，复核有无不妥之处。《大清律例·诉讼》“告状不受理”律所附条例有规定：“州县自行审理一切户婚田土等项，照在京衙门按月注销之例，设立循环簿，将一月内事件填注簿内，开明已、未结缘由，其有应行展限及覆审者，亦即于册内注明，于每月底送该管知府、直隶州知州查核循环轮流注销。其有迟延不结，蒙混遗漏者，详报督抚咨参，各照例分别议处。”内部稽核机制，实实在在地发生了作用。[①]三是要求“各等供具”，做到了“提齐集讯质讯”。从开泰县知县吴谨仪的详报来看，“各等供具”，各方的口供占了较大篇幅。尽管“未到人证，概免提质”，但是已经到齐的人证的口供已经能够相互印证，不矛盾冲突，能够证明案情事实。

---

① （清）薛允升：《读例存疑》卷三十九。

第八章　苗俗因易、契约变迁、法律儒家化与苗疆理讼

风俗是一个社会的深层价值理念的外在表现，也是一个社会大多数成员约定俗成的规矩。契约是一种能在不具有血缘纽带关系的社会主体间，建立社会连带关系，从而编织新型社会网络的方式和手段。清代苗疆理讼，既要因俗，又要易俗；不仅促进了苗疆契约制度的变迁，而且也使儒家价值伦理社会化。

第一节　因俗与易俗：清代苗例、苗俗之理讼适用

关于“苗例”的研究，代表性成果有刘广安的《清代民族立法研究》、[①]苏钦的《“苗例”考析》、[②]徐晓光的《清政府对苗疆的法律调整及其历史意义》、[③]周相卿的《清代黔东南新辟苗疆六厅地区的法律控制》、[④]胡兴东的《清代民族法中的“苗例”之考释》、[⑤]黄国信的《“苗例”：清王朝湖南新开苗疆

① 刘广安：《清代民族立法研究》，中国政法大学出版社1993年版，第109~136页。该著作原系其1989年中国政法大学博士论文，其中的第六章就以“适用于苗疆地区的诸种法规”为题。

② 苏钦：《“苗例”考析》，载《民族研究》1995年第6期。

③ 徐晓光：《清政府对苗疆的法律调整及其历史意义》，载《清史研究》2002年第3期。

④ 周相卿：《清代黔东南新辟苗疆六厅地区的法律控制》，载《法学研究》2003年第6期。

⑤ 胡兴东：《清代民族法中“苗例”之考释》，载《思想战线》2004年第6期。

地区的法律制度安排与运作实践》、[①] 胡晓东、胡廷夺的《“理辞”与“苗例”》等[②]。对“苗例”的界定，广狭或不一，[③] 但在包括“杀人、伤人赔牛马、赔银两”的苗俗这一点上，是基本一致的，且大都援引《大清律例》断罪不当律所附的“苗人自相争讼之事，俱照苗例归结，不必绳以官法，以滋扰累”的条例，并认为它是清王朝“因俗而治”的重要表现之一。其实，“苗例”的适用，是有诸多限定的。在清代苗疆理讼中，更多的方面是“易俗而治”，当然也不乏“因俗而断”。本节以《大清律例》中的关于苗疆的条例及其适用为中心，来做一讨论。

一、因俗而治:“苗例”的限度

吴经熊曾提出，每一个特别的法律，均具有时间、空间和事实三维限度。[④]“苗例”也不类外，对此需进行至少三个维度的历史实证考察，而不是神话般的想象。

（一）“苗人自相争讼之事，俱照苗例归结”条例的限缩解释与适用

雍正三年制定，乾隆五年改定条例：“凡苗夷有犯军流徒罪，折枷责之案，仍从外结，抄招送部查核。其罪应论死者，不准外结，亦不准以牛马银两抵偿，务按律定拟题解。如有不肖之员，或隐匿不报，或捏改情节，在外完结者，事发之日，交部议处。其一切苗人与苗人自相争讼之事，俱照苗例归结，不必绳以官法，以滋扰累”。[⑤] 该条例前半部分，显然是雍正三年制定的，后半部分则是根据乾隆元年谕旨于乾隆五年改正的。

前后部分之间的关系，颇费思量，有两种差异较大的解释：第一种是限缩解释。苗人犯应予以军、流、徒三类刑罚的罪，由地方督抚在外审结，

① 黄国信:《“苗例”: 清王朝湖南新开苗疆地区的法律制度安排与运作实践》，载《清史研究》2011 年第 3 期。

② 胡晓东、胡廷夺:《“理辞”与“苗例”》，载《贵州社会科学》2011 年第 10 期。

③ 对于“苗例”，以刘广安为代表的多数学者坚持认为：“苗例”仅为苗、瑶等少数民族习惯法；而以胡兴东为代表的少数学者则认为“苗例”还包括中央政府为南方民族特别制定的国家法。本文采用广义的“苗例”，包括适用于苗疆的条例、则例。

④ 吴经熊:《法律的三度论》，载《法学论集》，台湾华冈出版有限公司 1977 年版，第 1 页。

⑤（清）薛允升:《读例存疑》，卷四十九，刑律之二十五，断狱下，断罪不当。

只须抄送招供等文件，送刑部备查。但是，苗人犯了应判死刑的罪，则不准由督抚外结，也不准按以牛马银两抵偿的“苗例”来处理，需要按照律例向刑部题奏案情及其拟判结果，解送人犯，并由中央司法机关甚至皇帝的核准，方才结案。因此，能够按“苗例”完结的苗人间自相争讼之事只剩下应予以笞杖刑罚，且不须事后抄送或事前题奏中央三法司的较小案件。即这里的“其一切”按照行文应是“其余”的意思。[①]第二种是字面解释。“一切苗人与苗人自相争讼之事”，就涵盖了前文所指的外结和内结各类案件。

到底哪一种解释是正确的呢？抑或苗疆官员采用了哪一种解释呢？

乾隆元年谕旨：“苗民风俗与内地百姓迥别，嗣后苗众一切自相争讼之事，俱照苗例完结，不必绳以官法”。[②]乾隆二年五月，湖南永绥厅发生一件案件：补毫寨苗民杨四十欠石老毕牛价未清偿，老毕带领侄孙石把沙等前往牵牛抵偿，彼此角斗，老毕逃跑，杨老明与杨四十尾随追赶，石把沙持杆戳伤杨老明右胁，致其殒命。附近的汛防千总将石老毕诱获至营，而石把沙救祖情急，误将汛营的墙推倒，背负石老毕而去。后经审明，照依“苗例”，倒追骨价银两给尸亲收领。因有推墙抢犯情事，各拟枷号两个月，责四十板。详经前任督抚批准完结。[③]这是迄今为止，学者们所较早发现按照杀人赔银的苗例审结一个案例。

按照《大清律例》斗殴及故杀人律规定：“凡斗殴杀人者，不问手足、他物、金刃，并绞监候”，因此，按照雍正三年条例，该案不属于外结案件，而是内结案件，不能按照牛马银两抵偿。由于乾隆帝的谕旨，湖南督抚们就秉持杜周的遗训“三尺法安出哉，前主所是著为律，后主所是疏为令，当时为是，何古之法乎？”，即便是应内结的案件，也按照“苗例”完结了。即以乾隆谕旨破了雍正条例。

但是，这个案例是发生在乾隆五年修订条例之前，还是不足以证明字面解释的正确。

有学者援引乾隆五年以后的案例和省例，认为该苗例只适用于贵州八寨厅、丹江厅、清江厅、古州厅、都江厅、台拱厅六厅以及湖南乾州、凤凰、永绥三厅。苗人事犯恶逆，关系伦常时，地方官有权根据情况向中央请示处理，不必拘泥“苗例”的规定。是否依“苗例”处理苗人案件，还要看

① 刘广安和胡兴东二位对于该条例的理解，基本一致，采用限缩解释，而不采用字面解释。

② 《清实录·高宗纯皇帝实录》卷一三，第9册，中华书局1985年版，第60页。

③ 中国第一历史档案馆：《殊批奏折》，民族，胶片编号71，转引自苏钦：《“苗例”考析》，载《民族研究》1995年第6期。

当事人双方是否情愿。[①] 换言之，该学者既认同字面解释，又认为该“苗例”的适用也是有限制的，但并非应予以死、军、流、徒四类刑罚的罪除外。

即使整个乾隆年间的苗疆理讼，均采用字面解释，对该条例进行适用，也不能保证此后朝代苗疆理讼不采用限制解释，进行适用。

据嘉庆二十二年十月的一份刑部题本记载，贵州郎岱厅苗民韦老三因谋夺田土将苗民杨潮德殴毙弃尸案中，杨潮德的堂兄杨潮臣故绝，遗有地名田一坵，归杨潮德耕管。韦老三因杨潮德懦弱可欺，于嘉庆二十二年七月二十九日，伪造卖契，控说杨潮臣在日把田卖与已，向杨潮德争占。杨潮德不依且辱骂。八月初四日，韦老三邀请兄弟韦老五、堂弟韦老大，各带木棒，去路上拦截杨潮德，并共殴之。杨潮德出言威胁要告官，韦老三拔取杨潮德所携小刀，狠割杨潮德咽喉，致其当时气绝身亡，并把其尸体丢弃岩石之中。中央三法司和皇帝核准，韦老三合依故杀者斩监候律，拟斩监候，秋后处决。[②] 该案至少表明在嘉庆年间的贵州苗疆理讼中，“苗人自相争讼之事，俱照苗例归结”条例曾被限缩解释与适用的事实。该案中韦老三与李潮德均系苗人，并不存在应当加以考量的服制伦常关系，也不关涉恶逆重罪，但是，郎岱厅同知没有依据所谓“苗例”完结，而是依据该条例前半部分，即“凡苗夷有犯军流徒罪，折枷责之案，仍从外结，抄招送部查核。其罪应论死者，不准外结，亦不准以牛马银两抵偿，务按律定拟题解。如有不肖之员，或隐匿不报，或捏改情节，在外完结者，事发之日，交部议处”，予以办理。

乾隆五年，张广泗上折，仍主张“苗人甫受约束，凡彼词讼，应暂照苗例，以息纷争。”[③] 乾隆六年，议政大臣等议贵州总督张广泗、会同湖北广西督抚所议定《楚粤两省苗疆善后事宜》，提出“苗人嗜利轻生，凡户婚、田土、口角暨人命盗案，总以偿银了息，谓之苗例。地方官借口玩忽，请凡图财谋命及苗人与军民交涉事件，仍按律究拟，不得援苗俗轻纵。”乾隆帝从之。[④]

总之，“苗人自相争讼之事，俱照苗例归结”条例的解释与适用，在乾隆年间是按照字面解释，并适用于新辟苗疆的黔省六厅和湖南三厅。但是，

---

① 苏钦：《“苗例”考析》，载《民族研究》1995 年第 6 期。

② 杜家骥主编：《清嘉庆朝刑科题本社会史料辑刊》，天津古籍出版社 2008 年版，第 1585~1586 页。

③ 《张广泗奏料理善后事宜折（乾隆五年十月初四日　朱折）》，载《清代前期苗民起义档案史料（上册）》，第 423 页。

④ 《清高宗实录》卷一三九，乾隆六年三月丙戌。

乾隆以后，该条例自乾隆五年修订后再未修改过，则是按照限缩解释，并适用于苗疆各地的。地域范围虽然变大了，但是，只限缩于应予笞、杖两类刑罚的较小案件。

（二）“苗例”没有强制力保证其实施

有学者发现了《湖南省例成案》一个适用“苗例”的案例：乾隆二十八年二月，龙章六同寨居住的亲戚石老文因砍竹与龙长受起衅，被龙长受殴毙，龙长受胞兄龙号保殴伤龙章六堂兄龙南乔，后亦病死。按“苗例”，在百户熊秀举、苗目石把添在场的情况下，经过牙郎石老添等排解，最后议定龙长受等应赔石老文骨价银七两六钱，赔偿龙南乔衣棺银五两五钱。但事过两年，龙长受们仍未偿付，龙章六遂于乾隆三十年十二月二十一日与堂弟龙五月一起，在山上将龙长受放牧之羊四只牵走抵数。龙长受很快查到他家的四只羊的去处，由于欠人财债，不便自己出面直接取回，遂让其岳父石晚儿出面，说羊是石晚儿的，于是石晚儿在美略寨找回活羊二只，并且去龙章六家搜出羊腿七只，还将龙五月寄放在龙章六家的幼女背走。龙章六回家发现幼女和羊腿丢失，知是石晚儿所为，于是邀请牙郎受理排解，并主动认错，并同意从重处罚，赔偿一头猪给石晚儿。不过，很快龙章六就发现他上当了。气急败坏之中，他于乾隆三十一年正月初四牵走龙长受叔叔即龙乔七家羊四只。龙长受见计谋败露，遂心生一计，投告永绥协左营岩落汛外委唐树连，并请唐树连到家，设酒肉饭菜款待，然后请唐树连去桃花坪抓人。唐树连未通报地方官员，亦未通报百户、苗目等人，领兵十余名前往桃花坪。桃花坪只有八户人家，见官兵进来，男人们遂上山躲避，惟六十多岁老人、龙章六的表兄杨记保逃跑不及，被唐树连捕获，并带赴苗目石把落家审讯。杨妻惊惧之余，急喊该寨妇女一同前往救人，附近苗寨惊闻聚观，此事遂转化为群体事件。①

该案例至少表明：一是适用“苗例”达成的骨价银、衣棺银赔偿协定，可以避免继发性的报复仇杀，有其进步意义；二是履行赔偿协定，没有外在强制，不能及时清偿完结，可能酿成新的事件；三是适用“苗例”，需要直接管理苗人的苗百户、苗目等参与，以及中人、牙郎的排解。否则，就等同于受贿私和罪。

① 黄国信：《“苗例”：清王朝湖南新开苗疆地区的法律制度安排与运作实践》，载《清史研究》2011年第3期。

（三）适用“苗例”无法避免苗弁、苗目的滋扰

适用“苗例”，苗百户、苗目的参与，中人、牙郎的排解，并非不发生费用。乾隆元年上谕，认可一定范围内的“苗例”优先于官法适用效力，其重要目的之一是避免官府差役滋扰苗寨。乾隆十三年，贵州巡抚爱必达到任后，即通行严饬苗疆各地，凡遇缉逃、查凶、取结事件，各府厅州县不许滥差出票，俱交承办之土司、土舍及土目、土弁等勒限拿缴；或遇密拿要犯以及提审案件，慎选差役，票内注明协同该土司、土目等会拿字样，并按程定限回销，违者责处。若土司、目等敢有索诈欺凌，许苗人赴控究治。[①]试图在苗人与州府差役之间建立“隔离墙”。

该目的也很快无法实现，因为苗弁、苗头、苗百户等直接管理苗人的新特权阶层也形成了，也在借端撬索苗人。乾隆十年，贵州铜仁府松桃厅坡西黄板寨百户苗人龙见布，招住匪苗，私藏枪械，纵子娶占人妻，屡经差役，逃避山箐。[②]乾隆三十七年，古州土弁欧韵清，藉请札需费，向各苗寨勒索银七百两，米五十二石，以代还所借仓粮。巡抚李湖查阅下江厅时，有岑龙等六寨苗民老浓等具控，发府讯究。[③]乾隆末年的黔湘苗人起义中，发动者均系此类苗人特权阶层。其中，杨国安是凤凰厅强虎哨正百户，管有九寨，共二百多烟户，[④]已二十余年。[⑤]乾隆五十九年十二月十七日，杨国安就与吴珑登父子商量谋反，十八日都在土地庙内吃血，二十六日又在强虎哨大王庙一同吃血。正月二十三日，吴珑登同他儿子们就带本寨苗子，防火烧鸭保寨。[⑥]

① 中国科学院民族研究所贵州少数民族社会历史调查组、中国科学院贵州分院民族研究所编：《〈清实录〉贵州资料辑要》，贵州人民出版社1964年版，第344页。

② 中国科学院民族研究所贵州少数民族社会历史调查组、中国科学院贵州分院民族研究所编：《〈清实录〉贵州资料辑要》，贵州人民出版社1964年版，第342页。

③ 中国科学院民族研究所贵州少数民族社会历史调查组、中国科学院贵州分院民族研究所编：《〈清实录〉贵州资料辑要》，贵州人民出版社1964年版，第308~309页。

④ 《军机大臣奏请将杨清晳监刑部折（乾隆六十年四月初十日　上谕档）》，载《清代前期苗民起义档案史料》（中），第488页。

⑤ 《姜晟奏提讯苗百户杨国安折（乾隆六十年闰二月初六日批　军录）》，载《清代前期苗民起义档案史料》（中），第277页。

⑥ 《毕沅等奏审讯杨国安帮役白仁得折（乾隆六十年闰二月二十九日批　军录）》，载《清代前期苗民起义档案史料》（中），第360页。

石柳邓是苗百户。吴珑登是鸭保寨副百户。[①] 吴天半、吴珑登、石三保和石柳邓，俱系黑苗，但石柳邓居贵州大寨营，系红苗地方。石三保和石柳邓为同族，石柳邓辈分较长，起事之初，即通同勾结。吴珑登家资稍裕，所管寨落较多，从前办理勾补寨之时，实曾出力。各寨头人、百户，在本寨地方抗拒官兵，如首逆等到彼纠约，亦各令其手下之人，跟随帮助。[②] 因此，乾隆帝的良苦用心只能是“驱狼入虎”。

二、易俗而治：清代苗疆恶俗及其惩治条例

如果说杀伤人赔牛马银两的“苗例”是良俗，那么仇杀劫掳、聚众勒禁、聚众烧抢、伏草捉人等苗俗自然属于恶俗，因为它尚停留在同态复仇形态。清廷对此采取的是易俗而治的立场。这些恶俗，本可以依据已有的大清律例予以惩治，但是，清廷往往在武力镇压之后，作出适合苗人风俗的专门条例。

（一）苗人仇杀劫掳及聚众勒禁恶俗及其惩治条例

雍正五年制定并于乾隆三年改定的条例规定：“凡土、蛮、瑶、壮、苗人仇杀劫掳及聚众捉人勒禁者，所犯系死罪，将本犯正法，一应家口、父母、兄弟、子侄，俱令迁徙。如系军流等罪，将本犯照例枷责，仍同家口、父母、兄弟、子侄一并迁徙。系流官所辖者，发六百里外之土司安插。系土司所辖者，发六百里外之营县安插。其凶恶未甚者，初犯照例枷责，姑免迁徙。若仍不改恶，将本人仍照原拟枷责，亲属家口亦迁徙别地安插。仍严饬文武官稽查约束，出具印结，并年貌清册，于年底报部。如安插十年后，果能改恶迁善，有情愿回籍者，查明咨报，准予回籍。若本犯并各家口，仍在安插地方行凶生事，照已徒已流而又犯罪律，再科后犯之罪。倘地方官不尽心约束，以致疏脱者，即将该管文武各官照例参处。其本犯审无别情，照例治以逃罪。如有生事不法情由，照平常遣犯逃后为匪例，分别治

① 《陇久生等供词笔录（乾隆六十年闰二月二十三日）》，载《清代前期苗民起义档案史料》（中），第 338–339 页。

② 《福康安等奏苗民首领诸情折（乾隆六十年六月十七日批　军录）》，载《清代前期苗民起义档案史料》（中），第 560 页。

罪。至蛮壮头目犯法，必根究句引之人，审明确实，照诱人犯法律加等治罪，遇赦不宥。失察勾引之地方官，交部议处”。①

对于该条例，薛允升提出两点疑问：一是家口、父母、兄弟、子侄一并迁徙，民人能照此办理否？二是家口与本犯亦有区别，一体治罪，尤觉未协？笔者以为，这些疑问应从移乡避仇的法理上得到解释。该条例之所以规定将仇杀劫掳及聚众勒禁的苗人的家口、父母、兄弟、子侄一并迁徙安插在六百里之外，是因为怕双方家属再次仇杀。就苗疆与内地而言，苗疆的亲属复仇观念更为浓烈。康熙四年七月十一日，贵州总督杨茂勋疏言："贵州一省在万山之中，苗蛮穴处，言语不通，不知礼义，以睚眦为喜怒，以仇杀为寻常。"②雍正十二年九月十二日上谕：古州等处苗人"同类之中，自相仇杀，报复相寻，以强凌弱，以众欺寡，视劫夺为固然，等人命如草芥"。③

按照瞿同祖的考证与解释，唐、宋时杀人应死，会赦免罪，而死家有期以上亲者，移乡千里外的法律，明显的是恐死者家属不肯罢休。明清法律虽无杀人移乡的条文，但清代的条例上有凶手遇赦，子孙不许私自寻仇的规定。比如，"遇赦释回者，国法已申，不当为仇。如有子孙仍敢复仇杀害者，仍照谋故杀本律定拟，入于缓决，永远监禁"。④立法虽与移乡避仇的规定不同，二者的用意却是殊途而同归的，一是使之无寻仇的机会，一是以法律的力量禁止再向已受国法制裁的仇人寻仇。⑤因此，该条例是一种特殊的杀人移乡的规定。

移乡避仇的做法在清代苗疆理讼中较为常见。道光三年，下江厅乌吉寨红苗因租种加叶寨生苗地而发生争闹，生苗将红苗吴老扣杀毙，红苗往向讲理，复被生苗纠殴，且生苗率众焚烧红苗乌蜡、乌吉等寨多处。下江厅通判陈五色，对苗人仇杀多命重案延不禀报，被先行革职，留于地方协缉，俟凶犯有无弋获，再行照例办理。贵州巡抚程国仁，派熟悉苗情且晓苗语的遵义协都司杨昌礼，和道府官员分赴苗寨明切晓谕，断不可矜张以滋纷

---

① （清）薛允升：《读例存疑》，卷六，名例律下之三，徒流迁徙地方。

② 中国科学院民族研究所贵州少数民族社会历史调查组、中国科学院贵州分院民族研究所编：《〈清实录〉贵州资料辑要》，贵州人民出版社1964年版，第326页。

③ 中国科学院民族研究所贵州少数民族社会历史调查组、中国科学院贵州分院民族研究所编：《〈清实录〉贵州资料辑要》，贵州人民出版社1964年版，第335页。

④ （清）薛允升：《读例存疑》，卷三七，刑律之十三，斗殴下之二，父祖被殴。

⑤ 瞿同祖：《中国法律与中国社会》，中华书局1981年版，第75页。

扰，亦不可疏纵以贻后患。后将潜藏在俾拉山的红苗二百余人，分别安置古州厅、荔波县两处，即“递籍安插”，生苗各归原业。并命令古州厅、下江厅等寨协、营，安排塘汛弁兵加强巡逻，毋许红苗复入生苗寨落滋事。①

迁徙安插以避仇，操作起来，并不容易，一是语言不通，二是需要土地业产。乾隆二十七年制定并于乾隆二十九年改定条例作了变通规定：“云南、贵州苗人犯该徒流军遣，仍照旧例枷责完结。其情节较重或再犯不悛，将本犯照例折枷后，仍同家口各就土流所辖，一并迁徙安插。至苗人中有剃发、衣冠与民人无别者，犯罪到官悉照民例治罪”。② 该条例基本因袭以前的“仇杀、劫虏及聚众勒禁”条例，但没有规定具体犯罪情节，似乎应该包括“仇杀、劫虏及聚众勒禁”以外的犯罪情形。按照新法优于后法的法理，如果有苗人“仇杀、劫虏及聚众勒禁”，罪至徒流军遣的，则不再优先适用“仇杀、劫虏及聚众勒禁”条例所规定的迁徙安插规则。只是在情节较重或再犯不悛的，才迁徙安插。该条例还提出一个排除苗人适用该条例的标准，即如果苗人剃发，且衣冠与民人相同的，那么不适用专门针对苗人所制定的条例。

在苗人犯军、流重罪案件中，折枷免徙的条例得到了此后的嘉庆王朝的适用。嘉庆十五年五月，广西永淳县僮人李光敷等因分粟纠纷共殴陈谷良身死案中，刑部会同吏部、都察院、大理寺复核认为：“陆经涵起意纠约共殴，致毙人命，合依原谋律，杖一百，流三千里。李恒和铳伤陈亚九，合依竹铳伤人例，发云贵烟瘴少轻地方充军。陆经涵、李恒和均系僮人，初犯，例应折枷，免其迁徙，应饬永淳县查取保邻各结，另行咨送”。③

由于苗人犯军流徒遣，情节不严重的，可以折枷免徙，许多汉民冒充苗人，希望不被迁徙他乡。因此，乾隆二十五年制定条例：“凡苗疆地方，如军流徒遣等内民人，有捏称土苗，希图折枷免徙者，事发之日，除按其本律治罪外，仍先于本地方枷号一个月，再行充发。其捏结之邻保人等，照证佐不言实情律。减囚罪二等科断。受贿重者计赃，以枉法论。如犯该斩绞者，亦令承审官于定案时，查取保邻切实甘结存案。如有捏结，亦照例分别治罪。其失察官员，俱视本犯之罪，分别察议”。④

---

① 中国科学院民族研究所贵州少数民族社会历史调查组、中国科学院贵州分院民族研究所编：《〈清实录〉贵州资料辑要》，贵州人民出版社 1964 年版，第 422 页。

② （清）薛允升：《读例存疑》，卷六，名例律下之三，徒流迁徙地方。

③ 杜家骥主编：《清嘉庆朝刑科题本社会史料辑刊》，天津古籍出版社 2008 年版，第 1557~1558 页。

④ （清）薛允升：《读例存疑》，卷六，名例律下之三，徒流迁徙地方。

（二）苗人聚众烧劫抢虏恶俗及其惩治条例

“苗人聚众至百人以上，烧村、劫杀、抢虏妇女，拿获讯明，将造意首恶之人，即在犯事地方斩决枭示。其为从内，如系下手杀人、放火、抢虏妇女者，俱拟斩立决。若止附和随行，在场助势，照红苗聚众例，枷号三个月。临时协从者，枷号一个月。至寻常盗劫抢夺，仍照内地抢夺例完结。其有虏掠妇女、勒索尚未奸污者，仍照苗人伏草捉人勒索例定拟”。此条系乾隆九年，贵州总督张广泗等条奏定例。①

（三）苗人伏草捉人勒赎恶俗及其惩治条例

“凡苗人有伏草捉人，横加枷肘，勒银取赎者，初犯为首者，斩监候。为从者，俱枷号三个月，臂膊刺字。再犯者，不分首从皆斩立决。其有土哨奸民勾通取利，造意者，不分初犯再犯并斩立决。附和者，各枷号两个月，发边远充军。该管土官虽不知情，亦按起数交该部议。知情故纵者，革职，杖一百。若教令指使或和同取利者，革职，枷号三个月，俱不准折赎”。此条系康熙四十四年，刑部议覆湖广总督喻成龙题准定例，乾隆三十六年改定。②

但抢劫在生苗风俗看来，并不为耻，反而为荣。“黑脚苗在清江、台拱地方。……男子短衣大裤，头插白翎，出入三五成群，持镖带刀，以抢劫为能。……如男不行抢劫者，有女则不嫁之。”③

（四）黔、楚两省相接红苗彼此仇忿聚众抢夺恶习及其惩治条例

“凡黔、楚两省相接红苗，彼此仇忿聚众抢夺者，照抢夺律治罪。人数不及五十名，伤人，为首者，枷号两个月。为从者，一个月。杀人者，斩监候。下手者，枷号三个月。为从者，四十日。聚至五十人者，虽不杀人，为首者，亦斩监候。为从者，枷号五十日。杀人者，斩决。下手之人，绞监候。为从者，

① （清）薛允升：《读例存疑》，卷二七，刑律之三，贼盗中之一，白昼抢夺。

② （清）薛允升：《读例存疑》，卷三〇，刑律之六，贼盗下之一，恐吓取财。

③ （清）李宗昉：《黔记》，载顾久主编：《黔南丛书》第10辑，贵州人民出版社2011年版，第250页。

各枷号两个月。聚至百人者，虽不杀人，为首者，斩决。为从者，各枷号两个月。杀人者，斩决枭示，下手之人，俱斩监候。为从者，各枷号三个月。所抢人畜财物追还给主”。

“凡苗人犯抢夺，该管土官约束不严，俱交部议。若至百人以上，土司府州革职，百户寨长罢职役，满杖。知情故纵者革职，枷号一个月，俱不准折赎。若教令指使或通同图利者，照为首例治罪。”

此二条均系康熙四十四年，户部会同刑部议覆湖广总督喻成龙题准定例。原题有“照白昼抢夺律治罪，但苗人不便拟定流徒，应照旗下人枷号杖责”等语，[①] 即是苗人枷责免流例的由来。

苗人之所以采取聚众性、暴力性手段来处理纠纷，而不诉诸和平的理讼手段，原因是多方面的。主要有：一是漫长的捕猎生计方式，形成了群体性、尚武好斗的行为习惯。二是苗疆向有合款之例，苗人容易纠集约合。三是苗人信鬼尚巫，容易被利用。历次苗疆起事，无不利用苗人崇信鬼神心理，而纠集苗众。四是理讼被部分官吏所滥用为敛财勒索的工具，使得苗人不相信其定分止争的功能。

三、因俗而断：苗人法律身份、犯罪情节之判定

以上专为苗人所制定的条例，首先得判断适用对象是苗人，其次得对苗人涉嫌犯罪的行为做一个与其习俗相符的定性。

（一）苗人身份判定

1. 界定苗人身份的困难。如何界定苗人，也面临诸多问题。

首先，苗汉通婚，使得单纯以血统来界定苗人变得日益困难。乾隆二十五年，湖南巡抚冯钤和湖南按察使严有禧，曾一度禁止湖南民苗结亲。贵州巡抚周人骥对此不以为然，于乾隆二十六年六月二十九日上奏认为，“黔省民、苗错处，往来洽比，结婚以来，数十年相安无事，一旦复申禁令，转致惊疑，且恐兵役借端挟诈，更滋烦扰”。请求将黔省民苗结亲之例，概

① （清）薛允升：《读例存疑》，卷二七，刑律之三，贼盗中之一，白昼抢夺。

免予查禁，得到乾隆帝的批准。[①] 乾隆二十九年，吏部尚书陈宏谋条奏定例：“湖南省所属未剃发之苗人，与民人结亲，俱照民俗以礼婚配。须凭媒妁写立婚书，仍报明地方官立案稽查。如有奸拐、贩卖、嫁妻、逐婿等事，悉照民例治罪。其商贾客民，未经入籍苗疆，踪迹无定者，概不许与苗民结亲。如有私相连结滋事者，按例治罪。失察之地方官，照例议处。到溪峒深居苗瑶，有愿与民人结亲者，亦听其自便，悉照前例办理”。[②] 民、苗结婚所生的子女，是民人还是苗人，无法二者选其一而定性。

其次，也难以用是否会说苗语或汉语的标准来界分苗人与民人。随着汉、苗杂处交往的深入，以及苗疆汉文教育的推广，不少苗人也讲汉语，也有的民人会讲苗语，因此，语言也不是清晰地界分民、苗身份的工具。

最后，世代居住地也不是清晰界定苗、民身份的标准。苗人的种类识别，历代官员多根据他人见闻或传闻而来，少有深入做“田野调查”的，不免错讹之处。且苗人有着狩猎文明传统，曾过着游移而不定居的生活，较难确定其世代居住地。在向农耕文明的演化过程中，逐渐开始定居生活模式，常常为争夺地盘而斗杀，地盘也反复易手。

2. 苗疆理讼中界分“民”“苗”身份的标准：剃发且着民人衣冠。苗疆理讼需要一个便捷的标准，以界分“民”“苗”身份。前引乾隆二十七年制定的苗人条例，提出一个一望而知的简易标准，即根据是否剃发、衣冠是否与民人相同的标准。其规定：“苗人中有剃发、衣冠与“民人”无别者，犯罪到官悉照民例治罪”。[③] 即使是苗人，如果已经剃发，且衣冠与民人无别，那么法律拟制其具有“民人”的法律身份。反之，苗人如果蓄发，就依据苗人条例裁判。

嘉庆十五年三月，贵州贵筑县苗民班阿和殴毙继子班阿比，并听从班有义主使诬告宋陇受等殴毙案中，班阿和和班有义“是贵筑县剃发苗人”，因此，“班有义合依诬告人死罪未决者，杖一百，流三千里，加徒役三年律，应杖一百，流三千里，到配所折责安置，加徒役三年”，[④] 并不是照“苗

---

① 中国科学院民族研究所贵州少数民族社会历史调查组、中国科学院贵州分院民族研究所编：《〈清实录〉贵州资料辑要》，贵州人民出版社 1964 年版，第 346~347 页。

② （清）薛允升：《读例存疑》，卷一二，户律之四，婚姻之二，嫁娶违律主婚媒人罪。

③ 此处条例出现了“民例”的表述，与之逻辑对应的应该是“苗例”，即指清代国家立法中专门适用于苗人的条例、则例。在此意义上，“苗例”可以包括国家法，而不仅仅指少数民族习惯法或固有法。

④ 杜家骥主编：《清嘉庆朝刑科题本社会史料辑刊》，天津古籍出版社 2008 年版，第 1552~1555 页。

例”折枷免徙。而道光五年，贵州巡抚在向刑部提交并请求查核的一份咨文，就记载一个案例：“张老利戳伤张老岩左腿，越十九日因风身死，将张老利照例，免其抵偿，拟杖一百，流三千里，系蓄发苗人，照例枷责。”①

清初，汉人被清廷强令改依满俗而剃发。但是，清廷并没有强令苗人剃发。乾隆四十五年，和珅建议湖南、贵州苗人一律剃发，但是乾隆帝则指出，滇黔一带民苗杂处，苗民不行剃发，尚循旧俗。若一旦悉令遵制剃发，未免心生疑惧。因此，苗人剃发与否，听其自愿。②

3. 散居苗人的法律身份的判定。所谓散居苗人，是指离开原来少数民族聚居区而定居生活的苗人。嘉庆八年十一月，广东乐昌县瑶民赵廷复因口角打死乞丐吴受仔案中，刑部、都察院和大理院复核认为：“查赵廷复虽系瑶人，惟由湖南迁至乐昌安业，与民人无异，将赵廷复依律，拟绞监候”。③既然苗人可以离开世居地而安居乐业，那么其生计方式与民人相同，故不再以苗人的法律身份适用“苗例”。

（二）犯罪情节之判定

道光十二年，贵州巡抚向刑部题奏：“苗人抱九荡事后戳伤窃贼抱白党身死案内之尸兄送白党，于伊母受贿私和时，并不在家，迨后知情不报，律得容隐。其将伊弟抱白党尸身烧毁，系照苗俗火化，并非意图灭迹，应依丧葬不许火化，有犯照违制治罪例，杖一百”。④

这里的“苗俗火化”，可能是指今天的彝族葬俗火化尸体。⑤哥哥送白党将弟弟抱白党尸体销毁，则涉及法律定性的问题。如果不考虑丧葬苗俗，那么就可能适用《大清律例》发冢律所规定的毁弃尸体罪，即“若残毁他人死尸及弃尸水中者，各杖一百，流三千里。（谓死尸在家或在野未殡葬，将尸焚烧、残毁之类。若已殡葬者，自依发冢开棺椁见尸律，从重论。）……（毁弃）缌麻以上卑幼（死尸），各依凡人（毁弃，依服制）递减一等。”⑥如

① （清）祝庆祺等编：《刑案汇览三编》（三），北京古籍出版社2004年版，第2221~2222页。

② 中国科学院民族研究所贵州少数民族社会历史调查组、中国科学院贵州分院民族研究所编：《〈清实录〉贵州资料辑要》，贵州人民出版社1964年版，第351页。

③ 杜家骥主编：《清嘉庆朝刑科题本社会史料辑刊》，天津古籍出版社2008年版，第1527~1528页。

④ （清）祝庆祺等编：《刑案汇览三编》（四），北京古籍出版社2004年版，第189页。

⑤ 陈世鹏：《彝族火葬文化管窥》，载《贵州民族研究》1989年第4期。

⑥ （清）薛允升：《读例存疑》，卷三一，刑律之七，贼盗下之二，发冢。

果尊重苗俗火化，那么就可能适用《大清律例》丧葬律所规定的："从尊长遗言，将尸烧化及弃置水中者，杖一百。从卑幼，并减二等。"①

《大清律例》尊长为人杀私和律规定："期亲尊长被杀，而卑幼私和者，杖八十、徒二年。大功以下，各递减一等。其卑幼被杀，而尊长私和者，各（依服制）减卑幼一等。……受财者，计赃准窃盗论，从重科断。"②因此，送白党之母受贿私和行为是违反此律的。

四、因俗与易俗之中：清代苗疆理讼与生计转型

清代苗疆生计方式，在进行着从捕猎为主向农耕为主的缓慢转型。康熙二十一年，云贵总督蔡毓荣疏言，请禁民人和土司携藏兵器，不许汉人将铅、硝、硫磺货与彝人。康熙帝谕旨"众土司人等全赖弓弩、长枪捕猎以为生计，今概行禁止，则土司俱失其生业。治民惟在所司官，抚绥安戢。若不爱惜兵民，肆其残虐，民操白梃，亦可为非"。③生计、生业是一个家庭、族群赖以存活、延续的基础。既有生计方式，世代传承，不仅已经与自然环境达成了某种默契，而且形成较为固定的文化习俗。苗疆与内地，既存在文明冲突，又存在文明交流。清朝康熙、雍正、乾隆三朝皇帝，从1662年到1796年约130年时间，基本完成了生计转型。④其间，既秉持着因俗而治的策略，在理讼中采取了因俗而断的便宜政策，又必要地采取了易俗而治的做法，做到了得因俗与易俗之中。

---

① （清）薛允升：《读例存疑》，卷一九，礼律之二，仪制，丧葬。

② （清）薛允升：《读例存疑》，卷三四，刑律之十，人命之三，尊长为人杀私和。

③ 中国科学院民族研究所贵州少数民族社会历史调查组、中国科学院贵州分院民族研究所编：《〈清实录〉贵州资料辑要》，贵州人民出版社1964年版，第302页。

④ 南京政府时期，就有学者认为："苗瑶系虽居山深林密之区，但在中国内地，汉化较易，尤其清末以来，更剧烈地混合于中国人中，苗患永靖，这是一个极可喜的现象"。参见施瑛：《中国民族史讲话》，世界书局1945年版，第189页。虽然"汉化"的表述，难免有绝对文明进化论之嫌，但是，在清末、民国时期，英法等列强环伺、西南边疆问题日益突出的情势下，苗疆安靖，苗患永靖，不能不说是中国之幸，也不能不在一定程度上归功于清朝对苗疆比较成功的治理。

第二节　清代苗疆契约制度变迁与理讼调适

中国传统契约制度包括契约的形制、契约的概念、契约的理念、契约的担保、契约的履行等方面。张传玺先生曾考察了中国传统契约的形制的历史变迁，日本学者寺田浩明重点考察了中国传统契约的概念与西方契约的概念的异同，并认为西方司法审判制度对西方契约概念形成的重要作用。[①]不过，张先生的研究没有涉及清水江文书，寺田氏的研究似乎没有深入细致地考察明清理讼对中国传统契约制度尤其地方契约制度的影响，因为其中外比较法的分析框架里，把中国传统契约制度预设为一个没有地区差异的均质体。有鉴于此，笔者试图考察一下清代苗疆理讼对苗疆契约制度变迁的作用与影响。

一、从木刻到汉文契约的转变

根据迄今所发现清水江汉文契约的形制判断，多数学者主张契约东来说，并不认为清水江汉文契约是苗人的原创。笔者曾提出，清水江苗疆的确存在一个广泛使用“割木契”阶段，“割木契”是口头契约的符号化，后来才被纸契所取代。[②]有学者把中国传统契约的物质载体与形式的重大演变概括为从券书（竹木契约）到契纸（纸质契约）。[③]张传玺先生认为，中国古代契约先后出现了三种形式：判书形式、合同形式和单契形式。[④]张传玺还列举处于原始社会末期的少数民族契约史料，并认为它们属于判书形式。宋代周去非《岭外代答》曰：两广“瑶人无文字，其要约以木契合二板而刻

① ［日］寺田浩明：《中国契约史与西方契约史——契约概念比较史的再探讨》，载《权利与冤抑：寺田浩明中国法史论集》，王新亚等译，清华大学出版社 2012 年版，第 113~135 页。

② 程泽时：《清水江文书之法意初探》，中国政法大学出版社 2011 年版，第 32~37 页。

③ 王旭：《从券书到契纸——中国传统契约的物质载体与形式演变初探》，载《湖北大学学报（哲学社会科学版）》2014 年第 6 期。

④ 张传玺：《秦汉问题研究（增订本）》，北京大学出版社 1995 年版，第 167~186 页。

之，人执其一，守之甚信”。[①]元代意大利旅行家马可波罗说：云南“土人（傣族）缔约，取一木杖，或方或圆，中分为二，各刻画二三符记于上，每方各执一片，负债人偿还债务后，则将权人手中所执之半片收回”。[②]清代袁枚《子不语》曰：海南岛“黎民买卖田土，无文契票约；但用竹签一片，售价若干，用刀划数目于签上对辟为二，买者卖者各执其半以为信，日久转卖，则取原主之半签合而验之”。[③]笔者以为清代苗疆的“刻木契”是否一概属于判书形式，值得深究。且其使用范围要比汉文契约更为广泛，“刻木契”被广泛用于日常生活的协商（negotiating daily life）。[④]更为重要的是，理讼促进了“刻木契”向汉文契约的转变。

（一）苗疆广泛使用的刻木契

1. 记载拖欠舅爷礼钱的刻木契：“刻道”。苗疆存在一种“转娘头”的悠久而顽强的婚俗，不仅有碑刻史料为证，[⑤]而且有“刻木契”为凭。苗人称此种“刻木契”为“刻道”。“刻道”本义原指记载拖欠舅爷礼钱的“刻木契”，后来引申义转指记载长达万余行的“开亲歌”的歌棒。“开亲歌”叙述了生亲、神界开亲、人类开亲的过程，是苗人口传的婚姻制度变革史。苗人把“开亲歌”的主要内容刻于圆状竹木上，唱歌时持之作提示用。“转娘头”，也即舅表婚，是指姑娘首先要嫁到舅舅家，当舅爷家不能纳娶姑妈之女，一定要索取大量的彩礼：“白银三百两，骡马三百匹，水牛三百头，鸭子三百对，三百块花布”。姑妈家只好“用银补亲家，把姑娘留下”，“翻箱找白银，将银去补亲”。如果一时“不得银赔亲”，就必须去“刻木”，把外甥钱一条一款的数目“记在刻木上”，形成可靠的凭据。姑妈家往往无法支付高额彩礼钱，许多青年等白了头都无法结婚，由此引起人们的反抗，割掉开亲木，

---

① 原自周去非：《岭外代答》卷十，“蛮俗门，大契”，转引自张传玺：《中国古代契约资料概述》，载《法律文献信息与研究》2005 年第 2 期。

② 原自《马可波罗行记》第 2 卷第 90 章，“金齿州”，转引自张传玺：《中国古代契约资料概述》，载《法律文献信息与研究》2005 年第 2 期。

③ 原自袁枚：《子不语》卷二一，劏竹签，转引自张传玺：《中国古代契约资料概述》，载《法律文献信息与研究》2005 年第 2 期。

④ ［美］韩森：《传统中国日常生活中的协商：中古契约研究》，鲁西奇译，江苏人民出版社 2008 年版，译者的话，第 1 页。

⑤ 程泽时：《清水江文书之法意初探》，中国政法大学出版社 2011 年版，第 307~317 页。

最终“降聘礼普天下皆得亲”。[①]

苗族“开亲歌”口传的舅爷礼钱，有的唱词记载为“银子三百两，骡马三百匹，鸡鸭三百只，袖布三百张”，[②]虽不是确数，但表明其金额不菲，一般姑妈家是无法承担的，于是就发生姑舅抢婚之案。康熙六十一年（1722），思州知府蒋琛就讲：“到思郡之后，检查旧案，凡民间争田雀角者，十止一二，而苗人姑舅抢婚之案，十有八九。细加访问，知都坪司所辖后山洞苗酬婚恶俗”。[③]康熙二十九年七月十五日刊立锦屏县敦寨镇的《恩德碑》就记载：“姑舅转亲，仍补外家礼银三两五钱，不得勒借”。[④]该碑文条款是经过了云贵总督范承勋的批准。据此似乎可以推断：康熙朝以前，刻有舅爷礼钱的刻木契，应该是由姑妈家置备的，交由舅爷家收执为凭，当拖欠日久发生纠纷时，可能会作为证据，呈送公堂。“刻道”是迄今可见的刻木契的遗存标本。

2. 记载苗人归顺朝廷的“刻箭”“木刻”。明代苗疆土流官府的官吏汉字水平普遍不高。明永乐二年十月初三，朱棣以云南各处土官不识中国文字，遇有奏报，不谙礼体，命吏部各置首领官，择能书而练于字者，往任之。[⑤]明宣德四年二月十九，六科给事中发现，贵州等布政司及诸府县并土司衙门的奏本有洗改错误，属于不敬。[⑥]

苗疆土流官府在抚绥苗人，以建立信任关系时，常常使用刻木契。明永乐三年（1405）正月二十八，湖广都指挥谢凤等奏报，答意等五寨生苗出没，劫掠居民，有司建议于要害之地，筑堡屯兵以御之，命前军都督府给榜招谕。于是，该生苗顺服，刻箭为誓，不复叛乱。朱棣曰：“夷蛮虽顽犷，然亦有信义。今既向化，当以信抚之稍有侵扰，彼将不直朝廷。其所刻箭，付湖广都司藏之，仍戒饬有司务尽怀绥之道”。[⑦]此处所记的“刻箭”当为刻木契的一种。雍正八年五月“十七、十八两日，据墨江等六寨苗人咸跪营门，愿请招

① 苏晓红：《苗族刻道渊源及文化内涵初探》，载《贵州民族研究》2008年第4期。

② 成文魁：《苗族〈开亲歌〉中的“刻道”（歌棒）浅识》，载《贵州民族研究》1985年第1期。

③ 张冠梓编：《中国少数民族传统法律文献汇编（第二册）》，中国社会科学出版社2014年版，第69页。

④ 程泽时：《清水江文书之法意初探》，中国政法大学出版社2011年版，第315页。

⑤《太宗永乐实录》卷三一，第8页。引自贵州民族研究所编：《明实录贵州资料辑录》，贵州人民出版社1983年版，第123页。

⑥《宣宗宣德实录》卷五一，第7页。转引自《明实录贵州资料辑录》，第197页。

⑦《太宗永乐实录》卷三三，第6页。转引自《明实录贵州资料辑录》，第123页。

安，本司张钺等谆切晓以利害，指以生死，随发箭十枝，准予招安。”①

雍正六年八月十六日，镇远协副将张禹谟带兵驻扎在旧施秉县的柏枝坪，派遣土舍招抚九股及小江各寨生苗，将已抚各寨苗头七十二名传齐，赴行营奖赏款谕，镇远知府方显参加，于十七日设立款场，令土舍、头人等，先自行公举苗头，内有众苗素服、公直能事者，以为榔头，分为三榔，管理其应纳粮赋。俟张臬司到日定议，各苗头俱听从喜悦，出具遵依木刻，共招抚羊翁、世盖等四十一寨，计一千七百七十七户，共男妇七千六百七十一名。②

雍正六年十二月初三日，副将苏大有攻破黄毛等共八寨，即有杨排等八寨畏威，割就木刻来降。③

3. 确立租佃关系的刻木契。明天启元年（1621）九月二十，刑部右侍郎邹元标讲：贵州“凡苗诸寨，缙绅、武弁多置佃焉，与刻木为信，数年不爽，岂有能奴使之，信成之而不能治之焉！”。④ 即苗疆的缙绅、武弁将土地租佃给苗人，并通过刻木契建立起租佃关系。邹元标曾于万历三年（1575）在苗疆腹地的都匀卫所（后改名南臬书院）讲学和生活，直至万历五年考中进士。因此，邹元标此言绝非虚妄，比较可信。

4. 理讼中的遵结输服木刻。清代苗疆理讼，苗人间田土纠纷审结后，常常还要求双方出具遵结输服木刻。据清乾隆朝刑科题本记载，乾隆元年至四年任清江厅通判的蔡时豫的审单一纸，内开：“审得金保甲，历系龙卑土民，龙卑田土是其祖业。吴陇通等昔年搬居龙卑，垦种山土，内有耕种水田，历系分租与金保甲家。后于雍正九年，抗不纳租。金保甲具控清江分府宋，委土舍杨政衍勘明，断令四六分租，取具输服木刻，回禀在案。”⑤

5. 确定家庭主仆间扶养关系的刻木契。乾隆十一年二月，清江厅苗人老缴，到镇远府寡妇刘许氏家佣工，刘许氏见老缴能干活，就把其使女（奴

① 《鄂尔泰奏剿抚黔苗备细情事折（雍正八年七月二十四日　朱批谕旨）》，载中国第一历史档案馆、中国人民大学清史研究所、贵州省档案馆编：《清代前期苗民起义档案史料（上册）》，光明日报出版社 1987 年版，第 55 页。

② 《鄂尔泰奏剿平丹江苗寨折（雍正六年十月二十日）》，载《清代前期苗民起义档案史料（上册）》，第 16 页。

③ 《鄂尔泰奏剿抚丹江一带苗寨就绪折（雍正七年正月二十五日）》，载《清代前期苗民起义档案史料（上册）》，第 34 页。

④ 《熹宗天启实录》卷九，第 18 页。转引自《明实录贵州资料辑录》，第 1136 页。

⑤ 中国社会科学院历史研究所、中国第一历史档案馆编：《乾隆刑科题本租佃关系史料之一——清代地租剥削形态》（上册），中华书局 1982 年版，第 71 页。

婢）长发，许配给老缴做老婆，而老缴情愿一生服侍刘许氏，双方刻有木刻为凭。[①]

6. 私下免除诉讼牵连关系及责任的刻木契。乾隆十五年四月十七日，清江厅苗人老缴因花用了母舅老保的七两四钱购牛款，老保屡讨不着，而发生口角纠纷，老缴用斧头将老包击毙。老缴央求邻居胡老二、刘老二帮抬尸体掩埋，胡、刘二人要报官，老缴割给木刻，承诺不致连累，胡、刘二人才帮忙移尸。此案审结，胡、刘二人依据知人谋害他人不即阻挡首告律，各杖一百。[②] 即与老缴的约定，违反清律的强制性规定，自然无法发生免除牵累的法律后果。迄今发现的清水江文书中，乾隆以后书写的较多。但是，新辟苗疆六厅地区至少乾隆时期仍广泛地使用刻木契。

7. 记载田土买卖的刻木契。雍正八年，鄂尔泰奏报："诸葛营之车寨，有水田三十余亩，棉花地二十余亩，议在其地建城。若不偿其价值，焉能使伊心服。臣业经檄令查唤地主，从厚给价。该苗心悦诚服，出具木刻认领，则该寨志愿已遂，可无他虞矣。"[③] 嘉庆年间，据权古州厅同知林溥观察，古州"苗人素不识字，无文券，即货买田产，惟锯一木刻，各执其半以为符信。"[④]

8. 苗人起事反抗官府的刻木契。清朝前期苗民起事，反抗官府，常常用木刻相互纠邀。雍正八年三月，鄂尔泰奏报：八寨、丹江交界处，有摆调、方胜等寨，素称凶悍，屡遣通事传谕，负固不服，胆敢杀死烂土司负盐苗人二名，又将木刻传至柳叠，欲阻截军粮。[⑤] 雍正十三年四月、五月，苗民起事，黔省振动。下游平越、瓮安、湄潭、都匀、麻哈、石阡、思南、印江、铜仁等州县，处处盘查奸细，藏有木刻。上游威宁、大定、镇宁、永丰、长坝、广顺、长寨、清镇等处，苗倮亦多观望，木刻相通。[⑥] "苗人性愚而易动，迩来不法，汉奸畏罪逃窜，改易姓名，招摇惑诱，以致木刻一

---

① 程泽时:《清水江文书之法意初探》，中国政法大学出版社 2011 年版，第 34~35 页。

② 程泽时:《清水江文书之法意初探》，中国政法大学出版社 2011 年版，第 34~35 页。

③《鄂尔泰奏剿抚苗寨开通河道折（雍正八年三月二十六日　朱批谕旨）》，载《清代前期苗民起义档案史料（上册）》，第 51 页。

④（清）林溥:《古州杂记》，张祥光点校，载顾久主编:《黔南丛书》第 11 辑，贵州人民出版社 2010 年版，第 100 页。

⑤《鄂尔泰奏剿抚摇排苗寨及划界建营折（雍正八年七月二十四日　朱批谕旨）》，载《清代前期苗民起义档案史料（上册）》，第 61 页。

⑥《晏斯盛奏陈治苗之策折（雍正十三年八月十五日　朱折）》，载《清代前期苗民起义档案史料（上册）》，第 106 页。

呼，一日千里。”[①] 雍正十三年，包利起事，“生羊一犯，代散木刻，勾结凯里、黄平、清平一带内地熟苗，肆行烧杀”。[②]

（二）苗汉田土交涉案件中的汉文契约被地方官府优先采用

汉苗田土交涉案件，汉民往往使用汉文契约，地方官员往往熟悉汉文而多不熟悉苗语，苗人广泛使用的木刻、载岩等界分地界的方式，需要通事的翻译，才能被地方官员所理解和采信。从举证的便捷程度而言，文契也优越于刻木契。事实上，地方官员在理讼中，也一般优先采用文契。

1. 汉文地契与苗人哑记的证明力博弈：石人冲苗族地界碑的传说。石人冲苗族地界碑，在黔东南州施秉县城南 9 公里的小米山山脚。原碑共两块，在路侧相向而立，因修建施秉至双井公路散失一块，至今只有一块立在路旁。碑高 1.3 米，上有碑帽，两侧有毛石框边。此碑系嘉庆年间小米山一位苗族老人苟旺所立，因此又叫“苟旺碑”。碑身为风雨侵蚀，字迹斑驳，只有少数文字依稀可识。明万历年间的《黔记》就记载：施秉城“南十五里木叶冲（即石人冲），有石柱，石崛起山上，高数十丈，苗界止此”。即早在明代前，这一带是苗人所开垦的土地。据当地老人传说，清嘉庆年间，离石人冲不远的丁家桥附近，有家土财主，见石人冲土地肥沃，便伪造地契，诬告苟旺霸占石人冲。官司打到贵阳，因苟旺无地契，石人冲判给了丁家桥的财主。苟旺不服，被关入狱。乡亲们前来探监，都劝苟旺认输，出狱后再作打算。苟旺却告诫乡亲说，这是祖宗开的宝地，不能轻易让人，并密嘱乡亲们回去后，在石人冲大小山脚埋土碗一个，木炭三根，做下暗记。乡亲们答应遵嘱照办。三年后，苟旺提出申诉说，我们苗家不识字，认不到文契，但石人冲确实是我们苗家的，有哑记为证，不信可派人查看。官府派人前往，按苟旺所指地点，放倒树木，挖地三尺，果然发现土碗和木炭。石人冲九十九坡，坡坡如此。财主有文契，苟旺有哑记，官府无奈，只好将石人冲分为两段，一家一段。苟旺恐日后有变，于是当官差面，立碑为界，南面归苗家经管，碑北面归丁家桥老财主。[③] 该传说，其深层寓意就是汉文

① 《陈时夏奏陈治理苗疆事务折（乾隆元年八月初一日　朱折）》，载《清代前期苗民起义档案史料（上册）》，第 185 页。

② 《丁士杰奏捕获生羊折（乾隆九年九月十二日　朱折）》，载《清代前期苗民起义档案史料（上册）》，第 268 页。

③ 成文魁编：《施秉县文物志》，施秉县文物管理所 1990 年内部发行，第 90~92 页。

契约的证据能力优先于木刻、哑记等。

2. 部分汉民却曾捏造文契霸占苗产。乾隆元年，曾任云南道监察御史、贵州学政的邹一桂曾上奏："即如田土一项，悉系苗人开垦，始因不谙办粮，寄放绅衿户下，每年议补完粮米谷，久之而刻薄绅衿恃有印串，即捏造假契，指称伊祖伊父所卖，因而责令分花，分花不足，即另招佃种，于是苗民数十年血垦之田，遂为绅衿所有。故黔省以霸占苗田而结讼者，比比而是，地方官但据纳粮印串为凭，不分曲直，以致苗民失业，无以为生，此绅衿欺压苗民之积习也。"① 可见，黔省地方官府往往以契据为凭，优先采用文契证据。

今天黔东南地区所在的清水江流域，还延续着"宁烧房屋，不烧契书"的习俗，这与文契在清代官府田土理讼中的"证据之王"的地位与作用是分不开的。当然，苗疆推行汉文教育，无疑是促进从刻木到文契转变的根本动力。

二、从信鬼守约为主到信官（法）守约为主

郝铁川教授从灶王爷、土地爷和城隍爷的"职权"，论及历代统治者的"神道设教"政策，提出古代民众法律意识的鬼神化是中华法系三大特征之一，其实质是统治者预防老百姓犯上作乱而设的一道屏障。② 不过，该结论所依据的材料主要是中原地区的材料，没有涉及西南苗疆的资料。鬼神信仰，其实是把双刃剑，有时候还是苗民犯上作乱的动力的重要来源。从清雍正至嘉庆初年，几乎历次苗民起义都有发起者利用鬼神信仰蛊惑人心。比如，雍正十三年，八妹寨巫师红银，骗诱愚苗，学法降神，捏称只要送银五分，不必种田，苗王出世就得银子。法水喷出，高坡倒为平地，城墙化为烂泥，官兵枪炮俱不能施放。若不出银，即陷入地下。各寨苗民稍有知识的，不肯听信。愚贫的，纷纷信从。③ 因此，清朝前期苗疆大臣得出"苗

① 《邹一桂奏苗民被欺积怨折（乾隆元年十二月十五日批　军录）》，载《清代前期苗民起义档案史料（上册）》，第 229 页。

② 郝铁川：《中华法系研究》，复旦大学出版社 1997 年版，第 87~166 页。

③ 《尹继善奏八妹等寨苗滋事及办理情形折（雍正十三年四月十九日　朱折）》，载《清朝前期苗民起义档案史料》（上），第 86~87 页。

性嗜利而信鬼”的略显偏颇结论。[1]这里姑且不深究苗民起义与鬼神信仰的关系问题，只讨论苗人契约观念与鬼神信仰的关联问题。

（一）苗人固有的鬼神信仰有利于解决田土契约纠纷

在黔省苗疆的清水江流域广泛地建有南岳大王的神祠，它不属于国家礼制祀典的神灵，而属于“淫祠”，但在苗人中享有超验的权威，常常享有裁断田土契约纠纷的“职权”。比如，下列一则文书：

立请字人粟胜才，为因先年得买平鳌寨胜□之山，地名污茶溪，今与韩世华、谭友信二比争持，自愿请到姜文勋、三今、学海、宗宽、启华等，宰鸡鸣神，胜才出鸡狗，友信当南岳大王宰劏，二比心平意愿，并无逼勒等情，临场亦不敢宣嚷多言。今欲有凭，立此请字是实。

代笔黄良仁

嘉庆二十年十一月二十一日立[2]

（二）列入国家祀典的神明也逐渐得到苗人信奉

在苗疆的县、府、厅城里，一般都按照国家祀典建有各类神祠，也在清朝中后期逐渐进入苗人的鬼神信仰系统，一定程度上促进苗人信守契约。

立合同字人本寨姜开文叔侄与世道弟兄所争皆楼脚油山埂下杉木一行，又争丛皎杉木一行，是非不明，因请中姜之连、光秀、向祖照等理论，议断开文叔侄管业从皎土木一行，又议断世道弟兄管业油山埂下土木一行，二比不平各愿，投城隍老爷台前宰鸡鸣神，日后另栽不许霸占滋事，今恐人心不一，爰立合同一纸，付与中等执证。

事主　姜世道　世明

姜开文　凤仪

---

① 《韩勋奏擒获石金元折（乾隆六年六月十一日　朱折）》，载《清朝前期苗民起义档案史料》（中），第51页。

② 张应强、王宗勋主编：《清水江文书》第2辑第2册，广西师范大学出版社2009年版，第185页。

姜思作代笔

道光廿二年六月廿一日立①

如上合同所示，苗人不仅仅在南岳大王庙祠里宰鸡鸣神，还可以到城隍庙里宰鸡鸣神。

（三）苗人契约观念中信鬼、信官（法）并行不悖，但信官（法）为主

在一定意义上，契约是互相给对方立法，互相给对方订立行为规范。在此意义上谢晖教授称之为“互治”。订立契约是建立在相信对方按照约定规范行动的观念基础之上的，且通过自己的力量能约束和控制住对方，即所谓“信人”。不“信人”，则无由立契，无论是刻木契或是汉文契。在“信人”这一点上，汉苗并无差异。“信鬼”则促使契约得以信守，只是苗人的鬼神信仰系统在清中后期逐渐添加了列入国家祀典里的神明。随着国家力量深入，担保契约得到信守的最重要制度变成了官法，官法裁判契约纠纷，成为保障契约信守的重要机制。下引一则合同的结构就很好地体现了信鬼、信官（法）的并行不悖，但以信官（法）为主的特点。

立合同文斗、平鳌、岩湾、加池四寨人等，为安靖地方以保身家事，近因地方人心不一，故外境匪徒结党，时或数十人，时或数百人，扰害地方，偷盗木植，朋阻木排，牵耕牛，磕油火，凶蛮横行，地方受其欺压，无可奈何。窃思我等地方山多田少，贫富全靠木植养活身家。遇客商来，则砍木放排。虽无大利，而每日获钱亦可早晚资用，免受饥寒。且大则拨本钱行买卖，小则削木皮资炊爨，卖柴薪，生意多路。今遇匪徒如此，将山木砍尽，何以为生，且本处并外乡客贩，凡作木植生理，屡被匪党捏情强阻、强放，东家闻知，不发资本，众等岂不束手待毙，是以齐心聚议，书立合同。凡遇外来匪党阻抑偷木等情，必须齐为努力，追捕擒拿。倘至斗殴杀伤，不拘彼此，不得怨悔退宿。如有等情，众等将此怨悔退缩之人捆绑，呈官究处。兹恐人心难凭，特书合同四纸，各执一纸为据。

当凭

神灵罚咒，如口是心非者，神灵鉴察，必受谴诛

① 张应强、王宗勋主编：《清水江文书》第1辑第10册，广西师范大学出版社2007年版，第171页。

文斗姜春发存加池一纸
平鳌姜启书存岩湾一纸
岩湾范绍学存文斗一纸　　意合心同
加池姜之模存平鳌一纸
代笔　姜东智

道光拾叁年拾壹月拾柒日　　立[①]

该合同体现在正文部分设定了“呈官究处”的法律后果，以保证合同得以执行。在末尾部分又添加“当凭神灵罚咒，如口是心非者，神灵鉴察，必受谴诛”，以神鬼的权威约束四寨苗人“意合心同”。

以上所举的前两份载明“信鬼”或“畏鬼”内容的契约或合同，似乎表明苗人优先选择了鸣神的契约纠纷解决机制，而这是否表明了苗人信鬼甚于信官（法）呢？笔者检阅已经公开发表的清水江文书，载明“信鬼”内容的契约或合同件数甚少，而载明“官究”的契约或合同的数量则相对较多。因此，笔者以为，苗人契约观念中，信官（法）而守约，甚于信鬼而守约。

三、从绝对化的守约到相对化的守约

信守契约，常常不会发生契约纠纷。但是，如果将信守契约的观念绝对化，严格执行“违约条款”的约定，也会带来意想不到的困难。康熙四十三年至四十七年，任连山县知县的李来章就在其所撰的《连阳八排风土记》中收录了一则“禁革瑶俗贩物平价”的文告，其文曰：

瑶人旧规，批立合同必云：“如有犯者，罚龙角二对，活虎二只”。或须折赎勒银，动至三百六十两，以致人口、田产尽售，不足则摊派宗族以及亲戚，莫有免者。邑人效尤，其与瑶人争讼，亦复如是，启衅招怨，牢不可解，兵加祸结。职此之故，前人亦有欲变其俗者，口敝舌干，总付罔闻。匪独瑶人不肯遵，即平民亦不肯遵也。琐细之事，才如芥子，比而纷错百出，乱不可理，褊心不平，顽胃难换，欲求化大事为小事，化小事为无事，如

① 张应强、王宗勋主编：《清水江文书》第1辑第8册，广西师范大学出版社2007年版，第205页。该合同还有半字暗记，无法识读出来，故未录文。

昔人之所言，亦乌可得哉！

予宰连山，屡逢此辈，百方劝谕，怵以大害，盖不知几费苦心矣。后乃稍稍听从。如从黄牛一只，今断燬[①]银三两；水牛一只，今断燬银二两五钱；……[②]

连山县瑶人，在契约中往往约定违约方应向另一方赔付龙角二对、活虎二只。但龙角根本就不存在，而猛虎为患，岂是常人所能力逮？李来章任县令期间，为摒除境内虎患，先后颁发了“谕虎”、告人及祝神三篇文告，一是破除“楚粤之俗，崇奉于虎，以为神，恐一犯之，其为祸祟”的观念；二是操练乡丁，置备强弓、毒矢、火炮、盘杵、深坑、大阱、密网、伏弩，搜捕巡逐；三是“捕获一虎，捐给赏银四两，并为簪花披红，以示奖励”。[③]由于世上本无龙角亦无其价，且市场无活虎可买，亦无市价，于是，瑶人任意折赎价银，漫天要价，动辄三百六十两。这种约定已成为较为普遍的地方习惯，汉瑶之间订立契约，亦如此，且要高价折赎龙角和活虎，往往酿成家族间的械斗纠纷。李来章在理讼中，反复劝谕，才改变此种观念。

笔者迄今尚未发现清代的契约或瑶族地区契约中，有包含“如有犯者，罚龙角二对，活虎二只”的特别违约责任条款的。但是，在清康熙年间的清水江林业契约中有“如有翻悔，罚生金一两，龙角一双”的特别违约责任条款。兹分别引用该两份契约如下：

立卖山坡芳（荒）平（坪），苗绥寨杨香保、龙保弟兄二人，今因家下一要银紧急，自愿将祖父山场芳（荒）平（坪），坐落土名九白冲，右边上凭深冲领（岭）吴姓山为界，右边平（凭）凹为界，任凭陆姓挖沟过坟山凹开垦田丘栽杉。要行出卖，先问房族，后问亲邻，吴（无）人承买，请中问到庙吾寨现宇、现乡名下承买开坎（垦）管业，当日凭中三面言定，断价银四两八钱整，杨香保弟兄亲手领足。其山芳（荒）平（坪）冲，凭陆姓管业，日后不得翻悔。如有翻悔，发（罚）生金乙（一）两，龙角一双，

① “燬”，同“毁”，下文同。

② 张冠梓点校：《中国珍稀法律典籍续编第十册　少数民族法典法规与习惯法（下）》，黑龙江人民出版社 2002 年版，第 40 页。

③ 张冠梓编：《中国少数民族传统法律文献汇编（第二册）》，中国社会科学出版社 2014 年版，第 44~48 页。

上平（凭）天里（理），下平（凭）地神，今欲有凭，立此断卖契，永远子孙存照。

凭中姜太乔、龙党格、姜高明，三人共银八分

代笔蒲兴安，受银八分

康熙五十四年二月十六日立卖

天理人心、管业发达[①]

该断卖山坡荒坪契，订立于康熙五十四年，晚于李来章出任连山县县令的康熙四十三年，但关于罚龙角一双的约定，似乎表明连山瑶人契约与清水江苗人契约之间存在某种联系。如此基本相同的违约责任约定，表明当时瑶人、苗人订立契约所持的共同信念：契约必须严格信守，绝对不许反悔。此类约定在清水江文书中不为孤证，再引一则契约如下：

立断卖山坡约人龙梳连，今为后香保、后龙保私卖山坡，请凭乡道向陆贵处理讲，陆处面善，无奈乡道排解，只得依从，备价银七两五钱整，买山坡坐落土名陈吾冲头九白，又下头长冲，又下头龙金仔水清米白，无人包占存土，其银一手交足，连酒席等一并在内。山坡任从陆姓开垦田丘。若有未理不明，在卖主向前理落，不与买主相干，自卖之后，永不得翻悔。如有那人先行翻悔，发（罚）生金一两，龙角［一］对，酒扛入众共用，众人执字赴官，自当领罪，依旧成交。山坡一卖一了，父卖子休，如花落地，永不归枝，水流东海，永不回头。恐后无凭，立此断约山坡一纸，陆处子孙永远存照。

凭中证乡道龙正所、吴桥深、谢桥梁、王雨晚、陆富，五人共吃银一两

代笔王贵楚，银一两

康熙五十八年八月二十六日卖主龙梳连[②]

这份契约订立于山坡被“私卖”之后，经调解由买方再补价银，卖方出具此断卖契，并约定罚生金一两、龙角一对的特别违约责任条款。

---

① 罗洪洋搜集整理：《贵州锦屏林契精选（附〈学馆〉）》，载谢晖、陈金钊主编：《民间法》（第三卷），山东人民出版社2004年版，第509页。

② 罗洪洋搜集整理：《贵州锦屏林契精选（附〈学馆〉）》，载谢晖、陈金钊主编：《民间法》（第三卷），山东人民出版社2004年版，第510页。

需要特别指出的是，笔者检索乾隆以后的清水江契约，尚没有发现契约有此罚生金、龙角的特别违约责任条款的约定。清代清水江流域的地方官府，是否也如同连山县县令李来章那样在理讼中反复劝谕，使得罚生金、龙角或活虎的特别违约责任条款不具有约束力，从而使得此类约定不再出现在契约上，尚需要新材料来证明。

寺田浩明依据一些判例认为，明清时期官府裁判契约纠纷的法庭，与其说是“实现”以前合意内容的场所，不如说是在当初的合意不能顺利进行的情况下，对双方合意进行再确认和再订立契约，从而做出新的合意的场所。传统中国社会中当事人所订立的契约在他日后发生纠纷时缺乏作为解决纠纷基准的效力。[①] 但在上文案例中，瑶人关于龙角、活虎的违约约定，曾经一度成为立约瑶人进行自力救济甚至私人暴力作保证以求实现的基准和目标。至于以新的合意代替原来的合意，即使现代合同法也有情势变更原则，关键要看是否必要，以及双方是否愿意接受新的合意。

四、苗疆田土理讼赋予白契与红契同等的证据能力

清水江文书中白契多，明显不同于徽州文书中红契多，何以如此呢？苗疆田土理讼赋予白契与红契同等的证据能力是其原因之一。

白契和红契的本质区别在于是否缴纳契税。明清两朝律文均规定：“凡典买田宅不税契者，笞五十，（仍追）契内田宅价钱一半入官。不过割者，一亩至五亩，笞四十。每五亩加一等，罪止杖一百。其（不过割之）田入官。”[②] 乾隆二十四年，户部议覆江苏布政使常亮条奏定例：“凡民间活契典当田房，一概免其纳税。其一切卖契，无论是否杜绝，俱令纳税。其有先典后卖者，典契既不纳税，按照卖契银两实数纳税。如有隐漏者，照例治罪。”[③] 典卖田宅的契税，清朝比之明朝较轻，区分活卖和绝卖，只对绝卖情形缴纳契税。

“红契”“白契”作为律例用语，只出现清律的户律之一的“户役”中，并没有出现在户律之二的“田宅”中，“田宅”门中使用的“印契”。“印契”

---

① ［日］寺田浩明：《中国契约史与西方契约史——契约概念比较史的再探讨》，载《权利与冤抑：寺田浩明中国法史论集》，王新亚等译，清华大学出版社 2012 年版，第 116 页。

② （清）薛允升：《读例存疑》卷十，户律之二，田宅，典卖田宅。

③ （清）薛允升：《读例存疑》卷十，户律之二，田宅，典卖田宅。

即红契。乾隆三十二年，安徽省按察使陈辉祖条奏定例："凡民人告争坟山，近年者以印契为凭，如系远年之业，须将山地字号、亩数及库贮鳞册，并完粮印串逐一丈勘查对，果相符合，即断令管业。若查勘不符，又无完粮印串，其所执远年旧契及碑谱等项，均不得执为凭据。即将滥控侵占之人，按例治罪。"① 此条例虽不如南宋王朝绍兴五年（1135）的"初令诸州通判印卖田宅契纸，自今民间争田，执白契者勿用"那样明白和直接，② 也似乎"白契"在山场纠纷诉讼中没有证据资格和证据效力。有学者也认为，为控制民众私下买卖土地，规避税收，宋以降历代王朝大都要求土地买卖及田宅争讼，以盖有官府大印的红契为凭。③

但是，清代不仅对田宅买卖征收契税，而且对奴婢买卖也征收契税。④薛允升认为清代"白契价买奴婢，例所不禁"。⑤《督捕则例》就规定："凡雍正十三年十一月十九日以前，白契所买之人逃走被获者，中证明白，所买是实，应断与所买之人。如中证不明，所买不实，应断为民。或无中证，或失落文契，但逃人招称系某人家所买属实者，即断与买主。"⑥ 即并不否认"白契"的证据的资格和效力。因此，不能一概而论白契就不具有证据资格和效力。

事实上，在明清时期，苗疆内的田土买卖还有特殊的契税豁免政策，使得白契并不违法，且具有证据的资格和效力。这就可以部分地解释清水江文书中为何大量存在的是白契。

根据《安瑶印照碑》《清溪古调瑶碑文》《兰溪勾拦瑶石碑文》《优免瑶税瑶差碑》的连续而完整的记载：⑦ 明洪武年间，粤匪叛乱扰害，湖南永明府的扶灵瑶、清溪瑶、古调瑶、勾兰瑶四个瑶人族群部落，被招安把守粤隘，地方官府发给执照，承诺瑶田瑶粮，免丈免量，概免裕差。所有瑶买瑶田，历来未投税过割。乾隆四十六年，执照被火焚。乾隆四十七年呈明，永明县再给印照。嘉庆十一年县令顾併圻饬令瑶产一体投税，瑶人生员张翼云不服上控，湖南巡抚景安批示："查瑶民买卖田产虽无免税之例，

---

① （清）薛允升：《读例存疑》卷十，户律之二，田宅，盗卖田宅。

② 《宋史》卷一七四，《食货志·赋役》。

③ 邓建鹏：《私有制与所有权？古代中国土地权利状态的法理分析》，载《中外法学》2005年第2期。

④ 金亮、杨大春：《中国古代契税制度探析》，载《江西社会科学》2004年第11期。

⑤ （清）薛允升：《读例存疑》卷二二，兵律之三，关津，私越冒度关津。

⑥ （清）薛允升：《读例存疑》卷五三，《督捕则例》上，冒称逃人。

⑦ 以上四块碑文详见张冠梓编：《中国少数民族传统法律文献汇编（第二册）》，中国社会科学出版社2014年版，第112~114页，第116~117页，第145~147页，第170~171页。

然该处向来瑶买瑶田，报执有印示，并不准（推）收过割，已历多年。今若更改旧章，遽行议令纳税，恐启差查滋扰之弊，于瑶寨殊未妥善。仰即转饬遵照，仍徇旧章办理，并严禁差役人等，不得任意前赴瑶境，滋扰瑶民，别生事端。”嘉庆十七年九月二十二日，永州知府遵照巡抚批示，再给瑶人示照：“嗣后瑶买瑶产，无论年月远近，优免投税。如瑶买民业，照例投税，以安瑶民，而示区别”。[①]咸丰年间，衙署焚烧，案卷无存。同治十一年，四瑶派人，照录各前宪印照，禀请存案，永明县令再次给印照，予以确认。[②]

明清两朝，用兵西南苗疆，中央王朝不得不采取剿抚结合、分而治之的策略，依靠某一族群部落去监控和制约另一族群部落，以维持边疆安宁。其中，就赋予了一些支持中央王朝的族群部落赋税优免政策，以及某种程度的自治权力。比如，瑶买瑶产，就不需要推收过割，缴纳契税。自然，如果瑶人间发生田土买卖纠纷，其白契就会被作为证据提交到官府，且具有证据资格和证据效力。

至于清水江文书中土地买卖契约多为白契的缘由，虽无上文所述湖南苗疆瑶人白契的明确记载，但是还是可以从乾隆帝的上谕所阐述的“使苗民与胥吏终岁无交涉之处”的原则中窥见一二。雍正末年以古州、八万为中心，爆发苗民大起义。为保证新辟苗疆的稳定，乾隆元年七月二十日，上谕“苗人纳粮一事，正额虽少，而征之于官，收之于吏，其间经手重叠，恐繁难之费，或转多于正额，亦未可知，惟有将正赋悉行豁除，使苗民与胥吏终岁无交涉之处，则彼此各安本分，虽欲生事滋扰，其衅无由……特颁谕旨，着总督张广泗出示，通行晓谕，将古州等处新设钱粮尽行豁免，永不征收。伊等既无官吏需索之扰，并无输粮纳税之烦，耕田凿井，俯仰优游，永为天朝良顺之民，以乐其妻孥，长其子孙，苗众亦具有人心，岂有舍衽席蹈汤火之理”。[③]根据“举重以明轻”传统裁判规则，既然钱粮尽行豁免，那么契税自然也应豁免，而不用推收过割了。当然，一旦发生田土纠纷，白契也会提交到官府，作为证据使用。

总之，由于苗疆的特殊税赋豁免政策，使得白契具有与红契同样的证

① 《安瑶印照碑》（嘉庆十七年），载《中国珍稀法律典籍续编第十册　少数民族法典法规与习惯法（下）》，第88页。该碑还附录了嘉庆十四年张翼云控告永明县令顾併圻的禀词。

② 《优免瑶税瑶差碑》（同治十一年），载《中国珍稀法律典籍续编第十册　少数民族法典法规与习惯法（下）》，第136~137页。该碑还附录了嘉庆十八年永明县令顾併圻的印照全文。

③ 乾隆六年刊本、嘉庆补修本《贵州通志》卷三十三，艺文，谕，第33~34页。

据资格和证据效力。

五、田土典卖契约制度的初步成文法化："禁约"①

寺田浩明提出："将契约加以'制度化'的努力，无论在当时中国的国家还是社会，都只停留在适当突出某些合意的重要性或特定决断的重要意义这个范围和程度，而从未出现过把合意的一部分种类纳入特殊的范畴内并给予特别处理的发展动向。"② 笔者认为此观点不无值得商榷之处。至少清代苗疆碑刻资料表明，田土典卖这类契约，在苗疆族群社会中，得到制度化的特别处理。

（一）清代贵州省从江侗族禁约碑对田土典卖作了规范

康熙十一年（1672），刊立的高增寨款碑载："一议、卖田作典，不得翻悔，将典作断，一卖百了，粮税随田，不能无田有税，无税有田，宜各理清"。③ 该条不仅强调卖田、典田不得翻悔，而且规定了粮税随田的规则。

道光十四年（1834），刊立的公纳禁条碑记载："田地买卖，上田二两一把，下田一两二把。买已成交多年，其买业之人家，以翻卖为典，如果真是典，必有典有质证，方准退还。若无中证，即系刁唆藉端翻田，罚银三两三钱"。④ 该条不仅明确地规定了田的买卖价格标准，而且明确地规定了典卖与绝卖的区别。

① 寺田浩明把乡村层次上"约"的存在形态，类型化为乡禁约、乡约和抗租运动中的盟约三种。参见［日］寺田浩明：《明清时期法秩序中"约"的性质》，载［日］寺田浩明：《权利与冤抑：寺田浩明中国法史论集》，王新亚等译，清华大学出版社 2012 年版，第 145~154 页。但笔者本文所引的清代苗疆碑刻资料，大体属于"乡禁约"的范畴，不过笔者采用"禁约"这一表述。因为"款约"还包括若干并不相邻的寨之间的"约"，不是"乡禁约"所能涵盖。

② ［日］寺田浩明：《中国契约史与西方契约史——契约概念比较史的再探讨》，载［日］寺田浩明：《权利与冤抑：寺田浩明中国法史论集》，王新亚等译，清华大学出版社 2012 年版，第 130~131 页。

③ 张子刚编撰：《从江文史资料第七辑：从江石刻资料汇编》，政协从江县文史学习委员会、从江县文化体育广播电视局 2007 年编印，第 40 页。

④ 张子刚编撰：《从江文史资料第七辑：从江石刻资料汇编》，政协从江县文史学习委员会、从江县文化体育广播电视局 2007 年编印，第 42 页。

咸丰十年（1860），刊立的乡例碑载："一议、买卖田业、山场，即卖即休，皆经文约为凭，毋许加敷栽粮苛虐等弊。如违，鸣鼓上众，自甘重究"。①该条强调田土买卖必须立文约，不许任意增加田土所应负的粮税，更不能在田土上强迫添加劳役负担等。

（二）清代广西省瑶族禁约碑也对田土典卖作了规范

乾隆五十一年（1786），广西金秀六段瑶族刊立的《在保杨柳将军三村石牌》载："八令、山水田地买（卖），主人领银，不得翻悔。"②该条规定，田土的卖主领银之后，不得翻悔。寺田浩明指出传统中国社会的大部分契约具有"契约缔结与交易的同时性"，③其实这种"同时性"也是具有相对的，一般总是立约画押在先，银钱交付在后。银钱交付之前，还是可以翻悔的。

道光十六年（1836），广西金秀花蓝瑶刊立的《六巷石牌》载：

"一议、买田知（之）人，当田不得言断田知（之）事，罚钱四十两。"

"一议、卖田知（之）人，断田不得言当田知（之）事，罚钱四十两。"④该二条分别规定了把典当田混作断卖田、把断卖田混作典当田的罚钱措施。

光绪十三年（1887），广西龙胜厅金坑团瑶族刊立禁约碑，其中有三条：

"一禁、买田土，不许翻悔，一卖一了，父卖子休，出入价钱高低，不与买主相干。如有悔者，众等公罚。"该条规定了田土买卖之后，田土价格即使有变化（主要是涨价增值了），卖主也不得翻悔。

"一禁、不许重叠抵当，偷买偷卖。如有此等，众等公罚。"该条规定不得重复典当同一块田土，私下出卖他人田土。

"一议、索诈油火，私造田约，越界霸占，藉端生事之徒，地方出力，

---

① 张子刚编撰：《从江文史资料第七辑：从江石刻资料汇编》，政协从江县文史学习委员会、从江县文化体育广播电视局2007年编印，第62页。

② 《在保杨柳将军三村石牌》，载张冠梓点校：《中国珍稀法律典籍续编第十册：少数民族法典法规与习惯法（下）》，黑龙江人民出版社2002年版，第246页。

③ ［日］寺田浩明：《中国契约史与西方契约史——契约概念比较史的再探讨》，载《权利与冤抑：寺田浩明中国法史论集》，王新亚等译，清华大学出版社2012年版，第116~117页。

④ 《金坑禁约碑》，载张冠梓点校：《中国珍稀法律典籍续编第十册：少数民族法典法规与习惯法（下）》，黑龙江人民出版社2002年版，第257页。

捆绑送官究治。”[①]该条规定不得进行契约欺诈，伪造田土契约，强迫侵占他人田土等。

以上清代苗疆碑刻资料明显地证明非国家的“社会权力”通过禁约、先例等形式在为田土典卖契约进行立法，即田土典卖契约制度的初步成文法化。为什么会出现这种趋势？笔者以为苗疆田土典卖活动十分频繁，纠纷也时常发生，并且经常经官理讼，影响到了生产和生活，故而侗人、瑶人在实践中形成基本的规则共识，并形诸文字，刊于碑铭。

总之，清代苗疆理讼促进了苗疆契约制度变迁，调适着苗人固有契约观念与时俱进。

第三节　清代苗疆的法律儒家化与理讼

一、“清代苗疆的法律儒家化”命题的提出

瞿同祖先生于1948年提出并论证了中国法律儒家化的命题，[②]后来撰文认为“汉律之儒家化主要为（1）儒家注释法律（2）经义决狱”，“中国法律之儒家化可以说始于魏晋，完成于北魏、北齐，历经了三个半世纪，隋唐集其大成”。[③]由此可见，在瞿先生心目中，中国法律儒家化的核心意涵是法典的儒家化或立法的儒家化。因为汉律的儒家化只是司法的儒家化，是为立法的儒家化作铺垫的。

郝铁川教授则认为“春秋决狱并不意味法典的儒家化，而是儒学法家化；德主刑辅只是一种思想观念，充其量是在司法领域产生了一定影响，而并未进入立法领域，亦即没有法律条文化；引礼入律的‘礼’，已非单纯的

---

① 《金坑禁约碑》（光绪十三年立），载《中国珍稀法律典籍续编第十册　少数民族法典法规与习惯法（下）》，黑龙江人民出版社2002年版，第156~158页。金坑禁约碑，原立于广西龙胜各族自治县和平乡金坑大寨旁。金坑团为兴、龙总团管辖。金坑团所定规条，还包括毗邻灵川县三个瑶族村寨。1961年采集。

② 瞿同祖：《中国法律之儒家化》，北京大学五十周年纪念论文集，文学院第4号（1948年）。

③ 瞿同祖：《法律在中国社会中的作用——历史的考察》，载《中外法学》1998年第4期。

儒家之礼，而是法家之礼”。[①]“中华法系的价值观念主要由三部分组成，即：法典的法家化、法官的儒家化和大众法律意识的鬼神化”。[②]

苏亦工教授也认为“儒家学说对历代法律的影响，只存在家族主义和等级制度有限的领域，儒家思想的精髓——‘仁’，从来没有被‘儒家化’了的律典所接受过；法家思想的真谛‘严刑酷罚’‘重刑轻罪’也从来没有被‘儒家化’了的律典所抛弃过。”“所谓中国法律的儒家化不过是一种假象，不过是用儒家思想的一些微不足道的皮毛粉饰和遮掩赤裸裸的重刑主义的虚伪策略罢了”，[③]也就是所谓的“阳儒阴法”。[④]

笔者在此无意也无力裁断“孰是孰非”，只想提出几个问题：

一是中国法律传统应该有大传统和小传统之分。瞿先生和郝教授均注意到，探讨律典、法官，属于精英文化或大传统，探讨巫术与宗教、[⑤]民众法律意识，属于草根文化或小传统的。既然郝教授提出法典的法家化、法官的儒家化，何以大众法律意识是鬼神化呢？大传统何以不能引导和规范小传统呢？大传统在多大程度上影响到了小传统？难道大众法律意识中就没有“儒家化”的表现吗？原因何在？郝教授似乎没有给出解释。

二是法律的儒家化，至少应该区分为两个层次：立法的儒家化和司法的儒家化。按照瞿先生的观点，立法的儒家化早在唐律就完成了。但是，司法的儒家化则是需要继续考察唐以后历代。在此意义上，清代苗疆的法律儒家化的命题是成立的。

三是清代法律应该可以区分多层次的，既可以按事实分类，也可以按空间分。比如，律典、条例、省例、乡例、乡约等；又如，“苗例”“夷例”“番例”“藏例”等。因此，考察儒家学说、法家学说对法律的影响，不仅仅是对律典的影响，还可以是对苗例、款约、禁约等地方性法律的影响。在此意义上，清代苗疆的法律儒家化的命题，也是成立的。

四是重刑主义是法家的独特主张吗？世界各地各类的早期族群社会中，普遍存在着重刑主义。在明清苗疆史料中，“夷法峻厉”，[⑥]丝毫不输于汉律

---

① 郝铁川：《中华法系研究》，复旦大学出版社 1997 年版，第 51 页。

② 郝铁川：《中华法系研究》，复旦大学出版社 1997 年版，第 17 页。

③ 苏亦工：《明清律典与条例》，中国政法大学出版社 2002 年版，第 13~14 页。

④ 苏亦工：《明清律典与条例》，中国政法大学出版社 2002 年版，第 17 页。

⑤ 瞿同祖：《中国法律与中国社会》，中华书局 1981 年版，第 250~269 页。

⑥《宪宗成化实录》卷一四五，第 6 页。转引自贵州民族研究所《〈明实录〉贵州资料辑录》，贵州人民出版社 1983 年版，第 483 页。

以来的历代律典所载的刑罚手段。或许，清代苗人并不如汉人那般的认为其“水火二法”是严酷的。

二、清代苗疆的法律（款约、契约）的儒家化

法律是调整人与人之间社会关系的规范。按照谢晖教授的他治、自治、互治的分类，法律对应也有三种类型的法律。大清律例无疑是他治性法律，“禁条”“禁约”“乡约”是自治性法律，契约则是互治性对当事人有约束力的“法律”。

儒家经典对如何处理人与人之间关系有很多阐述。其中，最为全面、明确的是《孟子·滕文公上》所讲的“父子有亲，君臣有义，夫妇有别，长幼有序，朋友有信”，这是对五伦的道德要求。

（一）苗疆“禁条”“禁约”“乡约”的儒家化

在清代苗疆碑刊的“禁条”“禁约”中，常常出现“朝廷有律法，乡党立禁约”①“朝廷有律法，乡党有禁条”②“朝廷有律法，山中有禁条”③“国有律条，乡党有禁约”。④这表明“禁条”“禁约”“乡约”在苗疆民众心中也是一种具有与朝廷法律功能相似而相辅的“准法律”。有苗疆碑刻深刻地写道：“王法正，则朝廷无奸党；乡约严，则里党鲜嬉游之辈。斯之者，不相谋而实相合也”。⑤“从来朝廷之立法，所以惩不善而警无良；乡之议规，正以从

① 龙胜七团禁约简记（光绪四年三月初九日），载杨一凡、田涛主编，张冠梓点校：《中国珍稀法律典籍续编第十册：少数民族法典法规与习惯法（下）》，黑龙江人民出版社2002年版，第295页。

② 高增寨款碑（康熙十一年七月初三立），载张子刚编撰：《从江石刻资料汇编》，政协从江县文史学习委员会、从江县文化体育广播电视局2007年12月编印，第39页。

③ 邓家禁碑（道光十九年八月初五日），载《中国珍稀法律典籍续编第十册：少数民族法典法规与习惯法（下）》，第264页。

④ 安龙阿能寨布依族谨白碑（咸丰九年），载《中国珍稀法律典籍续编第十册：少数民族法典法规与习惯法（下）》，第285页。

⑤ 潘内寨团律乡约碑（光绪十七年正月望二日），载《中国珍稀法律典籍续编第十册：少数民族法典法规与习惯法（下）》，第305页。

古风而敦习尚。非互结相联而启讦弊之路也”。[①] 瑶族石牌律法，就明确地宣示“先立瑶山，后立朝廷，瑶朝各有所管”。[②]

在这些“禁条”“禁约”中，常常出现儒家伦理观念的表述，笔者也称之为“儒家化”。试举数例如下：

嘉庆十一年三月十六刊立于贵州黎平府河口寨四里塘的《千秋不朽》碑就记载“守正理者，则必受天庥；行逆道者，则必遭王法。是故子曰：‘必也正名乎有’。子曰：‘君子务本’，圣贤已先训之矣，况我等地方久沐王化，习读诗书，而岂有不明返本归源之道乎！”[③]

道光十一年十月二十二日刊立于贵州黎平府边沙寨的《因时制宜》碑就记述：“尝谓周公制礼，孔子定礼，岂容更易？然礼盛则繁，礼奢宁俭。自三代相因，所损所益，未有不期至当恪好而能维持风化者也”。

道光十四年六月十一日刊立于贵州下江厅（今从江县）公纳村的《禁条碑记》就记载：“夫国以民为本，本固则邦宁。民以食为先，食足则信守。此民事之重，而王政之首务也。缘我公纳、腊俄两寨计三百户，历祖□□密，纲常伦纪，尊卑有序。”[④] 禁条也以维持纲常伦纪为依归。

光绪二十三年六月二十日刊立于贵州下江厅（今从江县）增冲寨的《遗德万古碑》记载“不孝有三，无后为大。无嗣而结（接）子，无男而招婿”。[⑤]

光绪十八年七月初八日刊立于贵州黎平府、下江厅交界四个侗寨的《永世芳规》就提及“冠婚丧祭之礼，吉凶富嘉之义”，“户户讲义而型（行）仁”。[⑥]

以上数例都是苗疆族群社会自治性立法的典型，或援引儒家经义以强化其正当性，或效仿朝廷立法的大传统。

---

① 长新乡乡规民约碑（道光十七年六月初一日），载《中国珍稀法律典籍续编第十册：少数民族法典法规与习惯法（下）》，第 258 页。

② 长滩长二昔地三村石牌（光绪二十二年），载《中国珍稀法律典籍续编第十册：少数民族法典法规与习惯法（下）》，第 310 页。

③ 四里塘千秋不朽碑（嘉庆十一年三月十六日），载姚炽昌点校：《锦屏碑文选辑》，锦屏县政协文史资料委员会、锦屏县志编纂委员会办公室 1997 年编印，第 70 页。

④ 公纳禁条碑记（道光十四年六月十一日立），载张子刚编撰：《从江石刻资料汇编》，政协从江县文史学习委员会、从江县文化体育广播电视局 2007 年 12 月编印，第 41 页。

⑤ 增冲遗德万古碑（光绪二十三年六月二十日立），载张子刚编撰：《从江石刻资料汇编》，政协从江县文史学习委员会、从江县文化体育广播电视局 2007 年 12 月编印，第 46 页。

⑥ 新塘永世芳规碑（光绪十八年七月初八日立），载张子刚编撰：《从江石刻资料汇编》，政协从江县文史学习委员会、从江县文化体育广播电视局 2007 年 12 月编印，第 49 页。

（二）苗疆契约的儒家化

在清水江文书中，常常会出现“官凭印信，私凭字约”[①]“官从政法，民从私约”的表述，这一定程度上反映了私约在苗疆民众心目中的地位。苗人订立的汉文契约，也常常出现儒家经义。兹举一例如下：

且五伦之以天合者，君臣而外，厥惟父子，父子主恩者也，以父子有亲亲之恩，决无相违之意，宜永相以为好而无尤，然江流曾有派，树大岂无分枝，于是父子相议，革故鼎新，而我子孙众多，难于约束。今将始祖富宇公所遗地基定为三鼎，各自修造，映祥公占上一幅，映魁公占中一幅，映辉公占右边一幅。以后各存一纸，永远发达存照。

凭中　姜开宏　朱冠樑

笔　姜相齐

合同三纸发达（1/3 暗记）

光绪十五年十月三十日　立[②]

需要指出的是，无论是苗疆款约、乡约、禁约的儒家化，还是苗疆契约的儒家化，基本上出现在清朝中后期。能够援引儒家经义，撰写碑文或契约的，肯定是接受过一定程度汉文教育的。但其所占苗疆人口的比重极其有限，清朝前期尤其如此。因此，对其儒家化的程度不应估计过高。

清代前期的苗疆重臣们，对教化苗人之功效，并不乐观。乾隆三年，贵州总督兼巡抚张广泗就上奏认为：“古州一带苗蛮，向无酋长，其人性同野兽，不识上下尊卑，即有所谓头人者，即各寨中强有力者一二人，然亦不能约束其众，其本寨苗人，亦不听其管辖。”[③]乾隆六年湖广总督那苏图也认为：“夫苗瑶心性既与人殊，而内地人民又复教猱升木，今欲消弭无事，若不于内地立法防闲，将欲开导教悔，化苗为良，不但渐仁摩义，非旦夕

① 《杨奉兴为舅替甥夯、皆字估骗事诉姜沛清、姜朝魁告稟（约咸丰年间）》，载张应强、王宗勋主编：《清水江文书》第1辑第5册，广西师范大学出版社2007年版，第294页。

② 张应强、王宗勋主编：《清水江文书》第3辑第10册，广西师范大学出版社2011年版，第8页。

③ 《张广泗奏屯户不敢滋扰苗民折（乾隆三年七月二十八日　朱批）》，载《清代前期苗民起义档案史料（上册）》，第249页。

可期之事，且恐野性难驯，终鲜实效。”①

同治十一年，徐家干在台拱厅（即今台江县）施洞口的“毅新营”帮办营务，发现新辟苗疆台拱等六厅的苗人，“家不祀神，只取所宰牛角悬诸厅壁，其有天地君亲师神位者，则皆汉民变苗之属”。②从雍正六年（1728）首创苗疆厅制，到同治十一年（1872），几近150年，按照徐家干的观察，六厅苗人依然没有接受设立天地君亲师神位的儒家祭祀礼仪。但今天，贵州境内少数民族家中依然还设有天地君亲师的神位。这儒家伦理价值社会化的明证。

三、理讼是清代苗疆法律儒家化的重要途径

清代苗疆法律儒家化的途径，肯定包括教育、教化，③但是理讼无疑是重要途径之一。《尚书》记载：舜帝因“有苗弗率”，命令禹去征讨。禹誓师临苗时讲“蠢兹有苗，昏迷不恭，侮慢自贤，反道败德”，但是，三旬过去，“苗民逆命”依旧。伯益对禹讲：“惟德动天，无远弗届。……至诚感神，矧兹有苗”。禹班师回朝。舜“诞敷文德，舞干羽于两阶，七旬有苗格”。④对此，乾隆帝曾说：“书称舞干羽而有苗格，不过甚言德化之速，今欲以淡食为制苗之策，岂真撤兵舞羽遂可绥靖苗疆，无是理也。”⑤可见，晚年的乾隆帝依然不迷信教化的功效，武力、暴力手段也是约束苗人的必要、非常手段。但是，武力征讨的代价较大，故而用刑不用兵，理讼成为了日常手段。即以案说法，以案普法，成为了清代苗疆法律儒家化的重要途径。

（一）审理命案确立服制原则

《晋书·刑法制》讲“峻礼教之防，准五服以治罪”，晋律开后代依服

① 《那苏图奏陈治理苗疆之道折（乾隆六年五月十六日　朱折）》，载《清代前期苗民起义档案史料（中册）》，第41页。

② （清）徐家干撰：《苗疆见闻录》，陈琳点校，载顾久主编：《黔南丛书》第11辑，贵州人民出版社2010年版，第83页。

③ 清代后期，贵州出现了大儒尹珍、莫友芝等，的确起到一定的教化的作用。

④ 《十三经注疏》整理委员会整理、李学勤主编：《十三经注疏·尚书正义》，北京大学出版社1999年版，第97~102页。

⑤ 《谕福康安等湖南禁止盐斤输入苗境之请甚属无味（乾隆六十年十一月二十六日　苗民起义档）》，载《清代前期苗民起义档案史料（下册）》，第111页。

制定罪之先河。乾隆五年（1740）颁定的《大清律例》，卷二“丧服”诸图有丧服总图、本宗九族五服正服之图、妻为夫族服图、妾为家长族服之图、出嫁女为本宗降服之图、外亲服图、妻亲服图、三父八母服图，共八图。“丧服总图”首定“五服”（斩衰、齐衰、大功、小功、缌麻）等级。五服实即五亲等，按亲属远近关系，分成五等，规定丧葬期间所应穿丧服之制式标准，以此来确定亲属关系的远近。[①]

1. 妻亲关系的命案。乾隆元年云南厦莫等谋死女婿厦拖案。寻甸州彝人厦拖，娶彝妇厦莫之女为妻，夫妇素相和好。厦拖因贫鬻身，厦莫恶其玷污门楣。于雍正十二年十一月初一日，许者欲银六十两，并将女给其为妻，嘱令将厦拖致死，即给银三两四分，者欲听从。至初二日晚，告知小檥奚捏称饮酒，邀厦拖至旷野。者欲将厦拖推倒，和小檥奚一道将厦拖用麻绳勒死。云南巡抚张允随复审认为，律载“尊长谋杀外姻卑幼已杀者依故杀法”，又律内“外姻尊长殴缌麻卑幼至死者绞监候，不言故杀者，亦止于绞”，因此，厦莫应依律拟绞，者欲、小檥奚合依谋杀加功律拟绞，均监候，秋后处决，不应援赦。乾隆元年五月初四日，刑部具题乾隆帝。乾隆帝批红：三犯“俱依拟应绞，著监候，秋后处决”[②]

《大亲律例》卷二所载的“妻亲服图”，规定了已婚男子对妻族的服制亲等关系。夫对妻之父母仅为缌麻亲，夫对妻之其他亲属如妻之兄弟姊妹、妻之祖父母都是无服亲。[③]云南巡抚具题中，列举了两条律文，依据“妻亲服图”优先适用后者。

2. 外亲关系的命案。乾隆十年，贵州清江厅属苗人老缴，自清江赴镇远，佣工刘许氏家。十一年二月，刘许氏将使女长发，许配为妻，拨往中坝庄种田，生有子女。十五年正月，老缴亲母舅老保，亦自清江赴镇买牛，寓居老缴家中。因牛一时难买，老保暂归，将银七两四钱交与老缴代买。及老保复至，老缴已将此项银两花费。老保坐守无偿，终日口角。至四月十五、十六两日，吵嚷转甚。邻人胡老二、刘老二从中解劝，老保固执不依。老缴气忿，随萌杀机。十七日，老保向外坐于门栏上，詈骂不休。老缴不合，执斧

① 郑秦：《十八世纪中国亲属法的基本概念（代前言）》，载郑秦、赵雄主编：《清代“服制”命案：刑科题本档案选编》，中国政法大学出版社 1999 年版，前言第 1~2 页。

② 郑秦、赵雄主编：《清代“服制”命案：刑科题本档案选编》，中国政法大学出版社 1999 年版，第 12 页。

③ 郑秦：《十八世纪中国亲属法的基本概念（代前言）》，载郑秦、赵雄主编：《清代“服制”命案：刑科题本档案选编》，中国政法大学出版社 1999 年版，前言第 2 页。

潜至老保背后，用斧脑多次打中老保致命部位，致其毙命。老缴阻止长发告诉主家，并由胡老二、刘老二帮助抬埋。八月内，刘许氏欲将老缴之女抱继与人，老缴不允，并带着妻子潜匿，被主家拿获。老缴复逃，长发母子被带回主家。老缴至主家索要，且以人命干练恐吓，被刘许氏之夫兄刘源长拿住解县。老缴又不合，诬指刘源长殴死老保。此案经镇远县讯出谋杀确情。贵州巡抚开泰复审认为，老缴谋杀小功母舅老保身死一案，老缴除诬告家长期亲死罪未决不议外，合依谋杀缌麻以上尊长已杀者斩律，应拟斩立决，先行刺字。胡老二、刘老二除移尸为从轻罪不议外，均合依知人谋害即阻当首告律，各杖一百。府司时值热审，照例减等，折责发落。长发除背主脱逃，系听从夫命，伊夫杀人不即首告，於律得相容隐，均免置议外，当老缴谋害老保之时，目击不为救阻，亦应依知人谋害不即阻挡律，杖一百。系妇人，事犯在乾隆十五年八月初四日恩诏以前，应予援免。长发母子仍给伊主刘许氏领回安插。①

3. 夫妻关系的命案：夫为妻纲。乾隆三十一年，广西贵县壮妇覃氏谋死亲夫李均朋案。广西贵县壮妇覃氏于乾隆二十九年嫁与李喜传次子李均朋为妻，素相和好。因壮族习惯，嫁女如未生育，常住母家，每年只回夫家三四次，帮作田工数日。乾隆三十一年九月十七日，覃氏归夫家割禾，伊夫李均朋因未将割完，斥骂未□。声言以后不许回去。是夜夫妻同睡，均朋欲行房事，因覃氏原系石女，不能如其所欲，即发气辱骂，脚踢覃氏下身。十八日夜，均朋又欲行房，覃氏起避，睡于厨房灶下，次早伊姑谢氏查见。至晚，谢氏仍送覃氏进房，均朋仍复缠扰不已，并言打死另娶。覃氏既因工作，常被夫骂，又因不能与夫行房，被夫缠扰骂苦，复虑伊夫真有打死之事，顿起杀机。于二十四日晚，先取舂米木杵收藏床底，夜间思欲动手，因夫兄李均胜夫妇睡卧仅隔竹笆，虑其知觉，待至天明，听闻夫兄夫妇出门工作，公姑均在厨房煮粥，见夫李均朋侧身睡熟，即取木杵向均朋头上打，伤右耳耳窍，均朋声喊乱滚，覃氏心慌手乱，跌落木杵，随拔取铜簪，戳伤均朋额头右额角、右眼角。时值氏翁李喜传见子未起牧牛，令谢氏进房往唤，谢氏见子被打血流，喊同李喜传抬至堂屋殒命。维时覃氏欲逃，被李喜传用绳背捆两手，谢氏疑有奸夫同谋打死。用棍欲绞其手吓逼，覃氏心慌，随口答应以黄姓教令打死丈夫嫁伊之语。报经该县验讯之时覃氏因先被翁姑吓逼，已经认有姓黄奸夫，不便改口，又欲卸与他人，起意轻减

① 中国第一历史档案馆、中国社会科学院历史研究所合编：《乾隆刑科题本租佃关系史料之一：清代地租剥削形态》（下册），中华书局 1982 年版，第 752~755 页。

己罪，随将平日所闻壮歌内黄朝勇捏作奸夫，唱歌赠物往来数次，立誓教打各情由录供，通报饬闻，黄朝勇审解去后。嗣据署浔州府知府博明，转据署贵县事武宣县知县卢审明前情，议拟详解到司。经广西按察使袁守侗提犯覆审，虽与该县覆审无异，但核其案情似有疑窦，恐别有起衅造意加工之人，当即檄调灵川县知县杨德麟审详，亦与该县卢焜复审，供情相同。并据覆令稳婆唐氏探验，覃氏实系石女详覆，由司复核，详解前来。经臣覆加研讯，据覃氏供认不讳。是李均朋之死，实系覃氏一人起意下手致死，毫无疑义。覃氏合依妻谋杀夫已杀者凌迟处死律，应凌迟处死。尸母谢氏痛子念切，吓逼覃氏混认奸夫，情尚可原，请免置议，广西巡抚宋邦绥谨题请旨。（乾隆三十一年十二月十九日）[①]

其实，覃氏本为石女，无法尽妻子之义务，是应予以原谅的情节，但是并未得到复审官员的关注，依旧处以凌迟极刑，可见夫为妻纲、既嫁从夫的价值准则在当时官员心目中是多么的牢固。

不过，大清律典在对谋杀亲夫处以酷刑的同时，礼部也给予忠贞节妇旌扬褒奖，以敦风化。乾隆十八年贵州王阿礼图奸无服族妹阿贯致其自缢案中，苗人王阿礼强奸阿贯不从，阿贯羞忿自缢，而王阿礼之父阿海畏罪亦自缢。苗妇阿贯系王阿礼无服族妹，嫁与潘阿四为妻，因贫常回母家居住。乾隆十七年五月十九日，阿礼在田工作，适遇阿贯赴山割草，阿礼四顾无人，辄起淫心，拉抱阿贯求奸。阿贯不从，咬破阿礼手指脱身喊叫。时有地邻方天柱在田放水，阿贯奔诉，当经天柱劝释，领送阿贯家。阿贯告知伊兄阿顶，投鸣寨头，族邻王阿三、王阿二、王阿黑、王阿先向阿礼家理讲，劝令赔礼息事。讵阿礼之父阿海庇护其子，不令赔礼，反肆恶言抵赖，以致阿贯羞忿莫释，于二十一日投缳毕命。阿海闻知阿顶报官，亦于二十五日畏罪自缢身死，报州验详饬审。据署按察司事布政使温福审解前来，臣覆亲讯不讳。乾隆十八年二月十九日，贵州巡抚开泰复审具题认为，王阿礼依例拟绞监候，秋后处决；王阿三、王阿二、王阿黑、王阿先均依例杖责。再查定例，妇女强奸不从以致身死者旌表，今苗妇阿贯义不受辱，激烈捐生，所当附招，申请旌扬，以维风化。[②]

贵州苗妇无夫时曾通奸，有夫后拒绝通奸，奸夫谋杀亲夫，苗妇并不

---

① 郑秦、赵雄主编：《清代“服制”命案：刑科题本档案选编》，中国政法大学出版社1999年版，第141~142页。

② 郑秦、赵雄主编：《清代“服制”命案：刑科题本档案选编》，中国政法大学出版社1999年版，第80~81页。

共谋之心，苗疆各级有司亦能“原心定罪”。乾隆五十年，贵州卯老大与解邓氏通奸谋死本夫解文达案，卯老大与邓氏之父邓文检同寨居住，邓氏与卯老大熟识，往来无忌。乾隆四十八年九月内，卯老大与邓氏调戏成奸，迨后宣淫已非一次，邓文检并不知情。四十九年正月，邓氏嫁与解文达为妻，五月间回至母家看望，卯老大复至邓家中图续旧好，邓氏以已经出嫁不允，卯老大随称将解文达谋害，图作长久夫妻。邓氏詈骂拒绝，卯老大以邓氏忘情，生气而回，邓氏旋回夫家。五十年正月初二日，解文达同妻邓氏赴邓文检家拜年，初三日卯老大前往看望，邓氏躲避不见。卯老大以邓氏先经拒奸后复躲避，必系解文达主使，遂决意谋死解文达。探知解文达于初五日独自先行回家，遂带尖刀至泥塘箐等候。适解文达用箩背负松木等物走至，卯老大诳称欲赴宣威探亲，约令同行，并唤解文达歇气，解文达将背箩放下，坐于路旁，卯老大见背箩内有松木一段，颇觉沉重，可以将人致死，遂假意取看，即用松木狠殴解文达顶心，接连偏左一下，骨损殒命。卯老大将尸身拖下沟内，扒取浮土掩盖，并将解文达遗弃什物携至鲁溪沟，丢弃路旁，旋即逃匿。初九日有杨盛忠至邓文检寨邻卯小大家拜年，由沟经过，见有背箩松木等物，向卯小大谈及。维时邓文检在座听闻，心疑往看，认系解文达原物，恐解文达被人谋害，回家告知。邓氏心疑卯老大将夫致死，虽将通奸情由向邓文检哭诉。报州获犯，讯供不讳。贵州巡抚永保具题认为，应将卯老大依律拟斩，而邓氏则拟绞，因邓氏指拿获犯，尚有不忍致死其夫之心。刑部尚书阿桂复审认为，卯老大合依因奸杀死亲夫、奸夫处斩律，拟斩监候；邓氏合依奸夫自杀其夫、奸妇虽不知情绞律，拟绞监候，均秋后处决。乾隆帝批红，核准了对卯老大的拟判意见。对邓氏则认为“卯老大因与邓氏通奸拒绝，将伊夫谋死，邓氏闻知，即将奸情哭诉伊父，具报拿获到官，尚有不忍致死其夫（原件不清）。”①

由该案题本的贴黄来看，贵州巡抚永保、刑部尚书阿桂、乾隆帝一方面依律断罪，另一方面也坚持了汉儒的“原心定罪”的司法原则。尽管乾隆的批红原件漫漶不清，无法准确知道其对邓氏的最终判决意见。但从文理上推断，应该是低于“绞监候、秋后处决”的刑罚。

清律虽规定了对有夫奸之妇女的刑罚，但遇到大赦可以免除相应的刑罚。嘉庆四年十月十四日，云南省镇雄州甲民王廷秀不在家，有向在王廷

---

① 郑秦、赵雄主编:《清代“服制”命案：刑科题本档案选编》，中国政法大学出版社1999年版，第330~332页。需要交代的是，该题本贴黄的十分简洁的案情简介，并未交代案件当事人的族别身份，但是根据“卯老大”“卯小大”等名字，笔者推测其为苗人或彝人。

秀家住歇的江西太和县商人康崇禄，与王廷秀妻子陶氏通奸，被彝人杨二把将康崇禄打伤身死。王廷秀回家查知，杨二把也与陶氏有奸，当晚来家撞遇打死。嘉庆五年六月初三日，云南巡抚初彭龄具题认为，杨二把合依斗殴杀人者，不问手足、他物、金刃，并绞律，拟绞监候，秋后处决。陶氏合依军民相奸例，枷号一个月，杖一百。事犯在嘉庆四年十一月二十七日钦奉恩诏以前，应请援免。①

但是，夫妻关系一旦解除，则不存在任何服制关系，以凡人关系而论。乾隆四十五年，贵州李德茂拾石掷伤原妻李氏身死亡一案。李德茂，系江西籍，来黔贸易，娶孀妇李氏为妻。乾隆四十四年十一月间，李德茂欲回原籍，李氏不愿同行，李德茂将李氏改嫁陈志为妻，于十二月二十三日过门成亲。因李德茂合有钱会，定于四十五年三月初回籍，不能等候会期，央陈志接顶，陈志依允。二月二十八日，李德茂路过陈志门首，进内催索钱文。适陈志外出，即向李氏催讨，互相口角，李氏用粪泼污，李德茂气忿，拾石掷伤李氏偏右连接额角，逾时殒命。审供不讳。乾隆四十五年十二月十五日，刑部复审具题认为，赞同贵州巡抚的拟判意见，李德茂合依斗殴杀人律，拟绞监候，秋后处决；陈志合依买休律，杖一百。乾隆帝批红予以核准。②

4. 本宗九族关系的命案

（1）兄弟有悌

嘉庆八年十二月十九日，贵州省兴义府苗人贺阿高，因占同母胞弟贺登禄名下地基建房屋，贺登禄上前拦阻，贺阿高执担向殴，被贺登禄接住不放。贺阿高用力拉脱，失足跌脱，磕伤头上偏左，延至次日早身死。嘉庆九年，贵州巡抚复审具题认为，贺阿高系贺登禄胞兄，贺登禄合依弟殴兄致死律，应拟斩立决，先行刺字。但贺登禄因兄贺阿高霸占受分地基，前向理论，被用担打伤，因恐被复殴，将木担夺住，贺阿高用力拉脱，自行失跌磕伤毙命，并非逞凶干犯，核其情节与请旨之例相符，相应照例声明，听候部议。嘉庆帝朱批：贺登禄改为应斩，著监候，秋后处决。③

① 杜家骥主编：《清嘉庆朝刑科题本社会史资料辑刊》，天津古籍出版社 2008 年版，第 1512~1513 页。

② 郑秦、赵雄主编：《清代“服制”命案：刑科题本档案选编》，中国政法大学出版社 1999 年版，第 257~258 页。

③ 杜家骥主编：《清嘉庆朝刑科题本社会史资料辑刊》，天津古籍出版社 2008 年版，第 1529~1530 页。录文对刑部等三法司的复审意见作了删除。

嘉庆十七年九月初二日，云南省临安府通海县落恐寨彝民波他等，因与堂兄李芳争割田谷，波他被李芳打伤身死。云南巡抚孙玉庭复审该案后具题认为，李芳系波他共曾祖堂兄，服属小功，合依本宗尊长殴伤卑幼至死者绞监候律，拟绞监候，秋后处决。史居因李芳不还代纳钱粮，自应禀官究追，乃带同其子往田抢割，致酿人命，殊属不合。姑念其子已死非命，应与听从父命之波仰登免其置议。[①]

（2）长幼有序

嘉庆十五年四月三十日，贵州省铜仁县苗民田二敏，与田贵陇因争放田水，口角争殴，被田陇贵用刀砍伤右太阳穴身死。嘉庆十五年七月二十五，贵州巡抚鄂云布复审后具题认为，田二敏系田陇贵胞叔，服属期亲，田陇贵合依侄殴叔至死者斩律，应拟斩立决，先行刺字。[②]

5. 姻亲无服制关系的命案。清代苗疆命案中，有司审理过程中，确定加害人与被害人之间是否存在服制关系是其需要查明的重要事实之一。根据大清律例所载“服制图”而判定不存在服制关系的，则按凡人相犯论。

（1）凶犯与其堂姐夫。乾隆五十年，云南彝民戈约殴伤堂姊之夫白呢身死案。白呢系戈约堂姊之夫，谊属郎舅，素好无嫌。乾隆四十九年二月间，白呢借戈约钱十六千文，令子鲁柱在戈约家帮工作利。四月内鲁柱潜回，戈约向白呢理讨，白呢先还钱八千文，下欠八千，经白呢之妻父他业、即戈约之伯父从中作保，约至十月还清。过期未偿。十一月二十五日，白呢往探戈约分居之弟者外，即留住宿。二十六日早，者外邀他业陪饮，适戈约罢后踵至，者外斟酒递饮。戈约道及白呢欠项，系他业作保，因何过期不向讨还，出言埋怨，他业气忿，赶向戈约欲殴，经者外劝止。维时白呢上前指斥，戈约顶触伯父之非，扭住向殴。戈约声言欠钱未偿，反行帮护妻父，顺拾炉边柴棒，殴伤白呢左太阳连耳窍，白呢跌地碰伤右耳根，延至三十日因伤殒命。报县验详饬审，由司解讯，供认不讳。戈约依律绞监候。[③]

（2）凶犯与其岳父的堂兄弟。嘉庆六年六月十七日，四川省会理州彝

---

① 杜家骥主编：《清嘉庆朝刑科题本社会史资料辑刊》，天津古籍出版社 2008 年版，第 1566~1567 页。

② 杜家骥主编：《清嘉庆朝刑科题本社会史资料辑刊》，天津古籍出版社 2008 年版，第 1556~1557 页。

③ 郑秦、赵雄主编：《清代“服制”命案：刑科题本档案选编》，中国政法大学出版社 1999 年版，第 318 页。

人生员何克绍的侄女婿彝人自凌霄携取田契，向何克绍押当银两，何克绍不允，复向自凌霄索讨旧欠马价，致相争闹。何克绍被自凌霄砍伤，延至十八日殒命。嘉庆十年五月二十五日，四川总督德楞泰复审后具题认为，自凌霄系已死何克绍侄女婿，并无服制，应同凡论。自凌霄合依斗殴杀人者，不问手足、他物、金刃，并绞律，应拟绞监候，秋后处决。①

（3）凶犯与其堂表弟。嘉庆十八年八月十八日，四川理番厅九子寨番民杨成德，至磊底寨包什札家饮酒，与番民檫西口角互殴，被檫西殴伤，至十九日夜身死。嘉庆十九年二月初五日，四川总督常明复审后具题认为，杨成德系檫西的堂表弟，并无服制，檫西合依斗殴杀人者，不问手足、他物、金刃，并绞监候律，应拟绞监候，秋后处决。②

（4）凶犯与继子。嘉庆十五年三月初五日，贵州贵筑县苗人班阿和叫继子班阿比去牵回在山上牧放的牛，班阿比不听，班阿和斥骂，班阿比出言顶撞，班阿和用手里柴刀背打去，伤着班阿比右耳门倒地，被地下柴块磕伤右额角，不能言语。初六日，宋陇受来班阿和家里索讨所借银两，蒙阿告也同来要赔赃银，班阿和见班阿比伤重要死，起意要赖宋陇受、蒙阿告。班阿和以宋、蒙二人不应清早到家索银，出言混骂。宋、蒙理斥其非，致相争闹。班阿和自用尖刀划伤左腿、头上，诬喊宋、蒙将其杀伤，并殴伤其继子班阿比。宋、蒙知是赖骗，各自回家。初七日，班阿比因伤死亡。班阿和当即投明寨众，要宋、蒙出银私和。宋、蒙不理，进城告状。嘉庆十五年九月十一日，贵州巡抚鄂云布复审后具题认为，班阿比系班阿和之妻唐氏前夫之子，班阿和合依殴妻前夫之子死者，绞监候，秋后处决。班有义系班阿和胞叔，班阿和殴毙班阿比，捏为宋陇受等殴毙，意图讹诈银两。尚未诬告到官，追闻宋陇受等欲行控告，邀约班阿和至家相商，班有义即为作词出名诬告，应坐以为首之罪。如所告宋陇受等殴死属实，宋陇受应拟绞抵，今审属全虚，应行反坐。班有义合依诬告人死罪未决者，杖一百，流三千里，加徒役三年律，应杖一百，流三千里，到配折责安置，加徒役三年。③

---

① 杜家骥主编：《清嘉庆朝刑科题本社会史资料辑刊》，天津古籍出版社 2008 年版，第 1535~1536 页。

② 杜家骥主编：《清嘉庆朝刑科题本社会史资料辑刊》，天津古籍出版社 2008 年版，第 1569 页。

③ 杜家骥主编：《清嘉庆朝刑科题本社会史资料辑刊》，天津古籍出版社 2008 年版，第 1552~1555 页。

（二）审理叛逆案确立“君为臣纲”原则

清朝苗疆起义不断，审理叛逆大案也成为清代苗疆理讼的一个重要特点。在朝廷武力讨伐阶段，一般恪守“擒戮首党，协从罔治”原则。① 在审拟阶段，区别情罪，依据律例予以不同刑罚。有的适用谋叛已行不分首从皆斩律；有的适用谋叛未行为首绞监候律；有的适用谋叛未行为从杖一百、流三千里律；有的适用知谋叛已行而不首者杖一百、流三千里律。但是，对大逆不道的首犯，均凌迟处死，并将首级遍传各寨示众。

审理苗疆叛逆大案，一般都会适用到以下律例条文：（1）律载：谋反大逆者凌迟处死，本犯之祖父、父、子、孙、兄、弟及正犯之期亲伯叔父兄弟之子，年十六以上皆斩，十五岁以下及正犯之母女妻妾姊妹，若子之妻妾，给与功臣之家为奴，财产入官。（2）律载：谋叛但共谋者，不分首从皆斩，妻妾子女给付功臣之家为奴，财产入官。知而不首，流三千里。若谋而未行，为首者绞候，为从者杖一百，流三千里。（3）例载：苗人伏草捉人，横加枷肘，勒银取赎者，初犯为首者斩监候，再犯不分首从皆斩立决。（4）例载：“土蛮瑶壮犯军流罪，将本犯照例枷责，仍同家口父母、兄弟、子侄一并迁徙六百里外之营县安插。”

乾隆五十二年六月，湖南巡抚浦霖审理湖南凤凰厅勾补寨石满宜等叛逆案，并定拟意见如下：石宜满逞其凶悍，聚众饮血，捉枷勒赎，又胆敢不服拘拿，喝众拒敌，伤毙兵丁，悖逆不法，实属罪大恶极，应照大逆罪凌迟处死。石隆后、石老黑、龙老九、龙观音、石老谋、石老贵、石老那、石满谊等，听从饮血，叠次抢夺，又复拒敌伤兵，实属同恶相济。除石隆后先被官兵歼毙外，其余七犯合依谋叛已行律，均拟斩立决。石老良、石老片系逆苗石满宜之子，律应缘坐拟斩。该犯等又随同抢掠，持械抗拒官兵，实属父子济恶，亦应照谋叛已行律，拟斩立决。并由驿站五百里驰奏，乾隆帝朱批：军机大臣会同行在法司核拟速奏。②

综上案例，大清律例的儒家化是法典的儒家化，是立法的儒家化，其儒家价值伦理“亲亲、尊尊”原则是立法者设定的。该价值伦理在苗疆的

① 《吴达善等奏审拟党堆寨滋事余伙折（乾隆三十五年六月初四日批　军录）》，载《清代前期苗民起义档案史料（中册）》，第 126 页。

② 《浦霖奏审办石满宜等折（乾隆五十二年六月初三日批　军录）》，载《清代前期苗民起义档案史料（中册）》，第 155~156 页。

落实，内化为苗人的行为准则，主要是通过理讼（包括施行）来实现的，尤其是在当地有影响力的命案、叛逆大案的审理。清代苗疆内结案件（包含秋审案件）之理讼，是化苗成俗，沟通大小传统，型塑小传统的重要渠道，是苗人法律意识的鬼神化向儒家化逐渐转变的重要媒介，也是司法儒家化的场域。

结　论

任何社会，都有法律生活，都有理讼。古“法”字，以象形文字的独特方式，所展示的最朴实、最可靠的含义就是：“法”是由社会权威机构行使的，通过查明证据来解决纠纷，判明是非曲直，并对违法者施以刑罚的特殊社会活动，同时，也通过这一社会活动来体现人们必须遵守的公共生活准则。因此，理讼是维持清代苗疆社会秩序的必要手段，也是清代苗疆传统法律生活的重要方式，具有取代丛林法则、同态复仇和以力服人的霸道的历史进步性。理讼是以理服人的王道之治。

清代苗疆，尚存在生苗区和羁縻土司管辖区域，它们二者属于不适用《大清律例》的“法域”。寨款理讼能维持族群内部秩序，但是不足以维护族际交往秩序。汉苗交往秩序，清帝国与云南联系孔道的安宁，常常受到部分苗人劫杀抢夺的侵扰。这是武力开辟生苗区的重要原因之一。擅定酷刑的土司理讼则是清廷实施改土归流的重要原因之一。

新辟苗疆之后，清廷对新辟苗疆有过短暂的因俗而治，允许寨款理讼、流官理讼适用“苗例”断理苗人间的讼争。乾隆六年以后，苗人图财谋命、苗人与军民交涉案件，流官衙门要按律究拟，而不适用“苗例”。改土归流之后，土司理讼不再享有终审权力，不服从土司理讼的，可以向土司上一级流官衙门控告。土司理讼受到流官衙门的监督，土司理讼权力被限定在有限范围内。

屯堡是清帝国在苗疆武力存在的堡垒，也是维系流官治理的重要保障，也是汉民屯户安身立命之所在，还是客民迁移苗疆的落脚点。屯堡区域成为流动性较强、各方商业交往密切的特别区域。屯堡武弁理讼，就近及时维护区域社会秩序，弥补流官衙门的理讼能力的不足。

流官理讼表现出相对较强的法律理性，而且这种经验理性很快就被苗人熟悉和掌握。流官理讼也逐渐在苗人心中拥有了权威。清水江文书中，至今还保留了大量诉禀稿，多是向流官衙门控告的。

清代苗疆的社会转型有政治、经济、文化、社会四个维度。流官理讼、屯堡理讼是促进社会转型的，包括苗疆市场化、苗疆从领主制向地主制的转变、陋俗革除、契约制度变化、法律观念的儒家化。而前期的寨款理讼、土司理讼则相对保守，在一定程度上阻碍着社会转型。四种理讼机制，正反相维，互动调适。

理讼调适，有利于控制社会转型的节奏和秩序。理讼相对于立法而言，是渐进、反复的调适。四种理讼权力虽然有其大致的界分，但也在一定范围内（户婚、田土、市易）竞争、博弈，促进理讼的自我改良。苗疆流官出台剔弊新政，会预估可能产生的讼争滋扰，比较审慎稳健，以循旧便民为先。在出台普遍适用的政令与通过理讼个案解决方式之间，流官并无“立法”优先的偏好，常常会预估立法是否“启仇讦涉讼之繁”，反倒认为理讼的个案处理方式更为妥便，可以“消之以渐，则事可清而民不扰”，保持社会转型的节奏和秩序。

清代苗疆理讼触动了苗人的法律意识，主要表现在：一是苗人契约观念的变化。比如，“从信鬼守约为主到信官（法）守约为主”，“从绝对化的守约到相对化的守约”。契约示信，是汉苗共同的价值规范，也是维护汉苗良性互动关系的基本准则。二是苗疆的法律（款约、契约）的儒家化，即儒家伦理价值在苗疆的社会化。

清代苗疆，最终建立起了以流官理讼为最高权威的多元互动、调适的理讼机制，实现清代苗疆法制的基本统一，得因俗与变俗之中，促进了苗疆社会转型，实现了苗疆与内地的一体化和深度融合。苗汉共享儒家价值伦理，共享苗疆土地资源，共享市场一体化带来的经济利益，共享统一的国家司法公共服务。从汉苗仇敌、汉苗分治，到汉苗相安、汉不扰苗，苗不仇汉，化为一体。这是清代苗疆的主流。

参考文献

一、基础史料

（一）清水江文书

1. 张应强、王宗勋主编：《清水江文书》第1辑（全13册），广西师范大学出版社2007年版。
2. 张应强、王宗勋主编：《清水江文书》第2辑（全10册），广西师范大学出版社2009年版。
3. 张应强、王宗勋主编：《清水江文书》第3辑（全13册），广西师范大学出版社2011年版。

（二）黔南丛书

4.（明）王士性：《广志绎》，张新民点校，载顾久主编：《黔南丛书》第9辑，贵州人民出版社2010年版。
5.（明）徐宏祖：《黔游日记》，张新民点校，载顾久主编：《黔南丛书》第9辑，贵州人民出版社2010年版。
6.（清）吴振棫：《黔语》，载顾久主编：《黔南丛书》第10辑，贵州人民出版社2010年版。
7.（清）爱必达：《黔南识略》，罗丽丽点校，载贵州省文史研究馆编：《续黔南丛书》第2辑（上册），贵州人民出版社2012年版。
8.（清）李宗昉：《黔记》，罗丽丽点校，载顾久主编：《黔南丛书》第10辑，贵州人民出版社2010年版。
9.（清）徐家干：《苗疆闻见录》，陈琳点校，载顾久主编：《黔南丛书》第9辑，贵州人民出版社2010年版。
10.（清）林溥：《古州杂记》，张祥光点校，载顾久主编：《黔南丛书》第11辑，贵州人民出版社2011年版。
11.（清）罗绕典：《黔南职方纪略》，罗丽丽点校，载贵州省文史研究馆主编：《续黔南丛书》第2辑（上册），贵州人民出版社2012年版。
12.（清）陈鼎：《黔游记》，苟爽、罗正副点校，载顾久主编：《黔南丛书》第9辑，贵州人民出版社2010年版。
13.（清）林溥：《古州杂记》，张祥光点校，载顾久主编：《黔南丛书》第11辑，贵州人民出版社2010年版。

（三）地方志

14. 明万历三十六年刻本《黔记》。
15. 康熙二十二年刻本《天柱县志》。
16. 康熙三十五年刊本《云南府志》。
17. 康熙六十一年增补刻本《思州府志》。
18. 乾隆六年刻、嘉庆补修本《贵州通志》。
19. 乾隆二十二年刻本《玉屏县志》。
20. 乾隆三十四年刻本《独山州志》。
21. 嘉庆六年刻本《广西通志》。
22. 嘉庆六年刻本《黄平州志》。
23. 道光二十九年刻本《大定府志》。
24. 光绪十四年刻本《古州厅志》。
25. 光绪十四年刊行《黔史》。
26. 光绪十八年刻本《黎平府志》。
27. 民国九年稿本《施秉县志》。
28. 民国三十七年贵阳书局铅印本《贵州通志》。
29. 成文魁编：《施秉县文物志》，施秉县文物管理所1990年内部发行。
30. 贵州省剑河县志编纂委员会：《剑河县志》，贵州人民出版社1992年版。
31. 常德市志编纂会员会编：《常德市志》，中国科学技术出版社1993

年版。

（四）档案（来自第一历史档案馆）

32. 中国第一历史档案馆、中国人民大学清史研究所、贵州省档案馆编：《清代前期苗民起义档案史料（上、中、下三册）》，光明日报出版社 1987 年版。
33. 杜家骥主编：《清嘉庆朝刑科题本社会史资料辑刊》（第 1~4 册），天津古籍出版社 2008 年版。
34. 中国社会科学院历史研究所、中国第一历史档案馆编：《乾隆刑科题本租佃关系史料之一——清代地租剥削形态》（上、下册），中华书局 1982 年版。
35. 郑秦、赵雄主编：《清代“服制”命案：刑科题本档案选编》，中国政法大学出版社 1999 年版。

（五）明实录、清实录

36. 贵州民族研究所：《〈明实录〉贵州资料辑录》，贵州人民出版社 1983 年版。
37. 中国科学院民族研究所、贵州少数民族社会历史调查组、中国科学院贵州分院民族研究所编：《〈清实录〉贵州资料辑要》，贵州人民出版社 1964 年版。
38. 广西壮族自治区通志馆，广西壮族自治区图书馆编：《〈清实录〉广西资料辑录》（全六册），广西人民出版社 1988 年版。
39. 云南省历史研究所编：《〈清实录〉有关云南资料汇编》，云南人民出版社 1984 年版。
40. 魏治臻辑：《〈清实录〉彝族资料辑要》，云南民族出版社 1986 年版。

（六）碑刻

41. 姚炽昌点校：《锦屏碑文选辑》，锦屏县政协文史资料委员会、锦屏县志编纂委员会办公室 1997 年编印。
42. 张子刚编撰：《从江石刻资料汇编》，政协从江县文史学习委员会、从江县文化体育广播电视局 2007 年内部印发。

43. 广西民族研究所编:《广西少数民族地区石刻碑文集》，广西人民出版社 1982 年版。

（七）土司史料

44. 中共鹤峰县委统战部、县史志编纂办公室，中共五峰县委统战部、县民族工作办公室:《容美土司史料汇编》，1993 年内部发行。
45. 高润身:《容美纪游注释》，天津古籍出版社 1991 年版。
46. 楚雄彝族文化研究所编:《清代武定彝族那氏土司档案史料校编》，中央民族学院出版社 1993 年版。

（八）其他法律文献

47. 杨一凡、田涛主编，张冠梓点校:《中国珍稀法律典籍续编·少数民族法典法规与习惯法（下）》（10），黑龙江人民出版社 2002 年版。
48. 张冠梓编:《中国少数民族传统法律文献汇编（全五册）》，中国社会科学出版社 2014 年版。
49. 杨一凡、刘笃才编:《中国古代地方法律文献》丙编（2–3 册），社会科学文献出版社 2011 年版。
50. 杨一凡主编:《历代珍稀司法文献》（11），社会科学文献出版社 2012 年版。
51. 田涛、郑秦点校:《大清律例》，法律出版社 1999 年版。
52. 同治十三年校刊《钦定户部则例》。
53.（清）薛允升:《读例存疑》，光绪二十九年翰茂斋刻本。

二、著作

54. 贵州省编辑组:《侗族社会历史调查》，贵州民族出版社 1988 年版。
55. 徐晓光:《清水江流域林业经济法制的历史回溯》，贵州人民出版社 2006 年版。
56. 张应强:《木材之流动：清代清水江下游地区的市场、权力与社会》，生活·读书·新知三联书店 2006 年版。
57. 梁聪:《清代清水江下游村寨社会的契约规范与秩序——以文斗苗寨

契约文书为中心》，人民出版社 2008 年版。
58. 程泽时:《清水江文书之法意初探》，中国政法大学出版社 2011 年版。
59. 徐晓光:《款约法——黔东南侗族习惯法的历史人类学考察》，厦门大学出版社 2012 年版。
60. 林芊等:《明清时期贵州民族地区社会历史发展研究：以清水江为中心、历史地理的视角》，知识产权出版社 2012 年版。
61. 罗洪洋:《法人类学的理论与实践》，中国政法大学出版社 2013 年版。
62. 张新民主编:《探索清水江文明的踪迹——清水江文书与中国地方社会国际学术研讨会论文集》，巴蜀书社 2014 年版。
63. 张新民、朱荫贵:《民间契约文书与乡土中国社会——以清水江流域天柱文书为中心的研究》，江苏人民出版社 2014 年版。
64. 林芊:《凸洞三村：清至民国一个侗族山乡的经济与社会——清水江天柱文书研究》，巴蜀书社 2014 年版。
65. 吕思勉:《先秦史》，中国友谊出版公司 2009 年版。
66.(明)丘浚:《大学衍义补》，林冠群、周济夫校点，京华出版社 1999 年版。
67. 谢晖、陈金钊主编:《民间法》(第三卷)，山东人民出版社 2004 年版。
68. 那思陆:《清代州县衙门审判制度》，中国政法大学出版社 2006 年版。
69. 那思陆:《清代中央司法审判制度》，北京大学出版社 2004 年版。
70. 郑秦:《清代司法审判制度研究》，湖南教育出版社 1987 年版。
71. 蓝承恩:《忻城莫氏土司 500 年》，广西人民出版社 2006 年版。
72. 韦业猷:《忻城土司志》，广西人民出版社 2005 年版。
73. 潘学明:《广西忻城莫氏土司官族诗文赏析》，广西人民出版社 2006 年。
74. 龚荫:《中国土司制度史》(上)，四川人民出版社 2012 年版。
75. 王宗勋:《乡土锦屏》，贵州大学出版社 2008 年版。
76. 邓敏文、吴浩:《没有国王的王国——侗款研究》，中国社会科学出版社 1995 年版。
77. 田敏:《土家族土司兴亡史》，民族出版社 2000 年版。
78. 雷山县政协文史资料委员会编:《雷山文史资料选辑》第 2 辑，1992 年内部发行。
79. 政协剑河县委员会文史研究委员会编:《剑河文史资料》第 1 辑，1986 年 6 月内部发行。
80. 中国第二历史档案馆:《中华民国史档案资料汇编》第 3 辑，财政，凤凰出版社 1991 年版。

81. 倪正茂、俞荣根、郑秦等:《中华法苑四千年》，群众出版社 1987 年版。
82. 谢晖:《中国古典法律解释的哲学向度》，中国政法大学出版社 2005 年版。
83. 徐复等编:《古汉语大词典》，上海辞书出版社 2000 年版。
84. 政协贵州榕江县文史资料研究委员会、榕江县林业局:《榕江文史资料》第 5 辑（林业专辑），1990 年内部发行。
85. 张宏生、谷春德主编:《西方法律思想史》，北京大学出版社 1999 年重排本。
86. [美] 史蒂文 · J. 伯顿，张志铭、解兴权译:《法律和法律推理导论》，中国政法大学出版社 1998 年版。
87. 吕世伦主编:《现代西方法学流派》，中国大百科全书出版社 2000 年版。
88. [英] 麦考密克、[奥] 魏因贝格尔:《制度法论》，中国政法大学出版社 1994 年版。
89. 杨一凡主编:《中国古代法律形式研究》，社会科学文献研究出版社 2011 年版。
90. 刘广安:《中国古代法律体系新论》，高等教育出版社 2012 年版。
91. [日] 滋贺秀三等著，王亚新、梁治平编:《明清时期的民事审判与民间契约》，法律出版社 1998 年版。
92. 戴建兵:《中国近代银两史》，中国社会科学出版社 2007 年版。
93. 单洪银:《木材时代：清水江林业史话》，中国林业出版社 2008 年版。
94. 黔东南苗族侗族自治州林业局编:《黔东南苗族侗族自治州林业志（1988–2010）》，中国林业出版社 2012 年版。
95. [英] 哈特:《法律的概念》（第二版），许家馨、李冠宜译，法律出版社 2006 年版。
96. 赵冈:《永佃制研究》，中国农业出版社 2005 年版。
97. 费孝通:《江村经济》，商务印书馆 2001 年。
98. 杨国桢:《明清土地契约文书研究》，人民出版社 1988 年版。
99. 周枏:《罗马法原论》，商务印书馆 2001 年版。
100. 江平、米健:《罗马法基础》（第三版），中国政法大学出版社 2004 年版。
101. 黄风编:《罗马法词典》，法律出版社 2001 年版。
102. [美] 威格摩尔:《世界法系概览》（上册），何勤华、李秀清、郭光东等译，上海人民出版社 2004 年版。
103. 梁治平:《清代习惯法：社会与国家》，中国政法大学出版社 1996

年版。
104. 江平主编:《罗马法、中国法与民法法典化(文选):罗马法与物权法、侵权行为法及商法之研究》,中国政法大学出版社 2008 年版。
105. 陈朝璧:《罗马法原理》,法律出版社 2006 年版。
106. 汪熙、杨小佛主编:《陈翰笙文集》,复旦大学出版社 1985 年版。
107. 方行、经君健、魏金玉主编:《中国经济通史·清代经济卷》(下卷),经济日报出版社 2000 年版。
108. (清)胡林翼:《胡林翼集》,岳麓书社 1999 年版。
109. 徐世昌等:《颜李丛书》,四存学会校刊 1923 年版。
110. 王云五主编:《孝友堂家规及其他五种》,商务印书馆 1939 年版。
111. (清)颜元:《颜元集》(上、下二册),中华书局 1987 年版。
112. 赵冈:《历史上的土地制度与地权分配》,中国农业出版社 2003 年版。
113. 朱德才等编:《辛弃疾词新释辑评》,中国书店 2006 年版。
114. 刘广安:《清代民族立法研究》,中国政法大学出版社 1993 年版。
115.(清)祝庆祺等编:《刑案汇览三编》(三),北京古籍出版社 2004 年版。
116. 施瑛:《中国民族史讲话》(中),世界书局 1945 年版。
117.[日]寺田浩明:《权利与冤抑:寺田浩明中国法史论集》,王新亚等译,清华大学出版社 2012 年版。
118. 张传玺:《秦汉问题研究(增订本)》,北京大学出版社 1995 年版。
119.[美]韩森:《传统中国日常生活中的协商:中古契约研究》,鲁西奇译,江苏人民出版社 2008 年版。
120. 郝铁川:《中华法系研究》,复旦大学出版社 1997 年版。
121. 苏亦工:《明清律典与条例》,中国政法大学出版社 2002 年版。
122. 瞿同祖:《中国法律与中国社会》,中华书局 1981 年版。
123.《十三经注疏》整理委员会整理、李学勤主编:《十三经注疏·尚书正义》,北京大学出版社 1999 年版。
124. 张子伟、石寿贵:《湘西苗族古老歌话》,湖南师范大学出版社 2012 年版。
125. 广西壮族自治区编辑组编:《广西壮族社会历史调查》(第 4 册),广西民族出版社 1987 年版。
126. 钱实甫:《清代职官年表》(全四册),中华书局 1980 年版。
127. 李鸣:《中国民族法制史论》,中央民族大学出版社 2008 年版。
128. 杜文忠:《边疆的法律——对清代治边法制的历史考察》,人民出版社 2004 年版。
129. 吴大华等:《侗族习惯法研究》，北京大学出版社 2012 年版。
130. 周相卿:《黔东南雷公山地区苗族习惯法与国家法关系研究》，民族出版社 2014 年版。
131. 邹渊等《贵族少数民族习惯法调研与研究》，中央民族大学出版社 2014 年版。

三、论文

132. 罗洪洋:《清代黔东南锦屏苗族林业契约的纠纷解决机制》，载《民族研究》2005 年第 1 期。
133. 徐晓光:《锦屏林业契约、文书研究中的几个问题》，载《民族研究》2007 年第 6 期。
134. 潘志成:《清代贵州苗疆的法律控制与地域秩序》，载西南政法大学 2010 年博士论文。
135. 郑永流:《实践法律观要义—以转型中的中国出发点》，载《中国法学》2010 年第 3 期。
136. 李世瑜:《关于构建“土司学”几个问题》，载《云南师范大学学报（哲学社会科学学版）》2011 年第 2 期。
137. 贾霄锋:《二十多年来土司制度研究综述》，载《中国边疆史地研究》2004 年第 4 期。
138. 李良品:《建国以来西南地区土司问题区域研究综述》，载《中南民族大学学报（人文社会科学版）》2007 年第 6 期。
139. 熊明辉:《法律理性的逻辑辩护》，载《学术月刊》2007 年 5 期。
140. 邓建鹏:《清朝官代书制度研究》，载《政法论坛》2008 年第 6 期。
141. 邓建鹏:《清朝“状式条例”研究》，载《政法论坛》2010 年第 3 期。
142.（日）寺田浩明，王亚新译:《清代民事审判：性质与意义——日美两国学者之间的争论》，载《北大法律评论》（1998）第 1 卷第 2 辑。
143. 吴苏民、杨有赓:《“皇木案”反映“苗杉”经济发展的历史轨迹》，载《贵州文史丛刊》2010 年第 4 期。
144. 单洪根:《清水江流域地区的“皇木”征办》，载《原生态民族文化学刊》，2009 年第 1 期。
145. 蓝勇:《明清时期皇木采办》，载《历史研究》1994 年第 6 期。

146. 李良品、彭福荣:《明清时期官办皇木研究》，载《中国社会经济史研究》2009 年第 1 期。
147. 李志坚:《明代皇木采办研究》，载华中师范大学 2004 年硕士学位论文。
148. 刘诺、高允:《乾隆朝内务府的“低潮银两”案》，载《北京档案》2006 年第 6 期。
149. 杨有赓:《清代黔东南清水江流域木行初探》，载《贵州社会科学》1988 年第 8 期。
150. 王会湘:《从“清浪碑”刻看清代清水江木业“争江案”》，载《贵州文史丛刊》，2008 年第 4 期。
151. 单洪银:《清代清水江木业“争江案”述评》，载《贵州文史丛刊》2002 年第 4 期。
152. 王宗勋:《姚百万的兴衰》，载《贵州档案史料》2002 年第 3 期。
153. 王宗勋:《锦屏县范正魁等控告姚百万状词辑选》，载《贵州档案史料》2003 年第 1 期。
154. 刘克祥:《清代热河的蒙地开垦和永佃制》，载《中国经济史研究》1986 年第 3 期。
155. 赵晓阳:《解决农村经济问题的路径差异与思想根源——陈翰笙与卜凯经济思想比较研究》，载《经济学动态》2014 年第 1 期。
156. 章有义:《康熙初年江苏长洲三册鱼鳞簿所见》，载《中国经济史研究》1998 年第 4 期。
157. 杨国桢:《试论清代闽北民间的土地买卖——清代闽北土地买卖文书剖析》，载《中国史研究》1981 年第 1 期。
158. 李玉生:《中国古代法与现代民法物权制度比较研究——兼及〈中华人民共和国物权法(草案)的相关规定〉》，载《南京师大学报(社会科学版)》2005 年第 6 期。
159. 张传玺:《论中国封建社会土地所有权的法律观念》，载《北京大学学报(哲学社会科学版)》1980 年第 6 期。
160. 张明:《清至民国时期皖南官田、学田和义田地权的双层分化考察》，载《安徽史学》2013 年第 2 期。
161. 章有义:《本世纪二三十年代我国地权分配的再估计》，载《中国社会经济史》1988 年第 2 期。
162. 赵冈:《地权分配的长期趋势》，载《中国社会经济史研究》2002 年第 1 期。

163. 曹幸穗:《商品经济与小农生产——旧中国苏南农家经济研究导论》，载《农业考古》1991 年版。
164. 刘克祥:《清代热河的蒙地开垦和永佃制》，载《中国经济史研究》1986 年第 3 期。
165. 苏钦:《“苗例”考析》，载《民族研究》1995 年第 6 期。
166. 徐晓光:《清政府对苗疆的法律调整及其历史意义》，载《清史研究》2002 年第 3 期。
167. 周相卿:《清代黔东南新辟苗疆六厅地区的法律控制》，载《法学研究》2003 年第 6 期。
168. 胡兴东:《清代民族法中“苗例”之考释》，载《思想战线》2004 年第 6 期。
169. 黄国信:《“苗例”：清王朝湖南新开苗疆地区的法律制度安排与运作实践》，载《清史研究》2011 年第 3 期。
170. 胡晓东、胡廷夺:《“理辞”与“苗例”》，载《贵州社会科学》2011 年第 10 期。
171. 陈世鹏:《彝族火葬文化管窥》，载《贵州民族研究》1989 年第 4 期。
172. 王旭:《从券书到契纸——中国传统契约的物质载体与形式演变初探》，载《湖北大学学报（哲学社会科学版）》2014 年第 6 期。
173. 张传玺:《中国古代契约资料概述》，载《法律文献信息与研究》2005 年第 2 期。
174. 苏晓红:《苗族刻道渊源及文化内涵初探》，载《贵州民族研究》2008 年第 4 期。
175. 成文魁:《苗族〈开亲歌〉中的“刻道”（歌棒）浅识》，载《贵州民族研究》1985 年第 1 期。
176. 邓建鹏:《私有制与所有权？古代中国土地权利状态的法理分析》，载《中外法学》2005 年第 2 期。
177. 金亮、杨大春:《中国古代契税制度探析》，载《江西社会科学》2004 年第 11 期。
178. 瞿同祖:《中国法律之儒家化》，载北京大学五十周年纪念论文集，文学院第四号（1948 年）。
179. 瞿同祖:《法律在中国社会中的作用——历史的考察》，载《中外法学》1998 年第 4 期。

图书在版编目（CIP）数据

互动与共享：清代苗疆社会转型之理讼调适 / 程泽时著.
—北京：中国法制出版社，2017.7
（法律思想与法治丛书）
ISBN 978-7-5093-8057-4

Ⅰ. ①互… Ⅱ. ①程… Ⅲ. ①苗族—诉讼—法制史—研究—中国—清代 Ⅳ. ① D925.02

中国版本图书馆 CIP 数据核字（2017）第 200063 号

策划编辑：陈兴
责任编辑：陈兴　　　　封面设计：李宁

互动与共享：清代苗疆社会转型之理讼调适
HUDONG YU GONGXIANG: QINGDAI MIAOJIANG SHEHUI ZHUANXING ZHI LISONG TIAOSHI

著者 / 程泽时
经销 / 新华书店
印刷 / 北京京华虎彩印刷有限公司
开本 / 640 毫米 ×960 毫米　16 开　　　　印张 / 22.75　字数 / 400 千
版次 / 2017 年 8 月第 1 版　　　　2017 年 8 月第 1 次印刷

中国法制出版社出版
书号 ISBN 978-7-5093-8057-4　　　　定价：69.00 元

值班电话：010-66026508
北京西单横二条 2 号　邮政编码 100031　　　　传真：010-66031119
网址：http://www.zgfzs.com　　　　**编辑部电话：010-66010405**
市场营销部电话：010-66033393　　　　**邮购部电话：010-66033288**
（如有印装质量问题，请与本社编务印务管理部联系调换。电话：010-66032926）